LALA ISLA

MITOS

Lala Isla nació en Astorga (León) pero se crió en Barcelona hasta los diecinueve años. De allí fue a Madrid donde se licenció en antropología y vive en Londres desde 1976. Su carrera profesional empezó como creadora de historias en barro e hizo tres exposiciones antes de irse a Londres. Ha tenido múltiples ocupaciones: profesora de castellano para adultos, traductora, periodista *freelance*, ha trabajado en el palacio de Buckingham, ha tenido un puesto en el mercado de Camden, ha escrito dos obras de teatro cortas con otras mujeres latinas y las han representado en centros comunitarios. Fue miembro desde su gestación de la junta directiva del refugio latino para mujeres maltratadas, y diez años más tarde entró en la junta directiva del *Women's Therapy Centre*, el centro de terapia (hoy multicultural) fundado por Susie Orbach y Louise Eichenbaum, del que es la vicepresidenta. Desde hace seis años está involucrada en temas de historia oral sobre la guerra civil. Ha hecho la producción en Gran Bretaña de los documentales: *Extranjeros de sí mismos* y *El exilio. Libertad para recordar*. Está casada con el consultor y poeta galés Steve Griffiths y tiene un hijo de veintidós años, Pablo Griffiths.

Londres, pastel sin receta

La vida londinense vista por una española

LALA ISLA

GRUPO EDITORIAL RANDOM HOUSE MONDADORI, S.L.

MITOS VOCES

Diseño de la colección: Equipo de diseño editorial
Fotografía de la portada: © Carlos Torres

Primera edición en bolsillo: junio, 2002

© 2002, Lala Isla
© 2002, Plaza & Janés Editores, S. A.
    Travessera de Gràcia, 47-49. 08021 Barcelona

Printed in Spain – Impreso en España

ISBN: 84-397-0909-9
Depósito legal: B. 21.084 - 2002

Fotocomposición: Comptex & Ass., S. L.

Impreso en Liberdúplex, S. L.
Constitució, 19. Barcelona

GB 0 9 0 9 9

Para Steve
with everything in it

Índice

Y por todas las faltas cometidas en el pasado, presente y futuro, la renovación del este de Londres sigue siendo uno de los acontecimientos más grandes y más fructíferos de este fin de siglo y estoy contento y orgulloso de haber vivido para verlo.

ENGELS,
La situación de la clase obrera en Inglaterra

Agradecimientos

Tengo que agradecer muy especialmente a Mari Jose Eguskiza su enorme paciencia y generosidad por leer y corregir el primer manuscrito de *Londres, pastel sin receta*. También le agradezco a ella y a Lourdes González Bueno los comentarios que me hicieron en el tema de educación. No olvido a José Alcina Franch, amigo y admirado profesor, por su positiva reacción al texto y todas las ayudas que me brindó. Agradezco a Lucila Benítez las correcciones inteligentes y necesarias del último manuscrito, a Silvia Ventosa sus palabras animosas, entusiastas y sobre todo tan profesionales. Al *professor* Nick Franks, Juliette Buckley y John Miles las entrevistas que me concedieron. A Selma Ortiz, Pedro Carvajal Urquijo, Julio Martín Casas, Ignacio de Juan Aguado y Nuria Roldán por haber leído el embrión del libro y darme ánimos. A Tania Bronstein por enriquecerme el tema judío y por nuestras largas conversaciones sobre lo divino y lo humano, a Mercedes Unzeta, *mi eslabón con el pasado y el presente astorgano, por transmitirme su energía tan positiva y el optimismo telúrico*, a Fernando Almela, *por su lucidez cáustica*, a Jessica Mayer Johnson por ayudarme a tener clarividencia. Dolors Marín merece una mención especial por haberme hablado de una «nueva colección de escritos para mujeres en Plaza & Janés».

A Steve Griffiths, amigo y compañero, por su apoyo infinito; sin él este libro jamás se habría hecho realidad. A mi hijo, Pablo Griffiths, por el regalo del título y por todo lo que me ha enseñado. A mi madre por las aleluyas y su honestidad en lo religioso. A mi padre quien, a pesar de tener ideas completamente opuestas a las mías, fue capaz de hacerme críticas muy laudatorias y decirme que yo lo que tenía que hacer es escribir. A él, a mi madre, *tías y tíos* por las magníficas historias que me han transmitido. Finalmente vaya mi más profundo agradecimiento a todas las mujeres y los hombres, imposibles de enumerar aquí por temor a olvidarme de alguien, que leyeron el texto o participaron en él desde dentro y desde fuera.

1

¡Qué lejos estaba el extranjero!

Inglaterra entró en mi vida un atardecer de agosto de 1953, cuando el coche negro descapotable de tío Pepín aparcó frente a la casa del abuelo como transatlántico atracado en el polvo. Las puertas se abrieron y apareció Betty, seguida por su perro bóxer y un cargamento de paraguas.

Pepín y Betty, casados hacía poco en Londres, llegaron a Astorga, donde la familia materna pasaba los veranos, precedidos por una aureola de exotismo europeo que no les abandonó ni un instante mientras permanecieron en la ciudad, anclada todavía en el siglo XIX, con la posguerra a rastras y la presencia ineludible del obispado, el seminario y el cuartel militar. Las sandalias de Pepín, inocentes en otras partes del mundo, causaron verdadera sensación porque en España sólo las usaban los franciscanos y fueron criticadas más o menos abiertamente por todos como un atentado contra la decencia. El llevarlas siempre desabrochadas añadía obscenidad y demostraba una indiferencia tal por las estrictas normas de vestimenta del Movimiento Nacional que provocaba reacciones de potente irritación en los paladines de la moral pública y religiosa. Para quienes no vivieron aquella época es necesario explicar que los vencedores en la guerra civil, reforzados por una Iglesia católica propia de la Contrarreforma, impusieron, como *mullahs* todopoderosos, un severo y ridículo código del vestir. Fue lo que hoy llamaríamos fundamentalismo, la misma cerrazón, el mismo resentimiento hacia las mujeres disfrazado de caballerosidad y la misma manía persecutoria cocida en la inseguridad. En otras personas la audacia de tío Pepín podría haber tenido consecuencias fatales, pero él estaba fuera de toda sospecha. No sólo había luchado al lado de Franco, sino que era oficial de la marina española. Muchos años después él mismo me contó lo que le sucedía continuamente, allá por el año 1946, por empeñarse en llevar barba, subversiva al lado del bigotito fascista. Le acusaban de marica por la calle, y el atosigamiento continuo alcanzó tal envergadura que para evitar el peligro acabó no saliendo de casa sin la protección de su uniforme de teniente de navío. En la base naval de Cartagena podía pasearse vestido de paisano porque lo conocía todo el mundo, no así en Madrid, ciudad mucho más grande.

Semejante personaje, decía la gente a nuestro alrededor, sólo podía estar casado con una extranjera. Yo lo oía admirada sin saber muy bien a qué se referían; entonces yo no era más que una niña vestida en buenas modistas y protegida por una familia y un entorno que había ganado la guerra. Sólo muchos años después entendí hasta qué punto en aquella época había sido peligrosa cualquier transgresión a las normas. Betty, cuyo gusto extravagante estaba muy fuera de lugar —diseñaba ropa para una conocida firma inglesa—, exudaba una atracción que rozaba lo prohibido y a partir de ese momento me sedujo para siempre.

Con ellos llegó el escándalo, aumentado por una boda civil en Londres —atrevimiento que otros habrían pagado caro— y por la primera noción que aparece en mi memoria de un paraguas. Trajeron paraguas para toda la familia, en colores diversos y telas exclusivas, subyugándonos en plena canícula maragata con la esencia de lo británico, tan lejano e inalcanzable, sobre todo desde Astorga. El mío, de florones rosas que iban de la mera palidez a lo Schiaparelli más estridente, una mezcla no vista por aquellas latitudes y que todos coincidieron en que era «muy inglesa», tenía la pasta del puño a juego. Aquel objeto causó en mí tal impresión que lo paseé sin tregua abierto, cerrado y luego roto, con el emperramiento febril de una niña de cinco años que quiere hacer partícipe al resto de la humanidad del hecho insólito de poseer un paraguas que, además, no era español. Este último detalle confería al objeto una rara exquisitez. Eran años en los que a la penuria general se añadía la extrema dificultad de obtener pasaportes, un sueño imposible para muchos españoles.

Betty no fue la primera extranjera que conocimos de cerca. La familia tenía amigos en Francia y Portugal, pero estos dos países, por razones distintas, eran para nosotros como una extensión de nuestro mundo cotidiano. Francia fue el modelo de mi madre y mis tías, que habían estado internas en las Damas Negras de Fuenterrabía, donde todas las monjas que les daban clase eran francesas. Ese contacto con un mundo tan diferente al de Astorga les abrió una nueva perspectiva. Además de volver a casa hablando bien la lengua del otro lado de los Pirineos, se convirtieron en francófilas apasionadas, admiración que comunicaron después a hijos y sobrinos. Por eso siempre nos pareció muy extraña la inquina que los españoles han tenido y tienen por Francia. La educación de mis tías y tíos, ávidos por aprender todos los refinamientos que se les pusieran por delante, sirvió como puente para entrar en una nueva dimensión, la francesa, que les parecía más apropiada a su forma de ser que la sociedad decimonónica en la que les había tocado vivir. La lengua, la moda, las costumbres, todo lo del país vecino, era considerado por mi madre y sus hermanas como una ley que se acataba con fervor y respeto. Francia fue siempre para ellas el cúmulo de la perfección, y el francés, que hablaban en la familia cuando no querían que los niños nos enteráramos de algo, una especie de dialecto sin mayor dificultad. En un país donde las condiciones políticas convertían a los extranjeros —salvo rarísimas excepciones, como los alemanes, los portugueses y los italianos— en seres sospechosos de fomentar peligrosas desviaciones ideológicas, la obsesión de la familia materna por el país vecino tenía un elemento subversivo y al mismo tiempo la vulnerabilidad del que se enfrenta al entorno, por muy superficialmente que lo haga.

Mi abuelo materno fue el típico *self made man* de principios de siglo y su entusiasmo contagió a la familia, cuya meta fue siempre captar los manierismos necesarios para superarse y distinguirse del mundo que la rodeaba. Esto no le resultó difícil, dadas las características particulares de la sociedad astorgana, de una mojigatería notoria, y las de mi abuelo, cuyo padre, un cordobés de pura cepa desterrado a aquellas tierras por liberal, había traído consigo al exilio maragato el espíritu de Andalucía. Don José fue el generador de esa admiración sin límites, rayana en lo absurdo, que sus hijos y luego sus nietos profesamos por todo lo que venía del extranjero. Con la poca educación que le dieron algunos años de seminario supo improvisar, a base de imaginación, un negocio de artes gráficas partiendo de sus conocimientos de fotógrafo profesional. Su curiosidad y deseos de mejorar el trabajo que había emprendido le llevaba a cartearse con personas de allende nuestras fronteras con la ayuda de diccionarios y gramáticas. Tuvo incluso correspondencia con unos checoslovacos que en cierta ocasión le mandaron la foto de un paquete enviado desde Astorga que había llegado a su destino en un estado lamentable.

Mi abuelo fue el primer vegetariano que conocí inspirado por las teorías de un tal doctor Wander, cuyos libros se mezclaban en los estantes de la casona con otros sobre tintes y máquinas de imprimir escritos en idiomas incomprensibles para mí. Sus exigencias de pan integral, yogur y cereales naturistas en una Astorga que no había salido de las berzas y el pimentón volvió loca a la familia, obligada a buscar por toda España los ingredientes que aconsejaba el médico alemán. Cuando el abuelo creía que por fin podría satisfacer su máxima aspiración, conocer al doctor Wander en Alemania, se enteró de que no existía, era sólo un nombre ficticio adoptado por un grupo de dietéticos. Esta anécdota ha venido intermitentemente a mi memoria como metáfora de tantas cosas relacionadas con mi familia.

Murió cuando yo tenía doce años. Mi recuerdo más vivo de él es una discusión fabulosa que tuvo, ya muy enfermo, con unas monjas de la caridad, sentado en una silla de mimbre del jardín de tía Laura y con las piernas cubiertas por una manta inglesa de viaje con ribetes de cuero. Las religiosas, con tocas de avioneta preconcilio Vaticano II, insistían en que el mundo era obra de Dios, y el abuelo que no, que el mundo se había hecho solo. «¡Usted es el demonio, don José!», exclamaban horrorizadas pero sin poder enfadarse de verdad con él. Era un anticlerical declarado que sentía debilidad por las monjas, a las que ayudaba con generosos donativos, empujado supongo por la connotación sexual que las religiosas han tenido para los hombres de países católicos, tan atractiva a un obseso por el tema como era él. Aunque yo había recibido una educación muy católica, y debía haberme escandalizado tanto como las monjas, no supe por qué pero pensé que el abuelo tenía razón. En casa decían siempre que la culpa de *eso*, su excesivo interés por las mujeres, venía de su estancia en el seminario, y desde entonces di por hecho que los seminarios son lugares donde no se gesta nada bueno. Expiró como había vivido, empeñado todavía en pellizcar el culo de las monjitas que le cuidaban por la noche y dejando tras de sí una estela de admiración por el progreso que no podía generarse allí debido a las circunstancias políticas en el país, dándose de narices contra aquella España cerrada y represiva de la posguerra.

La estancia de Betty en casa provocó en mí una sensación de incomodidad e inferioridad que durante años se reprodujo una y otra vez respecto a los extranjeros de «países superiores», a los que admiraba y rechazaba al mismo tiempo. Acostumbrada a la efusividad de los españoles en el trato con los niños, el distanciamiento que mantenía Betty me resultaba muy desconcertante. Una noche en que se habían vestido de largo para salir y tía Coral, una hermana de mi madre, llevaba el traje de color verde loro joven —en casa siempre fueron muy específicos con el color—, me puse a llorar porque no quería quedarme sola con las muchachas. Paca, nuestra niñera, trató de consolarme tomándome en brazos y achuchándome a besos. Vi entonces la mirada desaprobadora de Betty como pensando: «Estas expansiones son de primitivos, en mi país tratamos a los niños con más firmeza».

Hubo otro incidente. Sucedió cuando nos encontramos en la calle; yo estaba con los niños del barrio, enseñándoles el paraguas y cantándoles las aleluyas «Ya vienen Pepín y Betty al pueblín a veranear» que la familia había puesto a una música de moda (siempre hacían eso en los acontecimientos especiales). Betty se agachó y el bóxer, atado con la correa, se volvió contra mí en un movimiento amenazador. Intimidada por aquel bicho que me parecía monstruoso, reaccioné dándole con la mano en la cara. Betty me riñó muy seria por tratar así al animal y acarició al perro con una ternura que yo no le había visto mostrar hacia nadie más. Betty se fue de mi vida tan abruptamente como había llegado: regresó embarazada a Londres, de donde nunca más volvió. Con el tiempo, las dos imágenes que tenía de ella, la mía y la de mi madre y mis tías, que siempre la recordaron con afecto y admiración, se mezclaron en mi memoria. Los ingleses se convirtieron luego en un combinado de las dos, y cada vez que veía a alguno trataba de compararlo con una u otra característica de Betty.

Una mañana temprano de otro verano posterior, después de que las lecheras se marcharan con las cántaras de cinc colgadas en las albardas de los burros, el cartero sonó la aldaba al grito de «¡Carterooo!». Paca bajó a la calle con su uniforme de blanco España y subió un paquete que venía de «fuera». En el envoltorio había una carta en letra muy ordenada —no como la caligrafía de las señoras españolas, llena de espirales y rimbombancias—, unas fotos pequeñas con los bordes dentados, y una cajita de cartón fino que contenía un cuadrado de materia aboñigada, que era, al parecer, un trozo del pastel de boda de Wendy y Gordon. En aquella mañana de estío maragato se nos dio el privilegio de contemplar por primera vez una de las tradiciones más puramente británicas. Lo insólito del hecho, el mandar un trozo de pastel que iba a llegar duro como una piedra a su destino, se me confundió en la boca con el sabor tan extraño de aquel pedazo de tarta marrón oscuro; aquella costumbre no tenía sentido para mí. ¿Quién hubiera imaginado entonces que un día mi pastel de boda iba a seguir el mismo ritual?

Las fotos de Wendy y Gordon fueron colocadas en el álbum. Cuando lo abría y las miraba siempre me sorprendía su aire a película de Hollywood. Aquello no parecía una boda sino una fiesta elegante; carecía de la solemnidad casi funeraria de las ceremonias españolas de la época. Los personajes estaban sumidos en la mayor intemporalidad por la falta de sombras y entre ellos había una colección de señoritas blanquinas y delgadinas, de estaturas poco ibéricas, enfundadas en vaporosos trajes largos, todos iguales, con enormes pamelas de calado despampanante y entre las que no se distinguía con certeza quién era la novia. Los hombres, rodeando sonrientes a las pálidas señoritas de aire lejano, llevaban un sombrero de copa en la mano.

Wendy era una amiga de la familia. Entró en contacto con nosotros a través del primer inglés que recuerdan los maragatos de este siglo, y que dejó en la ciudad un rastro imborrable. Desde que George Borrow pasó por allí vendiendo la Biblia no eran muchos los compatriotas suyos que habían vivido en aquellas tierras. Míster Hughes llegó un día con el circo, acompañado por una mujer de extraordinaria belleza y la moto con la que hacía el número del círculo de la muerte. En un lugar donde la chiquillería corría detrás de los escasos automóviles que entraban y salían de los pueblos sin asfaltar dejando un reguero de polvo y excitación, tanto interés despertaba el número de circo como la moto. La compañía se disolvió en la ciudad, y este hecho, repetido en el pasado varias veces —«muchas de ellas morían en Astorga», nos contaba mi madre—, la convenció de que la ciudad tenía un gafe especial para circos y teatros ambulantes. Míster Hughes, cuyo pasado no estaba claro —los rumores hablaban de espionaje—, no se amohinó por el fracaso ni por el abandono de la bella mujer, que nadie supo a ciencia cierta si era suya o de otro, sospecha que suscitaba el aspecto extravagante de la pareja. El *mister* prefirió dejar tierra por medio, no regresó a las brumas, se instaló en la benemérita Asturica Augusta, nombre romano de la urbe, y ni corto ni perezoso improvisó unas clases de inglés que se hicieron popularísimas debido a la forma curiosa que tenía de pronunciar el castellano y al cambio de género a que sometía todas las cosas. Cuando, más tarde, tía Coral quiso marchar a Londres, le pidió a míster Hughes que le presentase a una familia agradable para hacer un intercambio. Y así apareció Wendy, que era muy dulce y totalmente distinta de Betty, lo que aportaba un nuevo elemento de diferenciación en nuestro limitado prototipo de la nativa británica.

En aquellos veraneos de tres meses de vacaciones al llegar a Astorga entrábamos en contacto directo con campesinos que usaban herramientas y métodos agrarios desaparecidos en Cataluña, donde vivíamos; el extranjero se veía entonces a una distancia de miles de años luz. Muchas tardes —que como eran de infancia duraban una barbaridad— pedíamos una y otra vez a los mayores que nos contaran la historia de tío Álvaro, un hermano de mi madre que cuando estuvo por primera vez en Londres creyó que los *corn flakes* del desayuno eran patatas fritas y escribió alucinado a mis abuelos sobre los peculiares usos gastronómicos del país de las tinieblas. Los niños de la familia repetíamos embelesados y muertos de risa: «¡Patatas fritas en el desayuno!». A continuación escuchábamos, expectantes y aterrados, la descripción detallada de cómo podía ser el cruce de una calle en una ciudad donde, según decían, se ponía todo tan oscuro que no se veía absolutamente nada. Extendíamos el brazo y, entornando los ojos en aquella luz intensa de cielos completamente despejados, tratábamos de imaginar cómo sería la tenebrosidad de Londres cuando la niebla espesaba tanto que la llamaban puré de guisantes y no te dejaba ver la propia mano. Y por si eso fuera poco, decían que el aire pastoso e irrespirable tiznaba «más sutilmente que la carbonilla del tren», y contaban que tía Coral había vuelto con la ropa interior renegrida a causa de las horas que había estado tendida secándose en el exterior; siempre se referían a esas prendas como si la suciedad en ellas tuviera un morbo especial. «Allí las cosas nunca se acaban de secar», sentenciaban como punto final, dejándonos traspuestos de mugre y humedad.

Tan contenta estaba tía Coral con su idea de Londres que todas sus descripciones —tiempo y comida incluidos— servían para encontrar un motivo más de admiración hacia esos ingleses de infinita chispa y gran personalidad que se enfrentaban a las peores situaciones con elegancia y sentido del humor admirables. Sus pormenores eran tan vivos y atrayentes que el no haber estado allí nos dejaba siempre un vacío impalpable. Su Londres no se parecía en absoluto al que años después describió Terence Conran, el creador de *Habitat*, en el suplemento dominical de *The Independent* en su edición del 9 de septiembre de 1990: «Yo viví en un Londres frío, gris, deprimente y destrozado por la guerra. La comida estaba racionada y consistía principalmente en huevos en polvo, leche condensada y margarina. El vino se guardaba a cal y canto y era imposible divertirse».

Para nosotros, niños españoles de los años cincuenta, todas las historias concernientes al entorno de Wendy, tan fuera de nuestra realidad, nos parecían fascinantes.

Para empezar, su nombre y el de su hermano Peter los sacó su madre del cuento de *Peter Pan*, de J. M. Barrie. El padre, un militar retirado de bombín y paraguas que trabajaba en la City, había servido con fervor a la corona en varios lugares del imperio. Cada vez que en la radio sonaba el himno nacional él se cuadraba, y cuando murió Jorge VI guardó luto riguroso durante algún tiempo. Según contaba todo el que venía de ese lejano país, al acabar en Inglaterra la sesión de cine, sonaba el *God Save the Queen* y el público se ponía en pie como un solo hombre y hasta que la música no terminaba no se empezaba a abandonar las butacas. Todas estas cosas, a pesar de que vivíamos en un país que sufría de patrioterismo agudo, nos parecían una exageración rayana en lo ridículo, pero como eran inglesas las aceptábamos con ese respeto servil que los países «inferiores» han tenido siempre hacia las costumbres de los «superiores», especialmente Inglaterra, cuna de ciudadanos excéntricos y perfectamente educados.

Tía Coral nos explicaba que Wendy, de soltera, vivía con sus padres en el condado de Surrey —fino por excelencia—, en una casa grande llena de muebles exóticos traídos de las colonias. Wendy viajaba a Londres cada mañana en trenes cuyos compartimientos tenían puerta individual, acompañada de una pequeña maleta y miles de *suburbians* (los habitantes de las afueras) que trabajaban en la capital y volvían por la noche al estereotipo de lo inglés edulcorado hasta la caricatura: casitas de cuento, césped perfectamente cortado, rosales de concurso y gatos inflados de atención. Una brecha insalvable se abría entre el mundo del trabajo y la fantasía de un ambiente creado a espaldas del mundo real; la clase obrera vivía en los barrios del este de la ciudad, insalubres y llenos de humo por su proximidad a las fábricas.

A la mañana siguiente los habitantes de las afueras volvían al centro de la metrópoli que les daba de comer, asquerosa por el hollín de las chimeneas.

Wendy trabajaba por las mañanas en una embajada y a veces acompañaba a tía Coral durante sus paseos por la ciudad. A una hora determinada, estuviera donde estuviera, se cambiaba de ropa: según la etiqueta, no podía llevar por la tarde el mismo atuendo de por la mañana y por eso cargaba siempre con la maletita. Wendy era para nosotros un producto vivo de ese espíritu que había contribuido a la sustanciación máxima de lo inglés, el imperio británico, que utilizaba como abalorios de cristal una serie de normas y reglas formales para disciplinar lo cotidiano de manera extremadamente ritualista, embaucando a los ciudadanos de otros países por su esoterismo hermético. Los ingleses, para controlar con eficacia vastos territorios del planeta, utilizaron como instrumento de conquista y sumisión, además de la guerra, todas esas convenciones. Tía Coral se sabía aborigen de un país que durante décadas arrasó de forma sistemática la imaginación y la cultura y que, salvo en rarísimas excepciones, carecía de esa envidiada sofisticación europea. Consciente de que vivía en una región que podía llevarse la palma en cuanto a pobreza de refinamientos se refiere, abría los ojos y la mente para absorber cualquier destello de diferenciación que más tarde pudiera utilizar de forma efectiva en sus «salones» astorganos. Inglaterra entró y salió en nuestra infancia con la frecuencia que los acontecimientos permitían, ya fueran estos familiares o políticos. Los tópicos de ese país caían como manzanas maduras, con la gravedad y redondez de lo obvio, macerando sin cesar en las historias familiares que cobraban un tono especial en la casa de Astorga. Hasta el *croquet*, ese juego tan idiota que instalaban mis primos en el jardín, adquiría connotaciones extraordinarias por el solo hecho de ser inglés. El extranjero estaba entonces mucho más lejos que ahora.

Con los años se afianzó en mi conciencia el mito de lo extranjero, cuestionado sin embargo constantemente por la rama paterna, para la cual todo lo foráneo era de muy dudosa moralidad, capaz de minar las mentes más cristianas. La admiración por cuanto existía allende nuestras fronteras se alimentaba en la familia de mi madre con personajes curiosos que en verano aparecían por la casa de Astorga como caídos del cielo, sin que volviéramos a verlos hasta el año siguiente. Una de esas visitas eran la pareja Brugerolle y alguno de sus hijos. Tenían una destilería de coñac en la Charente Maritime. Yo los visité años después, al comienzo de mi largo periplo en la quema de mitos, y lo que más me impresionó fue el jardín lleno de pavos reales y la biblioteca repleta de diccionarios en todas las lenguas imaginables. Los que llamábamos «los portugueses» llegaban de Lisboa en agosto; eran parientes de una familia local cuya hija casó después con Fernandinho (sus tíos le llamaban así porque no era precisamente un hombre de gran estatura), conde de Magualde, que acabó heredando el palacio que sale en las etiquetas de las botellas de Mateus Rosé. Era la breve nota aristocrática de los veranos maragatos.

Con los portugueses venía Miguel, colgado de un *pick up* portátil con *singles* traídos de Francia que no se habían oído todavía en España, sobre todo de Georges Brassens, que estaba prohibido. Sus discos llegaban a nuestras manos a traves de tía Coral, la introductora entonces en nuestra familia de una cultura inasequible en el país. Las letras de las canciones, que entonces yo no podía entender porque mis padres decidieron que estudiase alemán, parecían muy sabrosas a juzgar por las miradas de picardía de los mayores. Los niños las tarareábamos sin saber lo que decíamos, pero el día en que yo también pude hablar francés descubrí con regocijo el significado de aquellas palabras: «*Quand Margot dégrafait son corsage / Pour donner la gougotte à son chat, / tous le gars, tous les gars du village / étaient là là là là*». (Cuando Margot se desabrochaba el corsé para dar la teta a su gato, todos los tipos, todos los tipos del pueblo estaban allí.)

Detalles como ese —el que unos simples discos de música inofensiva en todas partes menos en España desafiaran a los mandos religiosos y políticos del país— hicieron que desde muy pronto germinara en mí una falta de respeto hacia todo lo oficial, que nos administraba con cuentagotas los productos culturales del otro lado de los Pirineos. La España de mi infancia fue como una película de vaqueros donde los protagonistas tienen una sola dimensión, y desde muy pequeña, debido primero a la influencia de la familia de mi madre y más tarde a la realidad del país, tuve la convicción de que ser español era inferior a ser francés o inglés, a pesar de que mi padre se esforzaba por demostrarnos lo contrario. Él estuvo siempre convencido de la superioridad moral del habitante de la península Ibérica, protagonista de innumerables hechos heroicos, como el «descubrimiento» de América y la derrota de los «rojos» en la «cruzada nacional».

Si por un lado yo tenía la sensación de habitar una nación de tercer o cuarto grado, una especie de pensión de provincia venida a menos, por el otro pretendían que creyera que me había tocado la lotería por nacer en el centro de la tierra, la verdadera cuna de Dios, el lugar que producía más héroes, más caballeros (sólo los españoles y algunos portugueses sabían lo que era eso), más vírgenes y más santas por kilómetro cuadrado. Educada en un país y en dos familias donde todo era blanco o ne-

gro, la segunda dimensión, las medias tintas, que acababan filtrándose sin remedio, siempre me encontraban
parapetada ante la realidad. Sometida de alguna manera a todo lo extranjero, cuando me vi expuesta por primera vez a ello en el colegio de las monjas alemanas de
Barcelona, con las que tuve siempre una relación de sorda violencia, el mito se empezó a resquebrajar. El contacto con lo extranjero me hizo ver desde muy pequeña
que la tan cacareada superioridad de espíritu en la «unidad de destino en lo universal» no servía de nada al otro
lado de los Pirineos, lo que producía en mis compatriotas una especie de dolencia aguda —compartida por
«nuestros hermanos portugueses»—, cuyos síntomas
consistían en fondear en un pasado de más enjundia que
el presente zarrapastroso, aunque para ellos fuera la
continuación directa de la gloria anterior. La pérdida de
un gran imperio y la situación de España entre los países
más pobres de Europa lo achacaban a contubernios de
extranjeros, empeñados desde siempre en fastidiarnos.
Sin embargo, los españoles, como toda cultura que apenas ha salido de una primitiva industrialización, y a pesar de las ideas grandilocuentes del franquismo, habían
acabado por admirar lo fabricado en el extranjero.

En aquella época vivíamos como viven ahora los habitantes de la Europa del Este. Los viajes a Andorra eran
expediciones al país de las maravillas, de donde la gente
se traía platos Duralex y aparatos eléctricos camuflados.
Las carreteras, los coches, las telas, los objetos mecáni-
cos, los pocos electrodomésticos que había en mi infancia y hasta los sostenes (porque tenían una armadura de
metal) eran mejores en el extranjero. De lo último pudo
dar fe mi padre, al que en un viaje que hizo a París en los
años cincuenta le encargaron un *«soutien-gorge avec le
ferre, troisième étage, Galeries La Fayette»*. Según cuenta,

los apuros que pasó comprándolo con su amigo Manolo Álvaro fueron equiparables al esfuerzo que hizo en la batalla de Teruel para no morirse de frío.

Las contradicciones de mis dos familias abrieron una brecha de pluralidad en el pensamiento monolítico nacional que me rodeaba. Sin que me hallara en medio de «las dos Españas», la parte más avanzada, la materna, aunque no era la España que perdió la guerra, me ofreció material suficiente para que pudiera intuir la intolerancia de cierta derecha. Si hasta lo más inocente, como tomar té mañana y tarde, se convertía en algo criticable, en una debilidad moral propia de personas cuyo carácter podía sucumbir a la influencia de lo extranjero, no digamos lo que sucedía con todo lo demás —política, religión y sexo— si se salía de lo estrictamente permitido. A mi madre y a mis tías las mencionó una vez en el periódico de Astorga por bañarse en el río, y cuando por la tarde iban a dar un paseo sin medias por los alrededores de su casa, la gente decía: «Van en pernetas, van desnudas». Lo de las medias debió de ser en España parecido a la protección que ofrece el chador; una señora de Astorga se ponía dos pares de medias porque pensaba que uno se le transparentaba demasiado.

A través de mis dos familias yo viví tres Españas: la de Astorga, la de La Bañeza —el pueblo de mi padre—, y la de Barcelona, lugares con los que jamás me sentí completamente identificada. Los mismos hechos, personas o cosas parecían diferentes en las tres ciudades. Esa sensación de que todo era muy relativo, de que hasta las verdades «eternas» que me habían inculcado no eran tan verdaderas, y que había otro mundo por descubrir, la tuve por primera vez en Navidad cuando tenía siete años. Mirando el pesebre colocado sobre una mesa pequeña, con su río de papel y sus pescaditos de plomo, de pronto pensé: «¿Serán el niño Jesús y la religión dos trolas?». Me dije que si los mayores llegaban al punto de organizar cabalgatas para unos reyes magos inexistentes, lo mismo podía suceder con todo lo demás, y me entró un terror espantoso al pensar que el planeta tal vez estuviera sumergido en una mentira gigantesca. ¿Se la creían los curas? ¿Acaso el Papa sabía la verdad y no quería contarla? El miedo fue rotundo porque era un pensamiento demasiado grande para una niña tan pequeña, y aunque traté de quitármelo de la cabeza, nunca más lo pude olvidar. Mi descubrimiento a los siete años se nutrió después con las lecturas de los libros antiguos. Así, vislumbré un mundo de poder infinito tapiado por una capa delgadísima de manzanas, escaleras de Jacob, serpientes, demonios, santos y vírgenes que habían perdido su esencia primordial. La nueva consistía en convencer a la humanidad de que todo lo malo venía de las mujeres.

Cuando pienso en las tres ciudades de mi infancia —Astorga, La Bañeza y Barcelona—, me las imagino como tres mujeres de personalidades muy diferentes. Astorga sería la señorita de provincias reprimida, con ínfulas de grandeza, escasos medios y sin perspectivas por no querer trabajar, convencida de que ninguna ocupación tiene la suficiente categoría para ella. Poco a poco se va atrofiando más y más con la idea de un supuesto señorío, y acaba en una dolencia crónica de parálisis mental aguda. La Bañeza es todo lo contrario, una mujer expansiva que proclama a los cuatro vientos una vulgaridad saludable y generosa y esa energía que da el ganar dinero a raudales por méritos propios. Barcelona, en cambio, sería la mujer sofisticada, artista, fuerte y muy dueña de su destino.

Según la leyenda, el nombre de La Bañeza, ciudad que pide a gritos un Fellini, tiene su origen en la orden

«¡Lava, necia» que Juana la Loca, indignada, profirió a una lavandera que miraba demasiado al hermoso marido de la reina. Es una ciudad sin tradiciones históricas pero con una gran energía para emprender lo que sea, con un derroche muy particular y una capacidad para la juerga tan tremenda que le ha dado fama más allá de los límites provinciales.

Astorga fue fundada por Augusto hace más de dos mil años, tiene edificios arquitectónicos de gran valor y sus habitantes, en contraposición con los bañezanos, eran conocidos en los alrededores por su roñería.

En las tres ciudades tuve una experiencia común: saberme parte de la misma clase privilegiada, aunque por debajo de esa seguridad discurría siempre a contracorriente un sentimiento claro de no pertenencia. Hasta muchos años después no fui realmente consciente de ese profundo desarraigo.

Barcelona era el invierno, el colegio, el mundo materialista moderno, lo ajeno, y Astorga una especie de útero materno adonde regresábamos cada verano para encontrar todo tipo de seguridades y compensaciones. Mis padres habían ganado la guerra civil, y todo lo que les rodeaba, gobierno, amigos y familiares, les daba la razón. Los que no estaban de acuerdo eran perseguidos como asesinos. Aunque eran tiempos de disensiones castigadas con fusilamientos y largos años de cárcel, mi mundo se mantenía al margen de todo ello, protegido a cal y canto de cualquier cosa que no fuera mi realidad de niña bien de derechas. Tanto es así que hasta que fui a la universidad no conocía de cerca a nadie cuya familia hubiera luchado en el otro lado; poco a poco comprendí que ese lado había sido el legal, pero es que el silencio entonces era absoluto. En enero de 2002 me enteré de que María Luisa —cuando yo era pequeña venía a coser a casa cada semana— había emigrado de Sevilla a Barcelona porque su marido no había muerto en la guerra, como creíamos, sino que le habían dado la ley de fuga ¡en el año 1954! Era comunista y pertenecía a un grupo de personas que se dedicaban a recoger comida y dinero para llevar a las cárceles y ayudar a las familias de los presos. A través del relato de su historia he recuperado también un trozo de la mía.

Esa supuesta cohesión de mi ambiente se resquebrajaba en Barcelona, donde siempre vivimos con tradiciones prestadas, influidos por la cultura castellana de nuestros mayores, crítica la mayor parte del tiempo, como el resto del país, de la catalana. Yo fui educada en el espíritu que luchó contra la República y que nos decían era el español de verdad, postergando a las otras culturas de la Península y dando la espalda al mundo mediterráneo. Mis padres, al no ser obreros, no tenían conciencia de clase explotada. Sin embargo en Cataluña sentimos la alienación propia del que emigra a otro país. Nunca llegamos a asimilarnos completamente, ni tampoco suplimos la falta de raíces asumiendo un catalanismo acérrimo como tantos descendientes de charnegos. Como hijos de extranjeros, al fin y al cabo esa era nuestra realidad, teníamos dos alternativas: la aculturación o el rechazo. Lo primero era difícil dado el impermeabilismo sentimental que mis padres tuvieron a lo catalán. Para nosotros Astorga era sinónimo de lo castellano, y crecí creyendo que me identificaba con el lugar donde nacieron mis padres, al otro lado de la Marca Hispánica, que de una u otra forma seguía existiendo.

La dicotomía Castilla-Barcelona y la tremenda discrepancia en el desarrollo del país fue parte intrínseca de mi niñez. La vida en Barcelona fue un constante poner en entredicho los valores que mis padres representaban, los de Castilla, y un malestar permanente, más o menos reprimido, que nacía de nuestra inseguridad de emigrantes, aunque jamás se nos habría ocurrido pensar que lo éramos. Por eso Astorga se convirtió para mí en un lugar mágico donde en verano recobraba la seguridad que mis compañeras de colegio catalanas tenían todo el año. Durante muchos años los inviernos fueron para mí espacios perdidos, llenos sólo del deseo intenso de regresar a Astorga; desde que cumplí los diecisiete años no pasé ningún otro verano en Astorga. El clima, la comida y las costumbres de Barcelona siempre eran contrastados con un más allá donde estaba la perfección, la salud incluso, una zona de clima continental, frío y seco, lo opuesto del Mediterráneo. Cuando en Barcelona lucía muy raramente, un cielo sin nubes, mi madre siempre decía: «Parece Astorga». Entonces sentíamos una gran morriña confundida con un maravilloso bienestar, sensación que volvió a mí los primeros años de vivir en Londres cuando aparecía un inesperado cielo azul y yo me decía: «Parece España».

La aculturación no era fácil porque pertenecía a una familia adicta al régimen imperante, el cual, al enfrentarse al país vencido, usaba indefectiblemente un poder revanchista que provocaba un distanciamiento inevitable: «Los catalanes que no protesten, que tuvimos que venir a salvarlos de los rojos», «Catalán, no ladres y habla la lengua del imperio». Así no es extraño que una gran parte de la sociedad catalana nos viera como hijos de unos bárbaros que habían entrado a saco en una cultura más avanzada y habían traído consigo el atraso y el oscurantismo. Muchos catalanes que habían colaborado con esos invasores nos aceptaban pero nos contemplaban desde una barrera muy ambigua. La diferencia de cultura siempre estaba presente. Por otro lado, el país entero daba por hecho que los catalanes carecían de sentido del humor y tenían obsesión por el dinero. Uno oía constantemente frases como: «El problema del catalán es la masa, porque individualmente son todos unas excelentes personas». Argumento similar al que oí años después en Londres respecto a los negros del Caribe. Un amigo de mi padre decía siempre que para saber si alguien es catalán o no lo mejor es contar el chiste del queso, que, más o menos adornado, consiste en lo siguiente: «Un tipo va a una tienda a comprar queso y pregunta al dueño: "¿Tiene usted un queso muy fuerte, de los que tienen hasta gusanos?". Y el dueño grita al dependiente, que está en la trastienda: "¡Manolo, suelta el queso!"». Según el amigo de mi padre, si los que escuchaban el chiste se reían, era signo de que no eran catalanes, porque estos normalmente no lo entendían y se quedaban tan serios. Yo no lo entendí hasta que me lo explicaron.

El materialismo mercantil mediterráneo de la sociedad catalana era en parte ajeno a nosotros y lo vivimos de una forma confusa, participamos de él a través de las compañeras de colegio que nos ponían en contacto con unas costumbres desconocidas por mi familia pero que fuimos adoptando como nuestras sin darnos cuenta. Como el capitalismo no había invadido todavía las conciencias de todos los españoles, lo catalán era siempre sinónimo de dinero. Por lo visto en casi todo el resto de la Península todavía no sonaba raro aquello que Sánchez de Arévalo escribió en *Suma de la Política*: «... mercenarios e mercatorios e aquisiteros de riquezas los cuales no disponen a virtud...». Porque el pecunio tenía todavía un cierto aire medieval mientras seguían vivos los hidalgos y caballeros que no ganaban una gorda pero que, según una historia que nos contaba mi padre, levantaban pilas de agua bendita para que su dama se santiguara con mayor comodidad. ¡Qué bestias!, pensaba yo. Mi infancia fue una larga lucha entre el agua y la sensualidad versus el misticismo. ¿Qué otra cosa se puede hacer en un páramo sin árboles más que hablar con los cielos?

Al cabo de los años mi madre, mis hermanos y yo (mi padre siempre conservó intacto su castellanismo) éramos una amalgama de las dos culturas. Tuvimos que irnos de Cataluña para que toda la familia se diera cuenta hasta qué punto éramos ya parte de ella. Fue un proceso tan complicado y doloroso que sólo muchos años después, cuando vivía en Londres, y gracias a una terapia de psicoanálisis, entendí en qué consiste los desarraigos de este mundo, donde el número de personas desplazadas de sus raíces, por propia voluntad o no, crece a una rapidez vertiginosa.

En Barcelona nos decían que éramos «del norte» y en La Bañeza nos llamaban catalanas: «A ver, la catalaneta, que cuente el cuento». Entonces, con mucho cuidado para que no me manchara las faldas almidonadas por las tías, los zapatos limpísimos y los calcetines de perlé hechos a mano, me subían al mostrador de la ferretería de mi abuelo y, como si me hubieran dado cuerda, empezaba a recitar con pasión, medio en castellano, medio en catalán (¿dónde diablos lo había aprendido?), la famosa historia del niño que acabó en la panza de un buey. Cuando llegaba el momento en que la madre llamaba al niño a gritos: «*Patufet! On ets?* (¡Garbancito! ¿Dónde estás?)», yo gritaba con todas mis fuerzas: «*A la pantxa del bou, on no neva ni plou!*», y sin dejarme terminar del todo me aplaudían fervorosamente. Los paisanos se iban y dejaban a mis tíos encantados con la frase de rigor: «Esta chica es tan lista como su padre».

Mientras vivimos en Barcelona mantuvimos nuestras raíces a novecientos kilómetros de distancia, y todos los veranos después de un largo viaje a través de la península Ibérica, las recobrábamos intactas. Aunque esas raíces fueran bastante ficticias, pues la familia materna no era oriunda de la Maragatería, toda mi infancia consistió en la contraposición de unos lugares a otros, de unas casas a otras, y sólo en la de Astorga llegué a sentirme totalmente protegida. Por San Juan o San Pedro el chófer del abuelo José iba a buscarnos a Barcelona, y desde el momento en que entrábamos en el coche empezaba para nosotros una fantasía que no finalizaba hasta que, ya de vuelta, poníamos de nuevo los pies en Barcelona. El viaje era como un túnel del tiempo, cuantos más kilómetros hacíamos más nos adentrábamos en el pasado, porque Barcelona en muchas cosas andaba casi un siglo por delante. El trigo, que en Cataluña llevaba ya un tiempo cortado, y con máquinas, en León, al madurar más tarde, nos daba la posibilidad de contemplar unas faenas que en Europa pertenecían desde hacía más de un siglo a la arqueología agraria y sólo podían verse en los grabados antiguos. Las mujeres iban vestidas de negro de arriba abajo, con la cara tapada, como las árabes, para no ponerse morenas; su opinión acerca de una mujer tostada y delgada era «una ruinina negrina». Los hombres, por su parte, llevaban sombreros de paja y burdos trajes de pana para faenar en el amarillo intenso. El trigo se cortaba todavía con hoz o guadaña y se trillaba en trillo. Para separar la paja del grano se pasaba el trigo por enormes cedazos que levantaban nubes de polvo dorado. Cuando por fin divisábamos la muralla y las torres de la catedral de Astorga, la emoción era tan grande que los tímpanos nos dolían de tan rápido como nos latía el corazón, y al llegar a la casa los deseos de todo el invierno se hacían de nuevo realidad porque cada cosa estaba donde la habíamos dejado y recuperábamos sin desilusiones la fantasía mil veces imaginada. El tiempo avanzaba muy lentamente; no existía la televisión. En mi Astorga siempre hacía calor y sólo muchos años después, cuando fui en invierno por primera vez, me di cuenta de que a los árboles del jardín de tía Laura también se les caían las hojas.

En los veranos conocimos personajes que habíamos visto por primera vez con los ojos de la niñez y que con el tiempo se convirtieron en prototipos de una farsa hiperreal. A la mayoría de ellos nos lo he vuelto a ver, y su recuerdo se ha quedado anquilosado en mi memoria; otros al verlos a través del tiempo y apreciar ahora rasgos que entonces desconocía, han ganado profundidad. Los caracteres supermarcados de todos ellos forman parte de un muestrario de sastre compuesto por piezas de comportamiento universal. Algunos y algunas, los menos, aparecen distendidos y relajados, con una independencia tal de las represiones de la época que podrían ser héroes de la otra gesta nacional.

En el muestrario había chicas solteras que no habían estudiado nada porque se iban a casar y luego no se casaban; beatas hipócritas que dejaban a media familia sin el dinero que les correspondía de la herencia y luego se deshacían en llanto en los entierros de los parientes; mujeres que dependían económicamente de sus familias políticas, que ni les daban dinero ni las dejaban trabajar, «para no hacernos de menos»; hombres dominados por hermanas o madres poderosas que proclamaban a voz en grito que en su casa mandaban ellos; madres obsesionadas con las bodas de sus hijas, capaces de cualquier barbaridad con tal de que las niñas se casaran con alguien que pudiera gratificar el egocentrismo de la señora; hombres que bebían y jugaban demasiado; novios eternos que nunca se casaban; matrimonios que en casa no se hablaban pero que en la calle se dirigían la palabra «por el qué dirán»; beatas avarientas con un interés en la muerte que rayaba en lo necrofílico; solteras con la impotencia sublimada por la religión o un deseo de poder insaciable; señoras ricas que presumían de buenas y católicas dando mucho dinero para altares y sagrarios pero que trataban a sus inferiores con un despotismo ilustrado de sentimentalidad —«Te doy una peseta si vas a misa»— y utilizaban las coyunturas que les venían al paso para exprimir al prójimo de la forma menos cristiana posible; y campesinos, muchos campesinos, que vivían en otro mundo y trabajaban sin tregua.

Eran tantos los que se distinguían por esa cerrazón, fundamento de la España oscurantista, con una trastienda de hipocresía que se cree bien disimulada, que hacían sombra a personajes encantadores y sensibles y a mujeres que, a pesar del ambiente, mostraban una sana naturalidad que las convertía ipso facto en «frescas» de imposible casamiento. Los españoles de entonces eran como los tipos que tapan con la gabardina un pene pelado: si uno se enfrenta a ellos, se les preña el ímpetu de impotencia. Como en cualquier otro lugar, hubo vencedores y vencidos por un ambiente de monumental hipocresía. Todos esos personajes que dejé atrás en Astorga y La Bañeza vivirán para siempre en sus roles determinados por quién sabe qué ansiedades y frustraciones no resueltas enriqueciendo las historias de las dos ciudades y siendo origen quizá de nuevos mitos y leyendas.

2

El galés y la faja

Como todas las mujeres españolas de mi clase, yo fui educada en la cultura de lo monísimo y la maestría de lo banal, y a pesar de mis estudios universitarios tuve que hacer verdaderos equilibrios entre lo que de verdad se esperaba de mí, una buena boda, más importante que ese futuro profesional brillante que el destino me iba a deparar al saber varios idomas, y lo que yo intuía como una escapada de la realidad de las mujeres de la generación de mi madre en España, que tenían que pedir permiso a su marido hasta para disponer del dinero propio, y eso si lo tenían.

Una mañana de 1972 Pepe Jayo me contó que había recibido una carta de sus amigos ingleses, el actor Ian Holm y la que entonces era su compañera, Bridget Gilbert, anunciándole que irían a Madrid a hacer una película. Cuando llegaron, fuimos a verlos emocionadísimos a los estudios de Chamartín, donde se rodaba *Nicolás y Alejandra*. Bridget nos presentó a un montón de gente, pero a la única persona que reconocimos fue a Howard Howskins, que andaba por allí de paso. Años después me di cuenta de que muchos de aquellos actores, como Janet Suzman, que hacía el papel de Alejandra, se contaban entre los mejores actores británicos pese a ser desconocidos fuera de su país porque se dedicaban casi exclusivamente al teatro.

Antes de marcharse de Madrid, Bridget me invitó a Londres y decidí aventurarme por fin en el paisaje imaginado en mi infancia. Eran los primeros tiempos de aquel vocabulario que surgió de la traducción directa de un inglés indispensable para los nuevos ritos y que acabó en una jerga celtiberizada. Habíamos pasado de Juliette Gréco a los Beatles como en esos trenes de los enamorados que hay en las ferias, donde ves iluminadas escenas exóticas, porque en España el existencialismo sólo lo vimos en el cine y, además, cortado. De pronto, había que hablar inglés, y en mi caso más, ya que había elegido una especialidad, antropología americana, cuyos libros de texto eran en su mayoría británicos o americanos no traducidos al castellano. El concepto mismo de antropología está tan ligado a lo sajón —aunque José Alcina insistía en que fuimos los españoles quienes inventamos la materia al toparnos con América—, que era imposible hacer nada si no sabías inglés medianamente.

Después de asistir a unas pocas clases en la Berlitz dadas por una señora que hablaba sin parar de un novio muerto en México, salí de Lisboa para la pérfida Albión. Vestía una maxifalda negra y llevaba una mochila, una guitarra en funda de plástico y una carta de Bridget para enseñar a los oficiales de la *Home Office*. La Inglaterra que iba a encontrar era una buena mezcla de lo que conocía por las historias de mi familia más todo lo que había aprendido respecto a ese país: la Armada Invencible, los libros de Guillermo, Mary Poppins, Alicia, Peter Pan, Agatha Christie, Shakespeare, Enrique VIII... Un país que parecía estar poblado por una legión de Guillermos que por fin hubieran dado término a la obsesión de pulcritud y compostura de madres, parientes y demás humanos instaurando la ley de «los proscritos.» Tenía ideas muy contradictorias sobre Inglaterra. En primer lugar, guardaba en la memoria, con ternura y veneración, las imágenes de los cuentos ingleses que había tenido en mi infancia, y aparte de Betty, Wendy y Gordon, lo único que me venía a la mente eran las parejas impenetrables que veíamos en Llafranc en los años cincuenta: estatuas frías, desgarbadas, que nos miraban condescendientes desde una altura infinita y reflejaban impertinencia y a veces hasta ese asco mal reprimido del que contempla una sabandija. Eran parejas compuestas por un señor largo, blanco, desgarbado, con pantalones cortos y cara compungida a veces de criatura perdida en el bosque, y una señora también larga y desgarbada, muy mal vestida y con aspecto de estar constantemente irritada con el resto de la humanidad, marido incluido. Los dos pasaban el día pegados a un vaso de vino y llevaban a la rastra a dos niños —niña y niño casi siempre— con cara de aburrimiento y abandono. Las relaciones entre ellos solían ser mínimamente gestuales, como si cierto estigma provocara en ellos una carencia de sentimientos hacia los seres humanos y les llevase en cambio a desvivirse con los perros hermosos que les seguían a todas partes y que eran vistos por los españoles de la playa con recelo y animosidad, temerosos de que se soltaran y acabaran mordiendo a sus propios hijos.

Iba a Londres cargada con toda la mitología de la familia materna, que era de admiración sin reservas por lo británico: «Los ingleses son muy educados y encantadores, y tienen un gran sentido del humor. Los hombres tienen las manos horrorosas pero son unos maridos estupendos; las mujeres son muy feas y masculinas pero la que sale guapa es más guapa que ninguna. Visten muy mal, a pesar de que los *tweeds* y las cachemiras son fabulosos. Van de *picnic* todo el tiempo, la comida es intragable pero el país es delicioso y Londres es una ciudad magnífica...». A esto se añadía la ideología tradicional española: los ingleses nos habían robado Gibraltar; habían derrotado a la Armada Invencible; eran racistas, pues habían acabado con los indios de Norteamérica, no como los españoles y portugueses, que se habían mezclado con los indios de Sudamérica; a la hora de hacer política eran hipócritas y traicioneros, decían una cosa y luego hacían otra. Por fuera muy educados, sí, pero detrás del *please* y el *sorry* escondían almas de viscosa rapacidad, como lo demostraba el que hubiran robado las mejores antigüedades del mundo y las hubieran guardado en el Museo Británico. El que los españoles hubiéramos hecho lo mismo o peor respecto a las culturas americanas no se mencionó jamás; a cambio les habíamos dado la religión católica, y eso lo justificaba todo. Los ingleses eran también capaces de los crímenes más tortuosos, que aparecían a diario en los periódicos británicos. Trataban fríamente a sus semejantes y, sin embargo, estaban dispuestos a dejarse matar por cualquier perro o gato que se les pusiera por delante. Además, habían acabado con el catolicismo en el país, llegando a infamias tales como matar a la reina María de Escocia, tan buenina y tan santa, y conceder honores de caballero a Drake, que intentó robarnos las colonias americanas, nuestras y de los portugueses por expreso deseo del papa Alejandro VI, la mano derecha de Dios, que dividió el mundo en dos y dio una mitad a las dos coronas.

Yo sentía por lo inglés un respeto más o menos consciente, soterrado, que era consecuencia de la admiración latina hacia una organización bien controlada, el imperio británico, y del complejo de inadecuación pragmática a nivel político y cotidiano que había existido desde tiempo inmemorial en la península Ibérica. Por último, también una adoración total y absoluta por todo

lo que se estaba cociendo en el Londres de los años sesenta, una ciudad en plena efervescencia que nada tenía
que ver con las que había conocido antes. Para mí el país
se reducía prácticamente a tres calles: Carnaby Street,
King's Road y Portobello Road; allí estaba todo lo que
uno necesitaba para andar por el mundo: Mary Quant,
Biba y las tiendas de los indios. Luego había otras atrac-
ciones, como el cine Electric de Portobello, los conciertos de rock, lo baratos que eran los libros y los discos, lo
poco que costaba alquilar una habitación y lo fácil que
resultaba encontrar trabajos que uno jamás habría hecho en su país.

Si entonces me hubieran dicho que un día conocería
a Mary Quant me habría quedado patidifusa, sin habla,
porque en los años sesenta ella era una diosa inaccesible,
sobre todo para una chica española. Vi a Mary Quant en
Londres en 1985. Estaban también su marido, la jefa de
relaciones públicas y la fotógrafa que iba conmigo. Su
entrada teatral en la sala donde yo la esperaba me pareció como salida de un Sunset Boulevard. Se había convertido en una marca para la que trabajaba un grupo de
diseñadores. Mary Quant me contó su experiencia personal cuando, en el cénit de su fama, viajó a Madrid para
participar en un desfile de modelos que había organizado la embajada británica y que se desarrollaría en presencia de la familia Franco. Según ella, la prensa lo cali-
ficó de «show erótico» y acabó en una discusión donde
todo el mundo chillaba y gesticulaba porque a alguien se
le ocurrió mencionar Gibraltar. Finalmente se llegó a un
acuerdo diplomático: mientras la Quant estuviera en
Madrid no se tocaría el tema.

Cuando en 1972 aterricé en el aeropuerto de Gatwick
sabía una docena de palabras en inglés, conjugaba el *to
have*, el *to be* y llevaba conmigo una aprensión bastante

grande disfrazada de impetuosidad. La apariencia brutal y oscura de la policía española, que a la mínima te gritaba por cualquier cosa, se trocó en otra sinuosa y blanquecina en el tipo que miró mi pasaporte en Gatwick, un funcionario pálido y sin expresión que parecía movido por un resorte, como el muñeco de un ventrílocuo. Llevaba las mangas de la camisa arremangadas, lejos de la pulcritud fascistona que caracterizaba a la oficialidad española, y estaba subido en una especie de púlpito menor, paralelo a otros iguales, que formaban una especie de barrera cortada por espacios lo suficientemente grandes para dejar pasar sólo a una persona, como san Pedro a las puertas del paraíso. Después de un minucioso interrogatorio —el tipo hablaba un español estupendo—, en el que me llegó a preguntar si iba a casa de Ian Holm a trabajar en teatro, me concedió la venia para pasar al otro lado. Entonces nos indignaban los británicos por el control de calidad que debían pasar los viajeros que querían entrar en el país, y habríamos negado con vehemencia la posibilidad de que un gobierno socialista hiciese un día exactamente lo mismo en España.

Cuando el tren de Gatwick paró en la estación Victoria supe que por fin había llegado a Londres. El nombre de Victoria Station me sugería montones de novelas e historias románticas y nada de lo que vi después me desilusionó o empañó la imagen que yo traía, todo era igualito a como lo había imaginado; la realidad superaba incluso a la fantasía. En el suelo de la estación, cantidad de jóvenes con mochilas dormían o descansaban antes de tomar un tren, y ante mi gran sorpresa los policías que había por allí, además de no llevar pistola colgada del cinto, no les espetaban un agresivo «¡Despejen! ¡Despejen!», como hubiera sido de rigor en España. Se respiraba un ambiente tan nuevo para mí, tan refrescante, tan saludable, tan relajado y al mismo tiempo con tanta energía positiva, que no me lo podía creer. Acostumbrada a la represión franquista, imposible de imaginar entonces por un ciudadano británico, todo aquello me parecía maravilloso.

Me di cuenta inmediatamente de que había muchas chicas con maxifalda, y la mía, que en Madrid causaba sensación —hecha con unas telas de algodón portuguesas, en España era difícil conseguir tejidos sin fibra—, pasaba aquí completamente desapercibida. Era algo que ya lo había notado en Marruecos, donde en los años sesenta y setenta los hippies españoles, italianos y franceses, como los punks mucho después, éramos de pega, de vestuario de revista; la estética, el aspecto personal, era lo que de verdad importaba. Cuando volvíamos a la Península nos reinsertábamos de nuevo en casa de nuestros padres, no como los ingleses y los americanos, que gozaban de una independencia envidiable. Yo llegaba a Londres habituada a la intolerancia y a la agresividad cotidiana de mis compatriotas frente a las personas que no encajaban en sus normas de lo que «debía ser». Cuando subía a un autobús, y bastante dificultad tenía ya para arremangarme las enaguas, algunas señoras, sobre todo las de laca permanente y tetas en plan mascarón de proa, me daban empujones y codazos y me asesinaban con la mirada; se sentían agredidas por la osadía de mi vestimenta, que a la postre era más pudorosa que sus faldas a media rodilla. Conociendo esa tendencia que había en España a suprimir de cuajo lo diferente a la norma, yo sentía que de haber nacido en otra época habría acabado en la hoguera; imaginaba lo que debió de ser la guerra civil con esas mujeres al mando de la moral, afeitando cabezas y dando aceite de ricino a las que pensaban de otra manera. Sufría una inquisición diaria, pero mi necesidad de afirmación, de buscar mi propia identidad, de mostrar que era diferente empezaba y casi acababa, como en muchos jóvenes de familia española, en el hecho de llevar ropa supermoderna.

Esta sorpresa de los españoles por la tolerancia londinense viene de antiguo. El escritor Esteban Salazar Chapela, uno de los tantos exiliados en la segunda década del siglo XIX, pone en boca del emigrado, uno de los personajes de la novela *Perico en Londres*, el estupor que siente al ver los nombres de los inquilinos de las casas en la puerta de la calle: «¿Harían lo mismo en España? En un país de espionaje e Inquisición sería muy bueno para atrapar a la víctima. Esto sólo me anuncia que vivo entre hombres libres».

Siguiendo las indicaciones del tipo de *Information*, entré en el metro dispuesta a encontrar la dirección que Bridget me había dado de su hermana (donde me alojaría mientras ellos acababan un rodaje). Llegué a mi parada, Belzise Park, y cuando subía por las viejas escaleras mecánicas con detalles y planchas de latón sin bruñir —el imperio ya no era lo que me habían contado— me encontré de frente con uno de los personajes que tía Coral había descrito años antes: la empleada que recogía los billetes, con el pelo mal teñido, las uñas descascarilladas, el cigarrillo colgando de la comisura de los labios, voz de carretero aguardentoso y ese descuido personal que sólo se encuentra en el mundo en ciertos súbditos británicos.

De ahí en adelante todo fue un ir reconociendo las imágenes familiares, porque Londres era exactamente como en las películas, pero sin niebla. Al final de los años cincuenta el gobierno promulgó la Ley Aire Puro, que prohibía la utilización de carbón en las chimeneas (sólo podía quemarse un carbón artificial, tratado de forma que no produjera humo), y entre eso y las nuevas calefacciones de gas, Londres había dejado de ser «el país de las tinieblas» de mi infancia. Al principio de los setenta esa ciudad vivía una mezcla muy curiosa, que ha seguido vigente, de personajes convencionales hasta la náusea y de excéntricos —en esa época vestidos de exóticos— que no veías en otras partes de Europa, salvo en Amsterdam, Ibiza y Torremolinos, pero en estos dos últimos lugares eran extranjeros con privilegio de excepción, mientras que en Londres eran parte de lo cotidiano, que parecía adaptarse perfectamente a la convivencia de extremos contradictorios. Cuando salí del metro, Londres acabó de cautivarme. Había aterrizado cerca de Hampstead, y enfrente de la parada, al otro lado de la calle, había una pastelería, Grodzinsky, que a pesar de tener un nombre tan polaco me pareció muy londinense porque me sugería un internacionalismo total. Los primeros días me sentía tan fascinada como si hubiera entrado en una película de los estudios Ealing. La gente a la que preguntaba indicaciones —quién sabe cómo— me contestaba con una amabilidad muy especial. Yo esperaba encontrar individuos distantes, fríos, como recién almidonados, y quedé muy sorprendida. Llegué por fin al número indicado: una casa de esas que tienen la puerta de entrada al final de unas pocas escaleras y con el jardín en la parte de atrás, lindante con las praderas de Hampstead Heath, que en castellano significa «el brezal de Hampstead». Yo entonces no sabía que el barrio es uno de los lugares más privilegiados de la ciudad; a mí el que fuera tan bonito me parecía de lo más natural, como si cada cosa estuviera exactamente donde debía estar.

Toqué el timbre y no respondió nadie. Miré por la ventana, había un póster discreto pero muy visible de Angela Davies, en la cárcel en ese momento. Esperé un poco sentada en las escaleras. Al cabo de un rato llegó el lechero con un carrito —como en las películas— y muy amablemente —me dijo incluso *love*, luego sabría que es una acepción muy de clase obrera, los finos dicen *darling*— me dio a entender que los de la casa estaban trabajando y volverían por la tarde. En esa época lo normal era comprar la leche de esta forma —los lecheros también podían repartir huevos y por Navidad servían incluso otros productos culinarios típicos de las fiestas—, lo que se redujo enormemente a partir de los ochenta con la expansión brutal de los supermercados.

En 1972 Londres rebosaba energía. Funcionaban los transportes, los servicios sociales, el seguro de enfermedad... y no existía la suciedad que invadió las calles cuando Thatcher cortó los presupuestos y privatizó el servicio de recogida de basura. Entonces no existían los *homeless* (los sin casa) durmiendo a la intemperie en cajas de cartón. La gente parecía contenta y relajada, especialmente a los ojos de alguien que venía de la península Ibérica, donde la represión del ambiente creaba una aprensión que se sentía aunque no se militara políticamente. Después de dar una vuelta por el río, volví de nuevo a Hampstead. Como todavía no había regresado nadie a la casa, me fui un rato al parque que estaba a la vuelta de la esquina. Era agosto y hacía un día precioso. Me preguntaba —¡pobre de mí!— por qué diría la gente que el clima de Inglaterra es malo. La hierba —podías pisarla y hasta echarte en ella, no como en los trocitos vallados del sur—, la frondosidad de los árboles, la tranquilidad general que se respiraba y la seguridad de que nadie vendría a molestarme, porque los ingleses no te daban la paliza como los latinos, me llenaron de una paz tan profunda que me fui quedando dormida. Cuando me desperté estaba rodeada de madres de pelo largo y maxifaldas sin planchar, sentadas en la hierba, niños con rotos en los pantalones que parecían muy entretenidos sin que nadie les gritara «¡Manolito, que te manchas!», perros que no ladraban, viejos que caminaban con energía, cometas en el cielo y un montón de gente, sola o acompañada, que tomaba el sol en trajes de baño mínimos que dejaban a la vista unos cuerpos cuya blancura, transparente y azulada, me hacía pensar en cadáveres expuestos en la camilla de una morgue. Los de la Costa Brava estaban siempre al rojo. Como no había experimentado en carne propia la falta continua de luz británica, me chocó, como a todos los que viven en países del sur, aquella ansiedad por aprovechar en los lugares más insólitos las superficies expuestas al sol.

Volví a la casa y me senté a esperar en las escaleras mientras observaba llena de curiosidad a todo el que pasaba por delante. De pronto apareció un joven que hablaba italiano, poquita cosa él, que con mucha deferencia me preguntó quién era y qué hacía allí. Él estaba de paso en casa de sus tíos, que vivían en el piso de arriba, y me invitó a una taza de té mientras llegaba la gente a la que yo esperaba. «¿Té a las cuatro?», pregunté, dando a entender que conocía la costumbre a las cinco. Pronto me daría cuenta de que se toma a todas horas, de continuo, llenándote el estómago con una sensación caliente en sustitución de un serio almuerzo. La otra sorpresa fue que ese significado que se le daba en España al té con leche como indicativo de exquisitez en Londres no tenía sentido. Allí los exquisitos tomaban café.

Por fin llegó la hermana de Bridget, una chica delgada y pálida; era soltera, estaba embarazada y se le veía contenta, era menos sofisticada que su hermana y vivía con su novio arquitecto, un tío largo, desgarbado y con cara de sufrimiento. Compartían la casa con una pareja *swinging London* total que eran los dueños del piso: la hermana del arquitecto, una diseñadora de joyas muy moderna, y su *boyfriend*. A mí me parecía todo maravilloso, lo del embarazo sin casarse y tan contenta —algo impensable en la España de entonces—, el póster de Angela Davies, el corte de pelo de la joyera, igualito que el de Mary Quant, la cocina enorme, llena de botes y cajas de cereales diferentes, el color de las paredes de las habitaciones, a cuál más vivo, y hasta el váter, pintado de rojo intenso y con una cisterna de principios de siglo digna de un museo. Más tarde vería que en Londres había muchas como aquella.

Yo estaba acostumbrada a que al llegar a un sitio nuevo la gente te preguntase de dónde vienes, qué haces, qué vas a hacer, con esa curiosidad por el prójimo tan natural en los países meridionales. En cambio aquella gente no me preguntaba nada, como si yo fuera un objeto más de la cocina. Años más tarde aprendí que en Gran Bretaña no es de buena educación hacer preguntas directas y personales si no se conoce bien a quien se tiene delante. En el sudeste de Inglaterra, además, la frialdad y la falta de naturalidad pueden llegar a ser extremas, y las muestras de espontaneidad son tan raras que asustan y desarman a la gente, que no sabe cómo reaccionar.

Una vez abierta la mochila saqué un montón de collares de barro que había hecho en Madrid para preguntarles dónde los podría vender. La joyera los miró como si le hubiera puesto delante una caca y me mostró lo que ella hacía, en plata y con ébano incrustado, de otra clase muy superior. Yo ni me inmuté. Cuando por fin llegó Bridget y me instalé en su casa de Kensington, seguí con mis esfuerzos de fabricar y vender la mercancía, por lo que fui amonestada por los *bobbies* en Portobello; de acuerdo con su fama de personajes afables, los *bobbies* se pasea-

ban arriba y abajo cazando con mucha amabilidad a comerciantes sin licencia. Entonces yo no sabía que de haber sido negra me habrían reservado otro trato. Al cabo
de unos días en la ciudad ibas perdiendo el antiguo miedo al control continuo por parte de una policía que consideraba subversivo hasta el pelo largo. En Londres tampoco encontré jamás esa rigidez que había conocido en
Alemania, donde podían llamarte la atención si pasabas
la calle con el semáforo en rojo. Años después me di
cuenta de que los británicos y los españoles tenemos en
común, aunque se manifieste de manera diferente, una
profunda vena anarquista. Los británicos de entonces
sonreían todo el tiempo y hacían que te sintieses persona
vistieras como vistieras. Las casas de Londres me recordaban a la nuestra de Astorga, no sé si por los ladrillos de
la fachada, las grandes habitaciones de techos altos, o
ese aire a edificio urbano del siglo XIX donde la electricidad y los cuartos de baño eran todavía inventos recientes.

Inglés aprendí poquísimo, pero me desquité de todas
las vacaciones que había pasado en el extranjero más
sola que la una, porque en la ciudad estaban también varios amigos míos de la facultad que venían a buscarme a
casa por si acaso se rozaban con alguna estrella de cine.
Estaban asombrados de que hubiera encontrado una familia tan estupenda; las historias que ellos contaban
acerca de las casas donde vivían eran muy siniestras. Ignacio de Juan estuvo al principio en un *hostel*, donde servía desayunos y comidas; más adelante, creyendo que
había encontrado una bicoca, se fue a cuidar una casa
muy grande donde vivía un señor solo que cerraba la ne-
vera con un candado. El pobre Ignacio se lamentaba:
«Yo no sé para qué tanta historia si dentro sólo tiene tres
yogures...».

Otra cosa sorprendente era que muchas familias te racionaban el agua, por lo que no podías ducharte todos los días, como si eso fuera un lujo asiático. Pero el colmo del ahorro se daba en casa de alguien que Ignacio conoció, donde dos adultos se bañaban uno después de otro en la misma agua. Acostumbrados a la abundancia y la generosidad de nuestras casas españolas, en las que no se escatimaba la comida ni el jabón, no salíamos del asombro. En España nunca había oído comentar que para ahorrar electricidad se limitara el uso del agua de los baños ni aun en zonas donde la sequía ahogaba los grifos en gemidos entrecortados y lastimeros. Era increíble, porque si algo sobraba en Gran Bretaña era precisamente el agua. El sentido de la limpieza, que nosotros creíamos mayor cuanto más al norte de Europa, disminuía en vez de aumentar. ¿Tendría que ver la pulcritud personal con el subdesarrollo? Los ingleses hablaban mucho de higiene y tenían horror a los microbios, pero entre lo personal —menudos olores a sudor te salían al paso— y lo público había una gran contradicción. Con los años aprendí que el concepto de limpieza es un tema muy «racial», y lo que se considera sucio cambia de unas culturas a otras, suscitando enorme controversia y juicios llenos de tópicos. Si no que le pregunten a Irene Catalán, que es una experta en el asunto.

Bridget, que al poco tiempo se fue con Ian a casa de Dick Bogarde, al sur de Francia, me contaba historias de los *parties* donde iba y que yo repetía a mis amigos, embobados de admiración. «¿A que no sabéis quién llamó hoy?», les decía, y soltaba el nombre de la actriz famosa que había preguntado por Ian. «¡Jo, qué suerte!», contestaban, como si la presencia de una voz admirada al otro lado del teléfono fuera suficiente para saciar las ansias de estrellato que todos teníamos. Un día, supongo que debido a mi inglés casi inexistente, le entendí a Bridget que Sean Connery era gay. Cuando lo conté a mis amigos, todos decían: «Pues no se le nota nada». Y después, cada vez que veía una película de James Bond me fijaba a ver si le captaba algún ramalazo. Cuando al cabo de muchos años volví a ver a Bridget y le comenté todo esto se rió a mandíbula batiente y con mucha guasa exclamó: «¡Por fin sé quién inventó la leyenda de la homosexualidad de Sean!». Yo pensaba en el piso de Kensington y me decía: «¡Anda que cuando vuelva a Madrid y cuente que he estado viviendo con una gente que son amigos de Dick Bogarde y Sean Connery, no se lo van a creer!».

Yo venía de un país donde la existencia en el mercado de muchos productos alimenticios todavía estaba supeditada a las diferentes estaciones del año. En cambio a Londres llegaban importaciones de todo el mundo y en las tiendas había una mezcolanza de frutas y verduras de todas partes que confundía a los del sur más aún que los veranos que no lo eran y las primaveras que parecían inviernos. Aquel mes lo recuerdo también como el descubrimiento del arte griego, que, traspuesta frente a los restos del Partenón, nunca más me pareció frío, y como una orgía continua de cine. Nos metíamos en el Electric, que apestaba a una cosa desconocida —Ignacio de Juan, muy excitado me dijo por lo bajines: «Es marihuana»; ni él ni yo la habíamos probado todavía— y donde veíamos, maravillados y enfervorecidos, películas que no habían llegado a España o que la censura franquista dejaba medio cojas, lo que incentivaba al espectador a tratar de descubrir, con esa percepción aguda que uno desarrolla en los regímenes de represión cotidiana, los trozos que habían sido eliminados. Vimos, entre otras, la recién estrenada *Sunday, bloody Sunday*, pero la película que más nos impresionó fue *The Devils*, de Ken Russel, que por entonces empezaba a desmadrarse alejándose del cine de calidad de sus inicios. Tanto Ignacio como yo habíamos leído sobre las corrupciones de la Iglesia católica, sobre esas excavaciones en conventos donde se han encontrado esqueletos de fetos entre las paredes, pero una cosa es leer y otra ver. Los dos habíamos estado protegidos de los impactos de realidades que no fueran la española y la franquista, y la película de Ken Russel nos apabulló. El ver a monjas lamiendo las llagas de Jesucristo y declarándose sensualmente a él, y no digamos la escena de la monja masturbándose con una enorme jeringuilla, nos hizo repetir hasta la saciedad: «Jo, tío, *too much*».

Ese agosto quedó grabado en mi memoria como la apertura de la veda para comprar ropa antigua, y no tan antigua, de segunda mano. Carmen Unzeta, una amiga cuyos padres eran muy amigos de los míos, trabajaba en un *hostel*, donde conoció a una *lady* que también pencaba lo suyo y que cuando llegó el momento de las confidencias personales le contó que su marido la había repudiado. Esta señora les tomó cariño a Carmen y a otras españolas que trabajaban allí, y por cantidades irrisorias nos daba —yo entraba también en el reparto— enaguas, faldas y chaquetas de gran calidad que nos poníamos inmediatamente. «Se nota que son de *lady*», decíamos mirando los dobladillos de puntadas diminutas, hechos con primor, e imaginando una historia tipo Rebeca pero de final desgraciado. Era un dejarse llevar por un placer parecido al que sentiría una niña pequeña al probarse los zapatos de tacón de su madre y salir a la calle sin que nadie la riñera.

Unos días antes de ir a Francia, Bridget me llevó con ellos a un *cottage* que tenían en Kent y allí me estrené en el concepto de playa británica. Era una playa que en vez de arena tenía enormes cantos rodados, como los que hay en las riberas secas de los ríos españoles, estaba bordeada por un paseo marítimo tan soso que daba hasta pena, y había un quiosco de helados y bancos en los que individuos ¡en manga corta! gozaban de un sol mortecino que no te libraba para nada de la «brisa» heladora. En el mar, de color gris, se levantaban grandes olas; hacía frío, y todavía se notaba más si pensabas que en España en ese momento hacía un tiempo de calores rotundos y penumbras cortadas por la luz intensa. Para acabar de arreglarlo, soplaba un viento tal que como no tuvieras cuidado te llevaba por delante. Yo me senté sobre los cantos rodados, arrebujada en el jersey y un chal de lana gorda, mientras miraba espeluznada a unos niños que se estaban metiendo en el mar. Según mi cultura mediterránea, la inmersión en aquel mar helador era lo más parecido a la experiencia nunca vivida de ponerse un cilicio, algo que sólo podía hacerse bajo presiones de masoquismo extremo.

«Se van a morir de frío», le dije a Bridget por si podía hacer algo para impedir que agarraran una pulmonía. «¡Oh, no!» *It is very invigorating! Very exhilarating!*» Es muy tonificante, muy estimulante, dijo ella. Y fue la primera vez que oí la expresión tan empleada por los británicos en casos similares de dureza climática.

Cuando me llegó la hora de volver a Madrid dejé Londres con pena pero, como siempre, ansiando ver el sol. Al aterrizar en Barajas el amarillo se metió por las ventanillas del avión y la luz intensa me calentó los huesos. Un mes sin sol y con fresco se podía aguantar más o menos bien, pero me era imposible imaginar, por mucho que te lo pintara la literatura, lo que podría ser todo un año sumergido en el gris perenne.

Cuando me faltaba casi un año para terminar la carrera, María Antonia Pelauzy me ofreció un trabajillo en

Populart, su tienda-galería de la calle Montcada, donde yo había hecho una exposición de historias en barro, y decidí abandonar la capital e instalarme en un piso minúsculo de la Floresta Pearson, detrás del Tibidabo, cerca de donde vivía mi hermana. La decisión fue radical, y mi padre no la aceptó hasta mucho tiempo después, convencido de que las hijas solteras sólo dejan la familia para casarse. Mi madre, aunque dolida —los dos lo vivieron como una deserción—, me mandaba dinero para que pagara el alquiler. La primera noche que dormí en el piso sentí una gran liberación mezclada con un miedo tremendo. El único enser de la casa era un saco de dormir. Me apenaba no empezar esa experiencia con un compañero, porque me habían metido en la cabeza que vivir sola equivalía a un fracaso personal. Con los años comprendí la enorme ventaja que había tenido al no haber sido objeto de tempranas gratificaciones masculinas, liberándome así de una boda antes de tiempo y una madurez alienante y estropajosa, dominada por el ansia de «realizarme». En aquella época no podía ver las cosas de esa manera, y me sentía terriblemente insegura. ¡Me habían repetido tanto que yo era un aborto de la naturaleza...! Sin embargo, luchaba a brazo partido con mi circunstancia de hembra relegada a la estantería de lo anormal y la herencia de siglos y siglos de paternalismo. O sea, que me dejaba a todas horas la piel en la estacada.

Mis relaciones de entonces estaban marcadas por la catástrofe. No me creía digna de nadie interesante y me enzarzaba en historias absurdas con tipos cuya afinidad conmigo radicaba en que compartíamos el mismo despiste emocional. Mi formación no me había preparado en absoluto para una vida de mujer trabajadora e independiente, sino para mantenerme virgen hasta el final (la boda) y retener así al hombre, con ese fragilísimo poder femenino que a la mínima quiebra desestabilizaba una estructura social firmemente apuntalada en el patriarquismo. En estas estábamos cuando llegó el verano y decidí marchar al festival de Aviñón con unos amigos que luego seguían viaje en coche hasta París. El tren de vuelta iba casi vacío y en mi compartimiento tan sólo viajaba una señora uruguaya con aspecto de tigresa. El estampado de su blusa imitando la piel del animal, en una época en que las señoras vestían recataditos trajes de chaqueta, no dejaba lugar a dudas sobre el calibre de la individua, capaz de enfrentarse a todo lo que se le cruzara por delante. Después de una corta conversación apareció el revisor y, no sé cómo, la uruguaya lo convenció de que, dado que habría tan pocos viajeros, «era una tontera» dejar entrar a otra persona en nuestro compartimiento, para eso estaba el resto del tren. Y afirmó que ella, una mujer que había trabajado tanto en su vida —no especificó en qué—, se merecía la atención de un caballero tan apuesto y galante como él. Ante mi incredulidad y mi sorpresa, el tipo aceptó la propuesta sin manifestar objeción alguna; sólo en el último momento, para reforzar su autoridad, sugirió que si en alguna parada subían pasajeros con billete para ese compartimiento tendríamos que abrir la puerta. «Lo que usted ME diga, señor», contestó ella, enfatizando la nota personal, como si de pronto se hubiera creado entre ambos una turbia relación de amo y esclava. ¡Pero qué gilipollas son los hombres!, pensé yo, admirada al mismo tiempo por la efectividad inmediata de una técnica tan eterna como primitiva. La uruguaya, sabiéndolo ya en el bote, no se dio por vencida y en un tono almibarado, añadió: «Pero al ir el tren vacío, no será usted tan cruel de despertarnos en mitad de la noche...», a lo que el revisor finalmente asintió con una sonrisa libidinosa a más no poder.

Dueñas y señoras de un lugar que sabíamos nuestro para el resto del viaje, elegimos dos sitios y procedimos a sacar los asientos para fuera, de modo que aquello parecía una cama inmensa. A mí me hizo el efecto de estar en un coche-cama y procedí al ritual acostumbrado, los rulos, porque yo era entonces una especie de hippie con los rulos a cuestas. Cuando los tuve bien colocados, y mientras la uruguaya me miraba curiosa, me los cubrí con una redecilla que tía Carmina había hecho con unas agujas especiales de madera que tenía la abuela; una vez anudados los extremos, me solté las presillas de la faja (llevaba siempre una faja entera Warners de color carne, tipo bañador, de esas que tenían una rosa diminuta en el pico del escote), me quité la falda y la blusa, y me cubrí con la bata, un kimono antiguo que había comprado en el Rastro, de color malva y con bordados de chinos y pagodas en un tono más oscuro. La faja se enrolló instantáneamente sobre sí misma, igualita que las persianas de las ventanillas del tren, deteniéndose a la altura de los sobacos. No subió hasta la garganta porque se lo impidieron a tiempo las tiras elásticas de los hombros. Por suerte, me protegía la oscuridad, porque el espectáculo no era como para ofrecerlo gratis en un tren cualquiera que atravesaba anónimamente la geografía francesa. La suerte también me favorecía: mi público, la señora uruguaya, tenía pinta de no asustarse por nimiedades tales como fajas alrededor de las gargantas.

Entre el traqueteo del tren y el bálsamo infinito del cuerpo, libre al fin de todo un día de compresión, me fui quedando dormida. De pronto, no sé en qué estación, alguien manipuló la manivela de la puerta, que creíamos estaba herméticamente cerrada, y apareció un hombre. Al tiempo que decía «*excuse me, pardon*», colocó una bolsa de viaje en la rejilla. Aunque medio dormida, el susto fue descomunal, era lo último que esperaba en ese compartimiento. Con una rapidez inaudita, propia de personas que se saben en situaciones límite, me cubrí la cabeza con el kimono —sabe Dios lo que asomaba al otro lado del dobladillo— y me corrí hacia la ventana arrastrando la prenda conmigo. El hombre —no me había dado tiempo de ver qué pinta tenía— se tendió a mi lado como la cosa más natural del mundo y nos saludó. La uruguaya entreabrió un ojo y medio, empezó una conversación, pero el tipo no se interesó demasiado en ella. Cosa rara, pensé yo, que haciendo de tripas corazón y queriendo morirme empecé a cavilar cómo podía quitarme los rulos y, lo peor de todo, cómo podía bajarme la faja sin que se notaran las convulsiones a izquierda y derecha... ¡Jesús de Veracruz, qué dilema!

El viajero parecía muy simpático y al ver que no hablaba inglés siguió la conversación en francés, pero yo no me enteraba de nada, obsesionada como estaba por pescar una circunstancia favorable para desembarazarme del rollo que me aprisionaba el pecho. Pasaba el tiempo y el inglés —era inglés, de eso sí me había dado cuenta— no iba a hacer pis. Tarde o temprano el día empezaría a clarear y quedaría expuesto a la vista de todo el mundo el panorama desolador de una faja Warners enrollada casi en la garganta, los rulos de gomaespuma rosa y azul celeste, y mis carnes generosas medio escondidas bajo el quimono. Finalmente, me armé de valor y, mientras el inglés no paraba de hablar y la uruguaya protestaba porque no la dejábamos dormir, como quien no quiere la cosa, como si fuera lo más natural del mundo, y como si de repente algo me incomodara en la cabeza, fui rescatando los rulos uno a uno. Intentando reducir mis movimientos a la mínima expresión, sostenía los rulos en una mano, procurando no desparramarlos por el asiento, y con la otra sujetaba la redecilla y, al mismo tiempo, contenía la respiración, obcecada y afligida como estaba por las circunstancias.

Pensé entonces en las sobremesas en la casa de mis abuelos en La Bañeza, con todas las mujeres haciéndose la *toilette* en la terraza, con calma y sin temer que nadie las interrumpiera, y por primera vez en mi vida ansié trasplantarme ipso facto a aquellos momentos de infinito relax que tanto había odiado, cuando se dedicaban tardes enteras a solucionar los contratiempos de una uña demasiado larga o unas piernas sin depilar. Mientras los chicos salían al café o hacían actividades interesantes, la costumbre nos obligaba a las chicas a prepararnos para el ritual del paseo, en el que no podías lucir el mismo traje que habías llevado por la mañana. La actividad intelectual de mis tías se reducía a leer el *¡Hola!* y el *Semana*, que la familia de Astorga presumía de no haber comprado nunca pero que devoraba en la peluquería. «¿No te arreglas?» era la frase indicada para decirle a una que no estaba a la altura de las circunstancias. El asunto del paseo me ponía nerviosa porque yo no era una belleza social que pudiera pavonearse en el aire fresco del atardecer. Además, lo de dar vueltas arriba y abajo sin más objetivo que ligarse a algún chico, cosa que no entraba ni en la más loca de mis fantasías, me aburría soberanamente. No sé si por eso o por mi naturaleza aventurera a mí me gustaba ir por los pueblos en bicicleta, descubrir sitios que no conocía, bañarme en los ríos, leer, cosas todas que en aquella La Bañeza de mi infancia eran propias de chicos. La abuela Lucila, rebosante de orgullo por tener su casa en la calle principal, como si el mirador quedara enfrente del mismísimo palacio de Buckingham, cuando pasábamos unos días con ella nos encomiaba a adaptarnos al ritmo de la ciudad, que en la noche podía ser diabólico, ya que la casa estaba en la calle de más movimiento, rodeada de bares y pistas de baile por los cuatro costados.

El inglés del compartimiento del tren me miraba un poco de reojo, pero no parecían preocuparle demasiado mis repentinos, yo diría histéricos casi, movimientos dirigidos al cuero cabelludo. Después de una larga agonía —debieron de ser los rulos más sufridos de la historia— conseguí liberarme de los rulos, los envolvía la redecilla para que no se perdieran, pegué un salto para alcanzar la falda y la blusa que estaban colgadas y me las puse con una rapidez tal que en la oscuridad no se vio que seguía teniendo la faja enrollada a la altura de los sobaquillos. ¡Menos mal que la falda era ancha! Así por lo menos no se percibían los michelines que amenazaban con dejarme en mal lugar sin la protección de una prenda que contuviera las carnes abundantes. De eso me había convencido mi madre. En otro movimiento resolutivo, salí del compartimiento camino del lavabo sujetándome la parte inferior de la garganta como si la tuviera inflamada y con las gomas de la faja apretándome el pecho. Protegida por la soledad de la noche entré en el retrete. ¡Uf! ¡Qué alivio tan grande! ¡Qué descanso! Y con la decisión propia de una mujer que se sabe al borde del abismo, en dos o tres contorsiones de cadera dominé ese cuerpo extraño y lo inmovilicé con las presillas. Con el pelo henoso bien rizado y en su sitio abrí la puerta con seguridad, dispuesta a todo. Cuando muchos años después entrevisté a Vivienne Westwood en Londres y apareció con una faja elástica encima de los pantalones, me sentí resarcida de todos los complejos que pude haber tenido por esa prenda tan desprestigiada.

Antes de que existiesen las fajas-braga y las fajas-pantalón las mujeres estábamos sometidas a la llamada faja-tubo, que consistía en un tubo de materia gomosa elástica que apretaba muchísimo y en verano te escocía la piel. La carne que la faja no podía comprimir salía catapultada en rollos que escapaban por los bordes produciendo efectos visuales muy extraños de firmeza y fofez. Tratar de mantener la faja en su sitio era un arte que requería una forma especial de caminar, a pasos pequeños, como si una tuviera los pies reducidos como las chinas: al fin y al cabo de eso se trataba, a los hombres les gustaban las mujeres así, controladas. Los vaivenes más o menos ondulantes de las nalgas dependían de la altura de los tacones y de la disposición anímica de la portadora para contrarrestar la tendencia natural de la prenda a enrollarse sobre sí misma, lo que obligaba a dominarla con movimientos secos y rápidos en portales sin portero y en sitios de poca visibilidad. Si una llevaba medias no había peligro, porque el liguero se encargaba de la función controladora; el problema surgía cuando llegaban los calores. Sólo las gordas que hemos llevado faja-tubo en un agosto español sabemos de lo que estoy hablando. A la sudadera natural y al rozamiento entre las piernas, que siempre acababa mal por mucho polvo de talco que se pusiera una, había que añadir el martirio del desgraciado ceñidor que venía a hacer las veces de una sauna portátil. Llevé faja desde muy niña y recuerdo mis tejemanejes a la hora de la gimnasia para que en el colegio nadie se percatara de que iba embuchada en tamaña iniquidad; temía ser motivo de burla general si en un descuido mío alguien daba con ella. Cuando perdí el pudor, me la quitaba a la mínima ocasión y la dejaba por todas partes, testimonio color rosa-carne de una hartura monumental que empezaba a gestarse lentamente.

Cuando volví al compartimiento me eché junto al inglés y reanudé como si tal cosa la conversación interrumpida por mi súbita desaparición. El tipo iba a visitar a un amigo en Barcelona, huyendo del folclore general que se había organizado en su país a raíz del jubileo de la reina Isabel. Por lo que contaba, la adoración por la soberana llegaba a extremos tales de empalagamiento y memez que para alguien distanciado de tan magna institución era difícil, si no imposible, permanecer en un lugar donde te daban la tabarra por los cuatro costados. La televisión, los periódicos, los transportes, las asociaciones de vecinos, los niños de los colegios, TODO estaba lleno de banderitas y de paroxismos continuos de la monarquía. Hasta la boda de la infanta Elena yo pensaba que ese patrioterismo monárquico sólo se daba en súbditos británicos, capaces de sufrir horas, en las condiciones más adversas, la cursilería más espeluznante.

El inglés se sorprendió cuando le dije que en España los sombreros de su reina eran un tema de conversación bastante usual y que se llegaba a decir: «Viste peor que la reina de Inglaterra». Él se quedó estupefacto porque jamás se había planteado el gusto de la monarca. Varios años después Mary Quant me aseguró, no sé si con sinceridad, que el vestuario de Isabel II encajaba muy bien con el mobiliario oficial. Tan enzarzados estábamos en la conversación que no nos dábamos cuenta de que la uruguaya estaba cada vez más molesta porque no la dejábamos dormir. Cuando llegó la hora del desayuno parecía que nos conocíamos de toda la vida y mientras liquidábamos el café con leche y el bollo tipo RENFE en el vagón restaurante, con decoración años treinta, seguíamos de palique. Intercambiamos teléfonos para vernos en Barcelona al día siguiente y nos despedimos encantados de habernos conocido. La señora uruguaya, con cara de pocos amigos, le dio las gracias al muchacho, de muy buena planta por cierto, por haberle bajado las maletas al andén y se dio la vuelta sin apenas dignarse lanzarme una mirada. Era toda una Ava Gardner, una mujer de tronío, de las que copan la atención de la gente allá donde van, vencedora siempre en lides amorosas, y resultaba que una pulga como yo, con el agravante de los rulos y la faja, se había ligado al galán del compartimiento.

Después de unos días de intensa comunicación, el inglés —que no, que soy galés, insistía— se fue de vuelta a Londres. Mientras estuvo en Barcelona intentó por todos los medios hacerme entender unos poemas que iban a publicarle dentro de poco; era su primer libro, y yo me esforzaba por dar sentido a todo aquel mogollón de palabras. En cada poema sólo entendía una o dos, pero él se afanaba en traducirlo al francés con un entusiasmo arrebatador, limando la irritación que yo sentía por mis esfuerzos frustrados para entender algo.

El galés era una brisa de aire fresco en comparación con los españoles que yo conocía. Tenía una actitud tan clara frente a la realidad, tan sana, tan directa, tan limpia, y tan sincera, que yo no salía de mi asombro. Era de los que no tienen miedo de las mujeres capaces de pensar, porque para lavar y limpiar se bastaba él solo, no en vano había vivido por su cuenta desde los dieciocho años. Yo procedía de un país donde la virginidad, la pureza y la inocencia eran virtudes, mientras que en Gran Bretaña se asimilaban simplemente a la falta de experiencia. El lavado de cerebro al que nos habían sometido a las mujeres diciéndonos que si mirábamos atrás, movidas por la curiosidad, madre de todas las ciencias, quedaríamos convertidas en estatuas de sal, en Gran Bretaña hacía tiempo que no se practicaba. En España, en cambio, debido al franquismo, tardamos mucho más tiempo en superarlo. Steve era uno de esos tipos al que le traía sin cuidado que la mujer fuera —palabras de Carmen Rico-Godoy— «discreta, distante y distinguida». Su sentido del humor brillante y su respeto por la mujer como individuo eran tan sin dobleces, sin colonialismos, sin encontrarte después que la que planchas eres tú, que, francamente, yo no me lo podía creer. ¿Será oro todo lo que reluce o este me va a salir por peteneras?, pensaba yo. Su aspecto de no preocuparse en absoluto por la ropa me hacía gracia y su falta de esnobismo, llevando los poemas de un lado a otro en una bolsa de plástico roja calada, de esas de las naranjas, con la bandera de España por asa, me parecía un detalle significativo de su fuerte personalidad.

Nos reíamos todo el tiempo y cuando empezó a hablarme de sus días de estudiante me quedé en el limbo, como si tuviera ante mí a un marciano evolucionado. Había estudiado en Cambridge. Si en mi familia hubo mitos acerca de Gran Bretaña, uno de los más sobresalientes fue la Universidad de Cambridge, de la que yo había oído hablar con respeto desde que tuve uso de razón. Era una reverencia diferente a la que nos inculcaban por las cosas de la Iglesia, el Descubrimiento o el Glorioso Alzamiento Nacional, algo más vital y concreto, basado en la experiencia de un científico amigo de mi padre. La naturaleza de lo acaecido hablaba de latitudes muy lejanas, donde la responsabilidad con el prójimo era moneda de cuño diario. El caso es que la historia de este señor, llamado Felipe Calvo, fue repetida en casa muchas veces y producía siempre el mismo impacto, llegando a tener una relevancia muy especial en nuestra familia.

Felipe había hecho su tesis doctoral en Cambridge con una beca del gobierno español. Al vivir en un mundo donde la realidad cotidiana venía a ser una permanente canción de gesta, que ensalzaba día y noche las hazañas de hombres sin par que habían defendido a sus hermanas y madres del contubernio rojo, la impresión que se nos comunicaba era la de un Felipe, con armadura y cota de malla, conquistando universidades más allá de nuestras fronteras por primera vez en la historia, como si la política de dar becas en el extranjero durante el gobierno de la República, y que permitió a tanta gente estudiar fuera, no hubiera existido nunca. En la España de los años cincuenta, tan cerrada a todo lo extranjero, el nombre de Cambridge sonaba como un Olimpo inalcanzable al que este hombre había llegado por su propio esfuerzo. ¡Otro héroe nacional que añadir a la interminable lista! ¡Qué orgasmos nacionalistas habrían tenido mis compatriotas de haber sabido entonces lo que dijo Paul Hetzner!: «En el año 375 a. C. un hispano de nombre Cantaber fundó la ciudad de Cambridge».

Mi padre lo explicaba todo con pelos y señales. El relato cobraba un tono sombrío cuando llegaba al punto en que revelaba que, por envidias de sus compañeros en España, a Felipe se le había retirado la beca ¡justo antes del examen final! La falta de dinero le obligó a regresar. Pero... y ahora venía san Jorge con el caballo, como era un tipo muy brillante, el claustro entero de Cambridge se trasladó a Madrid para examinarle personalmente. En este punto, la admiración de mi padre alcanzaba dimensiones apoteósicas y la transmitía muy bien al personal expectante que le escuchaba atónito, con la boca abierta. A mí, aunque la historia me deslumbrara, me producía una sorda sensación de incomodidad que no atinaba a saber de dónde venía. Hice siempre como con tantas otras cosas que no tenían pies ni cabeza y te las defendían con un «es lo natural», «es dogma de fe», «es un milagro», echarlas al fondo de la cabeza, hasta que un día salían gritando la verdad y ya no había manera de colocarlas otra vez junto a las realidades disfrazadas con papel de China y medidas con botas de siete leguas.

La historia llevaba consigo una gran contradicción. Se me había enseñado que esos gestos de magnificencia sin límite eran los típicos de un caballero español, de los tantos Cid Campeadores que habían enderezado los entuertos de la cruzada contra el peligro internacional, y ahora resultaba que ellos, precisamente ellos, eran quienes, ostentando una mezquindad de miseria, impedían algo tan noble como el desarrollo científico de España en la persona de uno de sus hijos más preclaros. Nada quedaba más lejos de los gloriosos estandartes y banderas de la Victoria Nacional. Pero es que, para más inri, en este caso la gentileza y la hidalguía venían de infieles protestantes y del país que derrotó a aquella armada a la que jamás habían querido quitar el absurdo calificativo de Invencible. ¿Qué hubiera pensado yo entonces si hubiera oído, como oí después en Gran Bretaña, que los ingleses habían ganado aquella batalla naval porque Dios estaba de su parte? ¿Dios a favor de los ingleses? ¡Por favor! ¡Qué monstruosidad! Si Dios era de Burgos o de los alrededores. En cuanto cruzabas los Pirineos no ganabas para sustos, porque al otro lado las piraterías se homologaban, y tanto les daban los pillajes de Drake como los de los españoles en la conquista de América, los tercios de Flandes o los bombardeos de Guernica.

La mella de la historia de mi padre seguía viva en mí cuando Cambridge se me empezó a aparecer en el cine. Siempre que veía el río, los estudiantes bateando las chalanas, montados en las bicicletas, y cubiertos por togas negras, me acordaba de Felipe Calvo y casi esperaba verlo aparecer por una esquina. Invariablemente las películas contaban historias de profesores despistados y estudiantes que se enamoraban y bailaban con trajes largos en los salones de los *colleges*. Cuando conocí a Steve y me contó que había estudiado en esa universidad, bailado en los *May Balls* —los bailes de final de curso en mayo— y navegado por las tardes en las chalanas para descansar del estudio, vinieron a mi mente las imágenes asociadas al Cambridge de mi infancia, y aunque ahora la veía desde el otro lado, no conseguía eliminar completamente la aureola de romántica exclusividad que envolvía a la universidad. Más tarde supe que en Gran Bretaña la veían con esa misma aureola después incluso de la enorme reacción que fueron los años sesenta. En 1968 los estudiantes, entre ellos Steve, se negaron a bajar a los comedores vestidos con la famosa toga, que ya no tenían obligación de usar por la calle para distinguirse del resto de los mortales, y acabaron definitivamente con aquella costumbre.

Cuando los dos empezamos a comparar nuestras experiencias universitarias y me oía a mí misma hablar de las mías me parecía estar contando algo de la época de Rinconete y Cortadillo. Era imposible hacer comparaciones. En mis clases de primero de comunes en Filosofía y Letras, en la Complutense, éramos más de trescientos alumnos sentados por los suelos y tratando de transcribir lo que el profesor había recitado, en algunos casos durante años y años. En algunas de las clases de Steve eran cinco compañeros, y las tutorías podían ser individuales; el número de estudiantes nunca excedía de quince. Pero no era una cuestión de números, porque yo misma escogí una especialidad muy poco concurrida, la diferencia radicaba en el espíritu de la enseñanza. En España consistía en la acumulación de un saber que en mis tiempos seguía siendo tomista y, exceptuando casos como el de José Alcina, apegado al libro de texto escrito por el señor que tuviera la cátedra, lo que dejó a mi interlocutor espantado, y más cuando le dije que si escribía-

mos en el examen algo diferente de lo que decía el catedrático podíamos llegar a suspender. «En Gran Bretaña
los libros de texto se usan en los colegios. La universidad está para contraponer diferentes teorías, para hacer
investigación. A nosotros nos valoraban especialmente
la originalidad de los trabajos», dijo él.

Mientras yo estudiaba en un edificio vigilado estre-
chamente por la policía que tenía su garita a la entrada y
se paseaba por los pasillos (era aquella época en que una
reunión de más de tres personas se consideraba ilegal),
Steve vivía una especie de Renacimiento en el que se empezaba a mirar cara a cara lo que hasta entonces había
sido tabú. Cuando uno de sus profesores, famoso en el
mundo entero, empezó a meterse de una forma cruel con
un estudiante que andaba en el difícil proceso de asumir
su homosexualidad, la clase en pleno se negó a continuar
con ese señor. Consiguieron no tenerlo más como profesor. Fue precisamente en una de las grandes aulas de
Cambridge donde John Lennon y Yoko Ono grabaron *The
Festival of Natural Music* con el acompañamiento de toda
la audiencia. Previamente se había pedido a los participantes que llevaran instrumentos «naturales», y Steve,
que siempre ha sido muy melómano, se presentó con una
caja de galletas de lata y un palo; su ruido quedó grabado
en el disco. Eso era el colmo del apabullo: ¡había tocado
en un concierto con John Lennon! Me daba igual que hubiera sido a base de golpear una caja de galletas, la realidad era que ¡había compartido el escenario con el mismísimo John Lennon! Vivía en Inglaterra, ahí estaba la
diferencia. Yo de lo único que me podía jactar era de que
mi padre había trabajado en la misma fábrica que el Dúo
Dinámico, torneros y fresadores antes que músicos, y la
verdad por muy entrañables que aparezcan en los *revival*,
no había comparación posible con John Lennon.

Desde luego era una suerte que los dos hubiéramos vivido los años sesenta, la primera vez que la juventud mundial se comunica masivamente entre sí de la misma forma cultural, porque hay tajos enormes de la vida que son intransferibles desde las entrañas, lo puedes hacer, claro, a nivel intelectual pero no es lo mismo. Para muchos esa homologación puede ser un aburrimiento, pero a mí me vino de maravilla. Cuando uno vive siempre entre gentes del propio país no se percata de que frases como «¿Te acuerdas de aquella canción?» pueden tener una importancia muy especial.

El galés se marchó a su tierra prometiéndome una fluida correspondencia y con la intención de cortar una relación larga con su *girlfriend* que según él flojeaba por ambas partes. No era de los que dicen «Mi mujer no me comprende», y sus palabras tenían un tono muy sincero, pero dada mi experiencia con el género hispano recibí la información con el cinismo acostumbrado y me quedé muy poco convencida de volver a verlo. Cuando al poco tiempo empecé a recibir conferencias telefónicas, cartas en francés y poemas en inglés que no entendía ni con diccionario, pensé que el muchacho quizá me había dicho la verdad. Escribía tan bien que a la excitación ya grande a la llegada del cartero se añadía el placer infinito de recorrer su letra pequeña, ordenada y clara. Un día llegó una casete con poemas suyos grabados para la BBC y yo la puse una y otra vez sólo por oírle y añadir a sus palabras un poco de contacto físico. «¡Qué voz tan bonita y qué inglés más bueno tiene!», decía yo, embobada por la lectura y por el asunto de la BBC, pero sin entender una gorda.

Al mes de haberse ido lo tenía de nuevo en Barcelona, nada de hacerse el interesante, de darte la paliza con dudas esotéricas y con soliloquios inaguantables, el mu-

chacho sabía lo que quería y por lo visto eso era yo.
Cuando le dije a mi madre por teléfono que tenía en casa
a un amigo de Londres al que yo había decidido visitar
dentro de un mes, por poco se coge un avión para hacer
un reconocimiento in situ; la disuadí de lo contrario después de un forcejeo más o menos largo, yo muerta de
vergüenza y el galés divertidísimo por encontrarlo todo
muy exótico. Me imaginaba después a un chico español
en la misma situación y lo veía haciendo deprisa la maleta y desapareciendo para siempre del mapa.

3

Quien no se aventura no pasa la mar

Llegué a Londres muy de noche y al bajar del avión empezó un viaje muy largo, fascinante y doloroso a través de mí y de mi propia cultura reflejada siempre en «lo otro». Al principio achacaba la diferencia a peculiaridades de uno y otro país, pero a medida que profundizaba en la nueva situación —convivir día a día con una persona de cultura y extracción social diferente de la mía— tuve que ir aceptando, no sin dificultad, que muchos de los rasgos que me definían no procedían de España, de Castilla o Cataluña, sino que eran exclusivos de una determinada clase social.

El hecho de vivir con un nativo me exponía mucho más profunda y directamente a una tradición nueva de pensar y hacer las cosas, y cuando al poco de llegar conocía a extranjeros que llevaban años en la ciudad e ignoraban pormenores que a mí ya me eran muy familiares, me daba cuenta de hasta qué punto es fácil vivir patinando sobre la realidad. La forma tan dispar, tan opuesta en ocasiones, que teníamos de ver la vida, debido a nuestras diferentes culturas, se acentuaba en nuestro caso por las suposiciones que uno y otro hacíamos influidos por nuestro origen social. Todo esto fue un motivo constante de análisis que cuestionaba lo que cada cual daba por obvio. Yo, por ejemplo, me quedé de piedra un día que salió el tema del sistema métrico decimal y Steve dijo que lo consideraba demasiado cartesiano; prefería el imperial por encontrarlo mucho más poético y satisfactorio para el espíritu, ya que mide las cosas por pies y por pulgadas, estándares relacionados con el cuerpo humano, en lugar de una convención internacional abstracta. Cuando vi que hablaba en serio tuvimos una buena discusión sobre las ventajas y desventajas del sistema métrico decimal, que nunca se me habría ocurrido poner en duda. A pesar de ser una analfabeta en matemáticas, me di cuenta de que sentía una lealtad profunda e inconsciente por un método que me habían enseñado como una de las maravillas mundiales, el cúmulo del progreso, lo que marcaba un antes y un después en la civilización. Todavía recuerdo las explicaciones de mi padre sobre la inconveniencia de que en el pasado cada país, cada pueblo incluso, utilizara medidas diferentes. Para mí era una de esas invenciones magistrales y beneficiosas que facilitan enormemente la forma de lidiar con el mundo, y eso me ayudó a entender mejor la dificultad que tuvo Gran Bretaña para adaptarse a los nuevos procesos industriales del final del siglo XX. El argumento de Steve me abrió una compuerta y empecé a vislumbrar el porqué de la falta de cambios en las Islas Británicas, lo que me sirvió para entender mejor a sus habitantes. Si se parapetaban en contra de lo nuevo no era sólo por miedo a lo desconocido o movidos por la arrogancia de no dejarse vencer —aunque de esto haya bastante—, sino llevados por un romanticismo incurable. A Steve la sorpresa le vino por encontrarse con un ser que daba tanta importancia a la luz, los olores, los colores y los grillos.

El Londres que encontré por segunda vez en el año 1977 no parecía haber cambiado mucho. En los andenes de los metros seguían aquellos cubos de latón pintados de rojo, para echar agua y arena en caso de fuego, que chocaban al extranjero aunque viniera de un país supuestamente más atrasado. Su anacronismo, tan británico, era patético en una época de gigantescos avances tecnológicos y se volvió criminal cuando en 1987 se incendió la estación de King's Cross y murieron en ella treinta personas. Lo que más me admiró del nuevo Londres fueron los adelantos sociales que no había percibido la primera vez. En 1977 el ciudadano británico poseía unos derechos civiles que él asumía con naturalidad, como si formaran parte del paisaje, pero que a mí, por mucho que hubiera oído hablar de ellos en España, no dejaban de sorprenderme. Una cosa era mencionarlos y otra el descubrirlos personalmente. Los ayuntamientos, por ejemplo, ayudaban con dinero a las personas que lo necesitaran —para comprar ropa, muebles, para pagar el alquiler de la casa, el gas, la electricidad— y había descuentos muy especiales para los ancianos y las familias monoparentales. En 1977, aunque los seguros sociales ya habían quedado muy por debajo de los de otros países europeos, como Suecia, la vida en Gran Bretaña era relajada y por muy pobre que fueras podías aspirar a vivir con cierta dignidad. Thatcher socavó todo eso.

Hasta entonces creía que los organismos oficiales británicos trataban a los ciudadanos con una dignidad y un respeto nunca vistos por mí, pero con el tiempo aprendí a ver los matices y supe, por ejemplo, que el color de la piel cambiaba las cosas totalmente. En el verano de 1977, en la plaza de Angel, en Londres, había unos grandes anuncios en los que se exhortaba a la gente a no olvidar a los ancianos. Yo le hice un comentario favorable a Steve admirada de tanta preocupación por las personas mayores. «No te dejes engañar», me respondió, «eso lo ponen porque nadie se ocupa de ellos». Esta desfiguración de la realidad, de tomar el rábano por las hojas, me sucedió una y otra vez. Cuando creía haber encontrado una prueba más de las carencias en lo que yo generalizaba entonces como «la sociedad inglesa», me encontraba de pronto con detalles que echaban por tierra el estereotipo.

Otra de las cosas que me admiró fue el dominio que los británicos tenían de su lenguaje. Mayores, pequeños, obreros, personas de clase alta, todos parecían hablar con una propiedad admirable. En las entrevistas en vivo de la televisión todo el mundo sabía responder con premura y exactitud, sin esas coletillas españolas repetidas hasta la saciedad que demostraban, además de la típica redundancia lingüística nacional, una falta de práctica de cuarenta años de expresarse sin temor. En Gran Bretaña la oratoria se fomentaba en todas las escuelas por medio de asambleas periódicas.

Al principio, como les sucede a tantas personas procedentes de un país con una administración defectuosa o corrupta, me dejaba llevar por el orden aparente y el respeto hacia otras formas de ser. Las calles sin socavones en esa época, los baños que se vaciaban instantáneamente, la educación de los conductores, que nunca pitaban histéricos, y la eficiencia del correo eran algunos de los detalles cotidianos que siempre encandilan a los tercermundistas. Cuando en los periódicos leía críticas abiertas al papa Wojtyla, por ejemplo cuando habló de los condones y el sida, fundadas en el sentido común de un comentario obvio: «¿Qué derecho tiene un anciano como él, que ha escogido el celibato, a pontificar sobre la sexualidad humana?», me sorprendía, y esa sorpresa me hacía ver lo poco acostumbrada que estaba a leer en la prensa cosas parecidas sin un añadido de agresividad o resentimiento.

Pero algunos temas, como el significado real de vivir

en un país laico, sólo me afectaron de verdad con el paso del tiempo, cuando comprendí hasta qué punto es importante que una cultura tenga fiestas y tradiciones populares con raíces en su pasado más remoto, con lo que daba la razón a Jung sin yo saberlo, pues nunca lo había leído. Al principio eché de menos a la retahíla de vírgenes, santas y santos que van marcando los días del año en España. Si allí habían llegado a producirme verdadera grima, en Londres empecé a pensar en ellos con la *saudade* que uno tiene por los amigos queridos, y con la distancia vi más claro que nunca cuánto paganismo había en ellos. Cuando llegué aquella segunda vez a Londres todavía quedaban muchísimas colgaduras del reciente jubileo por los veinticinco años de reinado de Isabel II y en los bloques de pisos de obreros había banderitas y guirnaldas tricolores rodeando su foto. La explosión de entusiasmo por la soberana, ingenuo, servil y sincero al mismo tiempo, me sorprendió aunque la conociera de antemano. Yo venía de un país donde las manifestaciones de fervor popular o se daban en Semana Santa o eran gestionadas por los mandos políticos, que ponían autobuses y bocadillos gratis para los asistentes. Luego, cuando vi las cabalgatas y las decoraciones que la gente ponía espontáneamente en puertas y ventanas cuando ganaba el Arsenal, el equipo de fútbol local, me parecieron manifestaciones de una religiosidad frustrada por la severidad del protestantismo, que había eliminado los signos visuales del rito.

Steve me había contado que compartía un piso grande con amigos en una zona pobre del barrio donde trabajaba, Islington, que gracias a su ayuntamiento, entonces progresista y eficiente, se había convertido en uno de los más vivos y con más servicios de la ciudad, una especie de nuevo King's Road años ochenta. Cuando llegamos a su casa me encontré con que estaba en una calle ancha con casas victorianas familiares pegadas las unas a las otras, grandes y muy bonitas, un bulevar central lleno de árboles y un parque, Clissold Park, de grandes praderas y con gallinas y conejos en jaulas, como si fueran animales exóticos. Para los niños de Londres lo eran.

Desde el primer momento me sentí confundida. No entendía por qué Steve llamaba pobre lo que a mí me parecía tan sólidamente acomodado. ¿A qué pobreza conocida podía yo compararlo? ¿A los bloques de los obreros de España donde huele a refrito y se oye todo por los estrechos patios interiores? ¿A las chabolas de los suburbios? ¿A las escaleras lúgubres de los barrios antiguos? La pobreza londinense tenía connotaciones diferentes que tardé en entender. Mucho tiempo después aprendí que tras esa apariencia de visillos y confort podía haber una miseria terrible contenida por los servicios sociales, miseria que cuando los conservadores llegaron al poder, y con ellos los recortes económicos en todo lo social, empezó a desbordarse.

Con el tiempo también llegué a percibir hasta qué punto el país estaba dividido en tres culturas muy diferentes entre sí: Inglaterra, Gales y Escocia, subdivididas a su vez en otras tres: la clase alta, la clase media y la clase obrera. Cuanto más al norte, más abierta y cariñosa era la gente; el norte era más pobre que el sur; otra cosa en la que Gran Bretaña se diferenciaba del resto del continente. Esta particularidad se acentuó en progresión matemática durante los años ochenta debido a los cambios de política económica y social que introdujeron los sucesivos gobiernos conservadores a partir de Thatcher.

Al poco tiempo de estar en Londres me di cuenta de que España y Gran Bretaña hablaban de Europa como si no pertenecieran a ella, sintiendo ambas un complejo de inferioridad hacia Francia que se manifiesta hoy de maneras muy diferentes, aunque en los libros de hace uno, dos o más siglos puedan leerse los mismos comentarios picajosos hacia el país vecino. El habitante de la península Ibérica, sea de la clase social que sea, exceptuando a muchos catalanes y portugueses, siente hacia Francia una agresividad y una inquina muy infantiles que le llevan a atacarla constantemente, a veces sin saber a ciencia cierta lo que está criticando. En Gran Bretaña, sin embargo, las clases medias y altas conservan la admiración que reinaba antes en Europa hacia todo lo francés; la clase obrera siente el mismo recelo que el español, recelo que acentuaron los conservadores por pensar que Europa, en lugar de potenciarlos, los engulliría.

En 1995 un periódico publicó una nota corta sobre san Jorge, en la que se explicaba que el reino de Inglaterra lo adoptó como patrón después de que los cruzados, en el siglo XI, clamaran que había ayudado a los franceses a ganar batallas. Steve comentó: «Y desde entonces los han seguido admirando». El acento francés en las mujeres se considera sexy, veranear en Francia es símbolo de refinamiento y cuando se comparan abiertamente ambos países los británicos salen siempre mal parados. Existe una conciencia muy clara de que no tienen el *savoir-faire* de sus vecinos y se defienden de esa sensación de inferioridad con el arma de la excentricidad. En los últimos años, debido al deterioro general de Gran Bretaña, se ha añadido otro resquemor que se puso de manifiesto cuando se construyó el túnel que atraviesa el canal de la Mancha. Mientras los franceses, que habían pagado sus obras con dinero público, en octubre de 1993 habían terminado las vías de los trenes rápidos que conectan su parte del túnel con el resto del país, los británicos, que usaron el tan cacareado dinero privado, todavía no habían empezado a hacerlas, con el agravante de que en esas fechas se habían gastado ya el doble de lo presupuestado. La historia de esa construcción ha venido a engrosar la lista de las vergüenzas nacionales.

De Steve sabía lo bastante para darme cuenta de que su infancia y la mía no tenían nada que ver. Su padre, casado anteriormente, se había ido a Sudáfrica cuando Steve, al que le hicieron creer que había muerto, tenía cinco años. No se volvieron a ver hasta unos meses antes de que Steve me conociera. Su infancia chocaba con la mía, tan urbana. La había pasado en una isla del norte de Gales; su madre tenía un pequeño hotel en lo alto de las dunas de una cala donde sólo había tres o cuatro casas. Mientras vivían en el hotel, que vendieron más tarde, Steve pasó la mayor parte del tiempo jugando en la playa con sus tres perros setters, que eran prácticamente sus únicos compañeros de juego. Su madre, inglesa de cabo a rabo, se negó a que aprendiera galés y exigió en el colegio que pusieran a Steve en las aulas de *only English* (sólo inglés). Sin embargo, a medida que crecía Steve se fue dando cuenta de la afinidad que le unía con la tierra que le vio nacer. Esa sensación de no ser nunca enteros, de haber vivido siempre en lenguas cuyas raíces no están donde se desarrolló nuestra infancia, era la misma para los dos, y los dos escribíamos en idiomas con paisajes que no les pertenecían.

En 1977 Gran Bretaña aventajaba todavía mucho a España en todo lo referente al consumo, pero cuando te alejabas del centro de las ciudades encontrabas tiendas con un aspecto igualito a las que había en La Bañeza y Astorga en los años cincuenta. En Londres me sorprendió la ausencia de ciertos establecimientos comerciales, como las mercerías y las droguerías, estas últimas absorbidas en parte por las farmacias y los grandes supermercados. En España aún se vendían a granel productos que en Gran Bretaña sólo encontrabas higiénicamente empaquetados, con lo que se perdía la fuerza y la poesía que tiene la materia sin elaborar, como recién sacada de la tierra.

La carencia de droguerías me hacía recordar más vivamente las de España. Pensaba con melancolía en La Zamorana de Astorga, donde, cuando era pequeña, para comprar según qué productos, tenías que llevar frascos de casa y allí te los llenaban. En La Zamorana, como en tantas otras droguerías de la época, había una serie de artículos con fuerte alusión patriótica, como el blanco de España, unos polvos que se usaban para pintar las junturas de los azulejos, y el Visnú, en cuya caja se podía leer lo siguiente: «Da al Cutis la Frescura de la Rosa. Producto de Perfumería Nacional Superior a Todo lo Extranjero». Un artículo familiar y cotidiano en España, y difícil de obtener en Londres en 1977, era la cera depilatoria, que, como saben las españolas viajadas desde tiempo inmemorial, era un producto de peliaguda adquisición fuera del país, mientras que dentro era parte consustancial al oficio de mujer. La primera vez que intenté comprarla en Londres, en una farmacia, me dieron una tarterita de aluminio diminuta que parecía de juguete. Señalando las piernas le dije a la dependienta en mi inglés monosilábico: «*Legs, legs*» (piernas, piernas), a lo que ella estupefacta, me respondió: «*Oh no, dear*» (¡Oh no, querida), y me indicó una estantería donde había esas cremas que te ponen el vello de rizo afro antes de que lo puedas retirar con una espátula. Al llegar a casa le pregunté a Steve dónde creía él que podía comprar cera, pero su desconocimiento del asunto era total (¡ignoraba si sus amigas se depilaban o no!). Cuando le expliqué en qué consistía el proceso se quedó petrificado. Intrigada

ya por las connotaciones culturales del tema le pedí a
nuestra amiga Sally, que aun bohemia y feminista procedía de círculos superexquisitos, si podía informarme debidamente. Según Sally, la carencia de cera depilatoria
era debida a la falta de necesidad, ya que a las británicas,
al ser más rubias y blancas, se les notaba menos el vello.
Di por buena la explicación hasta que empecé a fijarme
en las londinenses y descubrí cantidades ingentes de selvas oscuras brotando de las extremidades inferiores. No
siempre se trataba de especímenes con uniforme de les-
biana o feminista radical, y pensé entonces que las inglesas no debían de estar tan obsesionadas con la depilación como las españolas.

Picada ya por la curiosidad empecé a indagar entre
las mujeres que conocía, incluidas turcas, judías e indias,
y fui viendo hasta qué punto el vello corporal define conceptos de feminidad o virilidad que pueden evolucionar
con la influencia de la moda occidental. Lo interesante es
que el rechazo instintivo y profundo que puede sentirse
ante actitudes diferentes en cuanto al vello en las mujeres, y las generalizaciones a veces falsas que unas culturas hacemos de las otras de pronto puede consagrarlas la
publicación de un artículo en un periódico mundial. Por
ejemplo: en la página de mujeres de *The Guardian*, en su
edición de 31 de mayo de 1990, Suzanne Moore decía que
en América y Gran Bretaña las mujeres se sienten apre-
miadas al afeite, mientras que en los países latinos el vello se considera erótico; Moore incluye entre otros el comentario de un tal Jason Penn, vendedor de coches: «Es
horrible, las mujeres en España me ponen malo». Lo mismo que he oído comentar acerca de las británicas a los españoles. Yo me quedé estupefacta. ¿Dónde diablos había
visto Suzanne Moore y ese señor a españolas sin depilar?
Mi idea es que en España existe una monomanía nacio-

nal con la depilación casi tan extrema como en los países árabes, donde las mujeres son depiladas por primera vez de pies a cabeza, pubis incluido, en la ceremonia llamada *halawa* (depilación), que tiene lugar el día de la boda; a partir de ese momento la costumbre se mantiene ya que es una de las prácticas higiénicas que manda el Corán. Muchas feministas, Germaine Greer incluida, han asegurado que la práctica de la depilación se debe exclusivamente a la imposición estética masculina, que desea una mujer imberbe, infantil, sumisa, exenta de la madura animalidad asociada al vello. En Europa, en cambio, la tendencia a la depilación se inició en el siglo XX, cuando las mujeres comenzaron a mostrar sus cuerpos más libremente, y según decía la doctora Susan Basow en un artículo que apareció en *Psychology of Women Quarterly*, la costumbre empezó en Estados Unidos en 1915 con la «Gran Campaña Sobaco».

Por lo que yo he podido ver, desde 1977 a 1999 la depilación ha evolucionado muchísimo en Gran Bretaña, y ni siquiera las feministas, defensoras naturales del pelambrerío, utilizan ya el vello como símbolo de clan. El tema ha salido varias veces en *The Guardian*, incluyendo recetas de métodos «étnicos» de depilación, como la pasta de azúcar típica de las egipcias, que ha copiado The Body Shop, menos dolorosa al parecer que la cera. En los catálogos, como el de las farmacias Boots, hay páginas enteras dedicadas a los aparatos para depilar, y en sus tiendas ya se venden papeles impregnados de cera, aunque todavía no he visto la cera a granel que se vende en España ni esos chismes que la calientan eléctricamente.

Como ya he dicho, muchos detalles cotidianos de la vida en Londres me habrían pasado desapercibidos de haber vivido sola pero eran magnificados al compartir la casa que Steve tenía con sus amigos. Ocupaba los dos pisos superiores de una muy grande que había sido dividida en tres viviendas y cuyo dueño era una *housing association* (asociación de viviendas). Las habitaciones eran enormes, con los techos abuhardillados, y la organización de la comunidad funcionaba con una eficiencia modélica y al mismo tiempo muy relajada, algo sorprendente para mí, que había compartido casas donde no había manera de organizar los turnos. En la cocina había una pizarra donde la gente iba escribiendo lo que faltaba; cada noche cocinaba uno de nosotros, y el menú se decidía de antemano con objeto de no comer siempre lo mismo. El que cocinaba no fregaba y esto también tenía turnos, al igual que la limpieza de la casa. Como éramos unos cinco, pasaba bastante tiempo hasta que te tocaba otra vez preparar la cena, de forma que no notabas agobio por la monotonía del deber. Comíamos muy bien, todos habían viajado y enriquecían los limitados condimentos de sus mayores preocupándose en todo momento por lo que era *healthy* (sano) o *good for you* (beneficioso). La harina integral se compraba por sacos, y las cuentas del supermercado se apuntaban con detalle en la pizarra de la cocina y se llevaban al céntimo, nada de: «Bueno, déjalo, ya me lo darás, total por diez peniques...».

A mí me sorprendió lo acostumbrados que estaban los hombres de aquella casa a hacer las faenas domésticas: pasaban la esponja a la bañera cuando se lavaban, recogían el agua que pudiera haber caído en el suelo y no dejaban la ropa tirada. Estaba boquiabierta. Otra cosa sorprendente era la actitud ante la higiene: si por un lado ponían el grito en el cielo al verme trajinar con esa falta de respeto que tenemos en España por la lejía —la consideraban extremadamente peligrosa—, por otro lado cuando lavaban los cacharros de la cocina los dejaban secar sin haberlos aclarado, lo que daba un gusto raro a la comida y afectaba negativamente a la flora intestinal, como han puesto de manifiesto los descubrimientos científicos. Todos los amigos de Steve eran personas con una seria formación política y sin embargo sabían poquísimo de lo que estaba sucediendo en España. Acostumbrada a los franceses, que hubieran hablado de la situación con pelos y señales, los ingleses me hacían unas preguntas vagas, como si la península Ibérica en lugar de estar justo al otro lado de los Pirineos quedara en una zona de difícil localización, más al sur del Congo. Yo, que venía de un país que se hallaba sumergido en el torbellino de las primeras elecciones, tras treinta y ocho años de dictadura, donde surgían revistas y periódicos nuevos casi a diario, donde la gente hervía de ansiedad por conocer, me quedaba alelada por la falta de información que a tantos niveles tenían los británicos y que luego me explicó en parte el sucesivo triunfo de Thatcher. Excepto rarísimas excepciones, España era entonces para ellos el sol y las Brigadas Internacionales.

Viniendo de España, donde las noticias pasaban siempre la criba de la censura, yo creía que en Inglaterra, país democrático por excelencia, las cosas eran muy diferentes. Si la manipulación de la prensa británica era innegable entonces, nadie imaginaba a lo que podría llegar en un futuro no muy lejano. En 1977, exceptuando las personas que tenían una sólida formación de izquierdas, el británico medio no se planteaba la posibilidad de que la prensa estuviera manipulada, porque, como el resto de Europa, estaba convencido de vivir en un país muy democrático. En Londres en 1977 las *pintadas* de las paredes, tan interesantes en España, reflejaban las preocupaciones de una juventud que parecía interesada únicamente en los grupos de rock, el fútbol y, a veces, en algo que tuviera que ver con Irlanda. Aunque visualmente algunas pintadas tenían gracia, no había frases imaginativas ni de tipo político, como se veían en Madrid por todas partes. La música pop era escuchada por un espectro amplísimo de la población, sustituyendo a la canción popular española o portuguesa que podría oír un obrero de la construcción subido a un andamio peninsular.

Me sorprendían los anuncios en la televisión de ciertos productos casi desconocidos entonces en España como las latas de comida para perros y gatos. Los anuncios de chocolates eran otros de los que se repetían con frecuencia. ¿Por qué comían tanta materia azucarada? ¿Qué insatisfacciones orales endémicas les dominaban?

Acostumbrada a besar a los amigos, a saludar dando la mano, me encontraba siempre con ella colgando o con la cara a medio camino del ósculo. En las raras ocasiones que el británico medio te da la mano fuera del trabajo, uno tiene la impresión de establecer una distancia y no un contacto por la forma peculiar que tiene de hacerlo: te la retira al mismo tiempo que te la sostiene, e infinidad de veces te deja en la mano un miembro blando e inexpresivo cuya insolvencia siempre me recuerda la de un pene flácido. En el mundo de los negocios hay mucha más costumbre de dar la mano, y lo mismo sucede entre las clases altas, que son las que más besan a los desconocidos, pero a veces lo hacen con una ostentación tal del hecho que demuestran tenerlo por una costumbre de nuevo cuño y algo esnob. En la revista *Hello!* del 19 de noviembre de 1988 aparecía una foto de Lady Diana Spencer y Carolina de Mónaco y en el pie de foto se leía: «Antes de ir a cenar se saludan con el calor típico del continente besándose mutuamente con afecto». En el libro *The Sloane Ranger,* un buen estudio de la idiosincrasia de los niños bien ingleses, los autores explican esta peculiaridad británica. Según ellos, el acto de darse la mano es herencia de la antigua costumbre que servía para mostrar que el interlocutor no llevaba un arma escondida. Se daba por hecho que el *gentleman*, al tener la caballerosidad por ley de vida, no necesitaba demostrar nada. Hablando de esto con Cándido Segovia, me decía que esa interpretación no es correcta, ya que el contacto de las manos entre dos personas tiene un origen más antiguo: el comunicarse la mutua energía; los romanos se saludaban cruzando las dos muñecas en una curva lemniscata.

En el norte del país, y no digamos en Escocia, donde los nativos son más calurosos y no rehúyen tanto el contacto personal, también dan más la mano. Acostumbrada a los ingleses del sudeste, la primera vez que fui al norte de Inglaterra me pareció estar viendo visiones ante la novedad de que una mujer me tomara del brazo para indicarme dónde había un salón de té. El calorcete tan rico que me produjo su acción y mi misma sorpresa evidenciaron a mis ojos las carencias del sudeste, donde los nativos en ocasiones han llegado a parecerme robots de gomaespuma rosada. Es curioso rastrear en la literatura británica la actitud hacia las muestras de afecto porque nos hablan de una permanencia en las costumbres. La diferencia de trato entre las dos partes de Inglaterra no es nueva, Elizabeth Gaskell en su novela *North and South* (1855) ya la describe. En ella, el protagonista masculino, del norte, encarna las virtudes y defectos atribuidos a la región: franqueza, rudeza, laboriosidad y falta de refinamiento. A este hombre, la protagonista, que viene del sur, le parece fría porque entre otras cosas no da la mano al saludar. La autora pone en su boca la frase: «... era la costumbre directa y familiar de ese lugar» (una ciudad del norte). George Eliot, por su parte, describe en *Middle-march* a dos mujeres que se despiden: «... se dijeron un silencioso adiós sin beso u otra demostración de efusividad, había habido entre ellas una emoción demasiado seria para usar los signos exteriores superficialmente». Los ingleses del sudeste, isleños hasta la médula y muy reprimidos emocionalmente —los del norte de Inglaterra les llaman *toffee nose* (estirados)—, tienden a rechazar el contacto físico de la misma forma que defienden con uñas y dientes la intrusión en su espacio geográfico; para ellos, el beso a todas horas es una demostración de afecto extranjera o propia del mundo del espectáculo, y por lo tanto ficticia. Su preocupación constante por controlar todas las manifestaciones del cuerpo humano es tal que se sienten incómodos frente a demostraciones intensas, que consideran propias de civilizaciones que se hallan en un grado inferior de desarrollo. Sus alimentos típicos apenas tienen sabor, sus relaciones humanas se caracterizan por la falta de expresión afectiva, y hasta su paisaje está constituido por una sucesión de campos muy iguales. Cualquier británico diría que esto último es una gran exageración —si no un sacrilegio—, ya que ellos distinguen unas zonas de otras, pero para un habitante de la península Ibérica, donde los cambios en la geografía y en las construcciones populares son bruscos y dramáticos, el posible contraste entre un condado y otro está sujeto muchas veces a una especialización parecida a la de los esquimales, que tienen más de veinte palabras para describir el blanco.

En 1977 los extranjeros teníamos derecho a atención médica, a operarnos completamente gratis si surgía una emergencia. Un día que Steve tenía que ir al médico le acompañé, por la curiosidad de ver cómo eran las consultas en Gran Bretaña. Después de atravesar el jardín delantero de la casa particular de la doctora, un edificio victoriano sólido y grande, se llegaba a unas escaleras no muy seguras que parecían arrancar de un invernadero de cristales sucios y lleno de tiestos con miles de hojas secas que nadie se había preocupado de quitar. En el pasillo por el que se accedía a la sala de espera, había una mesa de madera bastante desvencijada y llena de papeles no muy ordenados; detrás estaba la recepcionista, que tenía todas las simpatías de Steve. Era esta una *cockney* gorda, como sacada de un *music-hall,* que reía a voz en grito con un sentido del humor efervescente y contagioso, hablaba por los codos con los pacientes, comentaba las últimas novedades del barrio y les preguntaba por sus familias mientras movía sus brazos regordetes embutidos en un uniforme blanco. La sala de espera era un desastre: el papel de la pared algo despegado, cada silla de un padre y una madre, la alfombra gastada y no excesivamente limpia y en el centro una mesita *art déco*, por vieja no por *chic,* repleta de revistas antediluvianas. A pesar del aspecto general de posguerra, no producía sensación de tristeza sino de relajamiento, como quien sabe que hay cosas más importantes que atender. Pensaba divertida en la cara de susto que habrían puesto mis padres, acostumbrados a consultas con enfermeras pulcrísimas, cuadros en marcos dorados, sillas bien tapizadas, sobre todo, convencidos como estaban de que todo lo británico era muy superior. La doctora, con el infortunado nombre de Reckless —cuya tradución literal al castellano es «imprudente, alocada»—, era igualita a Katherinne Hepburn, el mismo moño, las mismas pecas, y ese aspecto de fortaleza intrépida entonces tan raro en las mujeres latinas de su edad. A los pies tenía varios cajones grandes de plástico y de cartón llenos de juguetes para los niños que iban a verla y en la habitación había un desorden poco propio de una consulta. Aquello no era desde luego lo que yo había imaginado.

Un domingo que hacía muy buen tiempo Steve decidió enseñarme el campo. Tomamos un tren —llevábamos una guía que al parecer indicaba caminos escondidos— y cuando llegamos al sitio previamente elegido, salimos de la estación, pequeñita y pintoresca, muy pulida y bien pintada, y nos encontramos en un lugar que a mí no me parecía el campo sino un barrio elegante de las afueras, con casas por todas partes y de vez en cuando algún cuadrado verde completamente vallado. Steve abrió la guía y siguió las indicaciones que nos llevarían al camino oculto. Yo imaginaba un lugar muy especial. De pronto, señaló una de las vallas con alambre de espino y una especie de banquillo pequeño, escalón doble que servía de paso y tenía su contrapartida al otro lado, junto a uno de los barrotes de madera que sujetaban el alambre al suelo. Lo cruzamos y seguimos por el borde del sembrado en lo que según Steve era un camino público. Anduvimos bastante rato. Yo esperaba llegar a un lugar especial, hasta que me di cuenta de que el asunto consistía en encontrar caminos públicos en aquel laberinto de propiedades privadas. Yo había utilizado una guía para visitar catedrales y monumentos, pero nunca para andar por el campo. Estaba frente a la intelectualización de la naturaleza como última posibilidad ante el Armaggedon que era para mí el paisaje inglés. En España salías de las ciudades y enseguida te encontrabas con espacios abiertos donde a veces no veías casas ni seres humanos en kilómetros a la redonda. De pronto el tiempo cambió y en un suspiro pasó del sol espléndido al viento más desagradable y a una lluvia torrencial que me dejó completamente empapada. La gabardina que llevaba por consejo de Steve —cuando salimos de casa me dije que estaba loco, ¡con el buen día que hacía!— no me sirvió de nada. Yo había vivido siempre en climas que no dejan lugar a la incertidumbre. Llegamos a la estación chorreando, yo de muy mal humor y Steve como si no pasara nada. Mi desconcierto era total, los sembrados aquellos me oprimían y el frío me dejaba sin fuerzas para reaccionar. La situación me desbordaba y sucedió lo que tenía que suceder: me entró de pronto un desconsuelo infinito y me dieron unas ganas incontrolables de llorar.

Mi idea cuando fui a Londres era pasar allí todo el mes de agosto y volver en septiembre a Barcelona, pero antes de que regresase a España Steve quería llevarme a Anglesey, la isla donde había vivido hasta que fue a la universidad, tema de su primer libro de poemas, y con ese motivo se había reservado la última semana que le quedaba de vacaciones. Los británicos podían elegir la época del año más propicia para sus planes y hasta distribuir el tiempo en las estaciones que mejor les conviniera, evitando así los agostos del sur, las muchedumbre en las playas y las grandes ciudades vacías. Medio septiembre pasó y llegó el momento de conocer la isla de Steve, de la que tanto me había hablado, un lugar de altos riscos, praderas bucólicas y pobreza de medios. Yo imaginaba un paisaje parecido al del norte de España, un híbrido entre los Picos de Europa, Asturias, Galicia y los Pirineos. Habíamos decidido salir de Londres en autoestop, y no llevábamos ni cinco minutos esperando cuando empezó a llover a mares. Lo peor no era la lluvia sino el viento frío que daba la vuelta al paraguas (entendí por qué Steve no tenía ninguno) y te metía el agua por los sitios más recónditos. La espera así era un auténtico suplicio. Yo había hecho mucho autoestop en mi vida pero sólo había tenido que luchar contra el calor, preferible cien veces a calarme de agua helada. Steve daba saltos y repetía encantado la famosa expresión «*How exhilarating!*» mientras yo sólo deseaba estar en una habitación con chimenea. En ese instante debería haber intuido las dificultades tan grandes que tendría que arrostrar si algún día decidía quedarme en el país, pero nunca se piensa en esas cosas. Además, influida por los periódicos que hablaban de un septiembre excepcionalmente frío, me parecía que aquello era una ola de extrema dureza pero transitoria. Después de un buen rato bajo la lluvia alguien paró y nos llevó a una estación, donde esperamos, sentados en un banco, la llegada del tren que nos llevaría a Bangor. Yo estaba muerta de frío y de incomodidad, la ropa seguía mojada y sentía un complejo cada vez mayor de pusilánime al ver a Steve tan contento, con su buen humor intacto.

Llegamos a Gales casi de noche. Apenas había luz. Recuerdo el viaje al *cottage* —nombre de las construcciones rurales en Gran Bretaña— como una sucesión de sombras. Mientras, Steve me iba contando con pelos y señales la emoción tan grande de los jóvenes de Anglesey cuando los Beatles llegaron a Bangor para recibir al Maharishi. ¡Qué lejos quedaba todo aquello! En el *cottage* que nos había alquilado la ex novia de un amigo de Steve hacía un frío espantoso. Yo no me lo podía creer, ¡en mitad de septiembre, cuando en Barcelona todavía es pleno verano y la gente va a la playa! No había calefacción, así que buscamos estufas, pero las estufas allí brillaban por su ausencia; yo me preguntaba cómo harían en invierno para calentar todo aquello. Al día siguiente por la mañana vi que estábamos en un pueblo de unas pocas casas alineadas al borde de la carretera; me pareció que todo tenía un aspecto muy severo, carente de sensualidad. De nuevo me había equivocado al imaginarme una estampa rural familiar, la del sur, con mujeres de negro, flores en latas y gallinas correteando.

Lo peor vino cuando pregunté cuál era la sopa típica del lugar. Daba por hecho que, ya que estábamos en una isla apartada y, según Steve pobre, existirían algunos platos populares de pescado. Steve me contestó: «Aquí sólo hay *fish and chips*», pescado rebozado acompañado de patatas fritas rociadas de vinagre que no tiene apenas sabor, un plato que se vende por todo el país. Yo pensé que estaba bromeando, pero por si acaso se lo volví a preguntar; no entraba en mi cabeza que hubiera una isla donde no se pudiera comer un plato característico de pescado. Cuando vi que iba en serio empecé a no entender nada. No comprendía cómo un lugar rodeado por un mar tan bravío, donde los mejillones crecían en las rocas y los podías desprender con un simple cuchillo, y donde las quisquillas se movían en los pocitos que dejaba el agua de la marea, la misma que llegaba a las costas gallegas llenas de mariscos, no tuviera sopas de pescado ni un restaurante popular donde te sirvieran los platos de la región. No existían. La única comida diferente de la que encontrabas en Londres era una pasteta de algas molidas y un bizcocho de frutas llamado *barabrith* que vendían en las panaderías y que era una ligera aproximación al pastel auténtico que podías degustar en sitios finos de tomar el té.

Fue entonces cuando empecé a intuir que para comer bien en las Islas Británicas hay que tener dinero. La idea del café popular o la tasca tiene allí el equivalente del *caff* (cafés baratos y de clase obrera) donde, si no es italiano o de otra nacionalidad, aparte de sándwiches blanquecinos y del típico desayuno inglés no hay nada que de verdad provoque ganas de comer. Por el contrario, el olor a vinagre y a salsas prefabricadas acaba produciendo verdadera repugnancia, al menos a mí. Tampoco había en la isla esas tiendas de alimentación de productos autóctonos que encuentras en otras partes de Europa, y en el supermercado del pueblo donde estaba el *cottage* se vendía lo mismo que en cualquier parte de Gran Bretaña: mucha cosa dulce empaquetada, productos lácteos, congelados, alguna que otra fruta y poca verdura fresca.

El *cottage*, construido en el estilo típico de Gales para combatir el frío y el viento, era muy sólido, de habitaciones muy pequeñas, paredes gruesas y techo bajo, por lo que resultaba un tanto claustrofóbico. La persona que vivía en él, además de tener una gran fortaleza física —a juzgar por la falta de estufas—, era de las que van por el campo con prismáticos para mirar a los pájaros, porque todos los adornos de la casa consistían en pósters de aves y conchas de la playa. La sobriedad de la decoración, con las paredes casi desnudas, en el sur de Europa me hubiera parecido natural y muy atractiva, pero aquí me producía frío y desasosiego; sentía el vacío como una carencia, no como una cualidad. El color blanco de las paredes, en lugar de reflejar la luz caliente del sol, te devolvía el gris del cielo. Así entendí algo más la manía británica por el uso de cretonas y telas de mucho estampado: contrarrestan un poco la ausencia de alegría y calor.

El frío continuó mientras estuvimos allí, y el viento era incesante; había una especie de niebla gris que iba y venía, como si estuviéramos en pleno invierno. Según Keats, el otoño es la «Estación de neblinas y frutos suaves, íntimo y cercano amigo del sol maduro», pero yo no vi frutos por ningún lado y para mis ojos ibéricos con septiembres desbordantes de pimientos enormes, panochas, uvas... era imposible ver fecundidad en la sobriedad de Anglesey. No quería herir a Steve, pero aquel lugar me producía una enorme tristeza, y no podía reprimir mi impotencia y frustración por un sitio que me resultaba completamente ajeno, sin posibilidad de encontrar referencias familiares que me reconfortaran y me ayudaran a sobreponerme a la situación, que se tornó angustiosa el fatídico día de la marcha. Steve me había preguntado en Londres si yo caminaba, y le había dicho que sí con naturalidad, porque lo que yo entendía por caminar era algo que hacía bastante a menudo. Empecé a sospechar que algo no encajaba cuando dijo que habría que llevar botas. Le contesté que yo caminaba con cualquier cosa. Él me miró extrañado y me aconsejó que para Anglesey me comprara unas botas fuertes, lo que hice convencida de que íbamos a un lugar de suelos muy accidentados. No tardé mucho tiempo en darme cuenta de lo que él entendía por caminar, segura de que en algún momento, con el lío de las lenguas, se nos habían confundido los significados. No sabía entonces que para los británicos el concepto de vacaciones está íntimamente ligado al movimiento pedestre, que muy a menudo se convierte en una marcha de kilómetros y kilómetros, tipo maniobra militar. A la segunda tarde nos pusimos las susodichas botas y empezamos a caminar por un páramo verde con casas cuadradas como las de las construcciones de plástico para niños de los años cincuenta. Algunas de ellas tenían las paredes exteriores cubiertas de una cosa que no había visto nunca: *pebble dash* —cuya traducción literal sería: guijarros tirados o extendidos sin cuidado—, que consiste, como su nombre indica, en una especie de argamasa feísima entre gris y marrón, un conglomerado de piedras diminutas que les da un aspecto increíblemente sombrío y apagado, la antítesis de lo bello. Era lo opuesto al cariño de los pequeños detalles —el color añil, los azulejos, etc.— que en los países pobres ennoblecen y alegran las construcciones modestas. Cuando conocí otras zonas de Gran Bretaña, como Somerset y Devon, donde se cuida en extremo la apariencia de las casas, me di cuenta de que las viviendas de la gente acomodada eran las que tenían detalles artesanales, como techos de paja y pinturas esgrafiadas en las paredes; la gente de escasos medios vivía en casas de renta limitada de propiedad municipal, cubiertas muchas de ellas de *pebble dash*. La falta de color y de estética visual es algo muy galés.

Los jardines de esa parte de Anglesey eran ralos, batidos por el viento continuo, tan cotidiano en la isla que Steve, los primeros días de estudiante en Cambridge, al notar la falta de algo vital, se dio cuenta de que allí no lo había. Esa gran desolación, entrañable para él porque era parte de su infancia, a mí me sobrecogía. Estaba acostumbrada a la potencia de otro elemento, el sol, que destruía calcinando pero se metía por los rincones y lo llenaba todo de vida, haciendo bailar de alegría hasta las motas de polvo. En el campo de Anglesey no había flores, y las plantas, aun pegando la nariz a ellas, no despedían ningún aroma; predominaba un ligero tufo a mojado, a húmedo, que intensificado recordaba el olor de las setas. Nada que ver con ese olor intenso que despide la tierra del sur recién mojada, llenándote de energía y dándote un vuelco al plexo solar. Mi primer impulso de oler profundamente todo cuando llego a un sitio fue considerado por Steve como parte de mi idiosincrasia cultural. Luego, con los años y mi «experiencia de campo», llegué a convencerme de que los británicos se relacionan con los olores de un modo diferente a los habitantes de los países del sur.

«¿No querías musgos y helechos?», me decía a mí misma, «pues aquí los tienes, rica». Pero si en España eran una joya de valor especialísimo, en Anglesey se convertían en una peste mohosa. Andando y andando, por carretera primero y luego por senderos de arena dura, llegamos finalmente a un bosque de coníferas, todas iguales, que a mí me parecieron siniestras, plantadas con intención de fijar las dunas y convertirlas en superficie de labor. Según las leyendas del *Mabinoggion*, el libro de gestas galesas que nace en el siglo VIII, bajo ellas se halla enterrada una ciudad que desapareció en una tormenta de arena, algo que la arqueología ha demostrado en los últimos años. A Steve eso le causaba una impresión muy mágica, mientras que yo, por mucho que tratara de poner romanticismo al asunto, sentía una aversión parecida al temor que me entraba al ver las superficies frías de los lagos oscuros. Llegó un momento en que empecé a tener dificultad para mover las botas, cuanto más andaba más me pesaban, como si se estuvieran convirtiendo en las que llevaban los buzos antiguos, y notaba una presión muy fuerte del océano de nubes sobre la cabeza. A los dos lados del camino, miraras por donde miraras, había hileras interminables de árboles casi idénticos que amenazaban con succionarme y desintegrarme en una monotonía de luz mortecina. Después de recorrer varios kilómetros llegamos al mar. La marea alta invadía las dunas azotadas por el viento, que movía los juncos raquíticos del color tostado que tiene la hierba seca por el frío, creciendo en pequeños matorrales bajos. Si me distanciaba de mi propia sensación podía ver la fuerza y la extraña belleza que Steve encontraba en todo ello, pero para mí era un ejercicio intelectual. En aquel paisaje no había nada que me tocara el corazón, lo único que me llegaba dentro era ese frío húmedo que te cala los huesos. El sol, que a duras penas se distinguía entre la mancha gris del cielo, era un Turner diluido y sin embargo molestaba en los ojos. Según me dijeron después, en esas latitudes la inclinación de los rayos del sol es oblicua, no perpendicular como en España, por lo que inciden de lado y te dan de frente en la pupila.

Reservamos los dos últimos días para visitar a unos amigos de Steve, el músico John Hywel y la que era entonces su mujer, Sheelagh, que vivían en Menai Bridge, la ciudad que está enfrente de Bangor, unidas ambas por el puente que comunica la isla de Anglesey con la tierra firme de Gales. La casa, construida en un jardín de cuento, un trozo del antiguo bosque que cubría toda la zona con rocas enormes de verdad, no de *garden centre*, cascada natural y reguero, estaba permanentemente abierta, tenía las puertas y ventanas de par en par todo el tiempo, como si en lugar de encontrarnos en un sitio muy frío estuviéramos en las mismísimas Bahamas. Aquello pudo conmigo; aterida, arrebujada en mi abrigo, me sentía como en el polo Norte. Tardé muchos años en abrirme al norte y apreciar su belleza.

Una de las cosas que más gracia me hizo en ese viaje fue el ver que casi todos los galeses llevaban los mismos apellidos, como si fueran miembros de una tribu emparentados entre sí. Uno de los coros que ha dirigido John Hywel tenía: tres Evans, veintitrés Jones, diez Owens, once Roberts, quince Williams y seis Griffiths. Como en Gran Bretaña no se lleva el apellido de la madre, en el colegio de Steve, para distinguir a los niños que tenían el mismo apellido les añadían el nombre del pueblo donde habían nacido: Owen Amlwch, Owen Burwen, Owen Penysar, etc. En esto de los coros los galeses eran igualitos que los vascos: a la mínima la emprendían a varias voces. Cuando conocí a Steve me di cuenta de que la potencia de las cuerdas vocales de Richard Burton y Anthony Hopkins era una característica de la región, sobre todo de los valles mineros del sur. Ese verano oí por vez primera la voz de Richard Burton recitando *Under the Milk Wood*, de Dillan Thomas, una de sus mejores actuaciones, y comprendí como nunca cuánto se había perdido con los doblajes. Cuando te acostumbras a la calidad de la entonación en las voces de los actores británicos, choca la falta de rigor de las películas españolas a la hora de imitar los diferentes acentos del país. En un documental que hizo Televisión Española sobre los niños y niñas de la guerra —los llamados niños vascos— evacuados a Gran Bretaña, los actores eran unos chiquillos que, aparte de malísimos, hablaban con acento gallego cerrado. Yo me pregunté si al resto de los espectadores les daría la misma impresión de falsedad y absurdo que a mí. Los actores británicos cuando tienen que encarnar a personajes de diferentes zonas de Gran Bretaña consultan los ficheros de voces para aprender la entonación y ajustarse a ella lo más fielmente posible.

No sé cómo en ese viaje a Anglesey, ante mi incapacidad anímica para aceptar las características del norte, no decidimos dejarnos para siempre. Estábamos demasiado fascinados por nuestras diferencias: Steve pensando que el viento «era el sonido mismo de la creación» y yo convencida de que era un puro dolor de oídos. Volvimos a Londres y el tiempo fue pasando. Llegó un momento en que hubo que plantearse seriamente la situación: ¿me iba o me quedaba? Si permanecía en Gran Bretaña me perdería una parte muy importante de la historia de España construida desde primera fila por las gentes de mi generación. Me sentía culpable de no estar en España, pero necesitaba esa distancia. En el tira y afloja entraba el ingrediente de lo problemático que era para mí elegir un lugar donde vivir. Madrid me seguía pareciendo una ciudad ajena, y en Barcelona me sentía como un pariente lejano que en el entierro de un familiar deja los primeros bancos a los más allegados. Tanto si volvía a Barcelona como si me quedaba en Londres tendría que aprender una lengua nueva. Aposté por el inglés.

Pasados unos meses empezamos a pensar en la boda. Yo me acordé de mi abuela Amalia, la madre de mi madre, a cuyo nombre siempre le acompañaba la coletilla «¡Era una santa!». Entre su historia y la mía se diría que habían pasado tres siglos, pero es que al principio de vivir en Londres me parecía que mis vivencias de infancia pertenecían en Gran Bretaña al tiempo de Jane Austen. Amalia vivía con sus padres en Monforte de Lemos, donde el abuelo José montó un estudio de fotografía. Se conocieron y el abuelo la requirió en matrimonio. Los padres de Amalia, horrorizados por la fama de mujeriego del pretendiente, trataron de disuadirla por todos los medios posibles de una boda amenazada de antemano por la reputación del futuro consorte. Al final, sin saber ya qué hacer, mi bisabuela, harta de argumentos que no iban a ninguna parte, le pidió que consultara con el cura; pensaba que el cura, al estar al tanto de las comidillas acerca de José, que para más inri era ateo, la convencería del peligro que entrañaba el compartir su vida con un hombre de esas propensiones. El cura, con la típica tonsura del gremio, le sugirió: «Hija, acércate al altar de la Virgen y mírala fijamente a los ojos. Reza un padrenuestro y confía en Nuestra Señora, ella le dará respuesta a tu afligido corazón». Mi abuela, que aun siendo buena cristiana estaba, y lo estuvo siempre, perdidamente enamorada de su José, fue al altar, miró a la estatua, rezó un padrenuestro y volvió a casa convencida del «sí» de la Virgen. Su madre no pudo ya entonces oponerse por más tiempo a la temida boda y para Amalia empezó una historia que acabó como era de esperar, muy mal: Amalia viviendo en la casa familiar con las hijas y los hijos y José en el Hotel Moderno de Astorga con gran escándalo de la cristiandad.

No había muchacha de servicio que parara en casa, por culpa del abuelo. Según me contó tía Coral, un día las mujeres de la familia, hartas de tanto trasiego, contrataron a una muchacha feísima. Cuando el abuelo llegó del trabajo y la vio en la cocina gritó con característica sensibilidad: «¡Esta chica se tiene que ir inmediatamente!». Pero su mujer y sus hijas se negaron a echarla. Entonces el abuelo plantó un ultimátum: «O ella o yo», y la familia dijo: «Ella», ante lo cual don José arrancó por peteneras y se fue a vivir solo al Hotel Moderno de Astorga, con gran horror de la cristiandad. El hecho hubiera sido motivo de escándalo en cualquier lugar del mundo, pero mucho más en una ciudad pequeña de una de las zonas más carcas de España, y no digamos en los años treinta. A mi abuela, pobre, le daba tanta vergüenza que la señalaran con el dedo que no salía nunca a la calle; iba a la peluquería por la noche, cuando no la veía nadie.

Yo, en cambio, estaba decidiendo mi futuro lejos de mi familia y de todo lo conocido. El hombre de mi historia parecía mentalmente muy sano y no arrastraba los lastres de mi abuelo, pero hasta que no pasara el tiempo no sabría dónde me había metido. Y para evitar decisiones donde no hay vuelta de hoja elegí casarme en Londres, porque si un día Steve o yo decidíamos ir a vivir a cualquier Hotel Moderno del mundo, tendríamos el divorcio asegurado y con él la posibilidad de empezar una nueva vida, algo que en 1977 estaba todavía vedado en España. Así que nos embarcamos en la aventura.

4

El casamiento y el melón
por ventura son

Desde el momento en que el galés y yo anunciamos la boda, el panorama familiar sufrió una total convulsión. Mis padres, con el desahogo del condenado a la horca que es liberado por los suyos en el último segundo, se quitaron de encima años de preocupación por el destino tan incierto que me esperaba —soltera para la eternidad—, y aceptaron gustosísimos recibirnos en Madrid para dar el visto bueno al novio.

Agradecidos por adelantado al hombre que iba a salvarnos de la ignominia (la soltería de las mujeres era entonces en España una tara social malamente compartida entre todos los familiares), lo aceptaron con los ojos cerrados. Si bien es cierto que su nacionalidad aportaba una garantía de calidad y que los estudios en Cambridge hablaban de su inteligencia, en otro momento de menos urgencia habrían puesto pegas a ciertas particularidades del «pretendiente» que se salían del código familiar. Su forma de ser, muy poco convencional y de izquierdas, chocaba de frente con el ideal de marido que mis progenitores habían soñado para sus hijas. Y encima la vestimenta. Ni marcas y buenas hechuras ni estudiada dejadez; a Steve le traía bastante sin cuidado lo que se ponía encima. De haber tenido mi padre y mi madre alguna reserva hacia él antes de conocerlo, esta fue disipada al tratarle, ya que el novio, aparte de ser muy alto y agradable físicamente, cosa que en mis dos familias ha tenido siempre gran importancia, rezumaba armonía por los cuatro costados. Tenía tan buen carácter que se levantaba todos los días de un humor excelente e incluso acompañaba sus abluciones con cánticos variados. Esto causó gran impresión, ya que los despertares en mi familia más cercana eran vivencias poco memorables.

Otra cosa que también les impactó de Steve fue que escuchaba pacientemente, sin arrebatar la palabra a los demás como se hace en España, donde la gente no conversa, da conferencias. Como no sabía interrumpir, el pobre pasó muchísimo tiempo sin meter baza, y cuando aprendió a hacerlo yo había aprendido también a usar el silencio. En algún momento la familia recordó lo que decía siempre tía Coral: «Los ingleses son unos maridos estupendos», deseando que fuera verdad lo que Edward de Chamberlayne escribió en 1669: «Su condición [de las esposas inglesas] es de facto la mejor del mundo; porque son de tan buena índole los ingleses hacia sus mugeres [sic] y tal su ternura y respeto, que les dan el lugar superior en la mesa y en todas partes, a la derecha siempre, sin ocuparse en cosas bajas, ni duras, y vienen a ser, generalmente hablando, las mugeres [sic] más felices de la tierra».

¡Qué desesperados debían de estar para no hacer ni un solo comentario sobre el delicado detalle de haber vivido con él un año sin «papeles»! Cuando llegué a Londres en 1977 había una diferencia notoria entre España y Gran Bretaña en la actitud social hacia la virginidad de la mujer. Una vez traté de expresar en inglés el concepto de «pudor» pero Steve no entendía lo que le quería decir, cuando por fin lo captó, dijo: *Ah, inhibition!* (inhibición), con lo cual le había quitado de un plumazo todo el contenido cultural, la aureola de especial calidad que ese concepto tenía en la España de mi infancia y juventud referido a las mujeres. Todos los amigos y conocidos de Steve vivían en pareja sin estar casados; yo me preguntaba si aquello era lo corriente o me había topado con un grupo de gente muy especial. Si en la España de 1977 las personas que como Steve y yo vivíamos juntas antes de casarnos éramos una anomalía, una vergüenza para la mayoría de las familias, en Londres constituíamos un número muy elevado, aunque en ello había todavía cierto tinte de modernidad. En el año 2002 la convivencia previa al matrimonio se ha convertido en el preámbulo natural de la población británica. Tanto es así que cuando los periódicos comentaron el compromiso del príncipe Andrew, insistieron en la normalidad de Fergie en detrimento de su cuñada Diana, que según parece llegó virgen a la boda, como corroboró públicamente un tío suyo, médico, dejando atónitos a los británicos. En el año 1997 se consideraba que la cohabitación prematrimonial era el prerrequisito lógico de una relación normal, hasta el punto que una alumna mía comentaba que su familia estaba preocupada porque la novia del hermano no quería ir de vacaciones con él hasta después de casarse. En el campo de Gran Bretaña la virginidad de las mujeres era menos importante que en la península Ibérica, y hay historias populares que lo confirman. Una de ellas es de Suffolk y cuenta que, cuando en la noche de bodas el marido deja la cámara nupcial para comentarle a su madre que su esposa es virgen, la madre le aconseja que la deje inmediatamente: «Si los de su pueblo no encontraron nada bueno en ella, tú no tienes por qué cargar con el saldo». En el condado de Cambridge, cuando un vicario espetó al padre de un muchacho que se estaba propasando con la novia el hombre le contestó: «Pero padre, usted no compraría un caballo sin haberlo montado antes para ver cómo trota». Sin embargo, el padre de lord Sandwich (siglo XVII) dijo: «El hombre que embaraza a una mujer y se casa con ella es como el que se caga en su sombrero y luego se lo pone en la cabeza».

Como la sociedad cambia más rápido que la ley, a pesar de la cohabitación casi reglamentaria en Gran Bretaña todavía no se han establecido los derechos de los individuos que optan por ella. Enfrente de la primera casa que compartí con Steve y sus amigos vivía una pareja de esas que sólo las encuentras en Londres, más un chucho de pelo recortado a hipidos que prácticamente se alimentaba de chocolate. Yo les había observado desde la ventana con gran curiosidad, y un día, no me acuerdo con qué motivo banal, entablamos conversación. Ella se llamaba Gladys, y él, Albert (luego supe era nombre de connotaciones ridículas muy usado en el *music-hall*). Desde entonces, siempre que nos veíamos pegábamos la hebra; yo estiraba al máximo mi inglés escuchimizado para saber más de ellos, porque nunca me había topado con alguien así y sentía unas ganas enormes de romper los estereotipos. De lejos la mujer parecía una rubia atómica, tipo Diana Dors con sostenes años cincuenta, pero de cerca te dabas cuenta de que sus rizos estaban descascarillados la mayor parte del tiempo y oscilaban entre el platino brillante del nailon, a lo Barbie, y el marchitamiento deprimente de la fibra en decadencia. Su culo, que en lontananza lo mismo giraba airoso al este que al oeste, de cerca destilaba un destartalamiento más de norte a sur, con melancolía gelatinosa por un estilo a lo Marilyn Monroe que se había quedado desfasado en aquella época. Las tetas de pico duro y los tacones de pirulí estratosférico hablaban también de otro sistema solar. A mí me daba mucha ternura ese aspecto de frívola empedernida chocando a diario contra los años setenta londinenses de feminismo y pan integral. Su marido, o lo que fuera, era otro número. Un rockero viejo con un tupé engominado de más o menos tronío, según tuviera el ánimo, que se levantaba contra el cielo. Cuando los conocí no supe si estaban casados o no. Hace poco alguien se acercó a saludarme por la calle y me encontré cara a cara con Gladys; no pude reconocerla de inmediato. Ahora que su estilo no llamaría la atención a nadie, se había transformado en un ser muy anodino. Iba enfundada en un chandal brillante de esos que llevan las británicas en los aeropuertos internacionales, con tacón alto y pulsera en los tobillos. Me saludó muy cariñosa y me contó con pelos y señales su nueva vida. Una tragedia. El perro se había muerto de viejo y el compa, que no era marido, lo mismo pero de cáncer de pulmón; no paraba de fumar. Como no estaban casados, el gobierno se negaba a pasarle la pensión que le correspondía por los años de trabajo de «su hombre», que a pesar del tupé había pegado el callo como todo quisque.

Cuando amigos y conocidos en España supieron por primera vez mi decisión de compartir la existencia con un británico dieron generosamente su veredicto, que transparentaba un racismo invertido a pesar de la dichosa Armada, Gibraltar, el clima y los crímenes tortuosos. Todos pensaban que casarse con un inglés implicaba cierta categoría, y el que Steve fuera galés y se sintiera de una cultura diferente a la que le atribuían, no quitaba ni ponía; para mis amigos y conocidos españoles él procedía de las Islas Británicas y, por lo tanto, era inglés. La ocasión dio pie al brote espontáneo de todos los estereotipos imaginables. Las mujeres reaccionaron con una mezcla de envidia y solidaridad, como si yo fuera una compañera de cárcel a punto de abandonar el presidio. Esto me lo transmitieron no sólo universitarias o profesionales, sino aquellas que jamás se habían planteado ideas feministas o revolucionarias y a ojos vista parecían bastante satisfechas con su existencia, por lo que me dejaron muy sorprendida. Con sencillez y claridad diáfanas, sin complicados argumentos intelectuales, manifestaban de formas diversas su hartura y frustración profundas respecto del género masculino nacional. Hasta ese momento yo no era consciente del poco valor que las mujeres corrientes y molientes daban al hombre español, al que describían como un discapacitado emocional, un gruñón exigente e inmaduro que no había aprendido a devolver las atenciones que recibía. Yo no salía de mi asombro al ver que tantas mujeres diferentes se manifestaban de la misma manera. No les interesaba en particular el hecho de que Steve fuera «inglés», sino extranjero. «Los extranjeros son muy comprensivos y ayudan mucho a sus mujeres» era la frase más común. La clase que supuestamente tienen los ingleses también influía en algunas personas a la hora de juzgar mi boda con uno: «Haces muy bien, España es un país muy hortera y los ingleses son gente finísima», me decían admiradas. Montse Rebés, una amiga del colegio, me preguntó: «¿Tu suegra es de las que llevan sandalias y medias?». Las extranjeras con sandalias y medias y los extranjeros con sandalias y calcetines eran un tema frecuente en nuestras tertulias escolares. Para nosotras no había imagen más ridícula que esa tan típica que los nativos del norte de Europa lucían ya en masa en las costas catalanas. Si uno llevaba sandalias era por el calor, y la idea de llevar debajo calcetines o medias nos parecía absurda. En aquella época me habría dado un soponcio de vergüenza si hubiera visto por un agujerito que un día habría de casarme con un extranjero cuya madre llevaba sandalias con medias.

Una amiga de mis padres, oriunda de Astorga, cuando supo lo de mi boda con «el inglés» me felicitó porque, según ella, demostraba ser coherente con mis propias ideas: «Tú siempre fuiste muy avanzada y en eso has salido a la familia materna, donde tanta gente se ha casado con extranjeros. Fulano con zutana que viene de tal país, mengano con perengana que viene de X, y tu otro primo que está casado con una chica de Ibiza, que para el caso es como ser extranjera».

Los hombres de mi entorno, en cambio, se sintieron rechazados y, donde una menos lo esperaba, afloró el machismo. Algún amigo me hizo recapacitar sobre la decisión de unirme a un clan bárbaro, asegurándome que no había en el mundo familias ni suegras como las españolas. De eso precisamente huía yo. La única pregunta común a los dos sexos fue: «¿Cómo demonios le conociste? Yo estuve un año en Londres y no traté de cerca a ningún nativo». Mi explicación de que lo había encontrado en un tren les dejaba satisfechos. ¿Qué sentía yo, pues, al casarme con un extranjero? Una enorme sensación de frescura, de alivio, por haber encontrado un hombre al que no le daban miedo mis posibles éxitos intelectuales, al contrario, se enorgullecía enormemente de ellos, y con el cual podía ser enteramente yo, algo que antes me había resultado enormemente difícil. Desde entonces he conocido en Londres a infinidad de mujeres latinas cuyas decisiones de vivir o casarse con británicos han partido de presupuestos iguales o muy parecidos a los míos.

A pesar de que mi madre y la de Steve pertenecían a dos culturas diferentes —sus vidas, además no tenían nada en común—, habían sido programadas para reaccionar igual a los mismos estímulos, así que las dos quedaron fascinadas de inmediato con la idea de la boda y desde luego mucho más excitadas que yo. La de Steve,

que como la mayoría de las madres británicas no esperaba demasiado de él y no le exigía casi nada, me había visto varias veces y había tenido tiempo suficiente para darse cuenta de si yo cumplía o no los requisitos exigidos a
la condición de nuera. De no haberlos cumplido, de poco
le hubiera valido, porque su hijo vivía solo desde los dieciocho años y era una persona totalmente independiente. La nacionalidad española me convertía en portadora
de unas características que se suponían implícitas en mi
cultura étnica: el exotismo y el mayor respeto por las instituciones familiares.

Pasado el examen sin gran dificultad, se me confió la
tarea de cuidar que Steve no dejara ropa olvidada —como al parecer sucedía siempre que iba de visita a casa de
sus padres—, y lo único que se me sugirió fue un poco
de atención al «caso Steve», esperando que mi persona y
la influencia del matrimonio le alejaran del hippismo
y la bohemia. El destino brillante que todos le augura-
ban después de unos resultados excelentes en Cambridge se tronchó por completo cuando Steve empezó a dedi-
carse de lleno a la poesía y los servicios sociales, dos
profesiones opuestas a la idea de éxito que los padres
suelen tener para sus hijos. En ese trasvase simbólico de
responsabilidades mutuas nunca jamás se me exigió el
grado de profesionalidad doméstica que las amas de
casa españolas —«Lo lleva como un pincel»— tienen a
gala mostrar las veinticuatro horas del día. No había
más que ver los armarios de la madre de Steve para saber
que ella no pertenecía a la misma especie que las mujeres de mi familia, mantenedoras de esas piezas de mobiliario que son como vitrinas de exposición, con las bal-
das cubiertas por pañitos de lino almidonados y con el
borde adornado por un encaje de bolillos. Si al principio
me desestabilizó la falta de orden y pulcritud en tantas

casas de amigos británicos y me parecía extraña la ausencia de esa limpieza neurótica de las casas españolas, con el tiempo me di cuenta de que el tamaño de las viviendas, la falta de ayuda doméstica y el trabajo fuera del hogar hacían muy difícil mantener esos estándares de «tomar sopas en el suelo».

La madre de Steve se erigió como portadora de la antorcha de lo tradicional y en confidencias de mujer a mujer me fue explicando las costumbres inglesas, intentando que mi interferencia salvara de la quema alguna de ellas y dando por hecho que el poco convencionalismo de su hijo no dejaría colar el más mínimo resquicio del protocolo familiar, que en las bodas se puede convertir en una forma de expresión del rol materno como transmisor de los más profundos rasgos culturales. Como mi madre estaba en otro país y todo lo íbamos a organizar nosotros dos, la de Steve asumió con entusiasmo el poco papel que le quedaba, y se encargó de cosas concretas como pedirme listas de lo que necesitaba para pasárselas a familiares y amigos. Si yo hubiera sido británica tampoco habría hecho mucho más, ya que en Gran Bretaña no existe la costumbre de que la madre del novio acompañe a su hijo al altar, allí la figura de la madre no tiene la importancia que se le da en las bodas españolas.

Fijada la fecha del acontecimiento y a medida que iban surgiendo situaciones nuevas, aprendía el significado de ciertas tradiciones, aunque pasó mucho tiempo hasta que logré entenderlas todas. Mi primera sorpresa fue comprobar cuánto ritual seguía existiendo en Gran Bretaña al margen de la ceremonia religiosa y cómo se mantenían vivas unas costumbres que en España ya no existían. Las bodas españolas que yo había conocido habían sido ceremonias cortas seguidas de banquetes más o menos importantes, pero sin ese protocolo británico que se da hasta en las bodas más sencillas. Muchos, para poder tener más pompa y ritual —el paso por el registro civil es visto y no visto—, se casan por la Iglesia. Conozco a varias personas que se han casado por la Iglesia a pesar de no haber sido nunca creyentes; en Gran Bretaña una gran parte de la población visita la iglesia sólo en dos momentos de su vida: el bautizo y el matrimonio.

En una sociedad tan laica como la británica la gente que se casa por la Iglesia lo hace más que nada para poder llevar el traje blanco; en el registro civil no suele llevarse porque se considera demasiado pomposo para el lugar. Los británicos, que tienen como norma la falta de ostentación en su ropa diaria, usan la expresión *dress down*, literalmente «vestirse para abajo», que es la regla básica de toda persona «bien educada». El joyerío y la presunción cotidiana, tan propios del sur de Europa —la familia real es caso aparte—, se consideran allí fuera de tono. En este sentido es ilustrativa la expresión *dress to kill* («vestida para matar»), cuyo equivalente español sería: «¡Qué bien va Pepita!». Cuando los periódicos publicaron las cartas que la española Bienvenida Buck había recibido de su ex amante, sir Peter Harding, jefe de las Fuerzas Armadas, leímos que este, entre otras cosas, le había dicho: «Vistes como una reina». Viniendo de un británico no se sabía si tomarlo a bien o a mal. En España y en Italia hay cantidades ingentes de mujeres que visten muchísimo mejor que cualquier reina.

Esa obsesión por no aparentar que tiene la clase media británica a todas horas (la clase obrera y la aristocracia, cada cual a su modo, no temen el exceso) es producto del puritanismo, pero el vestir de forma descuidada, empezó a ponerse de moda en los años sesenta, ha acabado mostrando lo opuesto a lo que se pretendía: se ha convertido en un clasismo invertido, ya que no es precisamente la clase obrera la que viste descuidada. Esa especie de ostentación en la falta aparente de dinero dice que cuanto más antigua es la fortuna menos se necesita mostrarlo. La tía del creador de James Bond, que se dedica a la cría de caballos, me recibió una vez en su magnífica casa, una abadía reconstruida con los suelos inmensos cubiertos de alfombras persas. Si no hubiera sabido que el atuendo que llevaba era natural en ella habría pensado que era un disfraz de pobrecina.

Como me decían unos amigos de impecable pedigrí, «lo importante de una persona es su educación; ya puedes cubrirte con modelitos exclusivos que si no tienes buen acento ¿para qué quieres el traje de Chanel?». Eso lo ve uno a diario en Londres. En el Christie's de South Kensington, por ejemplo, hubo en un tiempo una chica muy joven que solía llevar unos zapatos que ni para el trapero, eso sí, cuando abría la boca tenía un acento igualito al de la reina. La forma de vestir ha cambiado bastante desde que yo vivo en Londres gracias a la influencia de los años ochenta. Con la moda y el thatcherismo desaparecieron los bombines y empezaron a verse en los hombres trajes de diseño continental, aunque la City sigue siendo el paraíso del traje a rayas. El mundo de los yuppies se ha venido abajo y con él la utopía del dinero fácil, pero en ciertos sectores ha quedado el interés de los años ochenta por lo aparente, tan thatcheriano, que, como en un país tercermundista más, trató de cubrir con ostentación los profundos socavones de la crisis social y económica.

Una de las reglas fundamentales de la etiqueta británica es evitar el negro en las bodas, su identificación con la muerte lo convierte en totalmente inoportuno en momentos de festejo, y además se cree que trae mal fario. Cuando yo, con la idea de que el *petit tailleur noir* viste siempre, he intentado llevarlo a alguna boda, Steve me ha recordado invariablemente que debía ponerme otra cosa. A una amiga mía italiana se le indicó en una invitación que por favor no llevara nada negro porque no querían atraer la mala suerte, era el segundo matrimonio de la novia. En los tés que organiza la reina los veranos y a los que asisten muchísimas personas, la invitación pide expresamente «no llevar negro». Pienso ahora en el efecto que debimos causar el día de mi boda: mi madre iba de negro de pies a cabeza, mi hermana llevaba un abrigo negro y yo lucía una falda larga negra. La superstición aquí desde luego no ha funcionado.

Con la ola de conservadurismo que invadió Gran Bretaña en los años ochenta y el matrimonio de la princesa Diana, las bodas blancas se pusieron otra vez de moda. Aunque el número de mujeres británicas que se casan antes de los veinte años ha descendido enormemente, muchos de los que finalmente se deciden a casarse lo hacen con más pompa que antes. Algunos atribuyen este lujo a un deseo insconsciente de usar la magia del ritual como amuleto ante la falta de seguridad en una institución que se tambalea. En mi caso la firma del acta matrimonial en el registrio civil no iba a ser «el día más feliz de la vida». Nuestra idea era simplemente celebrar con los amigos y familiares más cercanos el hecho de habernos conocido: alquilaríamos un local que no costara mucho dinero, pagaríamos a un grupo de música tradicional irlandesa para que amenizara parte del baile y prepararíamos nosotros mismos la comida. Cuando la madre de Steve lo supo, me pasó inmediatamente una receta especial para hacer el pastel que con variaciones mínimas se suele preparar en Gran Bretaña para celebrar también otras fiestas, como la Navidad, los bautizos, los cumpleaños... sólo cambia el aspecto exterior. Me indicó también que era costumbre guardar el piso superior, dando por hecho que iba a ser de varios pisos, para el bautizo de mi primer hijo. Mi expresión fue de total estupor; recordaba el trozo de Wendy y no me podía imaginar cómo estaría el pastel un año o varios años después. La madre de Steve, al ver mi sorpresa, me explicó que era una costumbre muy tradicional, y para apaciguar mis reservas añadió: «*Darling*, el cocinero de la princesa Ana usó el primer piso de su pastel de boda para el pastel del bautizo de *lady* Zarah». Ahí tuve por primera vez el detalle, tan común entonces para muchos británicos y tan folclórico para mí, de sacar a colación, según el tema y el momento, a diferentes individuos de la familia real —mancillada irreversiblemente por Fergie y Diana—, como si fueran un ejemplo de perfección.

¿Acaso los ingleses hacían con los pasteles lo mismo que los chinos con los huevos de mil años? El asunto me tuvo intrigada un tiempo porque no encajaba en mi percepción de los británicos como seres poco refinados culinariamente hablando. Luego supe que el pastel con el tiempo maceraba, como los buenos vinos, y que la receta para ser auténtica debía llevar alcohol, ingrediente clave que, con las especias correspondientes, cura los frutos secos, base de la masa. Hay personas que lo encuentran muy pesado, por lo que a veces para las bodas se encarga un pastel algo más ligero, pero a mí me han dado siempre el tradicional.

El problema de vivir en una cultura extranjera es que al principio uno desconoce si las nuevas costumbres que va encontrando son generales o particulares de una familia, región o clase social. Ese ejercicio constante de no dar por hecho lo que a los demás les parece tan obvio agiliza la mente no sólo del recién llegado sino de los que están a su alrededor, que empiezan a analizar por primera vez lo que jamás habían puesto en entredicho. Como lo de guardar el pastel me pareció tan raro, empecé a preguntar a la gente que conocía si era algo corriente. Un matrimonio amigo, mucho mayor que nosotros, nos contó que cuando se mudaron de casa, veinte años después de su boda, encontraron en una caja de hojalata el piso superior del pastel de boda, y sabiendo que ya no iban a tener hijos se lo comieron tan contentos. La fuerte impresión de rito necrológico que me produjo su historia me acompañó durante un tiempo. Ahora ya no me sorprende la idea de guardar el pastel, me he acostumbrado a ello. Entiendo que en esta sociedad tan laica y que se cree tan civilizada, el pastel de boda —portador de buena suerte— tiene todavía una importante carga ancestral.

Los ingredientes principales del pastel son grandes cantidades de frutos secos y muchas especias que se compran ya mezcladas con el nombre de *ground mixed spice*. Esa masa es la que hoy en día se considera oficial, pero Mrs. Beeton, autora culinaria victoriana e institución nacional de la que hablo en el próximo libro, da otra receta muy diferente para el pastel de Navidad. Una vez cocida la masa, lo que se puede hacer con meses de anticipación, se le echa por encima jerez o el licor que se quiera. El acabado consiste en cubrirlo primero con una capa de mazapán y después con otra de *royal icing*. El *icing*, palabra clave en la repostería británica, describe la cubierta del pastel, que si es blanco y brillante parece hielo, *ice* en inglés. Es una especie de alcorza —el barniz blanco y duro de las rosquillas bobas—, aunque no es exactamente lo mismo. Mi suegra, como tantas británicas de su edad y como muchas jóvenes, había asistido a clases de *icing*, muy comunes en el país, y tenía un arsenal de utensilios para hacer todo tipo de filigranas en azúcar, incluidos cestitos llenos de capullos de rosas. El *icing* es un asunto tan cultural en Gran Bretaña que la expresión *icing on the cake* significa un añadido de calidad extra al tema que se esté tratando.

En las bodas británicas corresponde a la madre de la novia meter en cajitas especiales, con los dibujos correspondientes de campanas y herraduras de la suerte, muestras pequeñas de pastel para enviarlas a los amigos que no pudieron asistir a la ceremonia. Por eso recibimos aquel verano en Astorga un trozo de pastel de boda de Wendy y Gordon. En un principio esto se hacía para que los buenos augurios siguieran una vez terminada la fiesta. En mi boda fue la madre de Steve la que se encargó del asunto, y me pregunto qué debió de pensar la gente cuando al abrir el paquetito encontró un *icing* de color rosa mexicano.

Otra de las cosas que me dijo la madre de Steve, con un tono de emoción que reflejaba la trascendencia del hecho, fue lo siguiente: «Ahora, *darling*, tendrás que aprender a firmar con tu nuevo apellido». Para una mujer británica que no se plantee ideas feministas lo de escribir el apellido del marido detrás de *Mrs.* es uno de los símbolos más significativos del nuevo estatus, cuyo estreno oficial tiene lugar en el momento mismo en que te presentan el certificado de matrimonio. El tratamiento de *missis*, cuya abreviación es *Mrs.*, se da únicamente cuando te casas, y no es equivalente al tratamiento de *señora* en castellano, que en España se utiliza también para las mujeres de cierta edad sea cual sea su estado civil. En España las mujeres empezamos a notar los años cuando alguien nos llama por primera vez «señora». En inglés, la palabra *mujer* tiene dos significados diferentes: uno equivale a hembra *(woman)* y otro a esposa *(wife)*. Lo de «mi señora» tiene su perfecto equivalente en inglés en *my missis*.

En los años setenta, las feministas de Estados Unidos y Gran Bretaña empezaron a utilizar el tratamiento *Ms.* para las mujeres que, casadas o no, querían usar su propio apellido. Aunque por una causa u otra haya tenido muchos detractores, se está convirtiendo en la norma y ya viene siempre como opción en los impresos a rellenar. En Gran Bretaña, como en muchos otros países que se han creído *«la crème de la crème»* en cuanto a progreso se refiere, la mujer cuando se casa pierde el apellido y adopta el del marido, a veces incluso con el nombre propio de este, por ejemplo: «Sra. Pepe Fernández». El feminismo en Gran Bretaña ha puesto en entredicho la costumbre de cambiarse el apellido y poco a poco se va modificando, pero más lentamente de lo que uno podría suponer. Esa indicación de pertenencia al clan del marido debería perder importancia en el momento en que la mujer empieza a tener mayor identidad, sobre todo con su entrada en el mercado de trabajo, pero de hecho no sucede así: un elevado número de profesionales británicas se cambian todavía el apellido cuando firman el acta matrimonial. La irlandesa del norte Bernadette Devlin, tan famosa en el año 1969 por haber sido la parlamentaria más joven y por su lucha incansable en la causa irlandesa, también se cambió el apellido al casarse; hoy es McAliskey. Yo aluciné la primera vez que vi escrito *«Mrs. Dennis Thatcher»* en referencia a la primera ministra. Un ejemplo más reciente y que refleja la importancia que esto puede tener en una sociedad conservadora es el caso de Hilary Clinton, que antes de las elecciones fue Hilary Rodham, luego Clinton y al final Rodham Clinton.

Un día, en la sala de espera del médico, oí que dos mujeres describían a una tercera como: *«She used to be a Morrison»*, «ella era una Morrison», refiriéndose a su apellido de soltera. En España, las mujeres cuando nos casamos no dejamos de pertenecer a la familia materna o paterna, manteniendo, además de los dos apellidos, un íntimo contacto con ambas. En España la fuerza de la familia es tal que hay mujeres y hombres que parece que nunca han salido de ella y consideran a sus cónyuges como una especie de aditamento que no acaba de encajar. A pesar de haber vivido tantos años en Gran Bretaña, todavía me resulta extraño oír hablar de dos hermanas que tienen apellidos diferentes por el hecho de estar una o las dos casadas. En un cementerio de Gales vi una lápida con la siguiente inscripción: George Evans murió el día tal de cual [debajo había escrito cuatro nombres de mujer con apellidos diferentes] Branwen Jones, Angharad Griffiths, Mary Davies y Megan Rogers». Supuse que eran sus hijas, porque si el tal George Evans hubiera tenido varias mujeres y se hubiera enterrado con todas ellas, habrían escrito el apellido Evans detrás de los nombres propios. Aparte de preguntarme qué había pasado con su mujer y con los maridos de las hijas, me resultó raro, como si hubiera una relación menos fuerte entre ellos por no llamarse igual.

Cuando la madre de Steve mencionó lo del apellido, callé con un derroche de prudencia raro en mí en aquella época. Pensé que era un asunto delicado, y como ella vivía en el campo, muy lejos de Londres, tuve tiempo de pensar en una buena respuesta para la próxima vez que la visitara, ya que el cambio no entraba ni por asomo en mis intenciones de transculturación, que por otra parte eran mínimas. Para mí era algo parecido a enseñar las bragas manchadas de sangre, una humillación, y preocupadísima por hipotéticas obligaciones legales fui a consultar a un abogado. Me encantó lo que me dijo. Según la legislación británica una puede llamarse como le dé la gana y cambiarse de apellido siempre que lo desee, previa notificación a un abogado. La fórmula es muy simple y dice entre otras cosas: «Yo absoluta y enteramente renuncio y abandono el uso de mi susodicho nombre anterior». Cuando vi de nuevo a la madre de Steve le conté que a esas alturas no podía cambiar mi firma profesional en España y se quedó tan contenta con la explicación. La idea de empezar de pronto a llamarme Lala Griffiths me resultaba absolutamente ridícula. Y aunque el significado de la palabra *griffiths* (grifo mitológico) tuviera mucha poesía, como tantos nombres ingleses que había oído por primera vez a través del cine, Griffiths, no lo podía remediar, me sonaba a Hollywood y tardé algo en dejar de asociar el nombre de Steve con las imágenes de la escalera babilónico-egipcia de la película *El nacimiento de una nación*. Años más tarde conocí a un niño negro que se llamaba Tyrone Power (Tyrone es un nombre muy usado en el Caribe de habla inglesa) y me sonó a usurpación. Tirone Póber sólo podía ser el macizo guapísimo de las películas.

El cambio de apellido al casarse a mí me parece como la placa de metal que colgamos al perro recién comprado; no hay que olvidar que la palabra inglesa *surname* (apellido) significa nombre de *sir* (hombre) dado a la mujer y a los hijos legítimos. Mantener los dos apellidos en un matrimonio empieza a ser un símbolo de modernidad que todavía no es corriente. En un artículo del *The Guardian* se hablaba de una pareja que «tiene dos niños, dos apellidos y dos exitosas profesiones», y eso indicaba algo muy particular. Muchas mujeres en Gran Bretaña siguen manteniendo el apellido del marido incluso después del divorcio unas veces para desembarazarse del propio, que no les gusta, otras por pura comodidad, otras por conveniencia social (si el nombre del marido suena más), y otras «para que los niños no sufran con una madre de apellido diferente al de ellos», como me dijo una amiga divorciada. Mi suegra, que se había casado tres veces, había tenido cuatro apellidos en su vida, el de soltera y los otros tres, detalle que no contribuyó especialmente a aumentar su confianza personal.

Para comprender la importancia social que tiene todavía en algunos ambientes británicos el llevar el apellido del marido hay que pensar que cuando el apellido del hijo es diferente al de la madre se sospecha ilegitimidad —lo contrario que en España—, ya que según la tradición, de estar casada los dos llevarían el mismo. En el periódico *The Guardian* del 14 de septiembre de 1989 se publicó una carta al director que decía: «Por favor, tenga cuidado cuando dé el nombre a su hijo, porque tener los dos apellidos puede llevarle al ridículo. El que el niño asegure "mi madre tiene derecho al propio" no evitaría que cuando se pase lista el resto de la clase se muera de risa». A nadie de mi entorno le sucedería eso porque en los ambientes progresistas cada vez hay más parejas que ponen a los hijos los apellidos de la madre y el padre, a veces unidos por un guión, considerado en Gran Bretaña un signo aristocrático, lo que no deja de ser una magnífica contradicción. El apellido de la madre se pone primero, sólo con la inicial o entero, el más importante va después. Por eso vemos nombres anglosajones como John R. Brown.

En la película *Shirley Valentine* se hace gran hincapié en que la sustitución del apellido de soltera por el de casada de la protagonista, una chica rebelde y con personalidad, es el origen de una vida monótona y sin perspectivas. Al hablar con mis amigas inglesas de todo esto invariablemente me contestaban que en España estábamos peor, ya que la mujer casada lleva el «de» que significa objeto poseído por, pero yo argüía ferozmente que

aunque en ambos casos se indicaba lo mismo, la pertenencia a un clan, era mucho peor que la desaparición total de las señas de procedencia. Esto indicaba el doblega-
miento total de la mujer a una institución que eliminaba
la posibilidad de tener rasgos personales y propios.

Al final, si bien no aprendí a trazar una nueva firma,
el cotidiano británico me instruyó en el arte de no decir
las cosas tal como las decía, porque para hablar bien inglés no sólo es necesario aprender correctamente los
nuevos significados. Los británicos bien educados no
hacen preguntas directas y tienen una forma de respon-
derlas poco definida y rotunda, como el gallego del estereotipo, quizá por la herencia común celta. En el sudeste
de Gran Bretaña esta característica se acentúa todavía
más: sus habitantes huyen de la franqueza, que para
ellos viene a ser una forma equívoca de comportamiento
y hasta de mala educación, disculpándola a veces en personas de otras culturas como un equivalente a la candi-
dez del buen salvaje. La reserva típica británica es considerada en el sudeste de ese país y por las clases altas
como un signo de superioridad, de entrenamiento perfecto al que uno debe aspirar si quiere distinguirse del
común, palabra que en Gran Bretaña, *common*, equivale
a nuestro «vulgar», pero yo diría que con mayor connotación de clase. Una de las características principales de
mi personalidad es que soy muy directa y sincera, lo que
al principio de vivir en Londres me trajo complicaciones; quienes no me conocían bien podían ver en mí una
falta de respeto y a veces incluso de arrogancia. Mi suegra fue el barómetro ideal. A veces Steve tenía que inter-
venir, siempre con un tacto exquisito, para hacer de in-
térprete en los malentendidos que surgían entre las dos
por la diferente manera que teníamos de dirigirnos la
una a la otra. Al principio de conocerla, ella se quedaba

siempre traspuesta por mi franqueza, y sus exclamaciones «*Oh, dear!*» (¡Oh, querida!) yo no sabía si tomarlas de forma positiva o negativa, como los japoneses que no tienen la palabra «no» y te sonríen para negar algo.

La sutileza del tono de voz es tanta en los ingleses que sólo el tiempo y la práctica te enseñan a conocer lo que hay detrás, y aun así a veces es muy difícil. Yo me ponía nerviosa ante ese formulismo excesivo que me parecía una falta monumental de naturalidad, y mi suegra no tenía a su vez armas para reaccionar ante las cosas llamadas por su propio nombre. A la forma de contestar preguntando, que también tienen los gallegos, y a la falta de un *sí* o un *no* rotundos se añadía el uso de los tiempos condicionales en la interrogación, en lugar del presente pelado, lo que tardé en aprender. Unos años después, cuando ya usaba los condicionales como si hubiera nacido con ellos, a mi suegra había acabado por gustarle mi forma de enfrentar las situaciones. Se sentía muy aliviada cada vez que había un problema en la familia y yo agarraba el toro por los cuernos y aceleraba la marcha de los acontecimientos; se acababa así ese dar vueltas y vueltas alrededor del asunto sin llegar al meollo de la cuestión, lo que podía retardar días y hasta meses el desarrollo final de la solución. Con el tiempo he aprendido a utilizar una serie de frases hechas que resultan imprescindibles a la hora de tratar con británicos, y he logrado detectar el respeto de los demás o la total indiferencia.

Los españoles que protestan de la frialdad de los ingleses no se dan cuenta de nuestra continua violencia verbal y gestual, parte intrínseca de nuestra cultura, que choca a los extranjeros y a muchos de los españoles que vivimos fuera cuando aterrizamos en la Península, en Castilla sobre todo, y se nos habla en un tono que nos parece muy agresivo. En Gran Bretaña se pone tanto cuidado en no ofender que puede llegarse a la carencia total de comunicación; a veces es muy difícil solucionar problemas de tanto evitar hablar de ellos. Uno se entrena tan bien en el manejo continuo del *please*, el *sorry* y el *thank you*, que los suelta mecánicamente, sin que venga a cuento o cuando realmente le toca al otro decirlo. No importa que se exagere, se digan de más y se llegue incluso a una repetición grotesca que puede recordar un *music-hall* del siglo pasado, lo importante es dejar claro que uno conoce a la perfección las *manners*, la urbanidad, esencia de lo que hasta ahora se conocía como «civilización inglesa». Cuando llegué a Londres me di cuenta de que las personas muy entrenadas en el asunto de las *manners*, cuando me daban las gracias por algo un poco fuera de lo corriente no decían simplemente «gracias», o incluso «gracias, muy amable», sino que insistían varias veces, mínimo dos, en las excelencias del hecho en cuestión. Si se trataba de una cena y querían comunicarme que apreciaban extraordinariamente el trabajo empleado en agasajar, muchas veces, dadas las exclamaciones exageradas de agradecimiento, llegué a preguntarme si lo decían de verdad o con sorna. Aparte de las gracias verbales expresadas en el momento, se considera de buena educación llamar al día siguiente de una cena para volver a agradecer la atención, y es también bastante corriente, no sólo en casos de serio protocolo, el escribir al otro día una nota en papel o tarjeta con una bella imagen comentando positivamente la cena o el almuerzo a la persona que te ha invitado. O sea que el acontecimiento da para mucho. Con tanto formulismo, al principio de vivir en Gran Bretaña los españoles tenemos la sensación de que los británicos están tan poco acostumbrados a dar o recibir generosidad sin esperar nada a cambio, que cuando esta llega les desestabiliza las coordenadas y no se la pueden creer, aceptándola sólo a base de repetir incesantemente «gracias», «gracias».

Un ejemplo de agradecimiento verbal *polite* (atento) sería el siguiente (las mayúsculas marcan un cambio de intensidad en el tono):

—Gracias. MUCHAS gracias, Mary, por la DELICIOSA cena. QUÉ AMABLE DE TU PARTE [frase clave] el habernos invitado y el haberte tomado TANTAS molestias. MUCHAS GRACIAS de nuevo. Fue ESTUPENDO Y ENCANTADOR. La cena estaba RIQUÍSIMA. Muchas GRACIAS.

Cuando Bernard Shaw, un escritor muy preocupado por las connotaciones de clase y su influencia en el lenguaje, puso en boca de Eliza Doolittle, en *Pigmalión*, «*How nice of you to let me come*», literalmente: «Qué amable de tu parte el haberme dejado venir», estaba demostrando el nuevo refinamiento de Eliza. Estos formulismos se alargan dependiendo de la clase social de la persona, pero siempre son mucho mayores que en España, donde la educación y la suavidad son ridiculizadas a veces como rasgos propios de seres inferiores. Basta pensar cómo se habla de los latinoamericanos y de los gallegos. ¡Cuánto oí en mi infancia decir que muchos soldados que hacían la mili en Galicia volvían con novia porque las lagartonas los embaucaban con sus tretas melosas! En una reunión social en Londres en la que había españoles con gran categoría intelectual alguien comentó lo siguiente: «¿Cómo es posible que una mujer que escribe cosas tan mediocres se haya casado con un señor tan estupendo?». Otro de los presentes contestó: «Es gallega». «¡Ah!», respondió al unísono todo el mundo. Y no se habló más del asunto.

Una de las tantas cosas que me sorprendieron la primera vez que fui a Londres es el cambio de tono de una conversación por teléfono cuando llega la despedida. Se baja y se suaviza la voz hasta alcanzar casi un tono melifluo, como si se tuviera miedo de invadir el espacio personal del interlocutor dejando una presencia demasiado fuerte. Cuando he comentado esto con británicos, me miran sorprendidos porque no son conscientes de hacerlo. Entonces les pido que se fijen bien, y cuando volvemos a vernos me dan la razón admirados. ¡Qué percepción!, me dicen, como si yo tuviera antenas muy especiales, cuando sólo se trata de la clarividencia que da el no pertenecer a una sociedad y observar las cosas desde fuera. Llevo muchos años viviendo en Gran Bretaña y la naturalidad con que uso las expresiones «*how nice of you*» o «*how sweet of you*» (qué dulce o qué tierno de tu parte) ha constituido un barómetro curioso de mi transculturación. Ya lo hago insconscientemente, lejos del regocijo del principio al verme como una actriz que se sabe actuando y no se olvida jamás del distanciamiento.

Cuando mi madre asimiló totalmente que por fin me iba a casar, me dio, con gran sorpresa de mi parte, no digo nada de la de Steve, dos cofias que todavía guardaba de sus antiguas muchachas. Supongo que era como pasarme la antorcha, en la confianza de que al casarme sentaría la cabeza, lo que en mi caso significaba el regreso a unas costumbres de clase que había dejado atrás. La dote que las mujeres han llevado al matrimonio existe desde tiempo inmemorial, y aunque se diga que venía a ser una especie de seguro de vida para la casada, como prescribe Mahoma en el Corán, de hecho no lo era, puesto que en infinidad de casos pertenecía tanto al marido como la potestad de su mujer, lo que sucedió en la España de Franco (salvo en Cataluña). Al no tener la mujer independencia económica, la dote ha sido una especie de reclamo para inducir a la transacción. Samuel Pepys refiere las gestiones que está haciendo para conseguir una mujer para su hermano y dice: «Lo que más me interesa ahora es encontrar una buena esposa para Tom. Nos han ofrecido una los Joyces, al parecer es prima de ellos y vale en dinero constante y sonante doscientas libras». En el siglo XVIII, cuyo convencionalismo describe a la perfección Jane Austen, las bodas se anunciaban en el periódico, y al lado del nombre de la chica se indicaba la fortuna que iba a herederar: «María Wallis, una señorita muy bien educada, con una fortuna de 7.000 libras».

Como el matrimonio entre un hombre y una mujer resulta en la unión íntima de dos seres humanos, nos ofrece el conjunto de todos los principios y prácticas del tabú sexual. Conocer los tabúes sociales asociados al matrimonio supone un magnífico aprendizaje de las costumbres del nuevo país, y el compararlas con las del propio te aporta cierta perspectiva para ver la cantidad de pequeños ritos que seguimos manteniendo aun cuando han perdido total o parcialmente su significado original, como sucede con el traje blanco de la novia. Hay ritos repetidos periódicamente que, a pesar de parecer ridículos o haberse convertido en gestos estéticos, forman una parte esencial de las tradiciones de los pueblos. En su momento todos ellos tuvieron un porqué, el responder de una forma positiva a lo negativo de ciertos tabúes. La mayoría de los tabúes en las bodas se refieren a la mujer, presentada tradicionalmente como un ser inestable, vulnerable y maléfico. Los refranes castellanos son un buen exponente de ello: «La mujer y el vidrio siempre están en peligro»; «Al hombre de más saber una mujer sola le echará a perder»; «Tiempo y viento, mujer y fortuna, presto se muda». Entre los tabúes mixtos estaba el orden de casamiento por edad en las familias de varios hermanos. Cuando mi hermana, dos años menor que yo, se casó a los dieciocho años, mucha gente me dijo, medio en broma medio en serio, que podría quedar soltera. En Gran Bretaña se creía que para romper el tabú el hermano mayor tenía que bailar en la piedra del primer escalón de la entrada de la casa paterna.

Una muestra de la permanencia de un ritual que hoy sólo tiene un significado estético es el uso de las cintas. Desde la época romana las cintas han sido parte de la ceremonia nupcial, después de la cual la novia las repartía entre los invitados como recuerdo. Se supone que esta costumbre provenía del *cingulum*, cinturón que las mujeres romanas usaban para ceñir la túnica recta de casada que se ataba con el *nodus Herculeus*, el nudo herculano. Desanudar la cinta, cortarla o regalarla tiene el significado tradicional de desvirgar. Eso lo vemos en las cintas que llevan los tunos, agrupación típicamente machista, cuya simbología es haber conseguido «los favores» de las muchachas y presumir de ello llevándolas bien a la vista.

Dos amigas, al saber que estaba investigando el tema del matrimonio, me prestaron unos libritos de esos que hay tantos en Gran Bretaña dedicados a un tema especial, en este caso la boda. Se los había regalado alguien cercano a ellas cuando se casaron, para que recordaran las tradiciones que debían seguir. Cuando empecé a mirar qué había en el mercado sobre el tema, encontré muchas ediciones de libros populares que describían con detalle toda la etiqueta. Hablando con diferentes mujeres me di cuenta de que conocían la existencia de esos manuales, más utilizados de lo que yo pensé en un principio. También se usan muchísimo las numerosas revistas dedicadas a la moda «matrimonial», un buen barómetro de esta industria.

Los libros de etiqueta o las revistas tipo *Clase Alta*, donde se te presenta de forma sutil «lo que se debe ha-

cer», son publicaciones pensadas para los recién llegados a una clase superior a la que han pertenecido con
idea de asimilarse a ella. La aristocracia ha hecho siempre lo que le ha dado la gana y los demás la han imitado.
Las personas seguras en sí mismas no necesitan leer ese
tipo de revistas que aparecen especialmente en tiempos
de movilidad social, como han sido los años ochenta en
Gran Bretaña, cuando de la noche a la mañana se crearon en el casino de la bolsa gran número de millonarios
que nunca habían frecuentado ambientes refinados. Muchos de estos procedían de familias *cockneys* de Londres, cuya tradición en el puro trafique maduró prove-
chosamente en sus hijos.

La costumbre de sellar compromisos con la entrega
de un anillo se pierde en el tiempo, ya que la continuidad
circular sugiere eternidad y estabilidad. El anillo ha tenido un significado místico —pensemos en los anillos de
los obispos— y se ha usado como objeto de adivinación.
Los puritanos quisieron abolir el uso de las alianzas por
tratarse de una costumbre pagana, pero no lo consiguieron (aunque no sé si la costumbre de que en Gran Bretaña los hombres no las llevaran hasta hace muy poco puede venir de ahí, de hecho en la ceremonia anglicana sólo
se le pone al novio si este lo pide expresamente). Cuando
empiezas a saber un poco de las Islas Británicas te das
cuenta de hasta qué punto se transformó la vida cotidiana con la llegada de los puritanos al poder. Entre eso, la
anterior reforma protestante y la revolución industrial
lo dejaron esquilmado de tradiciones populares, que,
como en los demás países europeos, son en su mayoría
ritos paganos con una cubierta mal pegada de cristianismo. Una de las preocupaciones puritanas fue meter
mano a las costumbres de la boda, que se habían mantenido casi intactas desde antes del cristianismo hasta el

siglo XVII, cuando la Iglesia anglicana ganó suficiente control sobre la ceremonia del matrimonio. Y no lo soltó hasta el siglo XIX, con las reformas del *Marriage Act*, que instituyó el divorcio y el matrimonio católico. Hasta el siglo XVII los casados por la Iglesia no necesitaban firmar nada, la ceremonia era válida si la promesa verbal se hacía ante testigos y se procedía a la consumación del matrimonio. Por otro lado, la ley común, al lidiar no sólo con el alma sino también con la propiedad, pedía un contrato legal por escrito.

Cuando mi familia pidió los nombres de los padres de Steve para incluirlos en sus participaciones (yo imprimí la mía para mis amigos), la madre de este soltó un *Oh, dear!* que me fue traducido como exclamación de sorpresa. Resulta que en Gran Bretaña no se incluye el nombre de los padres del novio en la participación, una grosería, ya que la omisión se debe a que los padres del novio no pagan el banquete. Una de las costumbres nuevas para mí fue la tan popular en Gales de regalar una *love spoon* (cuchara de amor): no hay familia que no la tenga, y forma parte de los regalos tradicionales que antiguamente hacían los hombres en las zonas rurales durante las largas noches de invierno; hoy se compran en las tiendas de artesanía. En las casas galesas se ven a veces también unos rodillos para amasar de cristal —regalo típico de otra época— que se colgaban encima de las chimeneas para protegerse de las brujas. Según Dilis Hywel, la tía de nuestro amigo John, si se quería romper el compromiso se ponía sal en esos rodillos. Desde el primer momento, estuvo claro que la actitud de Steve y mía hacia los regalos era muy diferente. Para mí el darlos era parte imprescindible de la demostración de cariño, mientras que él, como no daba importancia a los objetos, no sentía necesidad de poseerlos ni de regalarlos. En su familia no se intercambiaban regalos fuera de las ocasiones señaladas, como Navidad y los cumpleaños, mientras que en la mía, donde lo material fue siempre parte intrínseca de las relaciones afectivas, el regalarnos cosas siempre ha sido esencial. Cuando al principio de conocer a Steve yo le hacía regalitos, él se sorprendía y me decía: «Parece Navidad». Yo me preguntaba si en Gran Bretaña no era costumbre el hacer regalos improvisados. Muchas británicas me han comentado después, como dándolo por hecho, que no es parte de la idiosincrasia de sus hombres ofrecer regalos espontáneos, y me han puesto de ejemplo a los franceses, «que te tratan de otra manera y te hacen sentir una verdadera mujer». Lo que, expresado de otra manera, he oído en Irlanda en boca de hombres de negocio cuyo tono de voz delataba complejo de inferioridad: «Los españoles son mucho más románticos que nosotros».

Si uno quiere casarse por la Iglesia anglicana le desaconsejarán hacerlo durante la cuaresma y nunca se permite en domingo, por considerarlo el día sagrado dedicado a Dios. Según la tradición popular, ciertos días de la semana y ciertos meses del año no son propicios para la celebración de las bodas. Mayo está totalmente desaconsejado: «Cásate en mayo y lo lamentarás». Una de las razones es que en Gran Bretaña mayo es un mes de mucho trabajo en los campos y había que evitar las interrupciones innecesarias. En la península Ibérica hay refranes parecidos: «Junio, julio y agosto, ni dama ni mosto». Los celtas consideraban el mes de mayo como el de las relaciones extramaritales y la reina Victoria procuró por todos los medios que sus hijos no se casaran en el mes nefasto.

El día anterior a mi boda, además de dar los últimos preparativos a la comida, *icing* incluido, mis padres vieron por primera vez a los de Steve. Ellos, que llegaban de un país donde, si se exceptúan los años de la guerra, no había habido divorcio, esperaban encontrar en mi futura suegra, divorciada dos veces y casada tres, una especie de vampiresa a lo Joan Collins. Se sorprendieron una barbaridad al ver a una señora recatadísima, con sombrerito como la reina y el aspecto inequívoco de tomar el té todos los días con la mujer del vicario. Cuando mi futura suegra vio los dos pisos del pastel cubiertos con un rosa mexicano intenso, cual cerámica de Metepec, no pudo reprimir su «*Oh, dear!*», pero no sé si por el inusitado color del pastel o por el hecho de no estar adornado todavía a pocas horas de la boda. Deprisa y corriendo le puso unos rosetones en blanco aquí y allí, lamentando la precipitación que le impedía lucir sus artes tan consumadas.

La cohabitación de los novios la víspera de la boda está considerada tabú en muchas culturas que procuran separar al futuro matrimonio por lo menos un día antes de la ceremonia con la intención de confundir a los malos espíritus y evitar así el mal de ojo. Esta segregación momentánea acaba en una parte indispensable del rito matrimonial, la celebración ruidosa de la noche anterior a los esponsales. La gente piensa que las juergas se hacen con intención de excitar la imaginación sexual de los novios o para sobreponerse a los nervios, pero su origen viene de cuando se creía que el ruido, cuanto más mejor, era un factor disuasivo de los malos espíritus que podían dañar a los recién casados. De ahí viene también lo de tocar las campanas o tirar tiros y salvas de cañones.

En Gran Bretaña hay nombres diferentes para la fiesta de despedida de soltero y de soltera. *Hen party* (literalmente, fiesta de gallina) es la de soltera, y *stag party* es la de soltero. Curiosamente la palabra *stag* significa venado, animal castrado y hombre sin compañera. Estando una noche en un pub apareció de pronto una chica que se acercó a un grupo de hombres solos, empezó a desvestirse y se quedó prácticamente desnuda. Ligera ya de ropa se acercó a sobar —esa es la palabra— y besar a uno de ellos. En el pub se hizo un silencio tan espeso como el pudín de Navidad; la gente estaba incomodísima. Yo me imaginaba el follón que se hubiera organizado de haber sucedido eso en un bar español. Al poco rato la chica le deseó buena suerte, cogió sus bártulos y se fue por donde había venido, como si tal cosa. Era una actriz que trabajaba para una empresa de *kissograms* (beso-telegrama), y había sido contratada por los amigos del novio en su fiesta de soltero. El *kissogram* se ha puesto de moda en los últimos diez años y consiste en disfrazarse de cualquier cosa y sorprender al homenajeado (hombre o mujer) con una escena que acaba siempre con un tono abiertamente sexual. Cuando Steve trabajaba para el ayuntamiento de Islington fue un mediodía al pub para celebrar la marcha de alguien que había conseguido otro trabajo. Estaban todos hablando de sus cosas cuando entró una mujer policía con la libreta de las multas en la mano y se dirigió muy seria al que se iba, amonestándole por haber dejado el coche en mal sitio. El pobre hombre no entendía nada y trataba de explicar que no había cometido ninguna ofensa, pero la policía erre que erre. Es un tipo intachable, políticamente correcto, y empezó a ponerse tremendamente incómodo cuando vio que la policía, con la libreta de las multas entre los dientes comenzaba a desnudarse, hasta que se quedó en bragas frente al pobre hombre, medio muerto de horror por ser el centro de atención en una situación tan molesta para él. Lo pasó fatal.

Si Steve y yo hubiéramos querido casarnos en nuestra propia casa, como hacen los americanos, no hubiéramos podido, porque en 1753 se proclamó una ley para eliminar la tendencia de la gente a casarse en secreto, que daba pie a innumerables casos de bigamia. Desde 1995 la enmienda a la Ley Matrimonial permite a los novios contraer matrimonio en el ayuntamiento que quieran (hasta entonces sólo podían hacerlo en el de su barrio). También pueden acoger bodas civiles los lugares que obtengan la licencia para ello; en 1998 el sitio más popular era el pabellón real de Brighton, donde pagando un extra se podía alquilar el salón George IV para celebrar allí el banquete. En 1995 el campo de fútbol de Coventry envió una petición de licencia debido a que a muchos hinchas les gustaría fotografiarse junto a los palos de la portería el día de su boda. Esta licencia la ha obtenido, entre otros, el Museo de Historia Natural; guardo un recorte de periódico con la foto de una boda bajo el esqueleto del diplodocus que hay a la entrada.

Hasta el siglo XIX las mujeres se casaban en Gran Bretaña con el mejor vestido que tenían, pero raramente se hacían un atuendo especial para la boda. La elección del color blanco para el traje nupcial es una costumbre bastante reciente que no se puso de moda en todo el mundo hasta bien entrado el siglo XIX. Entre las costumbres más famosas de la novia está el que lleve: «Algo viejo y algo nuevo / Algo prestado y algo azul / Y una moneda de plata / de seis peniques en el zapato». En Marruecos siguen poniendo una moneda en la babucha de la novia. La buena suerte y los alfileres nupciales van tan a la par —en muchas culturas se cree que pueden propiciar otro matrimonio, como el ramo— que en algún lugar de Inglaterra se dio el caso de un tipo que hacía apuestas de caballos con un alfiler de novia en la mano.

Entre esos pequeños detalles que para algunos son

crípticos y sin embargo diferencian a las clases sociales, tenemos la flor del ojal, que la clase obrera lleva adornada con esparraguera y la punta protegida por un papel de plata; la clase alta se la coloca sin aditamentos de ningún tipo y suele preferir flores como la gardenia y la camelia. En otras épocas el novio llevaba una flor sacada del ramo de la novia. Las flores que lleva la novia el día de la boda están hoy sujetas a la moda del momento, pero la tendencia es elegir las que en otro tiempo se asociaban a la fertilidad. Así, el naranjo, que se cultivó en Inglaterra en invernaderos en tiempos de Enrique VIII, se consideraba propiciador de la fertilidad por la cantidad de veces que da fruto al año. Sus flores se utilizaban en aquella época debido al olor agradable que tienen, pero eran desaconsejadas por el simbolismo tan poco adecuado para una virgen. Cuando los naranjos desaparecieron de los invernaderos porque el frío aumentó, se siguieron usando sus flores en cera. El mirto se ha usado siempre en los ramos de las novias en Gran Bretaña porque se cree que da suerte. Al llegar de la iglesia, una de las *bridesmaids* (doncella de las cintas) que acompañan a la novia al altar debía plantar un trozo del ramo: si florecía, la boda de la plantadora sería inminente, de lo contrario la soltería estaba asegurada. En los *cottages* británicos hay arbustos de mirto que seguramente fueron plantados con esa intención. El romero también se ha usado mucho por su buen olor; las camas de los desposados se adornaban con romero, al que se añadían unas cintas de oro que simbolizaban la nobleza de la unión. El hecho de lanzar el ramo, además de fomentar la boda de la joven que lo coge, tiene el significado para la que lo lanza de perder su condición de doncella. El mío lo cogió Jessamy, una amiga soltera que encontró al hombre de su vida poco tiempo después.

Hablando de bodas no puedo por menos que comentar la de los príncipes de Gales. Debido a los graves problemas económicos y sociales que empezaba a sufrir Gran Bretaña en 1980, la boda real fue utilizada hasta la hartura del más paciente para distraernos de lo que realmente estaba sucediendo. Los medios informativos siguieron la táctica de aturdir al lector con un empalagamiento de noticias encadenadas con pormenores constantes del noviazgo. Así, se llegó a publicar una cantidad increíble de memeces incluso en periódicos de seria reputación. Nada más lejos de la ceremonia de Isabel II, en la que no se mostró a su madre, la reina entonces, por no exponer su imagen en los pubs, donde los hombres no llevarían puesto el sombrero. Para celebrar la boda de Diana se organizaron meriendas y comidas en medio de las calles, adornadas con banderitas inglesas y farolillos de papel, una costumbre popular que se repite en los grandes acontecimientos, como el fin de las dos guerras mundiales. Nunca he tenido una sensación tan desagradable de estar en la Edad Media y ser una sierva de la gleba como en la boda de los príncipes de Gales. Para alguien como yo, nacida en un país sin monarquía y sin tradición familiar de acatamiento a esa institución, lo que llegué a ver durante esos días me parecía irreal y hasta nauseabundo. Un hermano de Steve, como tantísimos británicos, se sumó al acontecimiento dando una fiesta en el jardín de su gran casa, donde izaron una *Union Jack* (la bandera inglesa). Según supimos después (Steve declinó la invitación), a los niños asistentes les dieron banderitas inglesas y mi suegra aportó un enorme pastel cubierto por un *icing* azul, rojo y blanco, los colores nacionales, sobre el que colocó soldaditos de plomo con el sombrero de piel de oso. Comprendí entonces por qué Steve había huido a Barcelona durante el jubileo por el aniversario de la coronación de Isabel II; debía mi boda a la reina de Inglaterra.

Los vecinos y conocidos cuando se enteraban de que nos íbamos a casar me preguntaban invariablemente si iba a llevar *bridesmaids*. La primera vez que oí la palabra no supe de qué hablaban; cuando recapacité me di cuenta de que eran esas chicas vestidas iguales que acompañan a las novias como vírgenes camino de un sacrificio ancestral pervertido por la cursilería flagrante de kilómetros de satén color pastel. Después investigué sobre el tema y supe que a pesar de que las *bridesmaids* habían desaparecido de las tradiciones en muchos países, como en España, en otros tiempos fueron parte fundamental de la ceremonia de la boda. El origen de la costumbre se remonta a tiempos prehistóricos, cuando se creía necesario camuflar al novio o la novia —en una época los trajes de las *bridesmaids* eran iguales al de la novia— para confundir a los malos espíritus y no supieran quién era quién, como me sucedió a mí al ver las fotos de la boda de Wendy y Gordon. La función original del velo fue, y es todavía en algunas culturas, una manera de proteger a la novia del mal de ojo.

Antes de la boda Steve me dijo que su *bestman* (acompañante del novio) sería Sean Baker, su mejor amigo. Este apareció en el día señalado vistiendo un estupendo traje gris (nunca lo habíamos visto así) y con el pelo cortado al cero, lo que entonces le daba un aire de rufián muy puesto. Temiendo causar mala impresión a mis padres, enseguida trató de explicarles que lo del pelado era una exigencia de su nueva obra (es actor), pero ellos, con el alivio de pensar que iban a verme casada en breve, tenían como una película delante de los ojos que les hacía verlo todo color de rosa, aunque me casara en un registro civil y no por la Iglesia. En las bodas británicas el *bestman* asume algunas de las funciones que tiene el padre de la novia en otros países. Las madres no tienen ninguna función, y en la iglesia no están en el altar, lo que me sorprendió enormemente la primera vez. La cultura británica quitaba protagonismo a la madre incluso en los escasos momentos de la vida en que la sociedad reconoce el esfuerzo de la mujer y le concede un sitio de honor.

El día que yo me casé lució un sol espléndido hasta media tarde. Todo el mundo que me veía o me vio después me felicitó por la suerte tan grande que había tenido con el tiempo. Como no hacía más de dos años que vivía en Londres, no di importancia al hecho, todavía encontraba normal la presencia continua del astro brillando en el cielo; ahora entiendo bien por qué me lo mencionaron. Yo llegué al registro civil en un coche de la familia y no en el Bentley o Rolls Royce pintado de blanco o plata que se alquila en Gran Bretaña hasta en las bodas menos despampanantes. Últimamente empiezan a usarse las limusinas hollywoodienses. En algunos casos la obsesión tan británica por imitar lo antiguo lleva a alquilar un coche de caballos, que deben ser grises (en el condado de Gloucester había unos establos dedicados precisamente a su cría), para traer la buena suerte, y estar adornados con cintas y flores de la novia, tradicionalmente de color naranja y blanco. A Steve lo llevó Sean —el *bestman*— en su coche, como es tradición. Si nos hubiéramos casado por la Iglesia, Sean lo habría acompañado hasta el altar, habría llevado los anillos, se habría colocado a su derecha y un poco más atrás y luego habría recogido el certificado de matrimonio y pagado el sueldo del pastor o cura, monaguillos, organista, etc.

Cuando me casé no existía en España el matrimonio civil y no sabía bien lo que me esperaba; con el tiempo me he dado cuenta de que nuestro registro es uno de los más bonitos de Londres. Lo común a todos ellos es la ausencia de achuchones exagerados y de exclamaciones de júbilo, tan normales en España. En algunos ni siquiera te permiten tirar arroz o confeti y hay unos funcionarios que repiten las palabras del servicio en el mismo tono que usa la policía británica cuando pasas una frontera y te pregunta si tienes algo que declarar. Otros miran de manera furtiva a los novios si algo en ellos aviva la sospecha de una boda de interés para conseguir un pasaporte británico.

En las bodas anglicanas que he visto, a no ser que los novios tengan una especial sensibilidad, la música de la ceremonia religiosa es terriblemente aburrida y consiste en salmos machacones, equivalentes a esa charanga de las iglesias católicas posconcilio Vaticano II. La modernización de la música religiosa sucedió en Gran Bretaña en el siglo XVIII por influencia de las iglesias protestantes más severas, que consideraban la música popular cosa del diablo. También influyó la moda del momento, que abogaba por todo lo artificioso y que eliminó las orquestas populares de las iglesias y las sustituyó por el órgano o armonio, que los presbiterianos escoceses acabaron también por destruir, contribuyendo con eso a la desaparición de un patrimonio musical riquísimo. Las vitrinas con instrumentos antiguos que se ven a veces en las iglesias anglicanas dan fe de esas orquestas. En algunas islas del oeste de Escocia la reacción fue todavía más severa y se prohibieron por demoníacos, los cantos en gaélico, la lengua del lugar. Para algunos Dios está siempre con la lengua del imperio.

Los rituales de matrimonio que uno encuentra en Londres en este momento, son numerosísimos dada las diferentes etnias que viven en la ciudad, pero todos, queriéndolo o sin querer, están influidos por la cultura británica. Los problemas que produce la transculturación en las jóvenes hindúes y musulmanas pueden ser trágicos, como indica el índice de suicidios en las jóvenes indúes. También pueden tener un final feliz como le pasó a una amiga nuestra de origen turco-chipriota que llegó de pequeña a Londres con sus padres y hermanos. Educada en una escuela inglesa, se encontró en un buen lío cuando decidió comprarse un apartamento y vivir sola. Los padres la acosaban día y noche para que encontrara marido y por medio de la casamentera le presentaban hombres continuamente. Ella lo pasaba muy mal, dividida como estaba entre su identidad de progre británica y su familia, que tiraba con esos hilos poderosos de las raíces y la tradición, incomodándola cada vez que rechazaba a un futuro consorte. Sus padres, a pesar de ser bastante liberales, estaban, como los míos, angustiadísimos ante la idea de no casar a la hija. El último pretendiente rechazado, más listo que los demás y muy interesado en la muchacha, intentó citarla a solas a espaldas de la familia. Poco a poco se empezaron a ver con regularidad, hasta que un día estaban los dos solos en la casa de ella y se presentaron los padres de repente. El asunto acabó en boda, una boda musulmana pasada por lo anglosajón, cuya invitación especificaba: «No se permite la asistencia a menores de catorce años», como si los niños fueran una peste contagiosa. ¡Con el color que dan precisamente en las bodas! La de nuestra amiga se celebró en un hotel, con orquesta turca y comida turcoinglesa. Cuando los amigos británicos, acostumbrados a tratar a una mujer eficiente y feminista, vieron a la novia de blanco y enjoyada a la turca, se quedaron perplejos, pero el estupor fue mayor al contemplar los esfuerzos de los invitados chipriotas por clavar billetes y cheques en los trajes de los dos novios.

Cuando nos llamaron para que entráramos en la sala donde nos iban a casar y la gente empezó a dirigirse a ella, de pronto un funcionario muy serio nos pidió a Steve y a mí que lo siguiéramos. Con los restos de psicosis que me quedaban por haber sido la mala del colegio y haberme criado en un país donde la represión era un asunto cotidiano, me entró un canguelo igualito al que me daba cuando las monjas alemanas me llamaban con autoridad prusiana: «¡Isla!». Ya verás, me dije, ahora resulta que no me puedo casar y a mis padres les da un soponcio. ¿Y qué demonios hacemos con toda la comida ya preparada? En los momentos más trágicos siempre sale a relucir lo más pedestre. Los impedimentos imaginados se desmoronaron inmediatamente cuando el funcionario cerró la puerta, sacó de un cajón varias cartulinas y me ofreció una de ellas escrita en español. Se trataba de la traducción de las palabras del oficio porque según la ley británica los extranjeros deben leer en su propio idioma lo que van a firmar, por eso tienen hojas con el oficio traducido a las lenguas más habladas en el país. Las palabras de la ceremonia, tanto civil como religiosa, tienen que decirse obligatoriamente en inglés o en galés, nadie se puede casar en otro idioma, aunque la persona que oficie el acto lo hable, dando por anuladas ceremonias celebradas en lenguas que no sean estas dos.

Todavía no entiendo por qué en los registros civiles no dejan hacer fotos en el momento de firmar. Me resultó muy chocante que en mi boda se lo prohibieran a nuestro amigo Carlos Torres, como si el registro fuera un edificio de alta seguridad. Una vez que habíamos firmado nos dieron un libro falso para repetir la acción; me pareció ridículo pero aceptamos por no perder una foto de Carlos, que son magníficas (véase la portada de este libro). Cuando las recibí me encantó el detalle del retoque en color azul sobre el blanco y el negro, de forma que parecía que se veía el mar detrás de las ventanas y no los edificios de Shafestbury Avenue. A la salida del registro nos tiraron confetis en forma de herraduras y campanas, y yo pensé: «¡Andá qué divertido, si parece una verbena!», luego me enteré de que ese confeti había sustituido al arroz, que a su vez había sustituido al trigo llevado por la novia en la mano para propiciar la fertilidad. Una vez fuera del registro, unas vecinas que se habían acercado a mirar me entregaron una herradura de plástico enorme, color plata brillante —un monumento kitsch—, suspendida de una cinta azul; me dijeron: «Para la buena suerte», y me indicaron que me la colgara de la cintura, lo que hice enseguida ante la mirada alucinada de mis padres y hermanos, que no habían visto jamás una novia con un colgajo de plástico descomunal. Yo lo encontraba todo tan exótico que me daba igual una cosa que otra; me parecía asistir a la boda de otra persona, más aún viniendo de un país donde los folclorismos están a la orden del día. ¿Qué diferencia había entre una peineta, unas arracadas maragatas, una herradura, o un floripondio en la cabeza?

En mi boda, al no seguir estrictamente las tradiciones, antes de ir al restaurante a almorzar sólo con la familia más cercana (la fiesta con los amigos fue por la noche) Sean tomó los telegramas y cartas que habían llegado —que deben ser picantes o ingeniosos para animar a la concurrencia—, y empezó a leerlos, como se hace al final de la comida, antes del brindis oficial del *bestman*. El *bestman* actúa en las bodas como un maestro de ceremonias, se ocupa de los invitados y les acompaña incluso a los coches. A mí todo esto me sorprendió no sólo porque no conocía la costumbre, sino por el hecho de que Steve y Sean eran muy poco convencionales y sin embargo seguían estas tradiciones a rajatabla. Cuando conocí más el país me resultó muy confusa la diferencia que había entre la falta de tradiciones populares y el conservadurismo respecto a los detalles cotidianos, mezclado todo con un «vive y deja vivir» sanísimo.

Llevo unos veinticuatro años en Gran Bretaña y todavía me sorprende la falta de sensualidad tan peculiar que, salvo excepciones, el británico ostenta en lo tocante a la comida, algo que se pone de manifiesto sobre todo en las grandes ocasiones. A veces me da la impresión de que en lugar de considerar la comida como una parte fundamental de la celebración, es una obligación rutinaria con la que hay que cumplir porque no queda otro remedio. La comida ha sido siempre una de las formas más comunes de ritual y en la solemnidad de las bodas siempre ha entrado de una forma u otra el ágape común. Yo he asistido a varias bodas en Gran Bretaña donde lo que ingerimos habría constituido una auténtica afrenta en cualquier país del mundo. La primera boda a la que nos invitaron estando yo en Londres fue oficiada por el padre de la novia, un pastor anglicano de la *High Church*, la rama más parecida a la católica, que denota clase media y alta. El pastor tenía su trabajo y vivienda en una antigua vicaría rodeada por un magnífico jardín en el que habían plantado una *marquee*. La *marquee* es el *entoldat* catalán, una carpa como las del circo pero en tonos suaves y adornada a veces con colgaduras de diferente estilo y tamaño. El clima británico es tan imprevisible que si se quiere estar seguro de poder utilizar los jardines es necesario alquilar estas lonas para las fiestas. Las *marquees* abundan en el paisaje veraniego británico, no hay acontecimiento al aire libre que carezca de ellas, desde ferias agrícolas a cócteles elegantes. La boda de la hija del vicario tenía todos los ingredientes necesarios para salirse de lo corriente: los padres eran personalidades en el pueblo; en la casa, situada en un lugar de ensueño, había antigüedades magníficas; los invitados parecían personas acostumbradas al refinamiento, y la *marquee* en medio de la hierba añadía prestigio a la celebración. Cuando nos indicaron que entrásemos porque el bufet estaba servido, esperaba —¡infeliz de mí!— encontrar lo que sin duda hubiera encontrado en otro país. ¡Madre mía, qué decepción! ¡Qué ignominia! Mi *shock* fue genuino porque no había aprendido todavía a no hacerme ilusiones con la comida británica.

El ágape que nos recibió estaba constituido por una serie de sándwiches tipo British Rail (la Renfe británica), famosos hasta hace poco por su falta de calidad, y unos bizcochos secos, cubiertos con el *icing* de margarina y azúcar en colores intensos, que sólo se ven en Gran Bretaña y Estados Unidos, de esos que al hincar el diente te dan la sensación de masticar plástico blando. En aquella *marquee* yo sentí una vergüenza ajena espantosa por aquella falta de interés y gracia, algo que supongo pasó bastante desapercibido al resto de los comensales. No me quejo de que en la boda sólo nos dieran sándwiches, uno puede hacer maravillas con dos trozos de pan e imaginación, pero aquellos estaban hechos con la desgana y la falta de salero culinario que uno encuentra por doquier en el país que los inventó. Aquello no era un ágape, era una falta de respeto al género humano.

Entre los regalos que me dio mi suegra había un calendario donde venían escritas todas las onomásticas de la familia —¡menos mal que es poco numerosa!— y amigos más cercanos. Se esperaba de mí que como mujer de Steve cumpliría a rajatabla el sagrado deber de mandar tarjetas cada vez que tocara. En Gran Bretaña se da por hecho que el felicitar, como el cuidar a los familiares enfermos, forma parte de lo que hasta ahora han sido las obligaciones de la mujer, lo que la gente ha dado en llamar «lo natural». La costumbre de mandar tarjetas por cualquier acontecimiento que se sale de la rutina diaria se originó en el Reino Unido y se exportó luego a otros países. La tarjeta no falta jamás en Navidad, pero también puede mandarse en Pascua, en San Valentín, con motivo de una jubilación, una enfermedad, la primera misa de un sacerdote, un cumpleaños... acompañando incluso al regalo entregado en mano, no sé si por esa timidez o falta de naturalidad tan británicas que impiden a la gente usar la palabra en los momentos de intensa emoción (al contrario que en España, donde el nerviosismo se manifiesta casi siempre en una verborrea incontenible). Los británicos se sorprenden cuando les cuento que en España felicitamos de palabra y sólo utilizamos la imagen impresa en Navidad, y aun así, raramente. En Gran Bretaña hay tarjetas para todo y dentro pueden contener versos alusivos a la ocasión destinados a enternecer corazones no muy sofisticados literariamente. Allí los amigos mandan tarjetas al homenajeado, y no al revés, como en España, donde la familia imprime tarjetas para regalar a los conocidos y familiares en ocasiones como la primera comunión o el bautizo. En Navidad la símbología sobrepasa la mera felicitación y parece que hay un acuerdo tácito de proporcionar al otro el gusto de presumir de la cantidad de amigos que tiene, por eso se empiezan a mandar pronto, para que el tiempo de exposición sea largo y dé más oportunidad de gozar de la prueba fehaciente y palpable de que te quieren. Enviarlas tarde es como robar placer al que las recibe. Hay gente que las expone durante un montón de tiempo después y me pregunto si eso no será prueba de inseguridad emocional. El último grito en tarjetas son las de divorcio, que se han empezado a fabricar en Estados Unidos. La cadena W. H. Smith vende tarjetas con cincuenta dibujos diferentes y lemas impresos del tipo: «Sé que te hice pasar mucho», «Tú decisión no fue fácil», etc.

En las bodas británicas es muy importante el asunto de los brindis, que van acompañados de *speeches* (discursos) más o menos inspirados pero cuya largura y formalidad, hasta en acontecimientos de poca monta, sorprenden siempre al neófito, como yo en mi boda (aunque en esto los noruegos superan a los británicos). A la mínima ocasión se levanta alguien con la copa en la mano y dice unas cuantas frases alegóricas. En las bodas los brindis constituyen la esencia misma del refrigerio, como si la comida fuera sólo una disculpa para sumirse en una orgía de protocolo y echar el discurso final. Cuando el *bestman* considera que todos han acabado de comer, pide a un familiar, generalmente el padre de la novia, que haga un brindis en honor de los novios (el discurso debe incluir las palabras «*To the health and happiness of the bride and bridegroom*», es decir, a la salud y felicidad de la novia y el novio). El brindis debe incluir unos detalles específicos, por ejemplo el padre debe manifestar lo contento que está por la boda de su hija, la acogida que su familia da al nuevo miembro, etc., y por tradición se incluye también una historia abreviada de la muchacha, sus gracias cuando era pequeña, sus travesuras y sus logros como persona. A continuación se puede levantar también el padre del novio y manifestar que al acoger a su nuera en la familia «no pierdo un hijo sino que gano una hija». Por último el novio responde con otro brindis agradeciendo en su nombre y el de su mujer los regalos que ha recibido y lo bien que han contribuido todos a la marcha de la fiesta, en especial las *bridesmaids*. Este brindis lleva el nombre de *bridesmaids* y cuando termina el nuevo marido suele entregarles un regalito por haber ayudado a su mujer. Las chicas, a todo esto, permanecen mudas. Yo he asistido únicamente a una boda, la de mi prima Abigail, la hija de tío Pepín, en la que la novia hizo un brindis.

Es que si se quiere celebrar una ceremonia como la boda, donde los dos novios estén considerados individuos con los mismos derechos y deberes, hay que modificarlas y convertirlas en algo más en consonancia con la trayectoria actual de la mujer. Si los brindis tienen gracia, sirven para dar un toque especial a la ocasión, pero la mayoría son unos discursitos aburridísimos en los que se dice invariablemente lo mismo. En la boda de la hija del vicario se hizo un brindis a la reina, como es de rigor en las familias de abolengo, más pensando que Isabel II, al ser la cabeza de la Iglesia anglicana, es la jefa suprema del pastor. Cuando mi suegra se quedó viuda, empezó a brindar por la reina el día de Navidad, hasta entonces se había reprimido por influencia de su marido. En Gran Bretaña la industria de tarjetas se ha convertido en una de las más sólidas y competitivas del país. Al principio me sorprendía esa fijación de regalar imágenes en una cultura que debido al protestantismo ha carecido de ellas, pero uno se habitúa a todo y al cabo de un tiempo los extranjeros compramos y regalamos tarjetas con la misma naturalidad que cualquier británico.

Nosotros no tuvimos lo que se llama luna de miel pero nos añadimos a la barcaza que habían alquilado unos amigos para navegar por los canales cercanos a Cambridge, donde me pasé la mayoría del tiempo tiritando. La Inglaterra que yo había anticipado era una fantasía construida por trozos de película y de historias familiares donde nunca te dolían las orejas de frío. ¿De dónde vendrá eso de luna de miel?, pensaba yo en permanente estado de congelación. Pues viene del tiempo —una luna— que sigue a la celebración de los esponsales y que era un período de aislamiento para ambos cónyuges en algunas culturas. A veces la reclusión era, o es, sólo para la mujer. Las razones que dan los antropólogos para explicar este tabú son diferentes: unos dicen que es por respeto a la timidez y dificultad que pueda tener en su nueva vida de casada, pero otros aseguran que se debe a la creencia, existente por ejemplo en Esparta, de que la asociación continua con las mujeres es peligrosa porque produce el afeminamiento. El tabú no se rompe muchas veces hasta el nacimiento del primer hijo, y en Armenia marido y mujer no se hablaban hasta ese momento. El viaje de novios se empezó a popularizar en Gran Bretaña a raíz de la extensión del ferrocarril, que tanto facilitó las comunicaciones; hasta entonces únicamente podían permitírselo las clases muy privilegiadas. Algunas ciudades como Brighton y Blackpool, eran las elegidas por las clases populares como lugar típico para pasar la luna de miel.

Cuando volvimos de los canales de Cambridge, y me encontraba por la calle a conocidos y vecinos, todos nos felicitaban como si nos hubiera tocado la lotería, a mí me parecían pasados de rosca porque nada fundamental había cambiado. La gran decisión no había sido decir que sí en el registro civil, sino marcharme a vivir con Steve en un país tan diferente al mío. Yo me creía una chica muy independiente y liberada de las ataduras que le obligan a uno a quedarse en su pueblo, pensaba que mi falta de convencionalismos me permitía vivir donde quisiera sin problemas. ¡Cuánto echaría de menos mis raíces después! Si bien es verdad que mi vida diaria siguió funcionando exactamente igual que antes de la boda, una de las cosas que más gusto me dio cuando firmé los papeles fue el hecho de romper el maleficio familiar de que para mí nunca iba a llegar ese momento dada mi poca adecuación a la «normalidad». Al liberarme de tamaño peso, y conseguir algo de lo que todos me creían incapaz, entré sin darme mucha cuenta en un mundo de posibilidades infinitas.

5

Para un inglés su casa es su palacio

La emoción tan intensa que sentía cada año cuando llegaba a la casona del abuelo, un edificio de ladrillos rojos del siglo pasado, hizo que Londres me resultara muy familiar. El aspecto de sus calles tenía a veces esa viejura destartalada que en el pasado me había recibido amorosa todos los veranos llenándome de excitación. Nunca pude después acostumbrarme a la idea de vivir en un piso, de ser enterrada también en piso, lo que me unió a los británicos desde el primer momento. La impresión de encanto que me produjo Londres en el verano del setenta y siete no desapareció con el tiempo aunque deseé tantas veces estar en el Mediterráneo. Durante mi primer año de vida allí la sorpresa y admiración por el sistema de vida «inglés» fueron diarios y sufría raptos continuos de asombro en un crescendo deslumbrante que me dejaban pasmada; las sorpresas negativas se multiplicaron con rapidez supersónica a partir del primer mandato de Margaret Thatcher.

Yo procedo de una clase social acostumbrada a conseguirlo todo con dinero o influencia, sin ayudas estatales, de un país que ha desconfiado siempre de las instituciones y de una cultura que se apoya en el amiguismo. En la España que yo había dejado atrás, cuando surgía algún problema lo primero que nos preguntábamos era si teníamos algún conocido que pudiera echarnos una mano. De pronto me veía rodeada de personas, muchas de las cuales habían tenido educaciones tan privilegiadas o más que la mía, que consideraban un derecho inalienable de cualquier ciudadano acceder a muchos servicios gratis, o casi, confiando ciegamente en la capacidad de provisión institucional. ¡Qué choque tan terrible fue, sobre todo para la generación de Steve, la destrucción paulatina de esos derechos por los sucesivos gobiernos conservadores que encima presumían de proteger al consumidor!

En 1977 Londres era una ciudad donde con poco dinero cualquiera tenía al alcance de la mano lo que en otros lugares del mundo no era accesible a todos. Aparte de la atención médica gratis, fuera cual fuera el nivel monetario de la persona, y la educación gratis, incluyendo universidades como Oxford y Cambridge, en los barrios había numerosas piscinas públicas muy baratas, y en la mayoría de los parques se podía jugar a tenis por lo equivalente entonces a unas quince pesetas. Londres fue un gran ejemplo de cómo se puede estructurar la vida pública de forma que todo ser humano viva con un mínimo de dignidad. Ello significó para mí la puesta en práctica de ciertas utopías políticas. Llegando de una dictadura donde las fuerzas de seguridad controlaban hasta el más mínimo detalle, donde una burocracia mastodóntica entorpecía cualquier gestión, la agilidad de los procesos británicos me dejaba estupefacta. En esa época, en Gran Bretaña si uno se movía y se organizaba podía transformar poco a poco las estructuras de poder desde la base sin acabar en la cárcel, como hubiera sucedido en España. Cuando yo llegué a Londres, no había silencio a la fuerza o aceptación acomodaticia de la realidad, y la tensión constante que yo notaba en mi país me parecía todavía mayor por el hecho de convivir con unas personas que estaban inmersas en el optimismo de transformar su espacio vital sin miedo a un súbito registro de la policía.

Como no entendía bien el funcionamiento de lo que me rodeaba —nunca había profundizado en ello, tampoco en España—, todo me parecía facilísimo, y tuvo que pasar mucho tiempo para que me diera cuenta del trabajo que supuso —las horas empleadas por Steve y sus amigos—, organizar la asociación de vecinos a la cual pertenecía nuestra casa. Al principio el sistema de vida en Gran Bretaña fue para mí como un puzzle de piezas pequeñitas, tuve que aprender un montón de historia, de geografía, de política... para llegar a entender un poco el fondo. El problema es que hay cosas que no se aprenden en los libros y han entrado en nosotros por ósmosis a través de la infancia. Gracias a mi curiosidad e interés conocía bastante bien el mobiliario español, de modo que podía detectar de dónde provenían los objetos; había viajado por toda la Península y había estudiado su historia, geografía y arte, cosas que apenas conocía en Gran Bretaña. Al principio mi mayor desesperación la causaba, no tanto una laguna intelectual de los temas británicos, como la incapacidad de reconocer y situar en el tiempo el material cotidiano que en otro lugar de Europa habría identificado sin ningún esfuerzo. El mundo visual británico me resultaba muy diferente del «continental» y me pasaba horas especulando acerca de la edad de todo lo que veía. El gótico, por ejemplo, había durado en Gran Bretaña hasta casi toparse con el nuevo gótico victoriano. A mis ojos, una máquina de lavar a mano, un aspirador viejo... no cantaban inmediatamente su edad, ya que en España los electrodomésticos habían llegado mucho más tarde, y así sucedía con todo lo que se había inventado en el último siglo.

A los pocos meses de vivir con Steve la asociación de vecinos anunció la entrega de otra casa porque en la que vivíamos había serios problemas estructurales. La que nos ofrecieron estaba en una callecita muy agradable, bordeada de árboles y muy cerca de la anterior. En su origen había sido una vivienda unifamiliar de tres pisos con jardín, pero acababan de dividirla en tres *maisonettes* o dúplex, con lo cual la estrenábamos en su nueva forma. A Steve y a mí nos dieron el piso más alto, que parecía muy amplio ya que tenía escaleras y habitaciones en niveles diferentes; a Brian le dieron el entresuelo, y a Sally el bajo con jardín. Brian y Sally habían vivido juntos varios años en la antigua comunidad y se habían separado poco antes de entrar yo en escena. Su nueva convivencia en plan de vecinos me dejó impresionada, nunca había visto algo parecido.

Al año y medio de vivir allí me quedé embarazada y tuvimos que pensar seriamente en comprar una casa; la asociación nos podía dar otra con una habitación más, pero no habríamos tenido espacio para un estudio, no digamos dos, así que decidimos empezar las gestiones de la compra. Comenzamos a buscar en nuestro barrio, Islington, que está al norte del Támesis y que antiguamente era un pequeño pueblo donde Samuel Pepys iba a comer con su padre. Jane Austen lo menciona en alguno de sus libros porque allí viven o van de visita los protagonistas. Islington es hoy un barrio muy mezclado dentro de lo que se considera *Inner London* (centro de Londres). En los años setenta entró en la oleada de prosperidad gracias a las reformas progresistas de su ayuntamiento de entonces; el barrio se transformó así en un lugar muy buscado para vivir, caro, y odiado por los conservadores, que con cierto desprecio le llaman *Blair's Islington* (el Islington de Blair) porque allí tuvo su casa el primer ministro laborista, que vendió al trasladarse a Downing Street.

Desde el primer momento la compra de la casa me pareció un asunto tan enmarañado como esos caminos de los cuentos en los que debes superar un sinfín de peligros hasta llegar a la princesa encantada. Lo más alienante fue tratar de manejarme en un sistema de vivienda muy distinto al español donde se usaban los conceptos de *freehold*, *leasehold*, *council flat* y *housing association*. Para entender todo ello había que empezar por saber cómo funcionaba el país —bastante más descentralizado entonces que España—, cuyos ayuntamientos locales (local Authorities) correspondían a los antiguos pueblos anexionados por Londres, uno de los patrimonios más importantes de Gran Bretaña y que Thatcher trató de controlar dando más poder al gobierno central. En 1977 los ayuntamientos eran todavía dueños de una enorme cantidad de viviendas de alquiler de protección oficial que Thatcher puso en venta cuando vio que necesitaba un gran empuje para ganar las elecciones. Además de estos había en Londres un ayuntamiento central, el Greater London Council, llamado normalmente GLC, cuyos dirigentes eran elegidos democráticamente y que controlaba entre otras cosas los transportes, la educación en la ciudad (entonces no era nacional en Gran Bretaña), las basuras y los teatros del llamado Greater London, la enorme zona considerada como la ciudad de Londres. Según me dijeron en Barcelona, el proceso de su liquidación fue seguido posteriormente muy de cerca por Pujol para desmantelar la Corporación Metropolitana. Thatcher tomó esa medida para quitarse de en medio al líder laborista Ken Livingstone, muy popular, que constituía una fuerza muy importante anti-*tory* o conservadora. El caos que sobrevino repercutió de inmediato en la cantidad de instituciones y servicios que dependían de él, y a la larga en el público en general, que para empezar se encontró con que el precio de los transportes se había doblado. El vacío dejado fue tan notorio que los conservadores pensaron muy seriamente en volverlo a crear; si se resistieron a ello fue porque sabían que casi seguro estaría de nuevo en manos de los laboristas. Su edificio, una mole imponente en la orilla del Támesis, justo enfrente del Parlamento, fue vendido a los japoneses, que lo convirtieron en un acuario gigante con tiburones espectaculares, una buena metáfora del legado conservador. En el año 2000 los laboristas lo volvieron a instituir, aunque Blair cayó en la misma inquina hacia Ken Livingstone que había demostrado Thatcher y se comportó con él de forma tan vergonzosa y tan poco democrática que Livingstone eligió presentarse como candidato independiente.

El estudio de la infraestructura histórica de la vivienda británica ha sido para mí una gran lección y me ha ayudado a comprender más que otros temas la magnitud del impacto destructivo del legado de los gobiernos conservadores a partir de Thatcher, porque los que hubo antes de que ella llegase al poder nos parecieron luego, en comparación, casi de izquierdas, por lo que no es extraño que se llevara tan mal con políticos como Edward Heath. El sistema de vivienda que existía hasta Thatcher estaba inspirado principalmente en uno de los grandes *shocks* nacionales que ha sufrido la sociedad británica a lo largo de su historia. Sucedió a principios del siglo XIX, cuando en el reclutamiento de hombres para la guerra de los bóeres muchísimos británicos fueron declarados inválidos debido a las condiciones infrahumanas en que vivía y laboraba la clase trabajadora. Cuando acabó la Primera Guerra Mundial el gobierno de coalición británico basó su programa electoral en la promesa «Casas dignas de héroes», frase clave que volvió a ser utilizada cuando terminó la Segunda Guerra Mundial. El cambio esencial que se produjo cuando terminó la guerra de 1914 fue la conclusión general, si bien a la fuerza, de que el sector privado no puede suplir la cantidad y calidad de viviendas requeridas al precio que puede pagar la clase obrera.

Una vez que decidimos comprar una casa empezamos a visitar las *estate agents* (agencias inmobiliarias) de Islington, que normalmente están en la *high street* (calle mayor) del barrio donde se halla también el ayuntamiento local. Cada agencia nos dio una lista de las propiedades que se ajustaban a nuestro presupuesto y empezamos a visitarlas. A los pocos días de empezar la búsqueda de la casa, los Servicios Sociales de Gran Bretaña empezaron una huelga que Thatcher usó en su primera campaña política y que fue muy bien aprovechada por la agencia de publicidad Saatchi & Saatchi que ella contrató. Por todo Londres había unos carteles donde se veían colas enormes de desempleados y la famosa frase de Shakespeare: «El invierno del descontento». Steve hizo huelga con todos los empleados de los Servicios Sociales; no sabíamos cuánto iba a durar el conflicto y dejamos de mirar casas. El problema más grave fue que al mismo tiempo se produjo un incremento rápido de los precios, una verdadera explosión. La subida llegó a ser tan demencial que en una semana el precio de la misma casa podía subir doscientas mil pesetas. Algunas eran retiradas de las listas y aparecían tres semanas después un millón de pesetas más caras. Aquello parecía un zoco. En seis meses se triplicó o cuadruplicó el valor de la propiedad inmobiliaria. A los seis meses acabó la huelga y nos pusimos de nuevo a mirar casas; para entonces el tamaño de mi tripa era ya tan descomunal que toda la gente me preguntaba si esperaba gemelos, y lo mismo pensaron en maternidad hasta que me hicieron la ecografía.

Muchos comentaron que habíamos caído en el tópico de las parejas británicas: comprar una casa en pleno embarazo del primer hijo, sin tiempo para arreglarla antes de que naciese. En 1991 en la televisión había un anuncio de pinturas basado precisamente en ello. Muchos años después, hablando con un amigo arquitecto que trabajaba en un conocido estudio de Londres, me comentó que el único de sus compañeros que no había conocido el agobio de tener niños pequeños y la casa a medio reparar, con sacos de cemento por todas partes, era un griego que había esperado a tenerlo todo a punto para casarse. Nuestro amigo contaba admirado que el griego había recibido ayuda de su familia y la de su mujer, mostrando con su asombro que eso no era en absoluto británico.

Como los precios de las casas subieron tanto y los sueldos no, bajamos el listón y decidimos buscar en el barrio siguiente, Hackney, que, como dijo el empleado de una agencia, es *poor man's Islington* (el Islington del pobre). En 1979, Hackney estaba en la misma situación que Islington en los sesenta, empezaba a ser recuperado por personas con profesiones liberales o artísticas, sin el esnobismo que impide compartir una calle con emigrantes de todo el mundo. Si en España se decía «es pobre pero honrado», en Gran Bretaña, desde la creación de la ética protestante, ser pobre ha equivalido a pecado, puesto que el trabajo es la forma de llegar a Dios. Las connotaciones de todo ello son obvias: los ricos, por el sólo hecho de serlo, llevan consigo la decencia y la respetabilidad; los pobres, la delincuencia y la suciedad. Esta creencia, que habría perdido fuerza con el Estado de Bienestar Social, que puso en funcionamiento medios drásticos de combatir la pobreza partiendo de la base de que su origen se deriva de ciertas condiciones sociales, cobró de nuevo vida con los conservadores thatcherianos. El significado de redención que el trabajo tiene para los protestantes es un factor muy importante para entender por qué para las clases acomodadas carecer de dinero equivalía, o equivale, a ser maleante, algo que ya señaló Flora Tristán en su *London Journal*, escrito en 1851: «En Inglaterra cualquier pobre es ipso facto considerado un facineroso». Hasta el extremo de que los habitantes del West End (el oeste) de Londres —adonde fue a vivir la clase media y alta a partir del incendio de Londres, en 1666— creían que los vientos procedentes del East End (el este) —donde vivía la clase trabajadora— eran portadores de todo tipo de enfermedades. Hackney fue hasta hace poco la frontera entre esos dos mundos. En el año 2001 la frontera se ha trasladado mucho más al este y Hackney se ha convertido en uno de los lugares de moda de la ciudad.

Cuando comenzamos de nuevo el periplo de visitar agencias inmobiliarias los sustos fueron continuos por el estado de las casas: desconchadas, sucias, con un olor a polvo y humedad que tiraba para atrás. Yo me admiraba de que alguien se atreviera a comprarlas, hasta que vi en la práctica por qué lo hacían: para mucha gente la única forma de hacer dinero es renovar personalmente las viviendas mientras viven en ellas, venderlas cuando las reformas han terminado y vuelta a empezar.

La compra de la casa me expuso al sistema financiero británico y ahí tuve mi segundo choque cultural. Yo que venía de España convencida de la seriedad y honradez de la Pérfida Albión, me encontré con que si entregabas una paga y señal a la agencia inmobiliaria no te servía de nada: si llegaba un cliente interesado en la misma casa cuyas gestiones de hipoteca iban más rápidas que las tuyas, o que tenía el dinero en mano, perdías la casa irremisiblemente. Me quedé estupefacta al ver lo que sucedía cuando las personas implicadas en la compra tenían a su vez que deshacerse de otra propiedad, formando cadenas larguísimas de clientes y viviendas. Si uno de los eslabones fallaba, porque el cliente tenía cierta dificultad en vender su antigua casa o en conseguir una hipoteca, los demás caían como un castillo de naipes y cada cual perdía la casa que había elegido, ya que las agencias no reservan ninguna propiedad. El proceso acarrea muchos nervios y desilusiones, porque pones el corazón en una casa que piensas que va a ser la tuya, y no, y la decepción se repite una y otra vez. Es agotador.

No creo que haya un país en el mundo donde el hecho de comprar una casa sea tan complicado como en Gran Bretaña. No obstante, por mucho que todos protestemos del sistema su cambio no es inminente, porque las cuatro profesiones que viven de él, los abogados, las agencias inmobiliarias, los *surveyors* (inspectores de la vivienda) y las entidades que prestan el dinero, se resisten a ello por sacar tajada de la marabunta. Hay más de un libro que relata las vicisitudes del ciudadano medio británico en lucha feroz contra los obstáculos de la propiedad inmobiliara. El asunto es tan serio que el estrés que produce ocupa en las estadísticas el tercer lugar, detrás de la muerte del cónyuge y el divorcio.

Yo tardé una barbaridad en manejar bien la terminología de la vivienda, no sólo porque ignoraba las nuevas palabras, sino porque me encontraba frente a conceptos desconocidos. *Leasehold* es la adquisición del derecho de inquilinato por un número fijo de años y *freehold* la compra común y corriente que se transmite por derechos de herencia. El sistema de compra *leasehold* viene de la épo-

ca georgiana, llamada así porque en ese período gober-
naron los reyes Jorge I, Jorge II, Jorge III y Jorge IV, entre 1714 y 1837, además de Guillermo IV, padre de la reina Victoria. La *lease*, especie de préstamo a largo plazo,
se creó cuando los aristócratas británicos empezaron a
dejar parte de sus tierras a los especuladores para que le-
vantaran casas. El terrateniente firmaba un acuerdo por
el que ponía sus tierras a disposición de quien o quienes
fuera, se construía un edificio y el constructor tenía derecho a cobrar las rentas durante el período legal establecido, de sesenta a noventa años consecutivos, al cabo
de los cuales la propiedad pasaba de nuevo al dueño del
terreno sin que este hubiera tenido que invertir un duro
en su construcción. El sistema de *lease* tiene como objeto
renovar el valor de la tierra indefinidamente y mantenerla además bajo las mismas manos —en los años ochenta
en Gran Bretaña el 75 por ciento de la tierra estaba en
manos del 1 por ciento de la población—, y lleva consigo
una visión económica a largo plazo que favorece a los
grandes terratenientes. Los especuladores sufrían continuas bancarrotas porque funcionaban a base de préstamos. Las familias aristocráticas que tenían terrenos en
las afueras del Londres dieciochesco son hoy archimillo-
narias, ya que esas tierras son hoy enormes zonas construidas que, como Mayfair y Picadilly, se hallan en pleno
centro de la ciudad. La familia real británica es quien posee más edificios y terrenos en Londres, como toda la calle Regent, la zona de St. James's, donde están los famosos clubes, parques, etc.; le sigue la Iglesia anglicana,
que emplea las rentas que producen sus propiedades
para pagar las pensiones y los salarios del clero, y a continuación el duque de Westminster, que posee unos trescientos acres.

Las figuras del especulador y el arquitecto (hasta en-

tonces construían los maestros de obras) nacieron en
Gran Bretaña en la época georgiana. El auge constructor
que vivió España en los años sesenta y setenta tuvo lugar
en Gran Bretaña en el siglo XVIII, de modo que todos esos
frentes marinos de las ciudades costeras británicas, como
Brighton, son un equivalente de nuestros horrores medi-
terráneos. Dado que los especuladores tienen las mismas características en todas partes, algunas casas del
siglo XVIII se hicieron tan rápidamente y mal que en algunas se aconsejaba no dar bailes por temor a que los suelos cedieran, como había sucedido más de una vez. El
tiempo de la tenencia por *leasehold* varía hoy enormemente, pero el límite mayor es de ciento veinticinco años.
Este tipo de compra, que es raro en las zonas rurales, se
usa siempre en los pisos. Desde el 1 de noviembre de 1993
el dueño de una *lease* de más de veintiún años puede adquirir el derecho a *freehold* (ser dueño en perpetuidad) si
más de dos tercios de su edificio lo decide. Si se compra
una *lease* de muchos años se carga con la responsabilidad de los arreglos y el seguro de la propiedad.

Cuando Steve y yo tuvimos claro el tipo de casa que
podíamos comprar empezamos las gestiones de buscar
una *mortgage* (hipoteca) en los bancos y las *building so-
cieties* (cajas de ahorros). Los intereses de las hipotecas
en Gran Bretaña no han sido nunca fijos y esto tuvo consecuencias muy graves al final de los ochenta y principios de los noventa, cuando subieron muchas veces y aumentó al mismo tiempo el desempleo. Mucha gente,
engañada por la explosión económica de 1986, se metió
en préstamos altísimos, para pagar propiedades de valor
inflado, y cuando subieron los intereses no pudo hacer
frente al préstamo. De pronto las historias de casas expropiadas por no poder pagar la hipoteca dejaron de ser
hechos notorios, comentados en voz baja, para pasar a la

cotidianidad. Todos nosotros empezamos a oír anécdotas de amigos que al ir a comprar una casa les mostraban las que en dos, tres, cuatro días, iban a ser expropiadas. La escalada de las expropiaciones fue enorme: 11.500 en 1986-1988; 18.832 en 1989; 44.000 en 1990; 80.000 en 1991. En enero de 1996 ya había bajado a mil casas expropiadas por semana. El mercado de la vivienda se desastibilizó de tal forma que el descenso alarmante de los precios y el número de *homeless* (personas sin vivienda) obligó a los bancos y cajas de ahorro a tomar ciertas precauciones.

En la época en que todos los amigos estábamos inmersos en los arreglos de nuestras casas en las reuniones se hablaba mucho de arquitectura y tarde o temprano siempre había alguien que hacía referencia al incendio de 1666, que marcó un antes y un después en el modo de construir. El diario de Samuel Pepys —la mejor descripción de la vida en Londres hacia 1660 conservada hasta hoy— constituye un relato tan de primera mano del incendio que al leerlo te parece estar allí. En Londres no ha quedado apenas nada anterior a 1666. Desde los romanos, con rarísimas excepciones, toda la arquitectura civil y mucha de la pública se había construido en madera. La destrucción de dos terceras partes de la ciudad llevó al gobierno a tomar una serie de medidas —como ensanchar las calles y construir con ladrillo en lugar de madera, al menos las paredes divisorias entre casa y casa para prevenir en el futuro otra catástrofe igual.

Cuando comentábamos con los amigos las casas que íbamos viendo, lo primero que preguntaban era: «¿Es georgiana o victoriana?». La diferenciación implicaba un montón de connotaciones que yo no podía pescar de improviso. A la vista reconocía ambos estilos que dominan masivamente la arquitectura del país y que acabaron por parececerme como el producto de esas inmobiliarias que lo construyen todo igual. Con el tiempo tuve la sensación de que los georgianos y los victorianos eran unos vecinos a los que se trata con cierta intimidad. Pronto vi que, como a los británicos les gustaban las cosas cuanto más antiguas mejor (el modernismo ha empezado a popularizarse en los noventa), las casas georgianas tenían más caché y eran por lo tanto más caras. El interés por lo georgiano es tal que mucha gente ha ido a vivir a barrios muy deprimentes con tal de habitar una casa georgiana y, como otros han hecho algo parecido, el precio de las viviendas en esas zonas ha subido enormemente.

El estilo georgiano es un equivalente al neoclasicismo español y en Gran Bretaña aparece como reacción al barroco de Wren, que nunca cuajó allí ni en otros países protestantes porque tiene una esencia fundamentalmente católica, era una vía de propaganda antirreformista, el estilo de los jesuitas. El barroco nos habla de exceso, desbordamiento, pasión, y nada de todo ello va con el carácter británico; en cambio el georgiano captó perfectamente los ánimos, unificó visualmente el país y arrasó, sobre todo en el sudeste, con lo medieval. Todo ello coincide en el tiempo con los principios de la revolución industrial, fechada por Arnold Toynbee entre 1747 y 1850, cuando las ciudades sufren grandes transformaciones y dejan de ser simples caseríos. No obstante, la primera gran expansión de la propiedad inmobiliaria se produce cuando la Iglesia anglicana se separa de Roma y vende los monasterios. El poder del dinero ganado a raudales permitió la proliferación masiva del nuevo estilo, por eso quedan muy pocas ciudades donde, como en York y en Cambridge, todavía se conserva un conjunto arquitectónico anterior a 1700, lo que es corriente en otros países de Europa. De la época georgiana quedan en Londres muchos edificios y el trazado de barrios enteros; durante aquel período los *cottages* se construyeron también en estilo georgiano, por lo que no hay diferencia entre las casas urbanas y rurales, lo que nos choca a los del sur, acostumbrados a la enorme variación que existe en las construcciones populares de nuestros países.

El rechazo de lo barroco y lo popular (acordémonos de las bodas secretas) y la obsesión por acomodarse al estilo neoclásico o georgiano se originó con la traducción al inglés en 1676 de los *Quattro Libri Dell'Arquitettura* del renacentista Palladio, traídos de Italia por Iñigo Jones, que llegó a ser como una chifladura nacional. Los británicos acataron la nueva moda con entusiasmo —basta leer a los autores de la época para darse cuenta de ello— y la llevaron hasta sus últimas consecuencias; se erigieron en auténticos defensores del «buen gusto» y en enemigos acérrimos del individualismo, lo que dio al país su típica uniformidad. Un caso muy particular fue la proliferación de las ventanas de guillotina, sobre todo en el sur de Inglaterra, que fue causa de verdaderos desastres. Para encajarlas en las casas, si no se había tenido dinero para construir una casa nueva, tiraban fachadas enteras y las sustituían por otras que tuvieran el sello inequívoco de la monotonía georgiana. Muchos edificios sufrieron este tipo de operación, que los debilitó estructuralmente y que en muchos casos conllevó su derrumbe.

Siempre que me ha tocado limpiar ventanas (en el sur de Gran Bretaña casi siempre son de guillotina) me he preguntado quién inventó las de guillotina, convencida de que debió de ser algún británico —lo práctico no es su fuerte— por lo diabólicas que resultan a la hora de quitarles la suciedad. Pero no, llegaron de Holanda en 1660, con el rey Carlos II, y no se originaron en Francia, aunque su nombre derive del francés, ya que *sash* viene de *chasis*. Para limpiarlas tienes que sentarte en el alféizar, de espaldas a la calle, con las piernas hacia dentro de la habitación y el trasero medio colgando en el vacío, y mantener el equilibrio mientras pasas el trapo por la parte del cristal que da a la calle, entre el cuerpo y el interior de la casa, subiendo y bajando el panel con dificultad. Demencial. Por eso en Gran Bretaña es mucho más común contratar un limpiador de cristales que una asistenta. Los arquitectos dicen que las ventanas de guillotina son más eficaces para conservar el calor e impedir las corrientes de aire. Las contraventanas, que a partir de las normas que se establecieron después del Gran Fuego se ponen en el interior, menos durante el período de los *Gordon Riots* (unos disturbios sociales), sólo se encuentran en las casas georgianas y en las habitaciones principales de las casas victorianas, porque la explosión constructora en esa época rebajó en muchos lugares la calidad. Una manera de combatir el frío era, y sigue siendo, los gruesos cortinones, aunque jamás dejan un cuarto en completa oscuridad; los británicos y otros europeos del norte se acostumbran desde niños a la carencia de esa negrura total que hay en los dormitorios del sur de Europa. ¿Qué influencia puede tener esto en la psique de las personas?

Al saber más de lo georgiano empecé a darme cuenta de que las fachadas de las casas de una calle de esa época pintadas cada una de un color diferente son un crimen contra el estilo, ya que rompen la unidad. ¡Qué soponcio les habría dado al verlas a los auténticos georgianos! A ellos les pirraba la armonía de las medidas, algo que se percibe claramente en el interior de una casa georgiana que no sea demasiado pequeña. Su forma de construir ha dado viviendas que implican relaciones de verticalidad y aislamiento contrapuestas a la horizontalidad de los pisos. Algunos británicos creen que por vivir en una *terrace* georgiana incluida en la lista del patrimonio local tienen el derecho de obligar a sus vecinos a ajustarse a un estilo, como si lo moderno fuera un atentado contra la moralidad. La periodista Angela Neustatter ha sufrido las iras de su vecindario por pintar su casa —en una famosa zona georgiana de Islington— de colores poco convencionales y ha acusado a sus vecinos de practicar «fascismo ambiental». La preocupación por conservar lo georgiano ha llevado a ciertos individuos a excesos propios de secta religiosa santificada en este caso por una sociedad con sede en Londres, The Georgian Society, que tiene la misión de preservar y aconsejar en todo lo concerniente a ese estilo. El interés del príncipe Carlos por la arquitectura georgiana y su impermeabilidad a lo moderno es bien conocido; Gran Bretaña es un país con grandes arquitectos desaprovechados por puro conservadurismo.

Si los georgianos me llegaron a parecer familiares, no digamos los victorianos, ya que Thatcher se preció en todo momento de rescatar sus valores y no desaprovechó jamás la menor ocasión de hacernos creer en la similitud de su gobierno con el de la reina Victoria, igualito que Franco y los Reyes Católicos. Thatcher no quiso darse cuenta de que sus ideas no son comparables a las victorianas pero tienen eco en el período anterior, que va desde el final del siglo XVII a comienzos del XIX, cuando se cercan las propiedades rurales y se echa a los campesinos, que no tienen más remedio que emigrar en masa a América. Es la época en que el materialismo agresivo va mano a mano con «la voluntad de Dios», cuando los pobres sufren no porque haya injusticias sociales, sino por su «debilidad, pereza y falta de previsión». La época victoriana fue un período muy emprendedor, lo opuesto a la thatcheriana. Ese triunfalismo grandilocuente, esa continua evocación del pasado glorioso, muleta del presente arruinado, fue la tónica política en la España de mi infancia, de modo que durante la época de Thatcher sentí una extraña sensación de familiaridad. Para entender a los victorianos hay que verlos como los nuevos ricos que fueron, gente de mucha energía que trata de impresionar continuamente al vecindario. Tanto la nueva clase enriquecida como la aristocracia, aunque tenga vivienda en la ciudad, siguen considerando la casona del campo como la verdadera, lo que impide el ausentismo de los terratenientes, tan común en la península Ibérica.

Cuando buscábamos casa otra pregunta que solían hacer los amigos era: «¿Tiene *original features* (detalles originales)?», y eso quería decir si conservaba las chimeneas de cuando se construyó, la escayola de los techos, los armarios empotrados y muchas otras cosas más. El asunto de los detalles originales tenía un doble filo, porque su existencia no siempre hablaba de dueños cuidadosos, sino de personas tan pobres que no se habían gastado un céntimo en arreglar nada, con lo cual, al mismo tiempo que los detalles decorativos originales, bien a la vista, muchas veces encontrabas otros menos vistosos y más problemáticos: sistemas antiguos de electricidad y gas, tuberías de desagüe de plomo, váteres en el jardín, baños desastrosos, ausencia de calefacción, etc. Cuando por fin decidimos comprar una determinada casa, fuimos a visitar personalmente a los dueños, unos griegos chipriotas muy simpáticos, para darles la noticia de palabra. No hay duda alguna de que el camino de las negociaciones se allanó cuando supieron que yo era española; me recibían siempre como si fuéramos del mismo pueblo. «En el Mediterráneo somos todos iguales», decían. Sin embargo el Mare Nostrum retrocedía enormemente cuando se hablaba de cosas trascendentales como rebajar el precio de la casa, entonces yo desaparecía y era a Steve —el hombre— a quien se dirigían.

Cuando empezamos las gestiones de la compra, además de un abogado, que entre otras cosas debe informarse en el ayuntamiento de los planes gubernamentales que existen para la zona, tuvimos que buscar un *surveyor* o inspector de la propiedad inmobiliaria. Este hizo una seria revisión para ver si la casa tenía problemas de construcción y nos merecía la pena comprarla. Por otra parte, la entidad que nos concedió la hipoteca envió también a su inspector; nadie suelta un céntimo sin saber exactamente el estado de la propiedad. Muchas veces la entidad retiene parte de la hipoteca hasta que el comprador arregla los defectos que infringen las leyes de la vivienda. Como muchas de las casas tienen más de un siglo, los problemas son inevitables y pueden variar. Los más comunes son *dry rot*, una enfermedad de la madera que la corroe y que en última instancia puede causar el derrumbe del edificio, el tejado en mal estado, etc. El comprador se puede ver en dificultades si además de la hipoteca tiene que conseguir dinero para hacer reparaciones, especialmente si estas son de mucha envergadura. Pero los bancos están acostumbrados y dan lo que se llama un *bridge loan* (un préstamo puente) y cuando todo está a punto se recibe la totalidad de la hipoteca. Si el *surveyor* que inspecciona la casa se equivoca y una vez comprada la propiedad aparece algún problema serio (a una amiga se le hundió el suelo de la entrada al poco tiempo), el propietario tiene derecho a una indemnización que debe pagar el *surveyor*. Ni que decir tiene que todos los miembros de esta profesión están estupendamente asegurados. La entidad que nos dio la hipoteca nos obligó también a pagar una póliza de seguro que garantizara el pago de las mensualidades en caso de fuego o de nuestra muerte repentina. La compañía de seguros, si no trabaja normalmente con la misma empresa que da la hipoteca, envía a otro inspector para saber si el precio de la propiedad es adecuado y está correctamente asegurada. Esta póliza es independiente de la que el dueño quiera hacer sobre el contenido de la vivienda. Todas estas gestiones llevan lógicamente mucho tiempo y son obstáculos que hay que superar para conseguir lo que acaba siendo una especie de Santo Grial.

Como era la primera casa que comprábamos no había cadena de vendedores y compradores por nuestra parte, aunque sí por parte del dueño. Este quería deshacerse de ella rápidamente para no perder la que había escogido y nos había comentado que además de nosotros había otro comprador interesado. Pensamos que lo decía para valorar más la propiedad, pero cuando se firmó el contrato, como todas las propuestas de compra quedan notificadas en los documentos que el ayuntamiento tiene de cada construcción, vimos que, efectivamente, había habido otra. Después de varios meses la firma del contrato fue como el beso que pone fin a las películas, aunque la cinta se acabe ahí es donde se supone que empieza la vida en común de los protagonistas, que en el caso de mi casa resultó muchísimo más complicada de lo que nunca pude imaginar. A menudo me acordé de esa frase que había oído al hablar de la venta de viviendas: «*It is a gamble*» (es una lotería). La visitaron inspectores y nosotros la vimos varias veces antes de comprarla, por lo que no podíamos imaginar ni por un momento lo que nos esperaba. Nuestro *surveyor*, un amigo, nos dijo que la casa estaba estupendamente y que «hacíamos una compra formidable». Todo el que la veía decía que estaba en buen estado, y con los años entendí el significado exacto de esas palabras: el tejado no tenía pinta de volarse con el viento a la primera de cambio, los suelos no se hundirían al caminar por ellos y las paredes no iban a caerse de pronto. Yo no tenía experiencia de vivir en casas viejas, si exceptúo la de Astorga, y esta no contaba porque en verano, cuando hace calor y no llueve, los desperfectos se notan menos. Además cada año mi familia enviaba allí un batallón de gente que arreglaba y limpiaba todo de arriba abajo antes de que llegáramos nosotros.

Cuando terminó la mudanza nos quedamos Steve, mi tripa y yo solos en mares de linóleo escalofriantes, algunos con redondeles tamaño repollo en tonos naranja fuerte. Elegimos para dormir la habitación del segundo piso, que daba al jardín; por la mañana oiríamos los pajaritos, como en la otra casa, y como estaba orientada al sur disfrutaríamos del sol, si salía. La primera noche fue muy extraña. No dejamos de oír ruidos raros: las maderas crujían, el tanque del agua hacía gorgoritos en las alturas y a las cinco y media de la madrugada empecé a oír un ruido que tenía eco en lo más profundo de mi corazón pero que no reconocí enseguida porque me pillaba totalmente fuera de contexto. Poco a poco me di cuenta de que eran ruedas de carros —las de los puestos del mercado— sobre adoquines irregulares. Dormimos fatal. Steve escribió después un poema, *Buyer* (Comprador), que describe muy bien la situación. Lo traduzco para dar una idea de lo que dice, pero tengo que disculparme porque para traducirlo bien hay que ser poeta:

COMPRADOR

La casa se estremece durante la noche,
fuera de control, haciendo crujir sus codos,

refractando el tráfico, flexionando su cisterna,
siendo robada.
Nos carga sin sosiego
como a turistas en un camello.
Es un colador lleno de corrientes,
un nido de sospechas.
La vista es de bloqueo,
su intención hecha trizas.
Tengo demasiado respeto por ella
para mover los pájaros muertos
que hay debajo del tejado.

La vista en la parte de atrás de la casa no era ninguna maravilla pero al otro lado del jardín había un espacio vacío enorme y de edificios de una sola planta. A mí me daba la impresión de contemplar un paisaje rural, como las afueras de un pueblo, y comparándolo con los patios de los pisos españoles, por muy grandes que sean, aquel lujo de aire y luz —aunque fuera luz del norte— era obvio. Pero Steve había vivido siempre en una duna y con solo tres o cuatro casas en la playa, y después de eso cualquier vecindad, por esparcida que esté, le parece un agobio.

A la semana de entregarnos la casa nació el niño. Tuvo el gran detalle de retrasarse unos días, el lío habría sido tremendo si le da por llegar en plena mudanza. Cuando mis padres vinieron de Madrid a ver al niño, se quedaron estupefactos al contemplar la propiedad, por su estado catastrófico y su tamaño; en Madrid jamás habríamos conseguido nada igual y al mismo precio. Otra novedad era que nos habían dado una hipoteca a pagar en treinta años y eso entonces en España era algo desconocido. La casa había sido construida en 1870 sobre los terrenos de William Amhurst Tyssen y conservaba casi todos los detalles originales porque nadie la había arreglado nunca. La cocina era muy primitiva y la ventana que daba al jardín, cubierta de rejas, se inclinaba poderosamente a un lado. A Steve lo de las rejas le parecía propio de una cárcel y a mí me recordaba a España. La bodega tenía el suelo de tierra; cuando la vi, las novelas de crímenes inglesas cobraron sentido a mis ojos: me di cuenta de lo fácil que habría resultado enterrar allí un cadáver. Cada vez que bajaba me entraba una aprensión muy grande, hasta que el tiempo la domesticó. Cuando pusimos allí un contador nuevo de gas tuvimos que quitar el de la cocina, que estaba colocado contra la puerta de un armario que no se podía abrir, empotrado sobre las escaleras de la bodega. Cuando abrimos el armario por primera vez, encontramos dentro botellas llenas de trapos que sobresalían un poco del cuello: eran cócteles molotov. En los años treinta habían tenido lugar muy cerca de la casa los enfrentamientos entre el fascista Mosley, con sus camisas negras, y los judíos del Grupo 43, que con la militancia acabaron con los anteriores.

Entramos en la casa como el que penetra en un cuarto oscuro y poco a poco se va dando cuenta de lo que tiene alrededor. Cuanto más nos fijábamos, más problemas aparecían. Pasarían muchos años desde que nos instalamos hasta que por fin pudimos decir «las reformas han terminado», porque al poco tiempo de que Thatcher llegase al poder se empezaron a sentir las medidas que acabaron con todas las ayudas de los ayuntamientos para la renovación de viviendas en las zonas que lo necesitaban, y la nuestra era una de ellas; un año antes podíamos haber tenido, entre otras cosas, casi un 75 por ciento del tejado gratis. No hubo otro remedio pues que ampliar mis habilidades manuales, y no se me puso nada por delante, hasta acabé haciendo un armario. En un jardín de infan-

cia progre que había en el barrio, donde mientras los niños jugaban atendidos por varias mujeres, las madres
podíamos aprender ebanistería, aprendí a poner rejilla a
las sillas, etc. El asunto de la reparación de las casas me
sobrepasó. A los británicos que yo conocía les parecía la
cosa más normal del mundo, y cuando veías a alguien
después de algún tiempo lo normal era preguntarle:
«¿Cómo va la cocina?» «¿Y el baño?», de la misma forma
que en España habrías preguntado por la familia. Siempre tuve la impresión de que habían sustituido a la familia por la monomanía de las casas. Los hombres británicos que tenía a mi alrededor lo mismo se ponían a
arreglar el coche, que un grifo, o lo que hubiera de me-
nester. El trabajo manual, patrimonio de la clase obrera,
se había extendido, debido en parte al precio de las reparaciones. Surgió así la corriente del bricolaje, que en muchos casos incluía el arreglo de coches. Los amigos más
preocupados por el estilo, como Cressida Bell y Martin
Fieber, jamás habrían tenido un coche nuevo y usaban
modelos de los años cincuenta que tenían que reparar
constantemente. Steve, que nunca ha sido mañoso, tenía
cierto complejo de inferioridad y siempre lo achacaba a
no haber aprendido de su padre. De haber vivido con él
tampoco le habría enseñado, porque era mucho mayor
que su madre y pertenecía por tanto a la generación
eduardiana (por el rey Eduardo VII), la de mis abuelos,
en la que todavía no era costumbre entre la clase media
hacer trabajos manuales.

Mi inglés iba mejorando. El peor trago era el enfren-
tamiento casi diario con los tipos de la ferretería. Cerca
de la casa hay una ferretería importante y surtida que
entonces se llamaba Smith & Sons y que en 1998 fue
comprada por la cadena Perkins. Es un comercio importante que sirve a los profesionales de la construcción. En

la zona era conocido entonces por la incompetencia de sus dependientes. Nunca encontraban nada. Explicarles lo que es una bisagra o una alcayata sin saber bien el nombre en inglés era bastante difícil, pero hacerlo con acento extranjero y siendo mujer, en un gueto masculino de tal envergadura, era empresa digna de Agustina de Aragón. Yo iba siempre con papel y lápiz por si a última hora tenía que acabar dibujando lo que necesitaba. Esa hosquedad de los dependientes de Smith & Sons, tan propia de muchos comerciantes blancos de barrios londinenses no sofisticados (en los establecimientos del centro pueden ser exquisitos), les restaba clientes. Yo me acordaba de la simpatía de los españoles, que, salvo raras excepciones, cuando vas más de dos veces a comprar a la misma tienda parece que conoces a los dependientes de toda la vida.

En la extensa sección de pintura había una dependienta de mediana edad cubierta con un guardapolvo gris sin forma, verdadero antídoto contra la lujuria, cuyo pelo teñido de rubio platino resaltaba como una incongruencia espectacular enmarcando un rostro anodino y con esa dureza poco expresiva que pueden tener algunas mujeres inglesas. No sonreía jamás, no sé si por lidiar en un mundo que en Smith & Sons le era particularmente ajeno y tener que ganarse el respeto a pulso. Su persona me producía curiosidad por su extrañeza, había algo en ella que no podía captar. Me costaba admitir que después de verla a diario durante meses se comportara siempre como si fuera la primera vez. La posibilidad de hacerla sonreír se convirtió en un reto. Cada vez que entraba en la tienda me iba directamente a ella y le pedía las cosas con gran amabilidad. Nada. Estaba intrigadísima, me preguntaba cuál sería su punto flaco, qué podía haber en el mundo que la hiciera sonreír, cuando una tarde me la encontré en el parque paseando a dos perrazos enormes y cuidadísimos. Por fin había encontrado su talón de Aquiles. La próxima vez que visité la ferretería le dije que tenía unos perros preciosos y me sonrió con una confianza y simpatía tales que nadie hubiera sospechado que eran nuevas entre nosotras. Con orgullo de madre, me contó de pe a pa la vida de sus animales, y yo me fui a casa con la sensación de haber llegado al Anapurna. Desde ese día la rubia platino me trató con una atención especial.

Con los dependientes masculinos no hubo posibilidad alguna de mantener una *entente* relajada. Más de una vez me entraron ganas de darles con un martillo en la osamenta, pero me mantuve siempre entera, de una pieza, y no pudieron conmigo. No sabían que yo tenía una ventaja poderosísima sobre otras mujeres, la experiencia de haber vivido de cerca la ferretería de don Benigno, mi abuelo paterno, que era, como todos los negocios del ramo, una reserva inexpugnable de los valores masculinos, un templo del tornillo y la alcayata. Y vista una, vistas todas. Cuando yo era pequeña la ferretería de mi abuelo ocupaba un gigantesco local que era todo un universo. Había dos partes separadas entre sí por el tajo de un mostrador azotado por los años y por lo que allí se vendía, y que no eran, desde luego, puntillas de señorita fina. El mostrador delimitaba dos mundos: el exterior, para el cliente, y el interior, para los profesionales y visitas de excepción, con una perspectiva hacia el fondo que se perdía en oscuridades tenebrosas por la falta de una iluminación adecuada. Esa carencia de «boato», que hubiera dicho mi abuela Lucila, la mujer de Benigno, tan propia en negocios del género, era allí particularmente notable, además de una obstinación genética por ahorrar hasta la última escarcia.

A lo largo y ancho de las paredes había estantes altísimos, archivos de ciencia ferruginosa con viejura secular, cuyas superficies eran tan ásperas que si no las tocabas con respeto te astillabas a la mínima. Los estantes contenían cajas y cajas de cartón burdo colocadas ordenadamente, muchas de ellas de procedencia inglesa (allí leí por primera vez el nombre de Sheffield, todo parecía proceder de esa ciudad) y de color naranja. La altura interior era casi de dos pisos y en la parte superior había un balconcillo, como los que se ven en las grandes bibliotecas, por donde se podía pasar para coger lo que desde abajo parecía inalcanzable, sumergido en una penumbra permanente. En medio de la tienda estaba el sanctasanctórum, la caseta de la oficina, con una foto de mi bisabuelo, una caja fuerte digna de un museo y unos libros de cuentas escritas todavía con la caligrafía del siglo XIX, de la cual estaban todos muy orgullosos. El libro era la gran atracción de los funcionarios de hacienda que iban a la tienda a hacer la inspección. Años después, estando ya en Londres, tío César me encomendó la noble tarea de buscar unas plumillas que no podían conseguirse en España y que hicieran posible la continuidad de semejante artesanía. Sin pensarlo dos veces fui directamente a Philip Poole, en Drury Lane, que desgraciadamente ya no existe, y allí encontré una cajita llena de plumillas del número requerido. «¡Cuídelas bien!», me dijo míster Poole, «son las últimas que quedan». Con la seguridad de haber llevado a buen término tan delicada misión, certifiqué el paquetito a La Bañeza, convencida de que míster Poole se habría muerto de gusto si hubiera sabido para qué se requerían las plumillas: la sola visión del libro de cuentas de mis tíos le habría llevado al nirvana.

En aquel mostrador todo se vendía a peso, no en modernos paquetitos ridículos. Cuando mi padre nos contaba cosas de la tienda de cuando él era pequeño, mencionaba unas hojas de afeitar marca El Angelito. Entre aquella mercancía puramente varonil había alguna que otra concesión al mundo de la mujer: cucharas de madera, morteros y ollas que, al compartir la vecindad con la casta masculina, perdían sus connotaciones ancestrales para convertirse en instrumentos de trabajo. Si de vez en cuando alguien proponía modernizar el negocio, empezar, por ejemplo, a vender aparatos electrodomésticos como hacía otra gente, mis tíos y mi abuelo respondían con un «no» rotundo, horrorizados ante la idea de contaminarse con un submundo femenino que los alejaba de la severidad y grandeza ferreteras.

Los dependientes más antiguos eran Alfonso y Eliodoro. Este acompañaba cada año a mi padre y a tío Benigno al internado de los escolapios, en la calle Fuencarral de Madrid. Mi abuelo le daba dinero para que los llevara a comer y al cine, y Eliodoro, que sentía por él un respeto y admiración feudales, se pasaba el rato regateándoles los cuartos y diciéndoles que había que ahorrar porque su padre trabajaba mucho. La tienda era un club de hombres que se contaban anécdotas, como la de un señor al que preguntaron dónde había dejado el caballo y contestó tan ufano: «Se lo vendí a los romanos que hicieron el puente de Cebrones» (uno cercano al pueblo). No se perdía la ocasión de criticar ferozmente la volubilidad del sexo «débil», y ¡pobre de la señora que fuera a comprar y dudara!, la acribillaban viva. En el país de mi infancia dominaban las certidumbres absolutas defendidas por una cruenta guerra civil, y la duda no era privilegio del sabio sino sinónimo de aberración y peligrosidad, soportada con cierto fastidio por venir de seres imperfectos, entiéndase las mujeres, como si la falta de paciencia fuera parte intrínseca y natural del oficio de ser hombre. Mis tíos y los dependientes contaban siempre historias de señoras cargantes que les hacían perder el tiempo: «Una vez vino fulanita, ya sabes, la cuñada de tal y cual, aquella que se quedó medio calva con una de las primeras permanentes, la tía de zutanita, sí mujer, a la que hirió en el culo el cohete del toro de fuego y luego no se podía sentar en la consulta del hermano de Fina Luna, pues se nos puso muy insoportable preguntando precios. Tu abuelo la atendió personalmente porque era de una familia muy conocida en la ciudad y al final la señora se fue a otra tienda para comparar. Volvió al poco rato y pidió de nuevo que le sacaran la mercancía, pero tu abuelo, harto ya de tanta pesadez, le dijo que lo había vendido todo en el tiempo que ella había estado fuera. ¡Menuda nos quitamos de encima!».

Una vez, estando yo presente, llegaron a la ferretería unas señoras con una niña de cara triste y vestida con un hábito marrón oscuro de lana —¡en pleno agosto!— que entonces, tiempos de penitencia oscurantista, se veía mucho en mujeres adultas. Alguien le preguntó por qué la habían vestido así y la madre contestó como si tal cosa: «Es que hice una promesa». «¿Y si la hizo usted, por qué demonios le hace cargar con el hábito a la pobre criatura?», añadió el abuelo. Sentí un respeto nuevo por él. Nunca olvidaré la cara que puso la señora.

Mi padre cuenta que don Benigno fue el primero que estableció el precio fijo en La Bañeza porque hasta entonces todo se regateaba y lo corriente era que cada vendedor te pidiera un precio diferente. La frase que al parecer decían todos los compradores era: «Ten cuidado y no me robes en el peso, ¿eh?». Por eso los clientes se quedaban pasmados cuando llegaban a su ferretería y veían que todos les exigían siempre la misma cantidad. Como las herramientas agrícolas variaban de forma y nombre de un pueblo a otro (en algunos lugares a las azadas pequeñas les llamaban jajos), mi abuelo encargó que se las hicieran en Alemania. También le enviaron desde allí el piano que se instaló en la sala con la preponderancia y ampulosidad que luciría una cantante de ópera gorda, porque aquello era más que un piano, constituía la prueba fehaciente de la prosperidad conseguida por el esfuerzo del abuelo. Supongo que como toda la familia era de extrema derecha la procedencia alemana del piano le daba más caché.

El sábado, el día de mercado, era el más concurrido en la ferretería. El mercado de La Bañeza estaba abarrotado y fue al parecer el segundo en importancia en una gran zona, después de Medina del Campo. Mi padre cuenta que cuando él era pequeño los paisanos llegaban con sus trajes típicos y podías distinguir muy bien a los unos de los otros, diferenciar por ejemplo a los maragatos de los de la Ribera, etc. Mi abuelo era gallego y al parecer la ferretería fue en un tiempo una especie de consulado de Galicia y Portugal en León. Allí se recibían cartas que se guardaban hasta que varios hombres con profesión ambulante, como los afiladores y el señor Grañas, que hacía cribas a mano para las alubias, venían a buscarlas. Otros entregaban dinero para que mi abuelo se lo guardara en la caja fuerte hasta el momento de recogerlo, cuando volvían a Galicia. Para los niños lo más excitante era el bombo que dejaba el barquillero; en la parte que giraba se podía leer: «Viva la sal / Viva el salero / Viva la novia / del barquillero».

Mis visitas a las ferreterías de mi barrio londinense duraron años y cuando llegó el momento de arreglar el cuarto de baño me encontré con que los británicos tenían una relación muy particular con las duchas y los bidets. Yo daba por hecho que debíamos instalar uno, pero

¿quién me iba a decir a mí que el bidet no es en Gran Bretaña un aparato sanitario de primera necesidad? Aunque en los últimos años se haya hecho más común, sigue teniendo una connotación de perversidad, de algo relacionado con Francia y por supuesto con el sexo. Cuando la suegra de una amiga, una señora muy refinada que tenía una casa estupenda, vino una tarde a la mía, al ver el bidet en el baño exclamó admirada «¡Ah! ¡Tienes bidet!», como si aquello fuera un jacuzzi tamaño piscina. Ella no lo había instalado en la suya. Aunque en un primer momento me pareció increíble que un país como Gran Bretaña, el primero en popularizar los aparatos sanitarios en Europa, y del que el historiador prusiano Heinrich von Treitschke dijo: «Para los ingleses el jabón es civilización», se hubiera quedado tan atrás, con el tiempo vi que el asunto de los bidets y la grifería en general —es muy anticuada— se había convertido en una parábola de lo sucedido con toda la isla. Cuando yo llegué a Gran Bretaña pocos baños tenían ducha, como en la casa que nos dieron a Sally, a Brian y a nosotros en 1978. En los hoteles que no eran de lujo y en algunas casas instalaban (y siguen instalando) unas duchas horrorosas que o estaban siempre estropeadas o no había manera de que funcionaran. Me acordé a menudo de lo que contó Ana Wilhelmi en los años sesenta. Ella siempre viajaba por el país con la ducha de goma portátil en la maleta, y a mí desde España me parecía bastante raro que eso sucediera en un lugar del que yo había oído tantos portentos. Cuando Steve y yo empezamos a alquilar casas para pasar unos días de vacaciones acabé haciendo lo mismo, llevar mi propia ducha —las venden en las farmacias— para poder enchufarla en los grifos del baño. Sabía que si eso lo contaba en España nadie me iba a creer, darían por hecho que había cogido manía a los ingleses.

Las obras continuas fueron durante años una prueba constante para la convivencia con Steve debido a la crispación que debíamos superar a diario. No era sólo la permanente sensación de lo inacabado, sino la forma tan diversa de lidiar con lo práctico que teníamos ambos, agravada por el uso de lenguas diferentes que al principio no dominábamos ninguno de los dos. Lo peor de todo era —y es— tener que dar indicaciones rápidas y precisas en los momentos de urgencia, subida, por ejemplo, en lo alto de una escalera tratando de clavar algo en el techo de una habitación. A los dos nos salen en nuestro propio idioma y para el otro, si lo oye en lengua extranjera no tienen jamás, el mismo valor de exactitud o apremio. La frase: «Que es para hoy» debo reprimirla continuamente, porque como buena española parece que tengo los nervios más a flor de piel, y eso que los he domesticado bastante con el tiempo. Steve, en cambio, sin alterarse ni un pelo, con una tranquilidad que consigue lo imposible, dice impertérrito: «Calma, calma». Y yo mientras pensando en arrebatarle de las manos lo que tenga en ese momento para terminar cuanto antes.

A todo esto se añade la complicación de que yo cuento en centímetros y él en pulgadas. Ya sé que todo es cuestión de práctica, pero en cuanto a números la cabeza es un animal de costumbres —uno tiende siempre a contar en el idioma materno aunque lleve siglos en otro país—, y no es lo mismo tener una medida exacta para una cantidad (milímetros) que cuartos o dieciseisavos de algo. Me acuerdo de una vez que surgió una discusión y al final, irritada por lo que pensaba era pura cabezonería, le dije en castellano: «Para ti la perra gorda», y Steve me contestó: «¿Ahora te pones a hablarme de animales?». Tuve que explicarle que no me estaba refiriendo a la hembra del can, sino a una moneda, y que cuando era pequeña había otras llamadas perrinas y perronas, con lo cual acabamos la conversación en disquisiciones sobre el significado de la palabra calderilla. ¡Lo que ayuda el tener un interés común en la etimología!

Lidiando con las obras primero y luego con la decoración nunca tuve demasiado lejos la frase «*The Englishman's house is his castle*» (para un inglés su casa es su palacio), oída muchas veces durante mi niñez. Ese dicho, que ha venido a designar una característica específica del ciudadano inglés, es una alteración de lo que dijo sir Edward Coke (1552-1634): «*For a Man's house is his castle*» (para un hombre su casa es su palacio). A medida que fui conociendo gente y comprando enseres para la casa me metí de lleno en la intimidad del gusto inglés. Al principio de los ochenta, la mayoría de la gente, exceptuando a algunos arquitectos y diseñadores, vivía en interiores donde se podía seguir una degradación de la historia del mobiliario británico hasta 1940. Los más sofisticados tenían *art déco*, tantas veces más barato que los muebles comprados nuevos, y al final de los ochenta se empezó a ver el minimalismo y un chorrito de los años cincuenta que ahora llena las almonedas. Las casas que yo visitaba estaban siempre amuebladas con muebles antiguos de más o menos categoría, y exceptuando los gurús del estilo, siempre encontrabas un ancla en el pasado. En comparación con el «continente», a mí me sorprendía en la gente muy joven ese *look* tan poco moderno. El estilo minimalista o muy de diseño, que aparece en Gran Bretaña en tiempos de confianza en el futuro, como las faldas cortas de las mujeres, surgió en Londres precisamente durante la corta expansión económica de los ochenta. Los muebles ultramodernos que hasta ese momento sólo se veían en dos o tres tiendas de Londres empezaron a proliferar en los sitios públicos de moda y en los anuncios de televisión que muestran equipos de música. Las paredes pintadas de blanco que sólo veías en casas extranjeras se unieron a la idea de modernidad. A mediados de los noventa el modernismo entró de lleno en Londres como si los británicos de pronto hubieran descubierto la Bauhaus.

Otro de los elementos que cambiaron a principios de los ochenta fueron los suelos: la madera se empezó a dejar sin cubrir y la tenencia de la moqueta se convirtió en una cuestión de clase. La obrera es partidaria acérrima del enmoquetado, cuanto más barroco mejor, y la clase media-alta presume de suelo liso, que le recuerda las casas del sur de Europa, el chic de lo extranjero. La moqueta, además de combatir el frío, encarnaba hasta los años ochenta la esencia del hogar británico; tanto es así que cuando se arregla una casa el momento de colocar la moqueta equivale a la bandera que se pone en las obras españolas. La fijación de los británicos con la moqueta es tanta que muchos la colocan también cuando se van a lugares calurosos, como Australia o España. El color de las paredes ha variado en los últimos veinte años, pero se siguen viendo colores verdes tristes, tan usados en la época georgiana, supongo que por una extraña razón de mimetismo. Desesperada por la falta de luz, yo busco colores calientes y me parece imposible que alguien cubra una casa británica con tonos mustios o muy oscuros, pero por lo visto mi retina no percibe lo mismo que alguien que ha vivido siempre en Gran Bretaña. Una conocida nuestra en Londres nos enseñó una vez su cocina, en el primer piso de la casa, pintada de marrón oscuro. Cuando oí: «La hemos pintado así porque hay tanta luz...», pensé: «En Andalucía te ibas a quedar ciega, morena».

En mi calle hay tres casas que tienen habitaciones pintadas de color rojo carmesí, lo que habla por sí solo del vecindario. Ese tono, usado para comedores desde el siglo XVIII, ha empezado a verse con más profusión en los años noventa y es señal de cierto refinamiento clásico. El color siempre ha tenido un elemento subversivo y desempeñó un papel primordial en el descoloque de los años sesenta; era lo que más chocaba de Londres a los que veníamos del sur. Si en los años sesenta Londres me sorprendió por su vitalidad, por su chispa, por los colores intensos e inesperados en personas y edificios, ahora, en los noventa, cuando salgo de Gran Bretaña, en lo tocante a lo visual me siento como una provinciana que nunca ha dejado su pueblo, admirada de todo lo que veo en Madrid y Barcelona. John Hooper, corresponsal del periódico *The Guardian*, escribió una vez sobre la preocupación que hay en España por todo lo que se ve: «Si la mitad del tiempo que emplean los españoles en embellecer las cosas lo invirtieran en hacerlas funcionar, España sería un país más rico que Estados Unidos».

Al principio de los ochenta nos invitaron a la boda de una amiga cuyos padres, procedentes de una familia en muy buena situación, vivían en uno de los *home counties*, los condados que están cerca de Londres (*home* significa hogar). Nadie que no conociera de antemano sus orígenes podía imaginar hasta qué punto nuestra amiga había tenido una infancia privilegiada; había limado su acento de clase alta y desde hacía muchos años llevaba una vida que no dejaba escapar indicios de dónde procedía. Nunca olvidaré la exclamación de asombro de la familia política, de clase media-baja, que no había conocido a sus padres hasta el día de la boda, cuando se vio por primera vez frente a la enorme casa donde se había criado la novia: «*They live in a detached house!*» (viven en una casa independiente, no adosada). Esa frase lo expresó todo.

A medida que sabía más sobre Gran Bretaña y conocía anécdotas como la anterior fui identificando esas nociones fundamentales que imprimen carácter a una cultura, y una de ellas es sin duda el lugar donde uno aspira vivir. Vi pronto que los bloques de pisos tenían connotaciones peyorativas y que no era lo mismo un apartamento situado en una casa dividida en pisos que en un bloque, porque los pisos se habían construido por primera vez en la época victoriana para albergar a la clase más necesitada, que se hacinaba en los *slums* (barriadas miserables superpobladas). Desde entonces este tipo de edificación tiene en Gran Bretaña una reputación negativa, algo que ha empezado a cambiar al final de los noventa por la influencia de la cultura de «los urbanos». El británico asocia los *council flats* (pisos de renta limitada que pertenecen a los ayuntamientos) si no con la miseria —un 64 por ciento de las personas que vivían en ellos en 1996 recibía los subsidios del Estado para pagar el alquiler— sí con la clase obrera. Las dos palabras lo dicen todo y definen un determinado origen. Cuando explotó el escándalo de la famosa Bienvenida que entonces se apellidaba Buck por su marido, se explicó su humilde procedencia diciendo que su madre vivía en un *council flat*.

Los británicos, en su inmensa mayoría, no son urbanos y necesitan vivir con un trocito de tierra bajo sus pies. Cuando yo comento que las cosas están cambiando con las nuevas generaciones, que han acuñado la expresión *the urbans* para describir una nueva forma de vivir, la gente me responde: «Espérate a que cumplan cuarenta y cinco años». Hasta el siglo XVIII los británicos que vivían en las ciudades lo hacían en construcciones adosadas en calles cuyo trazado obedecía más a la propiedad de los terrenos que a una planificación concreta, pero a finales del siglo xix el tremendo hacinamiento humano en los *slums* del centro de las ciudades y la contaminación por la quema de carbón hizo imperiosa una buena planificación de los núcleos urbanos. Hay que pensar que es en las grandes ciudades británicas donde primero aparece la contaminación. Cuando a finales del siglo xix se crean los *suburbs* (las afueras) como lugares para vivir —lo que en España ha popularizado mi generación— se empiezan a construir las *detached houses*, en contraposición de las *terraced* o adosadas. Vivir en los *suburbs* se pone de moda entre las personas de alto poder adquisitivo —puesto que ello implica tener un medio propio de transporte— y con el tiempo las casas *detached* acaban convirtiéndose en la máxima aspiración nacional. En los primeros habitantes de los *suburbs* estaba tan arraigada la idea de que ciudad equivale a crimen y pobreza que cuando se construyó el suburbano de Londres en algunas zonas hubo fuerte oposición: se pretendía evitar la afluencia dominguera de las clases trabajadoras. Al principio, cuando viajaba por Gran Bretaña y veía casas rodeadas de jardín con la fachada pintada de dos colores, mostrando una división vertical, pensaba que las habían partido como consecuencia de la disminución del tamaño de las familias o de la capacidad adquisitiva de los británicos. Luego vi que las casas construidas entre 1914 y 1939 —época de expansión en la construcción parecida a la georgiana y la victoriana y que da a las ciudades británicas su forma definitiva— son principalmente *semidetached* (semiadosadas) y constituyen una ruptura con el pasado en *terraces*, llegando a convertirse en la síntesis del ideal de casa británica.

En Gran Bretaña la mitad de la población vive en los *suburbs*, y de esta una gran mayoría lo hace en casas *semidetached*. La connotación de *suburb* se ha ido equiparando a las aspiraciones de respetabilidad y alto estatus de los británicos, terminando por ser el lugar donde está la típica vivienda de clase media. Sin embargo, para los británicos sofisticados y urbanos los *suburbs* son, con razón o sin ella, sinónimo típico de masificación. Un poema de John Betjeman que data de la Segunda Guerra Mundial dice: «Venid, bombas amistosas, y caed en Slough» (un aburrido *suburb*); el poema, dadas las circunstancias, no fue precisamente muy bien recibido. Pinter es otro que critica los *suburbs*; en algunas de sus primeras obras siempre pone a alguien siniestro que viene de Sidcup, todo un prototipo de *suburb* al sudeste de Londres.

Entendí bien lo que significó la creación de la última tanda de *suburbs* hablando con las mujeres de una familia numerosa *cockney* que había vivido en el barrio de Islington (una de las hijas fue la que se comió la parte superior del pastel de boda veinticinco años después). Las vicisitudes de los abuelos y padres, ya muertos, y de sus hijos, nietos y biznietos fueron para mí la mejor lección de sociología sobre la clase obrera londinense desde mediados del siglo XIX. Todos vivían muy cerca unos de otros y la madre era como una tabla de salvación para la numerosa progenie, que, cuando se independizaba de la casa paterna, la visitaba una vez al día. Como la vivienda era grande, hasta que algunos de los hijos pudieran mantener una casa propia se instalaron de realquilados con sus mujeres o maridos en una habitación de la casa paterna. La creación de unos *suburbs* asequibles significó para los hijos la posibilidad de adquirir una vivienda, y con ello la estrecha interdependencia familiar se rompió. Este tipo de familia extendida, que no había conocido en ninguno de mis amigos británicos de clase media o alta, sigue siendo corriente en la clase obrera de Londres, sobre todo en el este de la ciudad.

Uno de los fenómenos sociológicos que han producido los *suburbs*, aparte de acabar con la familia extendida, es la separación entre el mundo masculino y femenino, que comenzó en la época victoriana. La distancia entre el trabajo y el hogar aísla durante el día en guetos a las mujeres que no trabajan fuera del hogar. El aislamiento y la insatisfacción de esas mujeres fue lo que impulsó a Betty Friedan a describir «el problema que no tiene nombre» en *La mística de la feminidad*, dando pie con ello al feminismo de los años sesenta. Ebenezer Howard creó la ciudad jardín en contraposición a la situación de gueto de los bloques de pisos populares, pero acabó convirtiéndose en lo que él quería evitar: una ciudad dormitorio formada por casas todas iguales y situada lejos de tiendas, de escuelas y de estaciones.

Conozco a pocos nativos británicos que no aspiren a dejar algún día la ciudad para irse a vivir al campo. Varios de nuestros amigos lo han hecho ya, renunciando a trabajos bien remunerados por otros que, aunque de menor categoría, les han permitido educar a sus hijos en lo que ellos consideran un ambiente mejor. Viniendo de un país tan urbano como el mío, me hacía gracia ver que en Gran Bretaña el súmmum del privilegio en cuanto a la situación de una casa radica en su aislamiento, de manera que mires a donde mires no puedas divisar ninguna otra en kilómetros a la redonda (algo casi imposible en Gran Bretaña). La idealización del campo viene de la revolución industrial, cuando sus habitantes empiezan a perderlo y compararlo con la urbe contaminada. Los victorianos ya piensan que «los pulmones urbanos pueden mejorar la salud y la moral de las clases bajas». La urbanización masiva del país a partir de este momento, aniquiladora de los espacios abiertos, fue dando al carácter nacional una peculiaridad muy agudizada de soñadores naturalistas empeñados en recuperar lo irrecuperable.

No todos los británicos se pueden marchar al campo, pero gran cantidad de ellos desarrollan la fantasía bucólica en el propio jardín, por pequeño que sea. La mayoría de las casas británicas, tanto las adosadas como las independientes, tienen un jardín o un patio posterior, elemento que ha dado a las ciudades una configuración especial y ha proporcionado a sus habitantes un conocimiento de las plantas que a mí me parece extraordinario. El jardín es una parte tan esencial de la vida británica que el no tenerlo se asimila con las conductas antisociales de los bloques de pisos. Es una presencia constante y para comprobarlo basta ir a una librería y ver los tomos que se publican todos los años sobre cualquier tema relacionado con el cuidado de las plantas. La literatura sobre jardines no es en Gran Bretaña un asunto de especialistas, y en todas las casas hay alguna enciclopedia de plantas, algún manual informativo del tema que preocupe a su dueño.

Nuestra casa tiene un jardín pequeñito. Cuando empecé a dedicarle atención me encontré con que lo único que me resultó familiar era una parra que habían plantado los dueños anteriores, traída de extranjis de su pueblo en Chipre, porque ya se sabe que nadie puede entrar en las Islas Británicas con plantas y animales. En algún momento de morriña la toqué y me comí los pámpanos ácidos, un sabor de mi infancia, sintiendo que ella y yo pertenecíamos a latitudes mucho más soleadas. El resto de la vegetación me resultaba bastante desconocida, tanto que un día me enteré por una vecina que la planta que tenía en uno de los tiestos y que cuidaba con esmero era una mala hierba. A mí me parecía que tenía unas hojas muy interesantes, y me lo siguió pareciendo, así que hice caso omiso de esos prejuicios y continué dándole a la regadera. La planta se reprodujo de forma increíble, avanzaba por el verde del suelo, daba flores amarillas y copaba cualquier espacio que encontraba en su camino. A mí no me preocupaba en absoluto que diera a mi césped un aspecto de pradera campestre, pero a Steve el ver la hierba dominada por la anarquía vegetal le produce un desasosiego muy propio de su cultura.

El jardín, como el resto de la casa, lo encontramos hecho un asco. Las paredes estaban renegridas por los años, y lo primero que hice fue encalarlas. Luego, poco a poco, empecé a desbrozar el suelo, lo que me supuso mi toma de contacto con un hábitat para mí muy extraño. Para empezar, la abundancia de gusanos era, y es, apabullante; en cambio, apenas había insectos y los bichos de colorines, diminutas obras de arte móviles, brillaban por su ausencia. Nunca había sido demasiado consciente de ellos hasta que empecé a echarlos en falta cuando miraba la tierra inglesa o galesa, que en mi jardín no era ocre, roja, o incluso gris, sino negra, lo que me resultaba repulsivo debido a mis nociones preconcebidas de belleza y fealdad en un elemento tan fundamental. Luego, al analizar el racismo pensé que quizá el negro me perturbaba más por ser el color de lo negativo, al que se le atribuía todo tipo de cualidades siniestras y amenazantes. Años después comenté todo esto con David Koetze, un amigo sudafricano, y él me contó que cuando volvió a su país después de muchos años de exilio, sus familiares, que siempre habían vivido en haciendas lejanísimas adonde no llegan ni las carreteras, lo primero que le preguntaron de Londres fue que cómo era allí la tierra. David les contestó que negra y muy buena para plantar rosas. Sin embargo, para él, para su compañera Akwe, medio nigeriana, y para mí, la noción de tierra venía dada por el calor de sus tonos ocres, rojos y tostados.

Poco a poco fui sacando cientos de guijarros que estaban entremezclados con la tierra y los puse en un montoncito aparte convencida de que las piedras sólo sirven para hacer bancales. Con el tiempo comprobé que había hecho una barbaridad, porque si el suelo tiene *lime* (es muy calizo) las chinas ayudan a que el agua se filtre. Pero ¿cómo podía ser caliza una tierra negra? Para mí la cal siempre había sido blanca. Cuando traté de quitar unas ramas altísimas que no tenían ninguna gracia me encontré con que su raíz eran unos tubérculos desconocidos. Un día descubrí que los vendían en el mercado, se llaman alcachofas de Jerusalén y son comestibles; tienen aspecto de patata y un sabor delicioso a alcachofa. ¿Por qué si se dan en Chipre y en Jerusalén a nadie se le ha ocurrido trasplantarlas en la península Ibérica como se ha hecho con tantas otras cosas?

Al no conocer la flora británica, al principio no supe qué plantar; enseguida me di cuenta de que en la decisión entraba un gran elemento de melancolía. El problema era que mis referencias más queridas pertenecían a un clima casi imposible de reproducir en Londres al aire libre. La idea de una fuente con agua manando perennemente perdía de inmediato su encanto ya que el agua en Londres no tiene calidad de joya rara ni invoca paraísos. (Luego me enteré de que esta palabra es de origen persa, *pairidaeza*, y significa «jardín vallado».) Desechada pues por imposible la inmediata referencia mediterránea, pensé en las plantas que crecían en Astorga, donde hace mucho frío en invierno. Una de las que yo recordaba eran los «manjulines», nombre que se le daba allí al *crataegus*, llenos de bolitas rojas en septiembre. Mirando en el Casares encontré la palabra «manjelín», peso de 254 milígramos que se usa para los diamantes. Al cabo de los años he ido familiarizándome con la vegetación que me

rodea en Gran Bretaña y aprendiendo el tiempo que necesita cada planta para crecer y en qué partes del jardín
les gusta más vivir, pero ha sido a costa de muchas equi-
vocaciones. La sorpresa mayor fue la rapidez extraordinaria de crecimiento de cualquier cosa verde en Londres,
sobre todo al cabo de tres años. Saber esto es particularmente importante si se tiene un jardín pequeño porque
la invasión vegetal puede ser casi de ciencia ficción. Algunas enredaderas pueden protagonizar peligrosas in-
vasiones. En Londres en ocho años se consigue tener una
verdadera selva.

Algo que salta a la vista cuando vives en Gran Bretaña
es que tener un trozo grande de hierba verde y mantenerla impoluta es una de las aspiraciones máximas de los
británicos. A pesar de que la simbología de sus jardines
depende de la clase social de los dueños, todos coinciden
en la misma obsesión por mantener su trozo de suelo cubierto por una hierba tan perfectamente cortada y pulida que parece una moqueta del más puro plástico. Es
como un símbolo inequívoco de respetabilidad, de civilización, de rectitud moral incluso. Paul Evans, que escribe sobre jardines, en la edición de *The Guardian* del
25 de mayo de 1995 decía que para un británico el infier-
no es una pradera descontrolada. Cuando nuestra amiga
Sally me dijo, recién llegada yo a Londres, que no quería
en su jardín un trozo verde liso no supe que me estaba
transmitiendo un mensaje con significado, si no contes-
tatario, al menos original. Los británicos que despotri-
can de la uniformidad y el aburrimiento del verde en los
jardines son artistas o personajes que se salen de lo corriente, lo que de todos modos empieza a cambiar con
las nuevas modas. A mí ese verde de altura medida a regla me produce unos deseos enormes de subversión;
siento una tremenda debilidad y simpatía por las floreci-

tas que asoman la cabeza en las impolutas praderas y que son arrancadas con furor por los dueños de los jardines en cuanto las ven aparecer. Los extranjeros que no saben mucho del país creen que como en Gran Bretaña llueve tanto la hierba crece sin problemas, pero luego se dan, nos damos, cuenta de que es un asunto mucho más complicado de lo que parece a simple vista. Mantener un terreno de hierba verde en el grado de perfección adecuado supone un trabajo horroroso; en verano hay que cortarla muy a menudo, alguna gente lo hace hasta dos veces por semana. Para que la hierba esté perfecta se le tiene que poner abono cuatro veces al año y peinarla con el rastrillo fino una vez al mes; a esto hay que añadir las punzadas para que no se condense el agua, cortar a mano las líneas que escapan a la cortadora mecánica y echar líquidos variados para matar las diferentes plagas y acabar con el musgo y otras pestes maléficas, con lo que se consume una cantidad pavorosa de pesticidas. En los veranos de sequía, como los de 1994 y 1995, la prohibición de no regar supone una consternación nacional por la desestabilización que produce en los habitantes el ver las praderas de color amarillo.

Dentro de lo que es la institución jardinera británica hay cuatro fenómenos importantes: el National Trust, la feria horticultural de Chelsea, las mujeres jardineras y los *allotments*. El primero es una gran organización nacional, la propietaria más importante del país, que posee una cantidad ingente de palacios con sus jardines correspondientes y enormes extensiones de terreno. El segundo, la septuagenaria exposición floral de Chelsea, es a Londres lo que la Feria de Abril a Sevilla, un acontecimiento que expresa algo esencial de la cultura, aconsejable a todo el que tenga amor por las plantas y curiosidad por ver fenómenos con un tremendo sabor inglés. El lu-

gar da pie a la concentración de un mujerío que es todo
un espectáculo para el extranjero. Entre el público abundan las señoras grandilocuentes y poderosas, pero también las de sombrerito más o menos ajado exhibiendo
acentos impecables y educaciones refinadísimas que
pueden tambalearse a la hora de arramplar con las plantas que se subastan, muy baratas, el tercer y último día
de la feria. Es la exposición floral más importante pero
se celebran otras por todas partes y son una nota característica de los veranos británicos; no hay fiesta de pueblo que no tenga la propia, muchas veces en locales pres-
tados por las iglesias. Allí exhiben sus productos los
orgullosos cultivadores y hay que ver el fervor que ponen
en una cebolla deforme o en una coliflor que se ha des-
bordado abrumadoramente. Esa pasión nacional, la
única quizá aparte del alcohol, que une a todas las clases
sociales, explica que el número de personas que visitan
los jardines públicos durante el año sea de seis millones.
No hace falta que estos tengan dimensiones gigantescas
o monumentales, cada vez se está extendiendo más la
costumbre de enseñar los jardines pequeños, como el de
mi amiga Fiona Hamley, que es artista y ha hecho del
suyo un cuadro permanente que cambia con las estaciones. Hasta las ranas del estanque, pintitas móviles verde
claro que saltan de un lado a otro, cambian el cromatis-
mo como en un cuadro de Pissarro. En cualquier jardín
que se precie tiene que haber un estanque, por diminuto
que sea. Cuando los veo me digo: «Hasta aquí llegaste
Capability Brown»; era el arquitecto que los construyó
en el siglo XVIII en las grandes casas.

En Gran Bretaña hay una antigua tradición de mujeres jardineras, como Vita Sackville West, la amiga de Vir-
ginia Woolf, que escribió artículos semanales de jardinería para *The Observer* desde 1947 a 1961, luego recopilados

en un libro. Estas jardineras desarrollan también actividades sociales relacionadas con sus intereses. Cerca de mi casa hay una asociación de las que abundan en los pueblos y ciudades, De Beauvoir Gardening Society, donde se reúnen una vez al mes personas interesadas en saber más de plantas. En cada sesión participa un conferenciante, como los descritos en los libros de Guillermo, que habla de un tema en particular: «Las plantas de Tierra Santa», en alusión a las que se citan en la Biblia; «Cómo presentar las flores para que ganen los concursos florales»; «Las coníferas», etc. Cuando llega el buen tiempo todos van de visita a algún jardín importante del país y organizan también una feria floral donde exhiben sus productos y venden las consabidas mermeladas y pasteles caseros.

De la misma manera que las revistas españolas sacan a los personajes famosos hablando de dónde veranean, en los periódicos británicos se describen sus jardines y sus especies favoritas, quién y qué los ha influido más, etcétera. Un detalle que habla por sí solo de la relación que el príncipe Carlos tenía con su amante Camila Parker Bowles es que, según dicen «fuentes bien informadas», esta enseñaba con gran orgullo los rosales que había plantado en Highgrove, la casa del príncipe, mucho antes de que se fuera de allí la princesa Diana. Aunque la jardinería sea una actividad común a todas las clases sociales, el producto final es muy diferente. La clase alta gusta de los colores pálidos, blancos, azules, rosas, lilas y preferiría verse muerta antes que plantar un geranio y una salvia rojos junto a las lobelias azules. Las dalias y los gladiolos, pobres, han sido hasta hace poco otro gafe social. Los británicos sofisticados tratan de dar una imagen exótica y cada vez más salvaje y se están empezando a ver plantas del campo colocadas de manera que parezcan silvestres. Los modernos van del minimalismo urbano, con poca planta y mucho metal, a los ecomodernistas, que mezclan lo salvaje y lo artificial pasando por lo zen y supongo que lo árabe desde que el príncipe Carlos, criticadísimo por ello en los medios de comunicación, aceptó la donación de azulejos de Porcelanosa. Pero la tendencia, sea la que sea, está dominada por lo que venden los *garden centers*, que se nutren de los grandes viveros, donde se está dejando de criar plantas que no son populares. Con ello ha unificado y masificado el aspecto de todos los jardines. Según me cuentan, antes de la Segunda Guerra Mundial los setos cambiaban con las regiones y los jardines tenían una personalidad diferente según donde se estuviera. Ya no.

Si la clase media y alta compra cada vez más ornamentos antiguos para jardín, la obrera en cambio se pirra por los *gnomes* (enanitos de colores) y por los pozos pequeños de imitación hechos en cemento y colocados entre las flores, de colores chillones, situadas ordenadamente en los parterres. No sé de dónde viene esa costumbre de los gnomos, aunque lo he investigado no he encontrado ninguna respuesta. Parece algo enraizado en las tradiciones culturales, como los noruegos con sus *trols*, pero es más que nada un detalle kitsch que se ha expandido desde la época victoriana y que imprime a los jardines el sello inequívoco del gusto sentimental popular, perfecto para matar de asco a un esnob. En Gran Bretaña los gnomos son objeto de burla constante, de modo que John Major no se ha podido quitar de encima el estigma de que su padre fuera dueño de un taller donde se fabricaban en serie.

Otra particularidad de la clase trabajadora que se ha extendido a la clase media son los *allotments*, parcelas pequeñas de huerta que se cultivan en las ciudades en terrenos baldíos que no podrían utilizarse para otra cosa, cerca de las vías de tren, las carreteras y los canales. Al principio se diseñaron con la idea de mejorar la dieta de los pobres que vivían en los pisos de los ayuntamientos y el alquiler es todavía muy barato. En muchos *allotments* hay una caseta para guardar las herramientas, y algunos británicos la habilitan para poder echarse una siesta a gusto, poniendo cortinas y hasta televisión. Es un espacio extra que proporciona independencia, normalmente a los hombres, aunque haya alguna mujer que también se dedique a ellos, pero siempre ha tendido a ser un reducto masculino; en las comedias de la tele sale a veces la escena del tipo que se lleva su ligue a la caseta. Durante la Segunda Guerra Mundia el país entero se convirtió en un *allotment*: había verduras plantadas en cualquier trozo de tierra, incluidos los bulevares de las calles. En los *allotments* se intercambian semillas y se exhiben también plantas al final de temporada. Su cultivo cambia el hábitat de la zona. Yo he comprobado personalmente la transformación que se ha producido en la nuestra, donde se han recuperado las casas y los jardines: aparte de la mayor belleza del lugar, el incremento de pájaros y mariposas ha sido espectacular y la aparición de algunos animales, como los zorros, que han perdido el miedo a la ciudad, es motivo de regocijo general por lo que tienen de salvaje. En el verano de 1995 descubrimos con gran asombro una ardilla trepando por las enredaderas de nuestro jardín. El respeto general por la naturaleza, por las especies animales, sean las que sean —exceptuando los niños pequeños—, es una constante en la vida cotidiana británica, como las bolsitas de semillas para los pájaros.

Cuando a los nueve años de vivir en la casa Steve empezó a hablar de cambiarnos, yo tuve una reacción fortí-

sima de espanto, porque la experiencia me había dejado
para el arrastre. Nunca más podré leer inocentemente
un anuncio de venta de casa donde se dice: «*In need of
improvements*» (necesita arreglos). Cuando el miedo se
calmó y empezamos a inspeccionar las agencias inmobiliarias, el gobierno de Thatcher anunció un plan de tráfico en el barrio. En lugar de promover el transporte público, que había degenerado una barbaridad desde su
llegada al poder —Thatcher no creía en los servicios públicos—, se presentó un proyecto por el que se construi-
rían autopistas que cruzarían la ciudad con vistas a des-
congestionar lo que ellos mismos habían congestionado.
Esas autopistas cortaban parques por la mitad y dividían
vecindarios enteros. La demencia fue de tal calibre que
yo me acordé inmediatamente del famoso «Plan de Urbanización de La Bañeza» que tuvo lugar en los años
sesenta, cuando algunos concejales decidieron reorgani-
zar la ciudad y con ese motivo invitaron a unos planifica-
dores que estudiaron la estructura de la urbe, dibujaron
unos planos y los expusieron en las paredes del ayuntamiento. Con una subordinación total a la distancia más
corta entre dos puntos, la línea recta, se cargaban medio
pueblo, partiendo en dos a la iglesia principal. La que se
armó fue gordísima. La protesta llegó a tales límites que
en la calle principal vi varias patrullas de la guardia civil
con los fusiles a punto, esperando que de un momento a
otro estallase una revuelta popular.

El plan de tráfico de la señora Thatcher fue algo muy
parecido al proyecto de La Bañeza, hasta cortaba el parque Victoria en dos. La gente escribió a la reina Isabel
para que intercediera, y esta, para proteger la memoria
de su antepasada, la reina Victoria, que lo había inaugu-
rado, tomó cartas en el asunto, ante la furia del gobierno
conservador. Nuestra calle entraba en el plan, según el

cual la *terrace* de enfrente sería sustituida por una carretera de seis carriles, o sea que nuestras ventanas quedarían justo encima del tráfico. A nadie se le iba a ocurrir en Londres comprar una vivienda encima de una autopista. Cuando supimos que habían abolido el plan de tráfico por el temor de Thatcher a perder las elecciones (el *poll tax* era ya un problema gravísimo de cara al electorado) no pudimos seguir con la venta, pues nuestra casa no había remontado la pérdida de valor causada por el fallido plan. La empleada de la agencia nos aconsejó que esperásemos a las próximas elecciones. A partir de ese momento la venta de la casa se convirtió en la utopía de nuestra vida. Al final de los noventa nuestra calle se fue llenando de jóvenes profesionales y artistas. Sabíamos que la zona mejoraría tarde o temprano por su proximidad a la City, pero la bonanza nos pilló completamente desprevenidos cuando en 1999, con la idea de ir a vivir a Gales, fui a ofrecer la casa en las inmobiliarias locales para saber qué precio podía tener. Con enorme sorpresa me encontré que por su precio podíamos comprar una casa en Gales y nos sobraría un pico para un pequeño apartamento en Londres. Cuando mencionaba el nombre de nuestra calle los empleados de las inmobiliarias hacían exclamaciones como si en lugar de Hackney nos encontráramos en Mayfair. Nuestra zona, que había sido la peor de Hackney, se estaba convirtiendo en una de las más buscadas.

6

Stoke Newington

Como al entrar en la nueva casa yo conocía Londres de forma muy superficial, no sabía bien en qué barrio me había metido ni cuál era su historia, lo fui descubriendo poco a poco. Nuestra pequeña calle, cerrada al tráfico, da a la bullanguera Kingsland High Street (Calle Mayor de las Tierras Reales), que en su recorrido cambia varias veces de nombre y es la antigua vía romana —no hay más que ver lo recta que es— que conectaba la City con el norte del país pasando por la ciudad de Cambridge. En el siglo XVI la zona era un coto de caza perteneciente a la familia Boleyn (Bolena), y el nombre de dos calles cercanas, Boleyn Road y King Henry's Walk (El Paseo del rey Enrique), así como la misma Kingsland, delatan los paseos que Enrique VIII daba por allí con su amante Ana. Esa calle sale varias veces en los diarios de Pepys. El nombre de Stoke Newington, la zona que está un poco más al norte de nuestra calle, aparece por primera vez en el *Domesday Book*, el censo de las tierras que hizo Guillermo I el Conquistador en 1086, y consta como un feudo perteneciente a la catedral de Saint Paul.

La City es la parte más antigua de Londres. Según los restos arqueológicos encontrados fue primero un poblado prehistórico y luego celta de nombre Lugdunum, dedicado a Lug, el dios de la luz. Hacia el año 43 d. C. llega-

ron los romanos, se instalaron en las cercanías de la Torre de Londres y cambiaron el nombre a Londinium. La
City se ve muy bien desde nuestras ventanas, y de lejos las
luces de los rascacielos de los bancos dan a la noche una
grandeza monumental que desaparece con la luz diurna.
Vivir cerca de los barrios más viejos de la ciudad me re-
confortó bastante durante unos años, porque, como una
nativa de esas tribus que entierran a sus muertos debajo
de la choza para atraer su protección, desde niña me había acostumbrado a vivir sobre capas y capas de culturas
acumuladas bajo mis pies —Barcelona tiene una historia riquísima, y en Astorga cavaras donde cavaras siempre salía algo romano—, y me resultaba muy raro que las
grandes ciudades británicas —Birmingham, Manches-
ter, Liverpool...— apenas existieran hace dos siglos. El
cambio de población que hemos vivido en mi barrio desde que estamos en él es parte del que Londres ha sufrido
a lo largo de su historia, una serie de destrucciones y re-
construcciones acompañadas de incendios, la maldición
de la ciudad, ya que la madera ha tenido siempre un papel importante en la arquitectura y por ello no quedan
apenas edificios anteriores al incendio de 1668. Hoy día
los incendios están relacionados con la pobreza: malas
instalaciones eléctricas o de gas y aparatos defectuosos
que causan cortocircuitos. En la época medieval las calles apenas tenían luz y los balcones superiores casi se
tocaban, por lo que el fuego se propagaba con facilidad.
En 1968 el viajero francés Misson de Valbourg escribió:
«Desde hace quince o veinte años se ha empezado a
construir en Londres de una forma más galante. Antes
de ese período las construcciones eran espantosas, de
madera y escayola, con unas ventanas raquíticas de las
cuales sólo se podía abrir una parte, como se puede ver
todavía en ciertos barrios. Hoy día las casas se hacen de

ladrillo y con fachadas lisas. No tienen grandiosidad ni cosa que se le parezca pero al menos las hacen con simetría y unas ventanas grandes de *chassis*».

En las ordenanzas consecutivas que los reyes y las corporaciones dan a Londres se ve el cuidado constante que tuvieron de evitar los desastres, las plagas, los incendios y la desobediencia continua de la población, que las ignoraba olímpicamente. Los documentos del siglo XVI nos muestran una ciudad que era como la de hoy, muy internacional y al mismo tiempo enormemente insular, aceptando y por otra parte atacando con violencia al extranjero que tratara de comerciar dentro de ella. Del Londres medieval queda poquísimo. Aparte de los elementos arquitectónicos que conserva algún edificio que otro, el rastro medieval se encuentra en la estructura de la City y en los nombres de calles que te llevan inesperadamente al pasado en lugares donde no hay traza de él, apisonado por lo peor del siglo XX. En la City los edificios se desgañitan por una avenida: están apiñados claustrofóbicamente unos contra otros, sin espacio entre sí, como los monumentos enormes que se han ido colocando en el interior de la abadía de Westminster y que le dan aspecto de taller de marmolista. Los nombres de las calles, Colina del Trigo, Calle del Hilo de Enhebrar, Calle de la Manzanilla, Calle de la Lima, Cuesta del Ajo, hablan de un medioevo comido a mordiscos por una prepotencia que lo invade todo con brutalidad. Los puentes que comunican edificios entre sí y los árboles que crecen dentro hablan de un mundo cerrado, de atmósfera protegida, como si fuera ya no hubiera oxígeno suficiente para vivir. Parece el escenario de la película *Brasil*, que cobra más sentido por momentos. Después de la bomba que puso el IRA en 1993, atravesar la zona ha sido una llamada a la realidad de un país que ha estado amenazado constantemente por las bombas. Cuando yo daba clases al sur del río y por la noche volvía a casa por el único camino que ha quedado para circular, controlado por la policía a la entrada y a la salida por el cierre de las calles adyacentes, viendo camiones parados mientras los *bobbies* revisaban su interior, pensaba en los tiempos en que las puertas de la City se cerraban a diario.

Nuestro barrio, Hackney, fue hasta el siglo XIX un lugar campestre, con muchos huertos y árboles frutales, que ofrecía aire fresco, muy buscado por los ciudadanos de Londres que huían de los malos olores y la congestión de la City. Pepys estuvo allí en un internado y luego lo visitó con regularidad; el día 11 de junio de 1664 nos dice que ha ido a Hackney a jugar al tejo y se ha tomado unas buenas cerezas con nata. El pueblo era famoso por los internados de señoritas y por ciertos bollos, y se cree que dio nombre a un coche de caballos que se fabricó originalmente en esa zona, aunque hay quien discrepa en este punto. En 1994 se abrió al público Sutton House, que data de 1535, el edificio doméstico más antiguo de Londres; cuando se construyó estaba situado entre praderas y jardines. Fue el retiro campestre de Ralph Sadleir, un diplomático tudor que sufrió cárcel bajo Enrique VIII en la Torre de Londres, y más tarde fue internado y residencia de hugonotes. Hacia 1870, más o menos, cuando se construyó nuestra casa, empezó la gran expansión de la zona, que la cubrió de viviendas para los empleados de cierto rango que trabajaban en la City. Siglos después Hackney se convirtió en la frontera que separaba el mundo rico y «decente» del pobre tintado de peligrosidad social, como he mencionado en el capítulo anterior. El este de la ciudad fue siempre destino tradicional de los primeros emigrantes y allí habitaban los judíos, los marineros y los estibadores. Las personas de rango no frecuentaban esa zona, criadero de miseria y enfermedad. Hasta no hace tanto tiempo el Támesis era una vía fluvial de gran envergadura, la entrada principal a la ciudad para los extranjeros que bajaban de los barcos en el puerto de Londres y sus alrededores. Allí precisamente se instalaron las primeras oleadas de emigrantes que llegaron a la ciudad, empezando por los hugonotes que se cobijaron en ella desde el siglo XVII e introdujeron en el inglés la palabra «refugiado». Al estar tan cerca de la City, Hackney ha sido y es un lugar tradicional de acogida. Antes de la Segunda Guerra Mundial, Hackney parecía una ciudad judía, con sus teatros en *yiddish*, sus cafés y sus tiendas *kosher*. Más tarde llegaron caribeños, africanos, indios, paquistaníes, turcos, chipriotas, latinoamericanos, kurdos y ahora parece que llegan también jóvenes españoles. Cada nueva oleada ha conllevado una transformación gradual de sus tiendas de comestibles y lugares de culto que ha dado al lugar un sabor determinado. A las tiendas siguen los restaurantes, las escuelas del domingo para que los niños no pierdan el contacto con sus raíces, y últimamente los refugios —las casas de acogida para las víctimas de la violencia doméstica— especializados en albergar a mujeres de la misma cultura o religión, como las turcas, las latinoamericanas, las musulmanas...

Para mí, que vengo de un país católico donde hasta hace muy pocos años había una total exclusión del resto de los credos, una de las cosas más fascinantes en Hackney ha sido ver la evolución de las religiones a través de los diferentes usos de los edificios que en un principio fueron iglesias anglicanas (no hay casi ninguna anterior al siglo XVI). Estas dejaron lugar a otras ramificaciones protestantes, y en la zona de Brick Lane fueron luego sinagogas y ahora mezquitas, que están surgiendo por do-

quier; la vista de los minaretes sobre los tejados de las casas da al barrio un nuevo exotismo. La expansión islámi-
ca es una Reconquista al revés.

En 1994 se abrió en Dalston una tienda que contenía
el espíritu de lo que es el barrio. Junto a Jesucristos con
rosarios fosforescentes, vírgenes de plástico y escayola
de todos los tamaños, había todo el santoral afrocubano,
estatuas del Indio, y una serie de divinidades africanas.
La primera vez que lo vi me chocó, nunca había tenido
oportunidad de contemplar junta la síntesis de la imaginería mundial, la espuma de la magia. Mi educación católica me había enseñado que a los santos de las otras religiones hay que llamarlos ídolos, aunque todos tengan
entre sí relaciones muy íntimas, y verlos participar de un
espacio común es como contemplar la reconciliación de
una familia mal avenida.

Kingsland High Street está repleta siempre de un público variopinto que va al mercado de Ridley Road y que
ha ido fluctuando con los años. Ahora se ve mucha gente
blanca joven de clase media con poder adquisitivo, ya
que la zona se ha convertido en la continuación de Islington. En los barrios británicos se nota un aumento de
categoría social cuando empiezan a instalarse las *delika-
tessens*, y en el nuestro el cierre de Cookes, uno de los
restaurantes populares más típicos del este de Londres,
que renació como restaurante chino, fue la evidencia de
que algo había cambiado definitivamente. Cookes es un
local cubierto por azulejos modernistas que servía la comida tradicional de la clase obrera londinense: *hot meat
pie and mash* (empanada de carne con puré de patatas) y
stewed eels and mash (anguilas cocidas y puré de patatas), o todo junto en un plato sopero con cantidades
ingentes de un líquido verde intenso que pretendía ser
salsa de perejil. A la entrada de la tienda hay dos escapa-

rates y el de la izquierda estaba siempre abierto a la calle. Allí había una pileta de mármol donde se removían anguilas vivas en un líquido pringoso que cubría el fondo. Lo peor no era el aspecto de los bichos, sino la carnicería que se organizaba cuando los cortaban vivos a la vista del público. Yo siempre me preguntaba cómo siendo los ingleses tan amantes de los animales no hubo protestas. Pero no hacía falta contemplar aquellas aguas cochambrosas para perder el apetito, porque cuando pasabas por delante del restaurante salían unos olores muy poco apetecibles. Cookes fue parte de una cadena que antes de la Segunda Guerra Mundial abastecía a la clase obrera a base de *pie*, el puré de patatas y una bebida. Los restaurantes populares estaban siempre cerca de un teatro de *music-hall* o un mercado, y este quedaba casi enfrente del de Ridley Road, uno de los más conocidos de Londres. Antiguamente solían liquidar ocho cajas de anguilas en una mañana de sábado, pero cuando se cerró en 1996, no se consumía esa cantidad en todo el mes. Otro local que ha cambiado por completo ha sido una panadería judía que estaba abierta las veinticuatro horas del día, testigo de la presencia de unos pobladores que han muerto o emigrado a otro barrio. Si te fijabas en los dulces podías hacer un rápido recuento de las diferentes tradiciones que han influido en esa cultura. Había *bagels* con un agujero en medio, que según dicen algunos proceden de un impuesto zarista que exigió un décimo de todo el pan horneado en Rusia, donde la parte zarista debía venir del centro del pan. Los sabios del pueblo de Chelm se reunieron para discutir el asunto y cuando los soldados aparecieron para cobrar se encontraron con unos panecillos que tenían un agujero en medio que medía exactamente la décima parte. Por tradición los *bagels* se toman rellenos de *cream cheese* (un queso cremoso,

casi nata) con lonchas de salmón ahumado. En la panadería hacían también bollos centroeuropeos tipo *strudel*,
unas pastas con una guinda en el centro que parecían de
Astorga, los amarguillos de almendra, y de vez en cuando unos mazapanes en forma de fruta coloreada, como
los de Sicilia. La nota sexista la daban unos pasteles de
encargo que siempre tenían de muestra en el escaparate
y que consistían en dos tetas enormes de color rosa saliendo de un sostén de encaje, asombro de la clientela, en
especial de las mentes concienciadas, muy numerosas
en el barrio, atentas a cualquier transgresión de todo lo
que entra en la definición de igualdad de oportunidades.

En la esquina de nuestra calle con la High Street so-
bresale el cine Rio, en español pero sin acento, una quilla
de barco encasquetada en la acera, convertido al poco
tiempo de llegar nosotros en una de esas instituciones
tan londinenses. El Rio, que ha sufrido una gran transformación y es hoy un lugar cómodo y hasta *trendy* (de
moda), es un cine de arte y ensayo y al mismo tiempo un
organismo comunitario en el que se proyectan películas
dirigidas a las diferentes etnias del barrio. Un gato muy
grande se paseaba entre las butacas de la platea pegán-
dote unos sustos de muerte; murió en las navidades de
1990. Los sábados por la mañana a las once hay sesión
de cine infantil y, para evitar los abusos sexuales está
prohibida la entrada a los adultos que no vayan acompañados de un niño. La sesión matinal, verdadera institución británica, es aprovechada por los padres para hacer
la compra de la semana, y según he oído contar a los mayores era también, junto con la catequesis, el momento
tradicional dedicado a hacer el amor.

Uno de los puntos álgidos del barrio es el mercado de
Ridley Road, cuyos productos alimenticios hablan de la
variación de etnias del barrio, y que ha sido, como mu-

chos otros mercados de Londres, una especie de *speakers corners* improvisado para políticos y religiosos. Junto con Brick Lane, fue en un tiempo plataforma para los grupos de extrema derecha. En Brick Lane, cuando todavía era un lugar donde podías encontrar antigüedades a buen precio y tiendas decrépitas donde podías comprar de segunda mano abrigos de judíos ortodoxos, había miembros del National Front (el grupo fascista) vendiendo su periódico. No así en Ridley Road, que cuando nosotros llegamos lo habían dejado obligados por la fuerza que la izquierda tiene en esa zona. Alguien me contó que al final de los sesenta había una pequeña tarima que podía ser usada como púlpito por el primero que llegara y que siempre estaba en manos del National Front, hasta que un día algunos miembros del grupo socialista de Stoke Newington pasaron la noche en ella; a la mañana siguiente los que hoy se llaman cabezas rapadas se encontraron con que el lugar ya estaba ocupado. La tradición fascista no es nueva; como dije en el capítulo anterior en esa área tuvieron su base los camisas negras de Mosley, y antes de la Segunda Guerra Mundial los enfrentamientos eran cotidianos, de ahí los cócteles molotov que encontramos en el armario de casa.

Como en tantos otros mercados, los sábados en Ridley Road se venden periódicos de varios grupos políticos de izquierda y algunas veces también los de la Nation of Islam, aunque ahora que lo pienso no los he visto allí desde el ataque a Nueva York. Los oradores se limitan casi en exclusivo a las diversas sectas protestantes de África y el Caribe. La competencia es brutal, puede más el que más chilla, de manera que el ruido de los megáfonos llega a resultar insoportable. Algunos oradores llevan ropajes especiales y cantan o sermonean a voz en grito con ese estilo tan peculiar, entre bíblico y de anun-

cio publicitario. Allí he visto a un tipo con cara de poseído que con una voz terriblemente agresiva te amenaza
con el amor de Dios. En cuanto a la vestimenta el premio
se lo lleva una secta africana que parece haberse disfrazado en un desván donde hubiera mezclados trajes de
monaguillo, de pastora y de califa, en el azul, blanco y
rojo de la bandera francesa.

La mayor ventaja de vivir en un lugar en el que se
concentran tantas culturas diferentes son las tiendas de
comestibles y los restaurantes extranjeros, que en ciertas
zonas de Gran Bretaña se convierten en cuestión de supervivencia. En los últimos años la segunda o tercera
generación de emigrantes negros de origen caribeño
—tradicionalmente poco comerciantes— ha empezado
a montar negocios, y hoy hay ya panaderías, tiendas de
ropa y restaurantes de esas culturas que no existían en
los años setenta. En verano, cuando las africanas se ponen sus trajes largos y los turbantes de algodón estampado, si entornas un poco los ojos casi te haces la ilusión de
estar en un lugar mucho más al sur. Todo eso fue muy
importante al principio de vivir allí. Mi gran placer era
leer los cartones de las cajas de fruta española, que me
llenaban de ternura y de una gran melancolía. Bajo cielos grises y tenebrosos los vivos colores de los papeles
y los nombres del lugar de procedencia me calentaban el
corazón con un folclore completamente fuera de contexto. Las marcas de las compañías exportadoras y los papeles que envuelven algunas naranjas te cantan patria a
voz en grito: Los Dos Manolos, Madremía, La Archenera,
La Joya del Almanzora, La Noyeta, Frutas Maripuri, La
Rica... Algunos se han adaptado al mercado británico,
tal que: Robin, Charme, Nelly, Macbeth, Top, Diplom,
Vulky... Y también existen los que tienen ínfulas intelectuales: Filósofo, La Verdad, y hasta en latín: Veritas, Vita-

lux... En 1995 hubo uno estupendo que llevaba las estrellas comunitarias, a las que son tan aficionados los españoles, no así los británicos, lo que no es de extrañar habiendo tenido unos gobiernos conservadores que mostraban a Europa como el origen de todo mal. A Liz, mi frutera, acabé contándole que me interesaban los papeles porque estaba escribiendo sobre ellos. Me miró sin sorprenderse demasiado, en Londres uno está acostumbrado a toparse a diario con todo tipo de chifladuras. Lo más extraordinario, visto sobre todo desde Gran Bretaña, son los niños que sacan fotografiados en los cartones de las cajas y que deben de ser familia del exportador. Ese detalle muestra algo más que la importancia que tienen los niños en España, es parte de un optimismo en el futuro relacionado con el orgullo en la propia descendencia y el producto de la tierra. Yo no creo que a un británico se le ocurriera jamás publicitar a sus retoños en un cajón de manzanas. En frutas La Archenera se veía una niña vestida con el traje típico de la región y los labios pintadísimos de rojo. La marca Maripi tenía una selección llamada El Par donde, en un medallón de fondo turquesa y bordes morados, dos niñas muy puestas anuncian albaricoques que en el papel son del tamaño de sus caras. Están vestidas con trajes de terciopelo negro, cuello y cinturón de raso blanco, pendientes, pulsera y anillo, que parece van de boda y no les pega nada el estar en ese ambiente tan de porquería por el suelo. La caja que más me impresionó fue la del niño mantecoso, un buda valenciano que no he vuelto a ver; su tremenda fofez era el vivo retrato del gusto antiguo: «Qué hermosura, qué blanco y qué gordo está». Aquí habrían considerado a la criatura un caso clínico y le habrían dicho a la madre que estaba creando un futuro obeso. Yo me imaginaba a los padres mirando el camión, ya en el horizonte, y diciéndose embelesados el uno al otro: «¡Hay que ver lo majo que nos quedó el Manolito! Seguro que causa sensación en el extranjero».

Como Gran Bretaña importa la mayoría de la fruta, se puede hacer un estudio comparativo de los papelitos que las cubren. Por lo que yo he visto, los más artísticos son los griegos e italianos, que tienen una impresión magnífica. Muchos de los exportadores aprovechan el fino papel para hacer propaganda nacionalista o folclórica de su país, y da gusto ver la fruta envuelta en simbología tan espectacular: el Partenón, las esculturas de Pericles, la torre de Pisa, los guardias griegos de las falditas blancas... Los españoles, no hay duda alguna, venden imperio y poderío y, salvo alguna que otra excepción, son más bien pesados, sin gracia; en muchos casos recuerdan enormemente las rimbombancias franquistas de mi niñez, como en frutas El Galeón, donde se ve una gran carabela en un mar oscuro y de olas tenebrosas. A veces dan un efecto dramático impresionante con el fondo negro y las letras en rojo o dorado, que se usa con exuberancia y que les debe costar un Potosí, pero los naranjeros tienen mucho parné y en tratándose de la gloria huertana cualquier gasto es poco. El premio a la megalomanía se lo lleva un papel australiano: en el centro del mapa de Australia, enmarcado en un redondel tipo camafeo, se ve la cabeza, tan grande casi como el mapa, de un señor feísimo. Su nombre, Jeftomson, quizá haga referencia al que fue boleador rápido del equipo de críquet nacional, Jeff Thompson. Los papeles más pobres siempre han sido los argentinos, se nota la crisis, sin color apenas y con unas letras muy miserables.

Cuando empecé a comprar en el mercado traté de hacerlo siempre en el mismo sitio para así ir conociendo a los del puesto, ansiosa como estaba por romper ese distanciamiento tan del país. No pretendía las intimidades españolas del palique, pero sí un poco de humanidad, lo que conseguí al cabo de muchísimo tiempo. Los vendedores de los mercados británicos no tienen esa formalidad de chef en acción, ese primor que uno puede ver en los mercados de Cataluña, donde las vendedoras llevan delantales blanquísimos, almidonados, y las joyas correspondientes. Para muestra las polleras, que cortan las aves con tanta rapidez y destreza que a uno le parece contemplar un rito oriental. En Londres, exceptuando las tiendas superexquisitas, no se ve la misma actitud, y en los mercados, salvo en los puestos del pescado, nadie lleva delantal. En Gran Bretaña el insulto clasista español «es una verdulera» tiene su equivalente en *fishwife*, «es una pescadera». Debido a la extrema timidez del público británico, ninguna señora se atreve a romper las reglas tocando la fruta, ni oyes a ninguna protestarle al vendedor porque le puso algo pocho; si ves a alguna clienta que afronta lo desconocido dándole muchas vueltas a la lechuga, seguro que no es autóctona. Los peores son los turcos, que observan y escogen tan detenidamente los pepinos como si buscaran la piedra filosofal.

En Londres vive un 14 por ciento de personas que no son blancas, y en Hackney la cifra es del 30 por ciento. La mezcla es increíblemente rica e instructiva —en los colegios se hablan más de cuarenta lenguas maternas diferentes—, pero da pie a problemas de todo tipo. El ayuntamiento, por ejemplo, tiene que imprimir sus folletos en urdu, gujerati, árabe, chino... y en ocasiones las tensiones han sido exacerbadas por la policía del barrio, famosa en el país hace años por su corrupción y brutalidad. La solidaridad con las minorías étnicas se resiente por un problema difícil de salvar y es que parte de su identidad cultural está basada en un patriarcalismo y machismo muy fuera de lugar ya en Londres y que se nota en la prepotencia al volante de ciertos hombres y en detalles como la forma de sentarse en el autobús. Más de una vez me he encontrado en el autobús a tipos que ocupan casi dos asientos y no hacen el mínimo esfuerzo para dejar libre el mío, como si yo no existiera. Están acostumbrados a pensar que las mujeres tenemos que conformarnos con las esquinas de la vida. Las culturas mayoritarias de la zona, aparte de la blanca británica, son la turca, la judía hasídica, la kurda y la afrocaribeña.

En el mercado de Ridley Road hay una relojería regentada por dos hermanos paquistaníes. El mayor de ellos ha convertido el local en una especie de palestra de discusión de temas religiosos. No se ha cortado nada después del 11 de septiembre y en los estantes tiene vídeos con títulos que en otros lugares nadie se atrevería a mostrar públicamente. Llegas por allí y empieza: «Buenos días, hermana, ¿qué te trae hoy por aquí?», y si tardan un poco en colocarte la nueva correa o la pila que necesitas, el tema religioso salta inmediatamente a la palestra. Como por la zona hay mucho caribeño evangelista, al tipo le resulta fácil encontrar a personas que enseguida se ponen a hablar de Dios, sea el dios que sea, lo que no le entra en la cabeza es el agnosticismo. En una época en que estaba leyendo estudios modernos sobre la Biblia se me ocurrió entrar en disquisiciones con él y mencionar los libros apócrifos, los cortes en el Libro de Ester, que al parecer es la mitad de la versión original. En buena hora. Nunca me he atrevido, claro, a mencionarle que el nombre de Alá viene de Al-Lat, la diosa madre de la Península Arábiga.

Los emigrantes del barrio que están más politizados son los kurdos, que de vez en cuando hacen huelga de hambre en tiendas de campaña que colocan en plena acera para protestar por las atrocidades causadas en el Kurdistán por los turcos. Las calles están llenas de pintadas y carteles con fotos de héroes masculinos y las continuas manifestaciones producen gran nostalgia por un pasado inocente en el que las ideologías de izquierda todavía no habían sido puestas a prueba. Son los únicos que celebran el Primero de Mayo, fiesta suprimida por Thatcher, con una inmensa manifestación amenizada con tambores y flautas cuyo sonido se parece mucho al del tamborilero de Astorga.

Hablando con Dora, una señora que ha vivido en nuestra calle desde que nació, pero sobre todo leyendo *The Hackney Crucible*, de Morris Beckman, me di cuenta de hasta qué punto la zona donde yo vivo fue en un tiempo predominantemente judía. Dora me señalaba las casas donde hubo familias judías, y me contó la admiración que sentía por la casa de una niña que se había hecho amiga suya. Sobre las camas había edredones gordos de plumas, inexistentes entonces en Gran Bretaña, y en la sala tenían un gran piano que la niña tocaba con regularidad. Luis Santamaría, un amigo que es niño de la guerra vasco y que de joven vivió en el barrio, me ha hablado mucho de los teatros *yiddish*, hubo varios en el barrio, que daban un programa de puro folletín donde acababan llorando hasta las butacas. En Hackney, si exceptuamos la zona de Stamford Hill, donde vive la mayor comunidad mundial de los lubavitch —una secta ortodoxa judía que empezó a venir de Rusia a partir del siglo XVIII—, sólo han quedado algunos judíos ancianos que en los años cincuenta y sesenta no consiguieron hacer dinero para irse a Golders Green, Finchley o sus alrededores, barrios en los que vive un tanto por ciento muy elevado de población judía.

Los judíos entraron en Gran Bretaña entre los años

1066 y 1089, durante el reinado de Guillermo el Conquistador, se cree que para llevar las finanzas de la corte, asunto del que los sajones no tenían ni idea. Cuando empezaron las cruzadas, el resurgimiento del antisemitismo causó persecuciones y masacres, y en 1290 el rey Eduardo I, casado con Leonor de Castilla —hermana de Alfonso X el Sabio—, expulsó a los judíos del país. Leonor acompañó al rey a las cruzadas. Eduardo I quería tanto a la reina que cuando esta murió el rey fue poniendo cruces allí por donde pasaba el ataúd, de ahí el nombre de la zona de King's Cross (la cruz del rey). Yo me he preguntado qué influencia pudo tener Leonor en la expulsión, porque su hermano podía ser muy sabio y beber de las fuentes árabes y judías pero eso no le impidió seguir con la reconquista. Eduardo I fue también el monarca que se anexionó Gales, y como los galeses pedían un rey que no hablara inglés —querían un galés—, les presentó a su hijo recién nacido; desde entonces el primogénito de la corona inglesa es príncipe de Gales. Este niño, abiertamente homosexual, fue asesinado de mayor con el método de hincarle un hierro ardiendo en el ano.

Desde 1290 no se conocía una comunidad judía en Londres, hasta que a principios del siglo XVII una pequeña colonia de sefarditas se estableció en la City y, después de algunas dificultades iniciales, Cromwell los aceptó oficialmente. En 1656 se abrió la primera sinagoga en el segundo piso de una casa; Pepys la visitó y dejó constancia de ello en su diario: «Donde los hombres y los chicos llevaban velos y las mujeres estaban detrás de unas celosías sin podérselas ver». Como el local se quedó pequeño, en 1701 se inauguró Mark Bevis, la sinagoga española y portuguesa, la más antigua de Gran Bretaña. El interior se conserva casi intacto, incluido el magnífico tabernáculo y las lámparas del techo, a pesar de hallarse en el corazón de la City, al lado de donde explotó la bomba del IRA. Yo asistí a los actos de la consagración de la sinagoga después de esa bomba, que coincidió con la fiesta de *hanuka*, en navidades. Era en 1992, un año memorable, y como en todas las grandes ocasiones la sinagoga estuvo iluminada únicamente por las lámparas de velas que cuelgan del techo y que fueron regaladas por los sefardíes holandeses. Se cantó primero en hebreo, y cuando lo hicieron en castellano, Pablo, que estaba sentado con Steve en el lado de los hombres, se puso a entonar el estribillo. El ambiente tenía mucho más que ver con una iglesia española, donde la gente habla, comenta, y se mueve, que con los servicios anglicanos a los que he asistido, que son de una seriedad tremenda y donde no se oye ni una mosca. Fue muy emocionante sobre todo por la fatídica fecha.

Cuando yo llegué a Londres sabía muy poco de los judíos. Había crecido rodeada por toda la propaganda antijudeomasónica, y aunque sintiera curiosidad por su trayectoria nunca me había parado a investigar en el tema. Poco a poco empecé a distinguir características de esa cultura y a reconocerlas en algunos habitantes de mi barrio. Por ejemplo, las señoras judías mayores que encontraba en el mercado de Ridley Road, aunque tuvieran aspecto de no nadar en la abundancia, ponían un cuidado muy continental en su forma de vestirse y asearse. Desde la mañana iban muy arregladas y algo en ellas de coquetería primorosa —nada de anorak de nailon y zapatos de caminar— me resultaba muy familiar, me recordaba a las mujeres del sur de Europa. Un día me di cuenta de que entre las amigas que iba haciendo en Londres había unas cuantas con las que había congeniado enseguida y hacia las que sentía la misma naturalidad que si hubieran sido españolas, y daba la casualidad de que ese grupo de mujeres eran judías. Cuando el padre de mi amiga Angela Jacob murió y fui a darle el pesáme a su madre, nada más llegar a la casa me pareció que los conocía de toda la vida, que estaba en España, y esa sensación no la he tenido jamás respecto a una familia británica, y menos en los entierros.

Todas estas cosas me llevaron a interesarme en el tema judío y con Angela, que no es practicante y no había ido a la sinagoga desde hacía muchos años, fui a los oficios de la progresista en Stamford Hill, donde hombres y mujeres comparten los mismos bancos. En las sinagogas tradicionales las mujeres están arriba o separadas de los hombres, como en las iglesias de La Bañeza en mi infancia. Yo he dado dos años de griego y árabe pero nunca he estudiado hebreo. Lo raro fue que cuando empezó la ceremonia podía seguir el texto, sabía siempre dónde estaba, dónde había que hacer una pausa y dónde no, como si recordara algo que hubiera hecho hace años y que tuviera oxidado. Se lo conté a Lidia, la mujer de tío Pepín, que es rusa, y me explicó lo que les sucedió a ella y a su hermana, una científica especializada en la transmisión genética de la memoria. Lidia suele soñar regularmente con una gran casa en la que nunca ha estado; un día le contó el sueño a su hermana y esta le dijo que, por la descripción, ella también soñaba con la misma casa. Se pusieron a investigar y descubrieron que esa casa había pertenecido a su familia, de origen aristocrático, antes de la revolución. Según la hermana de Lidia los *déjà vus* no se deben al mundo del más allá, al recuerdo de una vida pasada, sino a la memoria genética.

Si uno camina por las calles de Stamford Hill, sobre todo los sábados, se encuentra con los hasídicos, personajes que pertenecen a otro siglo. Esta comunidad nació a raíz de unas masacres y el *shock* de un falso mesías que sufrieron los judíos de Polonia en 1700. En ese tiempo surgió una figura carismática, Bal Shem Tov —el maestro del buen nombre—, que dirigió a miles de los suyos hacia una nueva forma de culto, mística y estética, accesible a todos, no sólo los más instruidos. Estos judíos empezaron a ser conocidos como los *hasidim* (los píos) y se extendieron por Rusia, Polonia, Hungría, tomando el nombre de las diferentes ciudades donde vivían y de ahí las diferentes denominaciones: *belz, sadigor, satmar, luvabitch*, que es un pueblo situado en el norte de Rusia. Los varones adoptaron como uniforme el traje de la aristocracia polaca del siglo XVIII, que siguen llevando hoy día incluso bajo los calores veraniegos de Israel. Unos grupos se distinguen de otros por los sombreros. Algunos sombreros son de alas y se parecen a los que llevaban los curas antes pero con el filo de visón, pero la mayoría de los hombres llevan una especie de borsalino que parece siempre tres tallas más pequeño de lo debido porque debajo del sombrero llevan el *yamulke*, como llaman en Londres a la boinita de tela pegada a la cabeza (*kápale* en hebreo). Las mujeres son inconfundibles por su aspecto clásico y monjil, jamás llevan un escote o una falda corta, y las niñas van como ciertas españolas, con vestidos bien planchados, bordados y mucho cuello con bodoque, sin concesión alguna a los zapatos de deporte ni al pantalón. Cuando se casan les afeitan la cabeza y empiezan a llevar peluca, y aunque hagan esfuerzos de modernidad se las detecta a una legua porque todas parecen llevar el mismo tipo de peluca. Aunque los luvabitch vivan aparte sienten por Gran Bretaña una gran lealtad ya que hasta ahora han podido seguir sin problemas los ritos de su religión. Sus mujeres dan aspecto de pertenecer a una sólida clase media, pero muchas de ellas se las ven y se las desean para subsistir. Su religión y comunidad les exige ciertas cosas, como la buena ropa, pero muchos maridos no trabajan, se dedican a los estudios bíblicos. No hay mayor orgullo para un padre hasídico que el que su hija se case con uno de ellos. El problema es que tienen los hijos que vienen, las familias son muy numerosas, y no es fácil alimentar y vestir a todos, y menos en una ciudad que en los noventa empezó a ser la más cara de Europa.

Por fuera la comunidad judía ortodoxa se proyecta como inamovible y de moral intachable pero, como en otras comunidades, han empezado a suceder cosas que muestran una serie de quiebras, con el agravante de no querer reconocerlas. En las sociedades que se protegen a sí mismas de las influencias externas y no admiten lo diferente, lo que pueda resquebrajar sus estrictos esquemas, los incidentes pueden recrudecerse. En 1991 una familia ortodoxa denunció a la policía el abuso sexual de sus dos hijos pequeños por parte de dos hombres de esa comunidad. La reacción no se hizo esperar: doscientas personas de la misma fe se concentraron ante la casa de los niños tirando ladrillos y gritando insultos a los aterrorizados inquilinos, que al poco tiempo tuvieron que mudarse, adoptar otros nombres y una nueva identidad y recomenzar su vida en otra parte del país. La protesta no se basaba en un falso testimonio —estaba claro que la acusación era verdad—, sino en que hubieran pedido ayuda institucional fuera de los estrechos límites de esa comunidad, aireando los trapos sucios fuera de casa. La familia había demostrado así una falta total de confianza en la capacidad de los suyos para resolver ciertos problemas acuciantes.

La oración «Bendito seas, Dios nuestro Señor, rey del universo, que no me has hecho mujer», la primera que reza cada día el judío ortodoxo, ha empezado a molestar seriamente a las mujeres de esa fe, que poco a poco hacen oír su voz de protesta pidiendo un lugar menos tradicional que el de madre y esposa. En 1994, 4.500 mujeres judías ortodoxas se reunieron para hablar de su alienación como seres humanos dentro de su comunidad, y de 1989 a 1994 un 10 por ciento de las mujeres ortodoxas pasaron a las sinagogas progresistas, cifra que ha ido en aumento. En 1999 se abrió un refugio o casa de acogida para las mujeres ortodoxas, lo que hubiera sido anatema hace sólo unos pocos años. El antisemitismo, que había estado latente durante un tiempo, se empezó a recrudecer en los noventa, y de nuevo se han producido ataques a sinagogas y edificios judíos, y la profanación de cementerios ha aumentado también en un 25 por ciento. En 1990 los judíos socialistas de Londres convocaron un día de charlas y talleres para discutir el problema y encontrar soluciones a los ataques contra la comunidad luvabitch, tanto es así que en muchos colegios ortodoxos se crearon grupos de padres vigilantes para proteger a los niños. En vista de los ataques que la comunidad había sufrido en los servicios públicos, en 1993 se pusieron autobuses especiales exclusivamente para los luvabitch.

Pero dentro de lo negativo suceden también cosas muy interesantes y positivas que suponen un rayo de esperanza: en Stoke Newington, como reacción al ataque del 11 de septiembre, se ha formado un grupo de discusión musulmano-judío para tratar de analizar conjuntamente los problemas que atañen a ambas comunidades. Hablé con el rabino A. Pinter para preguntarle si lo de Nueva York se había notado en el barrio, si había habido nuevos ataques, y parece que no. (Escribo estas líneas en diciembre de 2001.)

La parte más desarrollada de la zona, donde habitan los que veranean en Francia y consumen aceite de oliva a mansalva (hasta hace poco en Gran Bretaña era algo muy exótico), es la que se encuentra en las calles cercanas a Stoke Newington Church Street, que está al sur de Stamford Hill y que recibió la llegada de la agencia de *nannies* como la prueba final de que el vecindario había subido muchísimo de categoría social. En esa calle hay una serie de restaurantes agradables, tiendas graciosas, librerías, bares de jazz famosos y pubs que han sido transformados y han recibido nuevos nombres, como el Bar Lorca, un *tapas bar* concurridísimo, centro de reunión de jóvenes españoles que organiza clases de flamenco y noches de salsa. Antes se llamaba Bloom y allí se celebraba todos los años el 16 de junio de 1904 en homenaje a Joyce, cuya novela *Ulises* transcurre precisamente en ese día, que es cuando conoce a su mujer.

Aunque haya muchísimos establecimientos nuevos y se hayan remozado los viejos, queda todavía un local intacto —la barbería Dino's— ejemplo de convivencia entre la facción más antigua del barrio —la clase obrera blanca— y el contingente lesbiano. Dino es un calabrés que llegó a Londres hace casi cuarenta años y se ha jubilado recientemente para dejar paso a sus hijos, dos tipos inteligentes y amenos que cortan el pelo con la televisión siempre puesta y conectada al canal de los partidos de fútbol. Aparte de los clientes de toda la vida, hombres y niños que no quieren pagar los precios exorbitantes de las peluquerías modernas (en Dino cobran poco), están las lesbianas «*butch*» que se cortan el pelo a cepillo. El que Steve esté casado con una española lo acerca enormemente a Calabria y le pone en una situación privilegiada. Las preguntas que le hacen sobre la vida de Pablo o la salud de mi madre tienen una intimidad poco londinense. En Dino's, como en todas las barberías tradicionales de Gran Bretaña, hay una máquina de condones

que existe desde tiempo inmemorial. La tradición era
—y es— que cuando los hombres se iban a cortar el pelo,
el barbero les preguntaba: ¿Necesita alguna cosa para el
fin de semana, señor? Supongo que eso es lo único que
queda de la tradición del barbero-tísico que sacaba las
muelas.

Muy cerca de allí hay una *newsagent* (tienda de prensa, tabaco y chocolatinas) famosa porque su dueño, un
musulmán, se niega a exponer revistas pornográficas
que al parecer envían obligatoriamente los distribuido-
res, la seria cadena W. H. Smith. Por supuesto se ha hecho popularísimo en una zona donde vive el más alto
porcentaje de personas que en Gran Bretaña siguen a
pies juntillas lo «políticamente correcto», muy conveniente en este caso para su negocio. En Stoke Newington
hay también dos gimnasios sólo para mujeres y uno de
ellos, el antiguo Sequinpark 1, fue el pionero en el uso
de pesas para la mujer. Debido al tipo de población de la
zona, la ducha y la sauna comunes son un magnífico escaparate de la variedad étnica del barrio, con un mues-
treo de jóvenes y viejas, blancas, negras, amarillas... que
te hace ver lo iguales y lo diferentes que somos todas. Las
costumbres de unas y otras se reflejan en las depilacio-
nes; en algunas culturas las mujeres llevan el pubis afei-
tado.

La mayoría de los personajes famosos que han vivido
en Stoke Newington han tenido que ver con el mundo de
la farándula o con la defensa de causas políticas anticon-
formistas, lo que sigue sucediendo hoy. La casa solariega
del siglo XVIII que hay en medio del parque Clissold per-
teneció a Jonathan Hoare, un eminente cuáquero anties-
clavista. Daniel Defoe, cuyo libro *Diario del año de la pla-
ga* anuncia los relatos periodísticos modernos, es uno de
sus más insignes habitantes; en una de las casas cerca-

nas al parque Clissold, escribió *Robinson Crusoe*. El barrio le ha dedicado una calle. Sus biógrafos refieren que al haber escrito algo demasiado liberal fue castigado con la cepa, y sus vecinos, que eran de sus mismas ideas, en lugar de tirarle basura y piedras, como hubiera sido la costumbre, le llenaron de flores. Años depués viviría por allí Frederick Demuth, hijo ilegítimo de Karl Marx.

En la biblioteca pública hay una placa con el nombre de Edgar Allan Poe, que fue alumno de Manor House School —uno de los colegios locales— antes de marchar a América con sus padres, y en el cementerio de la iglesia está enterrado William Booth, fundador del Ejército de Salvación. El partido socialista de Hackney tuvo muchísima influencia en la campaña de resistencia a la Primera Guerra Mundial y su numeroso partido comunista mandó un nutrido grupo de brigadistas a la guerra civil española. El primer enviado del gobierno soviético vivió en Stoke Newington y allí también tuvo su casa James Bronterre O'Brien, uno de los líderes chartistas. La liberalidad de la zona se manifiesta en Abney Park, el cementerio municipal, el primero que dio cabida a todos los muertos, sin exclusiones religiosas de ningún tipo y sin separaciones en zonas diferentes entre unos y otros según los credos. A finales de los ochenta se creó una sociedad de amigos que se preocupa por su mantenimiento.

Entre las mujeres famosas que vivieron en la zona está Mary Wolstonecraft, fundadora del feminismo. Ella creó una escuela en Newington Green, a dos minutos de mi casa, y aprendió de los muchos *disenters* afincados por allí sus ideas liberales. Los *disenters*, como los cuáqueros, se apartaron de la Iglesia anglicana por pensar que había corrompido la doctrina de Cristo, la misma acusación que esta hizo a la Iglesia católica. Otras vecinas célebres de Stoke Newington fueron Eleanor, la hija favorita de

Karl Marx, que vivía con su compañero Edward Aveling, y Anna Sewell, la escritora de *Black Beauty*, ese libro sentimental sobre un caballo que tanto ha gustado a las niñas británicas. La actriz Jessica Tandy nació no muy lejos.

En la calle Yoakley, durante la época victoriana, pasaban los inviernos las gentes del circo; allí mismo estaba el lugar donde llegaban los animales de África para ser repartidos entre sus nuevos dueños. Lo que hoy es The Four Aces, un club de música negra situado más al sur, en Dalston, fue teatro en 1890 y anteriormente, hacia 1860, había sido un circo con capacidad para acoger a 3.000 personas. Muchos actores de *music-hall* habían elegido la zona para vivir porque los teatros de ese género abundaban en la vecindad. Hackney era de alguna manera la antesala de la fama, ya que los habitantes dedicados a profesiones creativas, la pintura, la literatura, el cine, el teatro..., cuando hacían dinero en serio abandonaban el barrio por otros más lujosos o campestres; en la actualidad ya se quedan permanentemente. Hackney tiene un porcentaje muy alto de habitantes que podrían estar incluidos en la ambigua calificación de *new age*; es la base de muchos proyectos alternativos, hay cooperativas de todo tipo, y constituye un centro de actividades artísticas y progresistas. Es la zona de Gran Bretaña donde hay más estudios y posiblemente más madres solteras inseminadas artificialmente por kilómetro cuadrado. El problema es que su ayuntamiento, acusado siempre por la derecha de no pensar más que en proteger a las lesbianas y a las madres solteras, ha sido un desastre debido a un cóctel explosivo de mala organización, corrupción y las consecuencias de la política thatcheriana, que le dio poco dinero y le aplicó uno de los *poll taxes* (impuesto de la vivienda) más altos de Londres (Westminster y Wandsworth, dos de los barrios más ricos, tenían el *poll tax* más bajo). Todo ello sumió a la zona en una constante crisis de pobreza que afectó a todos sus habitantes. Si alguien quiere saber lo que pasa en el barrio tiene que leer *Hackney Gazette*, el periódico local, un monumento a lo bizarro en el que de vez en cuando se publican noticias que parecen de otro continente: «Trabajadores Sociales temen una Vedetta de Voodoo».

Stoke Newington Church Street, una calle que yo conocí con las casas deterioradas y las tiendas medio cerradas, se ha convertido en un área muy agradable, en la que se respira una prosperidad que nada tiene que ver con el nuevorriquismo de los ochenta. Una vez al año, en junio, se cierra al tráfico para celebrar un festival, con mercadillo incluido, donde las chicas del gimnasio sacan sus *Reebok steps* y los colocan delante de los bomberos, que cooperan con ellas en lo de pegar saltos. Se leen poemas, se dan conciertos de todo tipo de música, se realizan actividades para los niños, exposiciones, y la comunidad puede comprobar con placer que la labor pionera de muchos de nosotros para recuperar una zona, si bien ha costado alguna crisis nerviosa seria y más de un divorcio, ha dado excelentes frutos, porque la recuperación no tiene sentido si se excluyen los servicios para esa comunidad. Si comparamos Stoke Newington con lo sucedido en la zona residencial de los famosos *dockland* vemos que la diferencia estriba precisamente en la participación de toda la comunidad para crear algo en común y la ausencia en estos últimos de un mínimo de servicios.

El cambio de zona pobre a zona acomodada se empieza a detectar en Gran Bretaña cuando las cortinas de nailon dejan paso al gradulux moderno o el cristal puro y limpio; cuando los interiores de televisión gigante, vitrinas de cristal y tresillos con estampados de almacén popular dejan paso a los muebles de edad, las estanterías con libros y últimamente el minimalismo, y finalmente cuando los jardines delanteros pierden sus estatuillas de enanitos pintados, las flores de colores estridentes y adquieren un aspecto inconfundible de *cottage* campestre refinado o espacio zen aun en medio de la ciudad. La *delikatessen*, seguida del restaurante francés y la tienda orgánica, acaba de dar a la zona el sello de la «decencia» social, y a partir de ese momento hasta las clases medias más reacias y que aspiran a vivir en sitios como Putney —más barato que Notting Hill— se apropian de la zona y los precios de las casas empiezan a subir vertiginosamente. Eso es lo que ha ocurrido en Stoke Newington y lo que empieza a suceder en Dalston, que de ser lo peor del barrio se está convirtiendo en lo más caro porque además de estar cerca de la City tiene una ventaja incomparable en Londres: el suburbano, ya que en esta ciudad los precios de las casas suben con la proximidad de una estación de metro. La estación de Dalston Kingsland (de la North London Line) se conecta en dos estaciones con la línea Victoria del metro, y ya es seguro que cerca de casa van a construir una nueva estación de otra línea que llevará directamente hasta Liverpool Street, en el corazón de la City, donde existe un cruce importante de líneas.

Las áreas de Hoxton y la adyacente Shoreditch, que hace veinte años eran el colmo de los colmos en cuanto a pobreza se refiere, son hoy posiblemente las zonas más buscadas de Londres por su urbanismo «continental» y por sus ejemplos de arquitectura moderna, todavía raros en esta ciudad que parece que la acaba de descubrir.

7

No niños, *Pas d'enfants*, *Keine Kinder*

Antes de quedarme embarazada nunca había sido de esas chicas que se paran frente a los coches de los bebés y se ponen a decirles bobadinas, estaba convencida de que la maternidad era un asunto apropiado para otras mujeres y que yo no daba el tipo. Me habían dicho tantas veces que no era carne de boda que ni me había atrevido a imaginar la posibilidad de tener hijos. En mi infancia y juventud sólo los tenían sin casarse las «perdidas» y yo no tenía tantas ganas de parentela como para convertirme en una de «esas», aunque mi familia temiera que debido a mis ideas libertarias estaba acercándome demasiado a ellas.

A pesar de vivir en una cultura latina donde la maternidad tiene un estatus primordial —«Madre no hay más que una y a ti te encontré en la calle»—, siempre me pareció que ese estado llevaba intrínseco un malestar y que venía a ser una especie de bomba de efecto retardado. No hace falta ser muy listo para darse cuenta de que algo no funciona como es debido cuando el dogma de la religión en la que fui educada nos propone como modelo más sublime algo imposible de realizar antes de que llegara la inseminación artificial: ser virgen y madre al mismo tiempo. Yo podía haber aceptado todo eso, como pretendía la Iglesia católica y el Movimiento Nacional, pero me era imposible dejar de pensar, y aunque creciera con la idea cultural de la maternidad exenta de sexualidad no podía detener mis cada vez más frecuentes fugas de raciocinio. Cuando de mayor empecé a interesarme por el tema supe que todo eso se lo debíamos a los Padres de la Iglesia, que hicieron lo que siempre hacen los machistas: transformar los mitos y mudar la realidad para que les quepa en su bolsillo. Si nadie nos hablaba de los hermanos de Jesucristo era para ocultar la idea incómoda de que su madre hubiera dado a luz más veces. Los evangelios apócrifos hablan de luchas de poder ideológico en los primeros tiempos de la Iglesia.

Otra gran contradicción en mis principios cristianos era que la Virgen María representaba a la familia cristiana ideal y tenía un solo hijo, lo mismo que Franco, cuando la Iglesia católica y la propaganda franquista nos bombardeaban con la familia perfecta: numerosa y a ser posible premiada por su desmedida natalidad. Los que vivieron aquella época recordarán fotos de padres y madres de muy escaso poder adquisitivo rodeados de quince, dieciséis hijos, todos muy sonrientes por haber recibido el piso gratis. Nosotros éramos dos hermanas y un hermano y hubo una época en que el ambiente —las primeras, las monjas del colegio— hizo que me sintiera de menos categoría que las otras niñas por ser tan pocos en casa y no tener el carnet de familia numerosa «de primera o segunda», con el que te hacían descuento en los transportes públicos. El otro modelo de madre que yo tenía más cerca, la mía, siempre nos había dicho que los hijos complican mucho la existencia y que de no ser por mi padre jamás los habría tenido. Por si esto fuera poco para quitarme las ganas de parir, tenía sobre mí la ideología feminista, empezando por Mary Wollstonecraft, que pensaba que las madres son unas bobas y unas superficiales. En los años sesenta y setenta el pensamiento que prevalecía era: «La maternidad esclaviza a las mujeres y hay que evitarla». En esos años no se oía a las intelectuales hablar bien acerca de la maternidad y se la ponía muy en entredicho. Las que habían dado a luz trataban, al menos aparentemente, de no darle demasiada importancia, no fuéramos a creernos que no eran buenas profesionales, porque nuestras heroínas eran mujeres como Simone de Beauvoir, que, según nos contaba, había decidido conscientemente, abortando incluso, huir de lo que había machacado desde siglos la identidad de la mujer convirtiéndola en una máquina de parir. Que luego, cuando se publicaron las biografías o diarios, resultara que conocidas feministas estuvieran deseando ser madres no es algo que entonces saliera a flote. La autora Candia McWilliam decía en el periódico *The Guardian* que con el nacimiento de cada hijo se dejan de escribir dos novelas y que las escritoras más famosas de todos los tiempos estaban solteras o no tenían hijos.

Las mujeres llevamos más de cuatro décadas tratando de saber quiénes somos, improvisando diariamente nuestras vidas, buscándonos y recuperándonos a través de la maraña de mentiras, medias verdades y absurdos que nos han definido, dejándonos llevar por las experiencias de las pioneras que en un momento determinado consideramos portadoras de una verdad inapelable. Las nuevas situaciones, como la entrada de la mujer de clase media en el mundo del trabajo remunerado —la clase obrera lo ha tenido siempre— nos han ayudado a ser más realistas, y si bien nadie cree ya que maternidad y nirvana sea todo uno, algunas pensamos que, a pesar del dolor y los problemas que conlleva, puede ser una de las experiencias más enriquecedoras. Si trato de reunir lo que siempre había oído en España acerca de la mater-

nidad el resultado es una serie de conceptos que no tienen nada que ver unos con otros: «Ser madre es lo más
sublime que le pueda pasar a una mujer, lo más doloroso, lo que da más satisfacciones, lo que da más disgustos.
No hay amor como el de una madre, no hay alegría y dolor como los que dan los hijos y las hijas [...]»; «La maternidad es un instinto, las madres no son egoístas, las madres quieren y educan por igual a todos sus hijos e hijas,
están siempre dispuestas a sacrificarse [...]». En la dedi-
catoria del libro de puericultura que usó mi madre (año
1949) cuyo autor es el profesor Rafael Ramos, una frase
resume el mito que prevalecía acerca del tema en el país
donde nací: «Si pones tu alma entera en la maternidad
nada te reportará mayores alegrías ni satisfacciones más
íntimas [...]. Lo sublime en la humana maternidad se en-
cierra precisamente en la alegre aceptación de la voluntad divina sin forzada resignación».

Yo supe que estaba embarazada al día siguiente de
quedarme preñada. Me lo decía una sensación nueva en
mi pecho, algo diferente en mi cuerpo. Eso me dejó per-
pleja porque nunca antes había estado embarazada y no
tenía por qué saber en qué consistía. También me sorprendió porque si era verdad lo que decían en mi casa,
que yo no era femenina, ¿cómo podía reconocer tan de
inmediato las sensaciones más profundas de ser mujer?
A las dos semanas de pasarme esto salieron en la prensa
una serie de noticias sobre una epidemia de rubeola que
había en Gran Bretaña y se aconsejaba a las mujeres
que se vacunasen para evitar anormalidades en el feto.
Yo no me acordaba si había pasado la rubeola; fui a ver a
la doctora Reckless, la de la consulta caótica, mi médica
de cabecera de la Seguridad Social, y cuando me preguntó sobre la menstruación y le conté la verdad me miró
como si fuera tonta y me mandó a casa. «Vuelva usted

cuando tenga la primera falta.» A las tres semanas en punto estaba de vuelta, el examen que me había hecho en casa con el aparato comprado en la farmacia daba más que positivo. La doctora hizo las necesarias averiguaciones por dentro de la vagina y después de comprobar con un análisis que, efectivamente, estaba preñada, me transfirió a un tocólogo local.

En 1978 todas las mujeres que me rodeaban en Gran Bretaña, fueran de la clase que fueran, tenían los hijos por la Seguridad Social, y yo hice lo mismo. Steve me acompañó a la primera cita. En la consulta había mogollón de embarazadas, algunas acompañadas de niños muy pequeños; había juguetes por los suelos y cucos con ruedas por las escaleras no muy bien pintadas, con esa naturalidad tan británica, entonces, de ir a lo fundamental, no de que parezca todo impecable y luego esconda carencias sustanciales. Las criaturas que pululaban por allí no olían intensamente a colonia —luego supe que en Gran Bretaña no la usan como en los países más cálidos— ni vestían faldones, puntillas o jerseicitos ribeteados de angorina pálida, y muchas desde luego no exhibían esa limpieza reluciente de los bebés españoles.

Cuando me tocó el turno me vi frente a una enfermera muy agradable que tomó mis datos y preguntó qué tipo de parto deseaba. Esa capacidad de elección me dejó atónita y no supe qué contestarle porque no estaba preparada para aceptar con la naturalidad de lo cotidiano algo que había considerado una utopía. Antes de irme a Londres había leído *Nacimiento sin violencia*, de Frederick Laboyer, pero di por hecho que los partos descritos en el libro sólo podían darse en lugares como California. Al ver mi asombro, la enfermera, que era una de las matronas del distrito, nos dijo a Steve y a mí que vendría a casa a los dos días para explicármelo todo. Antes de salir me entregó un folleto que hablaba del embarazo, y de ella pasé al tocólogo, el cual sentenció que mi metro y medio de estatura estaba considerado obstétricamente como un peligro para la criatura. ¡Andá, además de baja, peligrosa!, pensé yo, y me pregunté si en eso no habría un componente de racismo, porque en los países orientales las mujeres son pequeñas y paren que da gloria, pero no, al parecer es un hecho comprobado en obstetricia que las mujeres altas tienen menos riesgo. Mi problema además se acrecentaba con el mestizaje, porque yo, mediterránea y bajita, estaba embarazada de un anglosajón muy alto. El médico no me dio apenas consejos en cuanto a alimentación, sólo me pidió que leyera el folleto. Entonces pensé que el tocólogo era tan escueto porque en Gran Bretaña te consideran un ser responsable, capaz de leer por ti misma lo necesario, pero luego me di cuenta de que los médicos británicos, de todo tipo y condición, no hablan nunca de dietas, ni siquiera en el tratamiento de dolencias en las que es absolutamente necesario seguir una dieta, y si lo hacen es como por encima, sin esa convicción que tenemos los del sur de que los alimentos tienen que ver con las enfermedades. La frase «un pescadito hervido que está malo» no tiene allí sentido, porque los británicos, aparte de rebozado, toman el pescado más bien hervido. Lo del arroz con limón para las diarreas y la manzanilla para el dolor de tripa es desconocido como recurso popular.

La información que recibe hoy la embarazada, comparada con la que me dieron a mí en 1978, ha cambiado muchísimo tanto en lo que se refiere a la imagen como al contenido. Aparte de que hay más fotos de mujeres y niños de minorías étnicas, se ve a las mujeres pariendo en posturas que en mi época eran todavía revolucionarias, de modo que las mujeres que queríamos dar a luz de otra forma que no fuera la supina, encima de una camilla y con las piernas separadas colocadas en los soportes de metal, nos pasábamos de unas a otras los nombres de los hospitales londinenses donde te dejaban parir como quisieras.

La matrona, Juliette Buckley, tal como me había prometido, apareció por casa a los dos días acompañada por una estudiante de su profesión, y las tres nos sentamos con nuestras tazas de té alrededor de la mesa del cuarto de estar, iluminada por un sol que parecía de otras latitudes. Hasta que vine a Londres tenía los recuerdos íntimamente ligados a la luz y a las estaciones, en Gran Bretaña es más difícil porque la grisura es parecida todo el año. Juliette me explicó con mucho entusiasmo que era una matrona de comunidad y que acompañaba a las mujeres que parían en casa, a diferencia de las matronas de hospital que trabajan con horario fijo. Pertenecía a un grupo llamado Radical Midwifes (Matronas Radicales) que abogaba por partos con menos intervención médica. El seguimiento de todo el proceso le proporcionaba una visión más completa y real de cada caso y su actitud era mucho más humana que la de muchas matronas de hospital. Juliette me fue detallando las diferentes posibilidades de dar a luz que había dentro de la Seguridad Social. Todo era tan nuevo para mí, tan diferente, que mi cerebro tardaba en asimilar lo que me iba diciendo y sólo muchos años después llegué a entender bien todo lo que me sucedió en esa época. Con Juliette empezó mi educación sobre un tema que desconocía y sobre el que había asumido gran cantidad de nociones erróneas, ampliándolas después mucho más allá de lo inmediato. Ahora soy consciente de que su generosidad conmigo durante el embarazo sustituyó un poco ese vacío tan grande que tuve de familiaridad, de raíces, aunque las rechazara confundiéndolas con el repelús que sentía por la España franquista. Juliette es una de esas personas que con su entusiasmo y actitud positiva tanto benefician a los seres humanos, y quiero agradecerle desde aquí lo bien que se portó conmigo.

Antes de mi embarazo la idea que yo tenía de las matronas era la que la misoginia se ha encargado de difundir pintándolas como profesionales deficientes y algo folclóricas, supeditadas al conocimiento eminente del médico. Cuando empecé a conocer el tema me di cuenta de que, como en tantas otras ocasiones, habían dado la vuelta a la realidad proyectando en ella fantasías masculinas. La profesión de matrona en Europa ha sido una historia de derrota para la mujer, no en vano la evolución de la medicina fue hasta ahora una toma de poder tanto del hombre como de la Iglesia católica, que al expandirse por el mundo promovió la agresividad contra sus dos máximos competidores: el paganismo y las mujeres, en las cuales, al no poder estudiar medicina, recayó aún más la idea hipocrática de su histeria congénita. La Iglesia promovía la creencia de que la enfermedad es causada por el pecado y su curación dependía del perdón divino, de modo que todo el que intentara usar métodos para aliviar el dolor, no permitidos por Roma, iba en contra de la misma Iglesia. Un ejemplo es el cornezuelo de centeno, que en pequeñas dosis sirve para acelerar el parto y en grandes para abortar; otro ejemplo son las fajas que se habían usado desde la Antigüedad clásica para acelerar el parto y que fueron prohibidas en 1512 por la Iglesia católica y la anglicana. En 1591 Agnes Simpson fue quemada por tratar de aliviar el dolor con un opiáceo. No en vano un refrán inglés decía: «Cuanto mejor es la bruja, más sabe de partera».

Juliette me fue explicando por qué era una comadrona radical, y yo la escuchaba fascinada: «Me saqué el título de matrona en 1970, antes de la invasión de la alta tecnología. Cuando empecé a trabajar no te hacían la episiotomía por sistema, todas las mujeres caminaban por los pasillos y tenían un baño para relajarse, ya que lo considerábamos beneficioso. Ambas cosas se abolieron en 1973 y 1974, y para contrarrestar todo esto se fundó la asociación Radical Midwives. Los monitores de inducción fueron inventados por el profesor Turnbull, un médico de Cardiff, y acabaron llamándose The Cardiff Pump (la bomba de extracción galesa), considerados entonces como la máxima invención. El monitor llegó a ser una especie de acelerador de coche, lo pisas para aumentar la velocidad. Como los médicos estaban tan dichosos con el invento empezaron a provocar todos los partos de Cardiff. Luego se dieron cuenta de las consecuencias, de la cantidad de efectos secundarios, como serias hemorragias y problemas fetales. Yo supe todo eso porque cuando me saqué el título empecé a trabajar en el hospital Saint Bartholomew de Londres, donde había una unidad de alta tecnología, y me di cuenta de que allí las mujeres sangraban mucho más de lo normal. Al escribir el informe médico teníamos que especificar la cantidad de sangre que perdían, y ¡todas perdían demasiada! Yo nunca había visto algo así en los partos que se hacían en casa; en esos casos el cuerpo funciona como la máquina maravillosa que es si no la manipulamos erróneamente. Las matronas nos dimos cuenta de que eso sucedía en todos los hospitales que usaban alta tecnología, pero los médicos seguían insistiendo en que dar a luz en casa es peligroso, cuando era todo lo contrario. También comprendí que la tecnología perturba el control natural del dolor y las mujeres, por lo tanto, necesitan tomar más analgésicos».

Según Juliette, las teorías de Laboyer ya se estaban practicando en algunos sitios de Gran Bretaña, sobre todo en Londres, pero quien estaba influyendo más era el doctor Michel Odent, que se convirtió en otro de nuestros gurús. Trabajaba en la maternidad de Pitiviers, en Francia, donde las intervenciones en los partos se limitaban al mínimo posible. Juliette estaba dispuesta a ayudarme si quería un parto así. De pronto tenía en la palma de la mano y por la Seguridad Social lo que en España me habría parecido inalcanzable. Recordemos que se trataba del año 1978. Si elegía parir en casa estaría asistida por la comadrona de distrito y por el médico que hubiera llevado mi embarazo, que según Juliette no se metía en nada y dejaba casi total acción a las matronas. Durante el embarazo me vería siempre el mismo médico, excepto en tres o cuatro visitas a la maternidad para hacerme la ecografía y los análisis de rigor. Otra opción era la llamada «dominó», que sólo se diferencia de la anterior en el momento del parto: en lugar de tener el hijo en casa podía ir a la maternidad donde Juliette trabajaba, parir allí y, si todo había salido bien, volver a casa a las veinticuatro horas. Una tercera posibilidad era tener desde el primer momento todas las visitas en la maternidad, con lo cual me podía tocar cada vez un médico diferente y no sabría quién me atendería al final.

En los años 1978 y 1979 las primigrávidas mayores de treinta años no éramos tan corrientes como en el año 2000. Juliette me avisó de que, al tener treinta y un años, si elegía el parto en casa encontraría resistencia por parte de los médicos, aunque según la ley británica estos no podían obligarme a seguir un tratamiento que no quisiera, y podía luchar para salirme con la mía. Que eso fuera posible o no dependía de muchos factores, entre ellos la flexibilidad del médico y la condición física de la paciente. En 1978 empezaba a cobrar verdadera efervescencia en Londres lo que había comenzado lentamente a principios de los años setenta. El incremento acelerado de la tecnología fue causa de que muchas mujeres en Gran Bretaña protestaran por el trato inhumano que recibían, la falta de elección, la intervención médica rutinaria innecesaria y la provocación de partos por medios artificiales para evitar, por ejemplo, que los niños nacieran en horas inconvenientes y durante los fines de semana. Por primera vez se hablaba, entre los no estrictamente profesionales, del efecto negativo en la parturienta de su estancia en el hospital, de las consecuencias de la tecnología y su influencia en la depresión posparto, del beneficio del ambiente casero propio en la marcha del parto, y todo eso cuando el servicio domiciliario estaba siendo desmantelado.

Para muchas de nosotras la antropóloga Sheila Kitzinger se convirtió en otra gurú del parto y sus palabras fueron tomadas muy en serio por todas las que estábamos hartas de ser tratadas por los médicos con el paternalismo tradicional. Sheila había trabajado desde el año 1958 para intentar recuperar el parto natural por el método que ella llama «psicosexual», es decir, volver a confiar en las señales de nuestro cuerpo y no dejarnos completamente en manos de los «expertos». El problema es que las mujeres necesitamos realizar mucho esfuerzo para canalizar lo que sentimos, para tener una conciencia del propio cuerpo, porque recuperar lo que nos han arrancado siglos de nefasta educación es un proceso muy lento. Para mí sus palabras fueron el evangelio: «Cuando los ritmos naturales del parto son olvidados, cuando se somete a las mujeres al asalto brutal de la episiotomía rutinaria, nuestra forma occidental de mutilación genital, se cometen abusos con todas ellas». Las palabras de Juliette y Sheila encontraron en mí, que venía de un país donde las mujeres habíamos sido tratadas como deficientes mentales, un campo de cultivo idóneo y yo, que nunca había militado en ningún partido político, me uní a la lucha con fervor y alegría. Sólo en los últimos veinte años, gracias al feminismo, existe una conciencia cada vez más clara de la necesidad de rescatar para el parto la subjetividad y la intuición, de alejarlo, cuando no es estrictamente necesario, de la técnica y la ciencia, que han convertido el parto en una enfermedad y no en algo natural que, a pesar del dolor horroroso que la madre siente, puede tener la belleza de un poema.

Muchas de las mujeres que empezamos a rechazar las intervenciones técnicas encontramos lógicamente una gran resistencia en la profesión médica. Las tres veces que fui al hospital antes de parir me preparé de antemano para poder preguntar en mi inglés defectuoso lo que no sabía, sin dejarme intimidar, porque notaba la irritación que causábamos las mujeres como yo, que no aceptábamos todo sin chistar. Esa forma de actuar y la protesta de muchas de nosotras cuando algo iba en contra de nuestra dignidad dio como resultado, directa o indirectamente, los cambios que se han llevado a cabo desde entonces en las maternidades británicas.

Yo no conocía en España a nadie de mi edad que hubiera dado a luz en casa y todos allí me trataban de loca, de inconsciente, de poner en peligro la vida de la criatura por no querer tenerla en la clínica. Cuando les hablaba de la tensión que crean los hospitales, me miraban como si estuviera chiflada. No me daba ningún miedo parir en casa, mi madre me había tenido así (mis hermanos nacieron ya en una clínica), y en Holanda, el país de Europa que tiene una de las tasas más bajas de mortalidad en los partos, más del 50 por ciento de los niños nacen en el hogar materno. Mientras estuve embarazada, Juliette salió varias veces en la televisión hablando de la necesidad de humanizar la sala de partos. Yo me sentía feliz de tener una matrona tan militante y tan encantadora; confiaba plenamente en ella.

Como mi embarazo fue una continua defensa de la exageración tecnológica, cuando me hicieron la primera ecografía y me preguntaron si quería saber el sexo de la criatura, pensé que eso rompería un mágico e importante tabú y dije que no. Desde entonces las cosas han cambiado; algunas maternidades británicas, situadas en barrios con numerosa población musulmana o hindú, tienen como política no revelar el sexo del feto antes de tiempo dada la elevada cantidad de abortos que se llevan a cabo en ciertas minorías étnicas si se sabe que se espera una niña. Durante la ecografía me pareció que el niño sonaba como un submarino en alta mar y Steve escribió después un poema muy bonito al respecto, *Still too quick to hold*, que traduzco torpemente.

DEMASIADO VIVAZ PARA SOSTENERLO

El conductor de autobús
iba muy despacio en las curvas.
Mi hijo se movía con el bulto delicado.

Un técnico vestido de verde opaco
observa tu montículo
como si datara una vasija.

Yo espero que aparezca
el maravilloso niño verde,
mi enseñanza, mi herencia.

Tú estás echada allí como alguien
que quisiera mirar
al mismo tiempo que da la noticia.
Y el bebé nacido momentáneamente,
una onda sonora verde y borrosa
nadando en la pantalla,
se niega con absoluta confianza a posar,
estimulando los juguetes interiores de su madre
que no olvidará, ofreciéndole
su sangre bajo los curiosos dedos,
siendo una con los peces y los pájaros del aire:

«Aquí, en el campanario, cuelga el corazón
aquí los pulmones, aquí el estómago musical.
Y el saco acuoso donde me están creando,
y nadando peligrosamente
empujo el cordón de la vida hacia un lado».

El bebé brinca contra el aire
como un salmón persistente
aleteando bajo el elemento
de mis palmas sobrepuestas.

Más allá, cerca de aquí, la neblina
del tiempo y las montañas de amor
despreocupadas, recelosas, despreocupadas
calentándose como césped húmedo
                    [una hora después de amanecer.

Cuando llegó el momento de pensar en las clases de preparación para el parto, una amiga, madre de un bebé pequeño, me recomendó The National Childbirth Trust o NCT (El Trust Nacional del Nacimiento). *Birth* significa en inglés tanto nacimiento como parto. Como para mí todo era tan nuevo, no sabía distinguir entre los servicios normales y los que todavía eran muy progresistas y sólo muchos años después pude entender hasta qué punto había aterrizado en un sector avanzado de la sociedad del que yo formé parte activa. El NCT es una fundación que informa y ayuda durante el embarazo, el parto y los primeros tiempos de la maternidad. Una vez que los bebés han nacido se organizan encuentros en las diferentes casas y muchas madres cimentan así amistades duraderas. Asimismo la organización ayuda a establecer nuevas relaciones a las madres que cambian de ciudad y que quieren conocer a personas parecidas a ellas. El NCT lo creó en 1956 Prunella Briance, una paciente del doctor Rick-Head, pionero del parto natural. Este doctor se dio cuenta de que había una relación muy estrecha entre el miedo, la tensión y el dolor en el parto, y empezó a promover la relajación para evitar el sufrimiento al máximo y hacer lo posible para conseguir un «parto sin miedo» (lo del «parto sin dolor» parece que es una mala traducción, porque eso no lo dijo nunca ese señor). Steve y yo nos apuntamos al grupo de NCT que nos quedaba más cerca y cuando nos llegó el turno empezamos a asistir a las clases que daba la instructora en una habitación amplia de su casa llena de cojines grandes por el suelo. Las seis parejas asistentes parecían haber sido elegidas adrede para demostrar el cosmopolitismo londinense: una alemana con su compañero sudafricano, una irlandesa con un neozelandés, otra alemana con un norteamericano, una inglesa con un canadiense, una pareja de ingleses metidísimos en la *new age* y nosotros dos. Todos, menos los penúltimos, habíamos ido a la universidad, y había tres psicoanalistas y tres escritores. Aparte de la tutora tuvimos también a una profesora de yoga que nos enseñó ejercicios de relajación y que entonces estaba casada con uno de los Huxley. A mí esto me fascinó porque viniendo de España, con el bagaje de oscurantismo que habíamos tenido, los mitos de la cultura liberal parecían mucho más grandes.

A una de las clases vino una mujer perteneciente a la Leche League, que promueve la lactancia materna y ayuda a las madres que tienen dificultades para amamantar a sus hijos. Nos aconsejó que nos comprásemos unos sostenes especiales de algodón, ya que los de nailon, decía, no son sanos. Aunque feísimos, un antídoto contra la lujuria, como chicas ecologistas y conscientes que éramos nos los compramos inmediatamente. Cuando me llegó el momento de llevar ropa premamá me encontré que en Londres no existía la cultura del embarazo, tan viva entonces en España. O ibas con el típico traje de lazada de las tiendas de Kensington, que no era mi estilo, o con lo de Mothercare, antes de que la comprase Conran, que sólo de verlo te entraba una congoja muy grande. Muchas de nosotras acabamos llevando ropa de Laura Ashley, que entonces era muy ancha y cabíamos dos dentro del mismo vestido. Ese año empezaron a ponerse de moda los pantalones de peto, pero yo estaba tan enorme por todas partes que nunca me atreví a ponérmelos. En el año 2002 en Gran Bretaña hay muchas más opciones, ya que las grandes cadenas sacan líneas de ropa exclusivamente pensadas para las embarazadas y además la estética ha cambiado enormemente y ahora gustan las tripas marcadas por la licra y no escondidas bajo kilómetros de tela.

El tiempo iba pasando y sólo me di cuenta de que estaba preñada de verdad a los seis meses, cuando fui a Madrid a examinarme de la última asignatura de la carrera y en el primer metro que cogí un señor se levantó para dejarme el asiento. Su gesto me resultó tan nuevo que le di las gracias y le dije que no, con lo cual me gané las miradas estupefactas de todo el vagón, especialmente de las señoras con pelo tipo casco, que me escrutaron de arriba abajo, sin pudor alguno, como se hace en España. La vez siguiente acepté el ofrecimiento y me fui acostumbrando al lujo de ser tratada como algo muy especial. Estaba claro que en Londres lo del embarazo y la maternidad tenían poco estatus.

Cuando llegó mi última semana de la cuenta atrás todas las compañeras de clase de respiración habían parido ya, y de las seis que éramos, cuatro lo habían hecho en casa. Contaban que la experiencia había sido muy bella a pesar del dolor, protegidas por la familiaridad de su espacio, de sus objetos, oyendo su música preferida y relajándose en la bañera para resistir el dolor de las contracciones. En algún caso, además de la matrona y el futuro padre, tuvieron con ellas a alguna amiga íntima. En el momento de dar a luz escogieron la postura que más les convino; podían decidir si querían tenerlo en cuclillas o de pie, sujetadas por detrás, mientras la matrona recibía de rodillas al bebé. A ninguna de ellas le pusieron la inyección para acelerar la expulsión de la placenta, algo que en los hospitales se hace mecánicamente, para no perder tiempo, otro proceso inducido de forma artificial que tiene consecuencias nocivas. Todas enterraron la placenta después en el jardín, debajo de su árbol favorito, pero nadie se atrevió a seguir al pie de la letra los libros más *new age*, en los que se daban recetas para cocinarla con ajo y cebolla (su sabor al parecer es similar al del hígado). Esta práctica es común entre las mujeres de algunas tribus por creer que si entierran la placenta perderán la fertilidad, aunque la razón real radica en el aprovechamiento de sus extraordinarias propiedades nutritivas en un momento de gran necesidad vitamínica

para la madre, como sucede en los animales. En Europa
esta costumbre se ha practicado hasta hace menos tiempo de lo que imaginamos, sustituida por los pasteles de
nacimiento. Cuando estuve en México, en un lugar donde se hablaba de la diosa azteca Tlaelquani, una de las
deidades protectoras de la mujer, todavía se daban explicaciones rarísimas al significado de su nombre, «come-
dora de porquería», debido al desconocimiento de las
costumbres antropológicas; se refiere precisamente a la
placenta.

A medida que mis compañeras de clase de respiración iban teniendo a sus bebés yo las iba visitando, y la
diferencia entre unas y otras era abismal. Las que habían parido en casa estaban a los tres días tan frescas,
cansadas sí, pero trajinando activamente con el bebé
colgado delante en esas mochilas de origen chino que
entonces eran una novedad. Dos de ellas decían que de
haber ido al hospital les habrían acabado provocando el
parto, ya que habían estado horas y horas con contracciones. Las que habían parido en el hospital por creer
que allí estarían más seguras y correrían menos riesgos,
habían acabado con inducciones más o menos largas, habían perdido mucha sangre, tenían las pobres
muy mal aspecto y hablaban con horror de la experiencia. Ninguna de mis compañeras había tenido a su madre durante el parto y sólo las visitaron después, pasados
incluso algunos días, manteniendo una distancia emocional muy nueva para mí. La posible necesidad de aislamiento de la pareja en esos momentos cruciales tenía
prioridad sobre la familia inmediata y extendida, que
respetaba enormemente esa intimidad. Yo pensaba en
España y me venían a la mente las habitaciones de maternidades atiborradas de gente, las mujeres que antes y
después del parto se instalaban en casa de sus padres

para que la madre les ayudara, y los maridos que pasaban a un segundo plano. Me pareció que las británicas eran mucho más maduras y autosuficientes. Con el tiempo me di cuenta de los problemas que causa la soledad y el aislamiento en las madres de una ciudad como Londres y hoy concedo más importancia a ese apoyo emocional que la mujer tiene en una familia extendida que no sea disfuncional.

De mis tres visitas a la maternidad, la última estaba fijada para un día antes de la fecha prevista para el parto. Todo el mundo me aconsejó que fuera con Steve por si había que luchar en la decisión última de cómo tener a la criatura. La trabajadora de salud local ya me había visitado y había inspeccionado las condiciones de higiene de nuestra vivienda, dando la luz verde al parto en casa. Llegué a la visita agobiada por mi pobre inglés, convencida de que no podría expresar claramente mis pensamientos, lo que me restaba mucho poder. Entramos en el cuarto y al lado del médico, bajito y menudo, de cierta edad ya, había dos enfermeras, una blanca fofona, como rellena de gomaespuma, y otra india, muy bella pero con una tensión muy visible en la cara. Formaban un trío de lo más discordante. Me eché en la camilla, me miraron de arriba abajo y consultaron varias veces mi informe conspirando en una esquina del cuarto a media voz. Yo los miraba y me sentía igual que una zulú de una película inglesa de los años cincuenta frente al hacendado blanco. Por fin, la india, portavoz del curioso *ménage à trois*, se dirigió a mí desde las alturas y en un tono falsamente delicado, monocromo e insulso, pero con la misma autoridad del que trata a un esclavo, me anunció: «Señora, el niño está muy grande, de modo que se viene usted a la maternidad mañana temprano y le daremos unas pastillas de Oxitocin». Cuando oí esta palabra me acordé inmediatamente de todo lo que había leído, que era muchííísimo, pero el susto no me permitió creer del todo lo que había escuchado. «¿No es Oxitocin lo que usan para provocar el parto?», pregunté para cerciorarme. «Sí», contestó la enfermera desde la cúspide con irritación mal disimulada. Por el hecho de saber lo que era Oxitocin había dejado de ser materia ideal, moldeable y sumisa. «Pues en ese caso no vengo. Ustedes no me provocan el parto así como así.» Y lo dije segura, firme, sin necesitar la traducción de Steve, sorprendiéndome a mí misma de la fluidez del discurso y la firmeza del tono. La enfermera india me miró con horror mal disimulado, no sé si por mi franqueza al contestar (con los nervios y mi inglés deficiente me olvidé de los *pleases*, los *sorrys* y los condicionales necesarios para suavizar la respuesta) o porque se daba cuenta de que yo era un caso más peliagudo de lo que previamente había supuesto. El sumo sacerdote de minúsculas dimensiones, viendo en mí un hueso duro de roer, se volvió y con una voz cursilísima y superpaternalista, intentando apaciguar la situación, dijo: «Bueno, bueno, bueno. No la vamos a obligar si no quiere. Las mamacitas también pueden tener su opinión. Espere cinco días y venga de nuevo a vernos». Salí de la maternidad furiosa. Si tan importante era la provocación del parto, ¿por qué no intentaron convencerme allí mismo de la urgencia, del peligro? Me enfrentaba a lo que tanto había temido: la intervención rutinaria, y pensaba con melancolía en esos refranes chinos: «No fuerces a la naturaleza, no la insultes», «Un niño que nace antes de tiempo es como la fruta verde y ácida que cuando la coges arrancas parte del árbol con ella».

Cuando llegué a casa llamé a Juliette, le conté la visita y le pedí consejo porque quería evitar en lo posible la inducción del parto. Juliette empezó a venir a casa a dia-

rio, informándome de lo que podía hacer para provocar-
lo naturalmente. Me tomé botellines enteros de aceite de
ricino, intenté hacer el amor, que me apetecía tanto
como lo anterior, salté, trajiné y na de na. Juliette me
hizo análisis internos para ver cómo estaban las mem-
branas de la placenta, pero todo demostraba que todavía
faltaba un tiempo. El niño no había encajado la cabeza y
daba la impresión de que el asunto estaba muy verde,
aunque el tamaño de la criatura era ya descomunal, no
digamos el de la madre. Al cabo de ocho días Juliette se
presentó una mañana en casa diciendo que los de la maternidad me estaban buscando por todas partes preocu-
padísimos porque llamaban a la antigua casa y yo no
contestaba. Nos habíamos mudado hacía una semana y
se nos había olvidado darles las nuevas señas. Como vi
que estaba llegando el momento de tomar una decisión
le pregunté a Juliette qué debía hacer, si esperar unos
días más o ir a la maternidad, y Juliette, tomando en
cuenta que yo estaba enorme, me aconsejó claudicar. Al
día siguiente por la tarde fui a la maternidad. Me sentía
peor que una huérfana de serial; sabía que como el parto
no había empezado a tiempo caía sin remisión en manos
de los médicos. Pero todavía quedaba una última posibilidad: si las pastillas de Oxitocin me hacían efecto y el
parto empezaba de noche, no tendrían que ponerme el
gota a gota por la mañana.

Steve y yo llegamos al cuarto que me habían asigna-
do, una habitación hermosísima con cuatro camas, cada
cual con unas cortinas individuales de estampado anti-
cuadísimo que se cerraban todo alrededor, como las de
dosel, cada vez que venía el médico. En las paredes no
había crucifijos, y hasta que se lo comenté a Steve nunca
me había planteado el efecto que le puede hacer a alguien no acostumbrado a verlos la imagen de un hombre

muerto, herido y ensangrentado colgando de una pared, y más en un hospital. La Virgen, en cambio, si no es de las que llevan los cuchillos clavados en el corazón, representa algo mucho más positivo para los no cristianos. Por supuesto, tampoco había monjas enfermeras.

Las otras tres mujeres de la habitación eran como parte de un chiste de nacionalidades, una judía ortodoxa con la cabeza cubierta, una india con lunar rojo en la frente y una turca de Chipre. Las tres llevaban camisones de nailon, de verdadera chispa, y se pasaron el rato haciendo labores y hablando de sus religiones respectivas. Los modelitos que vi después por los pasillos me dejaron estupefacta: aquello en lugar de una maternidad parecía un putiferio. ¡Madre mía qué velos, qué coloraturas, qué transparencias! Me pregunté entonces si mi reacción era de clase social o de cultura, porque no me podía imaginar a ninguna española dando a luz con un salto de cama similar.

Me desperté por la mañana sin saber muy bien dónde estaba y enseguida apareció una enfermera para afeitarme el pubis. Yo sabía por Juliette que precisamente el día anterior habían tenido una reunión en el hospital para empezar a descartar esta práctica innecesaria, porque de no haber una cesárea no servía para nada y era una humillación más. Se lo recordé a la enfermera y fue a consultar con sus superiores. Al marcharse, las tres mujeres de mi habitación, que estaban impresionadas conmigo por no acatar ciegamente las órdenes, vinieron muy cariñosas a mi cama para tranquilizarme. La turca, apoyada por las demás, trató de aliviarme: «No tengas miedo, ya verás cómo te vuelve a crecer el vello». ¿Cómo iba a explicarles, a punto de bajar a la sala de partos, la ideología de los principios naturales y mis derechos de mujer? Todo era muy surrealista. La enfermera volvió y anunció que aceptaban mi propuesta (aquello parecía un tratado de paz entre dos tribus enemigas), con lo cual mis compañeras de cuarto, convencidas de que iba a terminar sin vello, quedaron atónitas.

Hoy día si las madres exigen «nuevos» métodos obstétricos no encuentran la oposición con la que topamos nosotras, pero las que no han hecho el esfuerzo de enterarse por sí mismas de las posibilidades que existen siguen sufriendo la medicación rutinaria. En Homerton, un hospital público del este de Londres, se puede hoy dar a luz en piscinas de goma alquiladas privadamente; sin embargo, cuando lo construyeron eliminaron la gran cantidad de bañeras que había en el viejo hospital y dejaron sólo duchas, y eso cuando empezaba a ser del dominio público que el agua actúa como un analgésico. Los estudios publicados por el *British Medical Journal* (*The Guardian*, de enero de 1991) están convenciendo hasta a los más reacios de los efectos perjudiciales de las anestesias en las madres y los bebés, a los que puede llegar a producir cáncer.

A las ocho de la mañana me trasladaron a una habitación individual y llamaron a Steve. En 1979 los padres modernos estaban presentes en el nacimiento de sus hijos; en el año 2002 lo están el 90 por ciento de los padres, tanto es así que en los folletos de información sobre el embarazo que publica la Seguridad Social se ha incluido un capítulo destinado al padre. Si antes el tipo que se las daba de macho no asistía al parto de su mujer, ahora hay una presión de grupo que le incita a lo contrario. La tendencia a la participación paterna empezó en Gran Bretaña en los años cincuenta debido a la fragmentación de la familia extendida, que hizo a la mujer más dependiente de su hombre en estas y otras ocasiones. Cuando Steve llegó, yo estaba ya enchufada al gota a gota y conectada a una máquina con pantalla por medio de un cinturón que tenía un monitor tocándome la tripa. Toda yo era una pieza unida por varios cables a un engranaje inasequible y todopoderoso. El día fue una sucesión de desastres, a cual peor. La máquina del gota a gota se disparó sola, la gota se convirtió en chorreo y las contracciones se volvieron continuas, sin espacio intermedio. Steve se dio cuenta de que algo no funcionaba y avisó. «¡Ah! Esa máquina no funciona muy bien», dijeron las enfermeras. Me entraron ganas de matarlas, pero mis fuerzas de resistencia empezaban a flojear. Como toda la preparación había sido de cara al parto natural no habíamos comentado qué se debe hacer en caso de que lo provoquen. Nadie nos había dicho que una se puede mover algo, ponerse por lo menos de pie sin peligro, y a mí me hicieron estar todo el día en la cama. No pude bañarme para relajarme, de modo que el estrés dificultó el parto y paró la dilatación en cinco centímetros.

A las ocho de la noche vino el médico para decirme que llevaba once horas atascada en los cinco centímetros, que el bebé no había encajado la cabeza y, como no veía la posibilidad de un cambio, pensaba que la única solución era la cesárea. Yo estaba tan machacada y hecha pulpa que dije que sí y también lo habría dicho si me hubieran ofrecido tirarme por una ventana. No ansiaba más que acabar con aquel tormento. Hoy habría escogido una cesárea con anestesia local para haber tenido al bebé sobre el pecho y limitar con eso el impacto de la intervención, pero entonces no podía prever las consecuencias de todo aquello. Me trasladaron al quirófano corriendo y lo último que recuerdo es una actividad desmedida, una rapidez inusitada porque llevaba muchas horas enchufada a la máquina y estaba agotada.

Lo primero que oí al día siguiente fue la voz de Steve

que muy suavemente me decía que habíamos tenido un niño. Estaba bajo *shock*, francamente deprimida, y no me interesaba saber qué había pasado con el bebé porque ni siquiera era capaz de lidiar conmigo misma, pero Steve seguía hablando con mucho cuidado y de pronto oí como de muy lejos que el niño tenía un problema. Se me encogió el corazón de angustia. En mi recuerdo la zozobra es dulcificada por la delicadeza de Steve que hablaba con mucha ternura y al mismo tiempo con alegría. En medio de todo aquel aturdimiento yo trataba de hacerme a la idea imposible de que me había tocado a mí la china. Steve seguía diciendo que el niño había nacido con el labio mal y tenía un *hare lip* —labio leporino—, hoy le llaman *cleft-lip*, labio con fisura, que no lleva la carga negativa tradicional—, pero yo no entendía el significado de esa palabra.

Cuando abrí los ojos percibí como de muy lejos que estaba en un cuarto con otras tres madres, entonces cerraron las cortinas a mi alrededor y las enfermeras anunciaron que iban a traer al niño. Cuando lo tuve en brazos, aparte de no poder hacerlo bien porque se apoyaba en la herida y dolía mucho, no sentí hacia él nada maternal. Era como si me hubieran dado un muñeco de trapo. Yo esperaba una intensa sensación de ternura, algún retortijón interior, pero no. Nadie me había dicho que eso les pasa a muchas mujeres, sobre todo a las que paren con cesárea o tienen un parto difícil. El niño era espléndido, pesaba cuatro kilos y ciento cincuenta gramos, estaba rellenito, sin esas arrugas de los recién nacidos. Cuando el pediatra me vio por primera vez me aconsejó que no me preocupara por lo del labio, al estar el paladar cerrado no tenía importancia, y todo se podía arreglar fácilmente con una operación a los tres meses en Great Ormond Street. El nombre no me decía absolutamente nada y aunque él y los amigos me explicaban que era el mejor hospital infantil de Gran Bretaña, famoso en todo el mundo, no me daban esa seguridad profunda, la confirmación de familiares o amigos «de toda la vida». Me encontraba sin poder, sin amarras. No estaba acostumbrada, como Steve, a confiar en el sistema que en aquella época funcionaba todavía bien en Gran Bretaña. Cuando me inscribí en la maternidad pedí una habitación individual, pero cuando llegué no me la pudieron dar por varias urgencias que hubo en ese momento. Estuve en la habitación común tres días, después me trasladaron a una individual, y como mi niño, aunque fuera precioso, tenía un defecto muy visible, nadie se acercaba a su cuna para verlo y en cambio sí lo hacían con los demás, y a mí me daba mucha pena. La falta de naturalidad, la carencia de esa forma de comportarse tan a la española, bruta pero cariñosa, con el típico «no te preocupes, mujer, que ya se arreglará», me resultó tan extranjera, tan fría que casi me daba miedo; me preguntaba todo el tiempo cómo hubieran reaccionado mis compañeras de habitación si hubiéramos estado en España. La sensación de extrañeza se acrecentó por las mujeres que veía en los pasillos, de una palidez, acentuada por el parto, muy rara para mí; algunas parecían muertas andantes. Sus bebés, de un blanco azulado, me parecían feos y sólo me sentía reconfortada cuando contemplaba a las criaturas más oscuras, chinas, árabes o negras, que notaba más cercanas a mí. Esto me dio que pensar y al meditar sobre el racismo vi más claro que nunca las contradicciones de mi cultura: el rechazo al «otro» me había habituado a repeler la piel muy blanca y al mismo tiempo me conducía a pensar en los rubios de ojos azules como en seres más perfectos y eficientes. Mi niño tenía un poco de cada cosa: los ojos claros y la piel doradita.

Steve había advertido a las enfermeras que yo quería dar de mamar al niño pero al verle con labio leporino y madre de cesárea dieron por hecho que no podría hacerlo. Cuando me lo trajeron por primera vez les dije que deseaba darle de mamar y a las enfermeras se les torció el semblante porque estaban seguras de que no iba a poder. Yo insistí y para su sorpresa la criatura empezó a mamar con la mayor naturalidad del mundo, como si no hubiera hecho otra cosa durante años. Estaba tan fuerte que a pesar del tajo en medio del labio superior que le impedía hacer ventosa tenía poder de succión. El cuarto individual adonde me trasladaron estaba situado al final de un pasillo. Por un lado estaba encantada porque era como vivir fuera de la institución, pero por otro resultó una paliza. La maternidad City of London, que ya no existe, fue una de las primeras víctimas del gobierno de Thatcher y al sufrir el recorte de fondos tuvo que poner al personal de la limpieza a media jornada, y eso ocurrió precisamente la semana que yo pasé allí. Todo empezó a estar mucho más sucio (como ha sucedido después en otros hospitales del país). Nadie venía a recoger los pañales usados, que se amontonaban en la papelera porque ya no cabían en el cubo con tapa de la maternidad. Desde luego, esa no era la atención típica de los hospitales públicos británicos que yo había oído describir a mi familia española, pero todavía no habíamos tocado fondo, como sucedió años después. En diciembre de 2001 fui a visitar a dos amigas que estuvieron en dos hospitales públicos muy conocidos: St. Thomas, enfrente del Parlamento, y Middlesex, cerca de Tottenham Court Road. Ambas tenían sus camas en salas enormes de ocho o más mujeres, y en una de ellas vi pasearse como si tal cosa a los pacientes masculinos de la sala contigua. La mayoría de las enfermeras eran de minorías étnicas o extranjeras, ya que las británicas consideran que los sueldos de esa profesión tan esencial son bajísimos.

Yo creo que lo peor de mi estancia en la maternidad fue la comida, ¡una auténtica porquería! Con los adelantos dietéticos que había era indignante que nos dieran un equivalente al pan Bimbo que en Gran Bretaña lleva el inspirador nombre de Mother's Pride (el orgullo de una madre) y pastillas para ir al váter, en lugar de avena y fruta no astringente. Todas nosotras necesitábamos vitaminas, comer bien, y de postre nos daban unos bizcochos tibios, para mí repugnantes, chorreando natillas falsas y rellenos de mermelada cuyos colores intensos delataban carcinógenos a manta. A mí me salvó de la inanición Felicity Ellis: encantadora, se presentó en la maternidad con una enorme tarta de chocolate casera diciéndome que sabía que la iba a necesitar. ¡Lo que hace la experiencia! Entonces aprendí que en los hospitales británicos puedes escoger entre una comida vegetariana, carnívora, kosher-judía, Halal, musulmana, e india, y me prometí que la próxima vez que estuviera internada me apuntaría a cualquiera que no fuera la «normal», todo menos aquel forraje anodino y pegajoso.

A mi regreso a la vida diaria, esta vez como madre, vi que los británicos tienen una especie de dificultad cultural que les impide hablar claramente de las enfermedades y funciones del cuerpo humano, cosa que el tiempo me ha corroborado. Esas explicaciones que te dan en España de heridas y operaciones, describiéndolas con pelos y señales —acompañadas a veces incluso por la muestra de la clásica piedra de riñón flotando en un tubito—, en Gran Bretaña brillan por su ausencia. En la televisión británica los accidentes y catástrofes están muy censurados, jamás se ven los detalles macabros a los que son tan aficionados los medios de comunicación españoles. Un día me di cuenta de mi avanzado estado de aculturación cuando en un viaje a Barcelona quise cancelar varias citas por el temor de contagiar a los amigos el fuerte catarro que llevaba encima. A todos les pareció rarísima mi actitud. Y es que, como digo en la segunda parte de este libro, en Gran Bretaña, debido a su pasado colonial, los virus tienen otra mitología.

A pesar de que en 1979 había en Gran Bretaña una actitud oficial respecto a las deficiencias físicas mucho más progresista que en la península Ibérica, me chocó la falta tan grande de naturalidad de la gente respecto al labio de Pablo. El temor a faltar al respeto, a molestar, les congelaba de tal forma que terminaban reaccionando de la manera más inhumana posible, como si el niño no existiera, como si no lo tuvieran delante de sus narices. Sólo las personas de minorías étnicas me preguntaban sin tapujos qué le había pasado. Les explicaba entonces que había nacido así y que le operarían a los tres meses, y el poder decirlo me dejaba muy tranquila. Al poco tiempo Steve y yo nos habíamos acostumbrado tanto a su labio que no nos dábamos cuenta del efecto que tenía en los demás y sólo cuando actuaban de forma poco natural notábamos que había algo diferente. Cuando fui por primera vez a Madrid Fernando Almela me dijo que no le diera ninguna importancia, que los hombres con cicatrices son muy sexis. Sus palabras me resultaron tan positivas y reconfortantes que siempre que lo pienso me entra un calorcete por dentro de agradecimiento y cariño.

Al mes de nacer Pablo fuimos a la primera visita en Great Ormond Street, el hospital donde le operarían a los tres meses. El doctor que nos atendió tenía esa amabilidad de muchos británicos que tardas años en saber si son indiferentes o guardan un respetuoso distanciamiento. Con mucho tacto y cuidado nos explicó cómo iba a ser la operación y el desarrollo futuro del labio a medida que el niño creciera; estaba casi seguro de que bastaría una intervención para solucionar el problema definitivamente, pero no descartaba la posibilidad de tener que hacerle otra cuando llegara a la pubertad. El médico me felicitó por darle de mamar, al parecer pocas madres británicas de niños con labio leporino lo hacían (el número no ha aumentado mucho desde entonces), y dijo que iba a ser especialmente importante después de la operación porque sosegaría mucho a la criatura. Luego nos pasó a un especialista en genética que nos explicó que ese defecto se debe a un fallo hereditario del que se sabe poquísimo. Tardé mucho en acostumbrarme a la rara sensación de llevar en mis genes o en los de Steve (no sabíamos de nadie de las dos familias que hubiera nacido así) un elemento destructivo que podía dañar a los hijos que tuviera, y pensé una vez más en la idiotez de gastar tanto dinero en el espacio cuando desconocemos casi todo de nosotros mismos aquí en la tierra.

Laurence van der Post nos dice en uno de sus libros que entre los habitantes del desierto de Kalahari los nacidos con labio leporino son considerados seres especiales, marcados por los dioses. Eso nos hizo pensar mucho en el concepto de la diferencia como virtud y no como defecto y dimos vueltas a la tiranía que las personas «normales» ejercemos sobre los discapacitados. Aunque el hombre occidental se cree tan adelantado, en cuestión de sensibilidad estamos en la prehistoria; es impresionante pensar que hasta hace unos pocos años el hombre no empezó a darse cuenta del significado real de la palabra minusválido. Cuando en un libro de medicina que trataba de anormalidades faciales me encontré con algo muy parecido a lo que uno se imagina fue Polifemo, al parecer un grado extremo del problema leporino, reflexioné sobre lo que podría haber sido la vida del pobre, un niño abandonado por sus padres, atacado por todos y convertido por la mitología en un monstruo horrible que trataba a los demás como le habían tratado a él. Años después en una visita que Pablo hizo a Great Ormond Street a los quince años le preguntaron si quería que le retocaran el labio —tiene una hendidura diminuta— y él dijo que no, que ya era parte de él. Cuando llegó a casa y me lo contó, le felicité por su gran personalidad; él me contestó que eso se lo había dicho yo hacía mucho tiempo. Me había olvidado por completo. Entonces medité sobre lo que los padres y las madres decimos a nuestros hijos y cómo eso luego se puede volver a favor o en contra de nosotros.

Muchas cosas olvidadas en los cajones del tiempo resurgen cuando tienes un hijo, y una de ellas es algo que me había contado mi madre: cuando finalizaba la cuarentena que seguía a los partos, para purificarse según mandaba la Iglesia católica, no sé si lo manda todavía, mi madre iba a la iglesia con una vela, acompañada por Paca, nuestra niñera. Yo encontré muy denigrante lo de la purificación y le pregunté a mi madre si no se había sentido humillada; ella no entendió mi pregunta, lo veía muy natural. Esa costumbre, que en inglés se llama *churching* —*church* es iglesia—, viene de sustratos culturales antiquísimos y se puede rastrear históricamente hasta en el Antiguo Testamento, donde también se dan una serie de reglas para que la mujer con el menstruo no «ensucie» durante siete días lo que toca con sus manos. Esa impureza de la sangre de la mujer se extiende al parto, y los judíos ortodoxos no pueden tocar a sus esposas en esos momentos. Es uno de los tantos rasgos culturales que deben aprender las personas que trabajan en los hospitales británicos para que cada mujer y su entorno sean respetados debidamente y no obligados a seguir prácticas contrarias a su religión o su cultura.

La fecha de la operación de Pablo se nos echó encima y lo que hasta ese momento había servido de explicación, ya casi rutinaria, a todo el que veía por primera vez su labio y hacía preguntas, «lo van a operar en tres meses, en dos, en uno...», se convirtió en aguda realidad. Cuando los amigos me dijeron que en Gran Bretaña no había costumbre de acompañar por la noche a los enfermos de la familia (allí no ponen camas adicionales o sillones en los cuartos de los hospitales), y que debía luchar para que me dejaran dormir con el niño, me quedé horrorizada. ¿Cómo iba a dejar solo a un bebé de tres meses, al que además daba de mamar? Me angustiaba pensar que cabía la posibilidad de una negativa. Mis temores se amainaron cuando el médico dijo que al amamantar al niño podía contar con una habitación individual, que era en realidad un cubículo con cristales cubiertos por cortinas. Una vez ingresé en el hospital, el médico me preguntó si me dejaría fotografiar dando el pecho para que otras madres vieran que era posible amamantar a un bebé con labio leporino. A las fotos que normalmente toman antes y después de la operación para ver cómo evoluciona la boca al crecer, se añadió la mía con Pablo; nuestra imagen ha recorrido miles de kilómetros, ha sido mostrada en numerosas conferencias y congresos internacionales. Cuando hace unos años se la enseñaron a Pablo por primera vez sintió un enorme gustirrinín por su «fama».

La actitud británica hacia los niños nos parecía incomprensible a las extranjeras, que no entendíamos cómo los británicos habían tardado tanto en darse cuenta del trauma que puede sufrir una criatura en un hospital. La típica frase: «*stiff upper lip*» (apretarse el labio superior, ser fuerte ante cualquier circunstancia) se aplica en Gran Bretaña en todo momento, cuanto más alta es la clase social, más se emplea, y ha sido la actitud general que ha prevalecido hasta hace poco con los niños, cayendo muchísimas veces en la insensibilidad de no reconocer sus necesidades afectivas. Las cosas han empezado a cambiar, pero en 1979 la política de los hospitales británicos apenas había modificado su actitud de que los niños sólo necesitan a sus padres y madres durante el corto tiempo de la visita, a pesar de los trabajos de John Bowlby y James Robertson para demostrar lo contrario. John Bowlby habló de la influencia negativa de la separación de la madre y de que: «Un mal hogar es siempre mejor que una buena institución». La nueva ala de Great Ormond Street, que se inauguró en 1993, tiene en la mayoría de las habitaciones una cama adicional. Además hay habitaciones individuales para los padres y en un anexo cercano han abierto también pequeños apartamentos para las personas que vienen por largo tiempo de otras partes del país o del extranjero.

Nos instalamos en el hospital dos días antes de la operación. En el piso donde iban a darnos la habitación un cartel enorme colgado del techo decía: «Padres, no os olvidéis de vuestros hijos, visitadlos». Yo me quedé petrificada. Luego, al venir de un país donde la gente te lo cuenta todo enseguida, sobre todo en las ocasiones en que el dolor propicia la intimidad, me pareció que en las relaciones humanas que entablé en Great Ormond Street había una formalidad muy extranjera; sin embargo, los médicos y, sobre todo las enfermeras se distinguían enormemente de las otras personas y sólo puedo hablar de ellos con infinita admiración que ha crecido al cabo de los años, ya que Pablo se ha hecho chequeos regulares toda su vida. Su falta de paternalismo con los niños, su atención, su ternura y su sensibilidad son realmente emocionantes. Esto se puede decir de las enfermeras británicas en general, es como si esa barrera que un latino palpa en las personas del sur de Gran Bretaña se esfumara en su caso con la experiencia cotidiana del dolor.

Es duro que se te lleven a un hijo de tres meses al quirófano aunque la operación no sea grave, pero también es duro no poder expresar lo que uno siente porque supone que debería sentir otra cosa. Cuando trajeron a Pablo, yo esperaba experimentar un gozo sin reservas al verlo con su nuevo labio. Mi reacción de profundo desconsuelo, de pena hondísima, sin nombre, me desconcertaba porque no sabía a qué se debía. No podía dudar de la mejoría de Pablo y de momento no entendí mi profunda tristeza, hasta que me di cuenta de que había perdido para siempre al niño que se habían llevado al quirófano y ya no lo vería más. El nuevo, con su labio arreglado, parecía otro. Cuando traté de explicarlo me miraron raro, nadie entendió lo que intentaba decir, estaban sorprendidos de que no diera botes de entusiasmo, de modo que no me dejaban espacio para un duelo que necesitaba ser reconocido para poder aliviarlo.

Después de la operación le di de mamar enseguida, como me había aconsejado el médico, y el pecho se manchó de sangre por la herida de la boca sin cicatrizar. Mamó muy poco y pensé que al pobrecito le dolía la herida; luego me di cuenta de que sucedía así porque al tener el labio superior de una sola pieza el niño podía hacer ventosa mucho más eficazmente. La primera noche después de la operación debía de estar tan nerviosa que fui a hacer pis un montón de veces y cada vez pasaba por el cuartito de un niño de la misma edad que Pablo y con la misma operación; estaba acompañado por una enfermera que le sujetaba la manita. Me daba mucha pena verlo tan pequeño y sin sus padres, y no podía resistir la tentación de asomar la cabeza a ver cómo seguía. A la tercera vez la enfermera me preguntó si yo era la madre. Me quedé helada. Qué idea tienen del afecto en este país para creer que soy la madre si en ningún momento lo he tocado, pensé.

Cuando Pablo cumplió doce años, el doctor Mars, que le ha atendido siempre, muy famoso por sus investigaciones, nos anunció que iba a ser necesaria una segunda intervención, esta vez dentro de la boca, porque al salir los dientes no se le había corregido un pequeño defecto que tenía en la encía superior y que podía afectar a la dentadura. Le tenían que hacer un injerto en la encía superior con un trozo de hueso de la cadera. La operación tuvo lugar otra vez en Great Ormond Street a los trece años y medio de Pablo, y yo, que esperaba el acontecimiento con gran aprensión, quedé sorprendida de lo fácil que fue todo. Cuando dije que me quería quedar a dormir me dieron todo tipo de facilidades, aunque me tocó hacerlo en una cama plegable en el cuarto de los juguetes. El cartel «Padre, visita a tus hijos» había desaparecido. Fue interesante comprobar cuánto había mejorado la actitud de las instituciones sanitarias británicas hacia las necesidades emotivas de los niños. Lo más gracioso para mí era que de pronto habían descubierto los supositorios, inexistentes en la posología anterior. Ahora hablaban de ellos como de un medicamento efectivo y muy práctico, pero antes jamás los recetaban, los consideraban una extraña costumbre continental, y muchos británicos lo achacaban al agarrotamiento corporal típico del país donde el estreñimiento es más común que en ningún otro lugar.

Cuando de embarazada tuve que ponerme a pensar en la ropita del bebé, me di cuenta de hasta qué punto en 1979 contrastaban las actitudes de España y Gran Bretaña, en cuanto a ropa de niños se refiere. Aquí lo práctico prevalecía siempre sobre lo estético, y en la clase media la herencia predominaba sobre la compra, incluso en mujeres de muy buena posición. Las que tendían a negarse a ello eran mujeres de clase obrera o habían sido las últimas de una familia numerosa, hartas de no llevar nunca una prenda nueva. En general los hijos de la clase media iban vestidos de forma muy relajada, si no bastante descuidados, y en cambio los latinos, los negros y los que provenían de la clase trabajadora se gastaban fortunas en prendas de marca.

En Gran Bretaña no existía esa apreciación general que en España cruza todas las barreras sociales por el trabajo hecho a mano, sobre todo en la ropa de los niños, ni esa meticulosidad obsesiva de las madres en lo que se refiere a los vestidos de sus hijos pequeños, como si nunca hubieran madurado y continuaran jugando a las muñecas. En Gran Bretaña las abuelas y las madres también tejen, aunque menos, pero los jerséis no se pueden comparar con esas filigranas de concurso que hay por todas partes en España. Un exponente de lo que digo es la ausencia de mercerías en Gran Bretaña. Esa cultura mujeril de la superlabor, orgía de apliques, ganchillos y bodoques, que fructifica tan ricamente en el puntillismo de esas mujeres españolas donde la cultura de lo monísimo se convierte en un asunto de vida o muerte, en Gran Bretaña se manifiesta infinitamente menos porque hay muchas más mujeres de todas las edades que trabajan fuera de casa. Las labores que he visto hacer allí están más aplicadas a la decoración que al vestido y suelen ser cojines de *petit point* y cosas así.

En 1979 en la ropa de bebé se abrió una brecha irreconciliable entre el mundo del rosa y el azul por un lado y los colores fuertes por el otro. Las abuelas españolas se espantaban de ver a los nietos en monitos chillones que hoy están a la orden del día. En los mejores almacenes la ropa de calidad venía importada de Italia, Francia o España, y Liberty vendía unos *esmocks* birriosos que de no ser por la tela habrían avergonzado a la mercería española más cutre. A la hora de comprar zapatos el panorama era devastador y, aunque ha mejorado bastante, todavía no se puede comparar con España. En esa época muchas mujeres se dieron cuenta de que había un hueco importante en el mercado y montaron negocios de ropa de niño. Durante un tiempo yo misma tuve un puesto en Camden Lock donde vendía jerseicitos hechos por mí.

Al principio de estar en Londres pensaba que menos la comida, el clima y el calor humano, todo era «superior», así que la sorpresa fue enorme cuando al entrar Pablo en mi órbita personal empecé a darme cuenta de que las cosas no eran como creía. Confiaba tanto en esa superioridad que cuando había dos formas de hacer las cosas escogía la británica sin cuestionarme demasiado si era la más conveniente. Mi acercamiento a la industria del niño me reveló que España estaba muy avanzada en todo lo material y que las mujeres, hasta en los sitios más recónditos, tenían gran curiosidad por lo nuevo y lo práctico. Sin embargo, en el tema de seguridad y conciencia ecológica el retraso de España era abismal. Allí se veían juguetes prohibidos en Gran Bretaña porque estaban cubiertos con pintura que contenía plomo, porque tenían resortes peligrosos, etc., etc. Una vez, en un avión con rumbo a Madrid, un tipo sentado detrás de mí comentaba a voz en grito los éxitos de su fábrica de caramelos: «Mis caramelos dejan la boca roja, y eso gusta mucho a los niños», decía él encantado, y añadía que en «Inglaterra» ese colorante estaba prohibido.

Uno de los detalles pequeños en que solíamos coincidir las madres del sur, aparte de la mayor efusividad física, era en el hecho de poner colonia a nuestros niños, algo que no hacen las británicas. En España nos acostumbran desde el nacimiento a oler intensamente a lo que se tercie y después seguimos con la costumbre toda la vida. Cuando me di cuenta de ello me empecé a fijar en los cuartos de baño de la gente que conocía y nunca vi esa colonia que en España se compra por litros, como el aceite de oliva. En 1994 oí una entrevista por la radio en la que el relaciones públicas de una importante casa de perfumes que empezaba a fabricarlos para niños decía que como en Gran Bretaña no echaban colonia a los niños sabían que la idea iba a resultar muy rara al principio. Fue la primera vez que lo oía reconocer «oficialmente» como rasgo cultural. Una madre inglesa que iba de vez en cuando a España me contó que en cada viaje se traía litros de Nenuco, una costumbre que había descubierto allí y que para ella era tan exótica como la henna que algunas de nosotras comprábamos en Marruecos antes de que se comercializara en el mundo occidental. A partir de entonces empecé a fijarme en serio en el asunto de la colonia, tanto en niños como en mayores. Preguntado una vez Conran, el creador de Habitat, una especie de gurú de la sofisticación moderna, por qué le gustan las mujeres francesas, contestó: «Entre otras cosas porque se ponen perfume». Aunque en Gran Bretaña la colonia de hombre es un regalo tradicional de las navidades, la verdad es que no sé cuándo la usan. Si uno va en el metro y huele fuerte a colonia de hombre, en el 90 por ciento de los casos el hombre es extranjero. Con el tiempo he visto que las cuestiones relacionadas con el olor, mencionadas varias veces en este libro, tienen connotaciones muy distintas en Gran Bretaña. A veces me he preguntado si el no poner colonia a los niños pequeños podría influir en el desarrollo posterior de las glándulas pituitarias.

Cuando Pablo tuvo cuatro meses llegó el invierno con sus noches cayendo a las tres de la tarde y ¡cuánto eché de menos la luz de España para sacarlo a la calle! En esos días tristes, con el cielo pegado a los tejados y la oscuridad al alma, me parecía que además de congelarse se iba a poner de color gris. Cuando el niño empezó a andar me tocó enfrentarme con el maldito barro, el equivalente a nuestro polvo español, que se convirtió en mi mayor enemigo. ¡Cómo llegué a odiarlo! ¿Por qué le cogí tanta inquina, yo que me había hartado de hacer cerámica? Porque, como dije hablando de los jardines, en España el barro que se forma cuando llueve es rojo, ocre, colores siempre calientes, y este era negro, frío, extraño. Entonces empecé a entender su protagonismo en los libros de Guillermo, pero en Gran Bretaña no hace falta ser un niño travieso para mancharse, uno se ensucia aunque ponga un cuidado extraordinario en no hacerlo. Cuando Pablo empezó a jugar al fútbol, en invierno y en primavera —en verano suele haber menos barro— tuvo que aprender a quitarse los zapatos a la puerta de la calle y procurar no acercarse a las paredes en los segundos que le llevaba subir de la entrada al baño. El proceso siguiente es aprender a quitar el barro de los zapatos con un cuchillo sin que paredes y suelo queden cubiertos por infinitas salpicaduras. No hablemos ya del tinte del barro y de las dificultades para dejar el equipo de deporte completamente limpio.

Otra diferencia cultural que experimenté en Gran Bretaña es que, al contrario de lo que sucede en tantos países del mundo, empezando por el sur de Europa, tener un hijo pequeño no supone pertenecer a un grupo admirado o incluso protegido por la sociedad, sino todo lo contrario. Hacen que una se sienta como propagadora de una peste social. En los periódicos británicos se habla a veces de la represión que se ejerce sobre las personas que eligen no tener hijos, tratándolas de egoístas; yo, en cambio, he tenido la impresión de ser rechazada por lo contrario. La carencia de afecto que los nativos británicos parecen manifestar hacia los niños es un tópico que se comenta muy a menudo en el país, aceptándolo como parte de su idiosincrasia cultural. Una amiga latina me contó espantada que en un seminario sobre terapia en Londres oyó que los masajes eran muy buenos, aparte de por la relajación, por el beneficio del contacto físico, «ya que a muchas de nosotras no nos ha tocado nunca nadie». Esto sería menos aplicable al norte del país.

Un tema que se debe mencionar en relación con el tratamiento de los británicos a sus niños es el asunto del castigo corporal, ausente de la mayoría de las instituciones escolares mundiales desde hace mucho tiempo. La gente de mi generación, a la que en España nunca se le pegó con vara, se queda atónita cuando oye relatos de personas que, como Steve, fueron castigadas de esa forma en sus años escolares. Cuando empecé a buscar colegio para Pablo me horrorizaba pensar que en Gran Bretaña continuaba siendo legal pegar a los niños. Fue una de las primeras preguntas que hice a los directores de los colegios que visité, porque no estaba dispuesta a aceptar tamaña brutalidad. Pronto me di cuenta de que esos métodos, prohibidos por la Comunidad Europea en 1982, no se usaban en los colegios del Estado, sobre todo en Londres, cuya educación pública era muy progresista, sin embargo los colegios privados se habían reservado el dudoso privilegio de poder azotar a sus pupilos.

En 1988 se prohibió pegar en los jardines de infancia

privados —ya no se podía en los públicos— y también a las personas que adoptan temporalmente a niños y niñas que han sufrido en sus familias condiciones extremas de violencia o descuido. En 1991 el artículo 19 de la Convención de los Derechos del Niño de las Naciones Unidas, que Gran Bretaña ratificó, legalizó oficialmente la prohibición del castigo corporal, pero ciertos colegios privados o *independents* han elegido no someterse a ella, y aunque la mayoría no ejercite su independencia existe la posibilidad de usar lo que ellos consideran un derecho. En Gran Bretaña hay todavía colegios que castigan abiertamente de forma corporal a sus alumnos. En enero de 1995 el Comité de los Derechos del Niño de la ONU atacó al gobierno de Major por su mal récord en lo que se refiere a la infancia. Major se negó a crear un comisario para los niños y no le interesaron demasiado las resoluciones del mencionado organismo. El gobierno laborista tiene una actitud diferente al respecto.

Cuando se estableció la prohibición de pegar no se pudo extender a las *childminders* (cuidadoras de niños registradas en los ayuntamientos) porque la medida hubiera llevado a muchos padres, propicios al castigo corporal, a buscar *childminders* no oficiales y por lo tanto sin estar sujetas a las inspecciones regulares de los ayuntamientos. En marzo de 1994 una *childminder* fue expulsada de los registros de su ayuntamiento porque consideraba necesario pegar a los niños que tenía a su cargo. La señora fue a juicio, lo ganó, y todo el país entró por unos días en el debate del castigo corporal. La sección de correspondencia del periódico *Times* publicó unas cartas que de no saber que se habían escrito en 1994 cualquier *continental* habría pensado que eran de la época victoriana. En un famososo programa de radio que se emite los martes por la mañana, mucha gente llamaba para solidarizarse con la *childminder* castigada en lo de zurrar a las criaturas. En diciembre de ese mismo año el Ministerio de Salud anunció que las *childminders* sólo podían pegar a los niños con permiso de los padres.

Aunque Francis Wheen dijera en *The Guardian* que lo de pegar es de cuatro excéntricos, yo no lo creo, dada la respuesta al juicio de esa señora. Para empezar, véase la actitud de Clarke, el entonces ministro *tory* de Educación, que a pesar de tener que someterse a la legislación comunitaria abogó por el castigo corporal en algunas situaciones. Lo increíble para mí es que en Gran Bretaña esté penado por la ley agredir físicamente a un adulto, que muchos británicos se horroricen de los azotes que los criminales sufren en países musulmanes, que sean capaces de cualquier cosa ante el que pega a un animal y en cambio lo acepten para sus propios hijos. Entre los que abogan por este tipo de corrección debemos incluir al príncipe de Gales, que da por hecho que los padres y madres deben tener la libertad de pegar. Otro de los que aprobó la decisión de mantener la caña de castigo en las escuelas privadas fue un tal Dai Llewellyn, que en *The Evening Standard* dijo lo siguiente: «Un grupo de amigos y yo hemos comprado la Compañía de Cañas de Bognor, el mayor abastecedor de cañas de castigo a los colegios. Lo hicimos para mantener viva una vieja y estupenda tradición británica. Aunque los resultados económicos de la compañía no han sido brillantes, tenemos la satisfacción de saber que hemos hecho un esfuerzo para detener el declive moral de nuestro gran país».

Otro rasgo que sorprende al que llega de fuera es la tensión de los adultos cuando lidian públicamente con los niños, su falta de naturalidad con ellos. Cuando Pablo era pequeño y pasábamos temporadas en España se acostumbraba a la atención que le daba allí la gente en cualquier lugar. De vuelta en Londres, si íbamos en un autobús él extendía su manita para tocar a quien fuera y yo notaba su reacción de querer encogerse como un caracol al encontrarse con la más absoluta indiferencia y a veces incluso con casi el bufido. La animosidad hacia los niños, que en algunos países escandalizaría a cualquiera, es tomada en Gran Bretaña como la cosa más natural del mundo. En *The Guardian* del 24 de diciembre de 1989 se podía leer: «El mejor consejo que podemos dar para esta parte del año tan llena de estrés [las navidades] es el mismo que viene en una botella de aguarrás: 1.º No beber, 2.º Manténgase fuera del alcance de los niños». En *Superwoman*, el libro de Shirley Conran, dice la autora: «Cuando los niños son pequeños no hacen más que estorbar una rutina doméstica eficiente. Son lentos, sucios y rompen cosas». En muchos países la inclusión de niños y bebés en cualquier anuncio aumenta la venta del producto, en Gran Bretaña por el contrario dirían lo que en el *Daily Mail* del 3 de marzo de 1993: «¡Qué terriblemente vulgar y basto!», «Si la foto está relacionada con la publicidad, el periódico o programa de televisión se deberá preparar a una crítica segura por su sentimentalismo proletario. La clase media y alta británicas consideran embarazoso ver a los niños en toda su cándida vulnerabilidad».

Después de darle muchas vueltas al asunto he llegado a la conclusión de que en Gran Bretaña hay dos actitudes hacia los niños, una pública y otra privada, y en ello influye también, como muy bien dice el *Daily Mail*, la clase social de las personas. Al principio me sorprendía el poco contacto físico que hay entre padres e hijos en Gran Bretaña, pero con el tiempo he comprobado que cuando hay una buena relación entre todos, existe un respeto muy profundo, una ternura que quizá no se demuestra tan espectacularmente como en España pero que es igual de verdadera. Esas diferencias culturales se notan en los besos. Cuando Steve o Pablo besan espontáneamente a todo el que viene a casa, algunas amigas latinas me han dicho con melancolía: «¡Qué bien los has entrenado!». Con Pablo no ha sido tan sencillo, porque hasta en los programas infantiles se hacen ascos a los besos. Yo he visto a alguien besar y todos los niños gritar a coro «¡AGHHHH!», como si el acto fuera motivo de una vomitona gigantesca. Los niños británicos raramente dan besos cuando ven a alguien por primera vez.

En un programa de radio donde se comentaba un libro de Alan Ahlberg, estrella de la literatura infantil, dijeron que salía la frase: «¡Quiero besar a este niño!». El comentario de los participantes fue: «Es una reacción que no se da en las familias», refiriéndose, claro, a las británicas. Cuando Pablo era pequeño y sus amigos venían a casa me tenía que reprimir porque mi primera intención era besarlos a todos. Lo peor no hubiera sido que se quedaran apamplinaos, sino que se echaran para atrás como si yo tuviera la lepra. A Isabel Arigós, una argentina que vivió un tiempo en Londres, la llamaron del colegio de su hijo para avisarla de que el niño besaba demasiado y podía contagiarse o contagiar a los demás los virus. Si la reticencia al beso era ya descomunal en Gran Bretaña, se le han añadido los terrores del abuso sexual. Yo le oí decir a una mujer que ella nunca dejaría que su padre besara a sus nietos. Mi reacción fue: ¿Qué diablos le pasa a este país? y ¿qué pasará en España cuando se haga una investigación seria sobre el tema del abuso sexual a los niños?

Una de las cosas que descubrí cuando Pablo era pequeño es el comportamiento diferente que se tiene con los niños en los parques de España y Gran Bretaña. Los parques españoles están llenos de padres leyendo el periódico y madres haciendo punto o charlando unas con otras; en Londres no se ve jamás a nadie haciendo labores, tampoco en pleno verano, cuando no hace frío, y los padres suelen jugar activamente con sus niños. Mi experiencia con la clase media británica es ver a madres y padres, en extremo cumplidores y consecuentes, sacrificarse por sus hijos con un estoicismo muy de esa cultura y anteponer casi siempre la responsabilidad al gustirrinín de fácil gratificación, tan latino. No actúan de este modo en espera de una recompensa futura de cuidados en la vejez, sino asumiendo que es el deber normal de todo ser humano que ha decidido tener hijos. En el comportamiento hay unas tendencias marcadas por la clase social. La clase media, al haber sido hasta ahora el estrato móvil por excelencia (la movilidad ha supuesto la ascensión social), ha cortado más lazos con la familia extendida, y como los padres no tienen mucha ayuda doméstica y cuentan con poquísimas guarderías, los niños pasan mucho tiempo solos con la madre y viven más pegados a ellas y a los padres que en el sur de Europa; en cambio cuando se hacen mayores sucede lo contrario. En comparación con España, la clase media británica espera mucho menos que sus niños se entretengan solos, los padres y las madres sienten la responsabilidad de entretenerlos personalmente. Sin embargo, a medida que crecen, los críos se empiezan a despegar, y llega una cierta edad en la que uno los nota más independientes y maduros que en España. En la clase alta británica la tradición es que los padres se ocupen poco de sus hijos directamente; cuando no los envían desde pequeños a un internado, suele ser la *nanny* quien los cuida. La clase obrera deja campar a sus hijos por sus respetos, pero la inglesa se ha diferenciado de la galesa y escocesa porque no espera que los hijos se superen socialmente, sino que sigan dentro del círculo donde nacieron.

Si la actitud con los niños a nivel individual puede ser de una atención y cuidado extremos, a nivel público es francamente un desastre. En muchos hoteles se ponen tan nerviosos con la simple presencia de un niño que reaccionan histéricamente al menor ruido. Karen Bunting me contaba una vez el follón que organizó su madre cuando en 1992 quisieron echarlos de un hotel del norte de Inglaterra acusando a su nieto y su nieta de hablar muy alto. A Jacqueline Morán, una amiga puertorriqueña educada en Gran Bretaña, la mandaron salir de un café porque su hija se puso a llorar dando una pataleta en el suelo. Jacqueline se negó llorando y dos hombres turcos que estaban sentados cerca tomaron a la niña en brazos, le empezaron a hacer fiestitas, y la niña se calló. En algunos países cualquier adulto siente responsabilidad por cualquier niño, lo que no sucede en Gran Bretaña. Tan grabado está en la conciencia de ese país que restaurante y niño no riman que en algunos se les prohíbe la entrada, como en un pub de la calle Portobello donde se podía leer: «*No niños, Pas d'enfants, Keine Kinder*». Con la crisis económica ciertos hoteles, para atraer clientes, han empezado a especificar en los folletos que los niños son bienvenidos, como si de un animal doméstico se tratara, y en algunos ponen la siguiente advertencia: «Bienvenidos los niños bien educados».

En los pubs no podía haber niños por razones puritanas, para impedir que vieran a hombres bebiendo (cuando se habla de esto nunca se nombra a las mujeres), pero en 1992 se promulgó una nueva ley por la que los pubs pueden pedir el llamado «certificado infantil», que permite admitir a criaturas de todas las edades. A pesar de ello, algunos no lo van a hacer porque según sus propietarios: «Mis clientes vienen a tomarse una cerveza tranquilos y quieren una zona libre de niños». Como los padres con criaturas pequeñas nos hemos visto en dificultades a la hora de llevarlas a algún restaurante o lugar público, hay ya varias guías que ofrecen listas de los lugares que acogen a niños en Londres y en Gran Bretaña. La falta de costumbre de tratarlos con naturalidad en público creo que en parte se debe a la carencia de familia extendida, que no facilita la participación en el cuidado de los hijos de los demás.

En España prevalece la actitud de que lo natural en los niños pequeños es que no hayan aprendido todavía a controlarse y por lo tanto a veces son incapaces de adaptarse a la realidad de los adultos, los cuales les ríen las meteduras de pata en lugar de sentirse avergonzados por ellas como un terrible fallo social de los padres. Si en España un padre o una madre riñe a su hijo, la gente tiende a disculpar a la criatura, se solidariza con ella, y al hacerlo se pone inconscientemente en contra de cualquier autoridad, un rasgo muy hispano. En Gran Bretaña yo siento que uno está permanentemente bajo una especie de Inquisición que enjuicia con severidad a las madres. La sociedad no las ayuda para nada y, sin embargo, les exige una constante perfección. En Gran Bretaña de alguna forma sigue activo el dicho victoriano: «A los niños no se les debe oír ni ver», lo que obliga a los padres a estar tan pendientes de que no molesten que acaban agotados.

También se da la actitud contraria como reacción a ese constreñimiento: niños que se comportan de forma antisocial y sin embargo sus padres han recibido una educación muy buena. He visto a cantidad de niños británicos que gritan como locos y nadie les dice nada para no coartar su creatividad, que no aprenden a comer con delicadeza porque sus padres y madres consideran que eso no es progresista, a los que nadie les ha dicho que los sofás no están para dar saltos, etc. Esta actitud en los padres se debe en parte a las teorías del doctor Truby King y del doctor Spock, que reaccionaron en contra de las del psicólogo norteamericano J. B. Watson, cuya fobia a la homosexualidad le llevó a aconsejar a sus paisanos que no besaran ni abrazaran a sus hijos. Spock luchó contra las represiones absurdas de su época y dio consejos magníficos, como: «Recuerda que tú sabes más de tu hijo que yo», pero el péndulo giró a un extremo que ni él mismo había pretendido, porque cada cual interpreta las teorías a su modo. Cuando Pablo nació el doctor Spock había sido sustituido en Gran Bretaña por Penélope Leach, abogada del no pegar a los niños pero sí de imponer límites, lo que vulgarmente se llama disciplina y que en Gran Bretaña había llegado a ser una palabra con carga negativa entre las personas progresistas por confundirla con el sometimiento servil que ha creado tantos discapacitados emocionales.

La impaciencia que uno percibe con los niños en los lugares públicos de Gran Bretaña se troca en ciega adoración cuando de animales domésticos se trata, uno de los grandes tópicos nacionales. Las leyes que protegen a los animales son mucho más severas en Gran Bretaña que en otros países de la Comunidad Europea. En 1991 salió un anuncio en los periódicos, pagado por la Sociedad Protectora de Animales, que decía lo siguiente: «A los continentales les gusta la carne fresca de caballo. ¿Cuándo empezaremos a proporcionarla? Tristemente en 1992, porque de nuevo volverá a ser legal transportar caballos británicos para ser sacrificados en el continente». La militancia anticrueldad con los animales hace que en muchos laboratorios británicos se mantenga una

seguridad propia del Pentágono debido a los serios ataques del grupo de liberación animal, y tanto es el cuidado en no maltratarlos, que se ha llegado a un control extremo. Una doctora argentina, estudiante en la facultad
de medicina tropical de Londres, me decía en 1993 que
un compañero colombiano, que hacía el doctorado en
entomología, debía esperar cincuenta días cada vez que
pedía la licencia para alimentar a unos mosquitos no peligrosos con no sé qué animal pequeño, y harto de esperar, acababa poniendo su propio brazo. Antes de las leyes de la cuarentena y protección de especies exóticas, la
sección de animales de Harrods presumía de poder proporcionar a sus clientes cualquier animal que hubiera
bajo el sol. Una antigua directora de ese departamento
enumeraba en una entrevista los encargos más extraor-
dinarios que les habían hecho, y uno de ellos era un ca-
chorro de pterodáctilo para un jeque árabe, a lo que ella,
impasible, contestó: «Lo siento mucho pero desafortu-
nadamente la especie que usted pide se extinguió hace
sesenta y cinco millones de años». (*The Guardian*, de junio de 1989.)

La exageración del sentimentalismo hacia los animales llega a tal punto que en un estudio que se hizo en Escocia en 1992 sobre la televisión, basado en las actitudes
de seiscientos niños de quince a diecisiete años, el inves-
tigador John Caughie, de la Universidad de Glasgow, dijo
lo siguiente: «Nos quedamos muy sorprendidos al ver
que las imágenes de crueldad con los animales obligados
a hacer trucos aparecieran a la cabeza de la lista de lo
que más ofendía a los chavales. Un episodio de *Twin
Peaks* en el que un hombre mata a palos a su sobrina sólo
fue inaceptable para una chica». Paco Robles, uno de
«los niños vascos» evacuados a Londres, me contaba que
en uno de los coloquios que se hicieron en Londres du-

rante la guerra civil española, una participante preguntó preocupadísima por los gatos de Madrid y alguien le respondió sin ninguna ironía: «No hubo ningún problema, señora, nos los comimos a todos». Mari Ángeles de Vena, una amiga española que tiene dos gatos y dos hijos, me comentó que un día, mientras sujetaba la tapa del capó del coche intentando meter la cesta del gato para llevarlo al veterinario, se le acercó una señora y le dijo muy solícita: «¿Quiere que la ayude querida? Sé lo que es estar en su situación». Mari Ángeles me decía: «Seguro que si me hubiera visto igual de liada con los niños ni me habría dirigido la palabra». Mari Ángeles recibe todos los años tarjetas de Navidad para sus gatos firmadas con los nombres de los gatos de sus amigos, y a veces también mandan regalos. Los supermercados y grandes almacenes ponen en esa época una sección especial para animales y es impresionante ver por todo el país la cantidad de tarjetas, particularmente de Navidad, cuyo dibujo consiste en un gato o un perro (los primeros son más numerosos). Al hablar del trato a los animales en Gran Bretaña se debe recordar que en 1851, en la primera edición de *London Labour and the London Poor* (El trabajo en Londres y los pobres de Londres), su autor, Henry Mayhew, menciona las peleas de perros, gallos, hurones, toros, osos y tejones. En algunos sitios había «toros vestidos con fuego», como los de las fiestas de España, toros con gatos y perros atados a los rabos, y la persona que se presentara en el espectáculo con un perro para participar en el entretenimiento, entraba gratis.

En todas partes la elección de determinados animales tiene mucho que ver con la clase social, y en Gran Bretaña los periquitos, las palomas y los dóbermans forman parte del folclore de la clase obrera por la cantidad de ellos que hay en los bloques de viviendas de alquiler de protección oficial. Las carreras de galgos son también un tema muy obrero. El amor por los caballos, que en las niñas se convierte en una sublimación sexual, se extiende a todas las clases sociales, aunque son la clase media y la clase alta las que más posibilidades tienen de sacarle partido. Según cuenta Lucinda Lambton, escritora y creadora de programas de arquitectura histórica para la televisión, mientras hubo peleas de animales (en la clandestinidad sigue habiendo peleas de gallos y de perros) en las calles de Londres, la aristocracia construía excentricidades, como la pocilga de estilo dórico al norte del condado de York. Los edificios exorbitantes dedicados a contener animales, como pagodas para monos, han existido en Gran Bretaña desde la época gótica. Tan magníficas podían llegar a ser estas construcciones que en 1768 sir Francis Delaval dio un banquete en las recién terminadas y hermosísimas caballerizas de piedra de su palacio Seaton Delaval de estilo Palladio. La persona que sacó mucha punta al esnobismo de ciertos británicos en estos temas fue Ken Livingstone, que tiene un gran sentido del humor. Livingstone solía machacar la pomposidad inaguantable de Thatcher y su forzado acento de clase alta con una magnífica sorna que parecía todavía mejor al compararla con el inexistente sentido del humor de la señora. En una entrevista de la televisión, Livingstone apareció con una caja de zapatos que contenía dos salamandras vivas. Se las puso en la mano y dijo que en ciertos ambientes británicos siempre ha vestido muchísimo fotografiarse junto a sus animales.

En Gran Bretaña el sentimentalismo va unido al concepto de *pet* (animal doméstico), que además de *love* es la palabra que se usa en el norte de Inglaterra como término cariñoso. Otros nombres de animales que se utilizan como términos afectivos son *hen* (gallina) y *duck* (pato). Para insultar a las mujeres utilizan *cow* (vaca), que no significa gorda, como en español, sino tonta en grado superlativo. El momento crucial del año, en que los británicos bajan la barrera de la intimidad y descubren en público sus más guardados secretos, es el día de San Valentín. En los últimos años (la costumbre apenas existía cuando llegué a Londres), los enamorados ponen mensajes en los periódicos dirigidos al ser amado, y muchos dan al amante un nombre de animal. Teniendo en cuenta que sus lectores pertenecen a la intelectualidad progresista del país, es fascinante ver qué tipo de apelativos cariñosos utiliza ese extracto de la sociedad. En 1993 un 21 por ciento firmaba o llamaba al otro oso/a; un 17 por ciento, conejo/a; un 14,5 por ciento, cerdito/a (*piggy*, en inglés, suena mucho mejor) y gatito/a, un 7,54 por ciento, roedores varios; un 5,8 por ciento, perro/a, y finalmente un 4,6 por ciento, gato/a sin el diminutivo. Los marsupiales llegaron al 5,2 por ciento.

No hay duda alguna de que hablar de animales en Gran Bretaña da dinero. Uno de los ejemplos es Alan Coren, que lo quiso hacer rápido con un libro. Para ello se fue a una sucursal de la librería W. H. Smith y miró lo que se vendía más deprisa. El resultado fue un tomo de gran éxito llamado *Golfing for Cats* (algo así como Golf para gatos) en cuya portada había una esvástica pintada, porque —además de los gatos— el golf, la cocina, los nazis, la pesca de caña y el sexo se han convertido en las obsesiones populares británicas.

En la televisión hay una tendencia a que la última noticia del telediario de la noche sea algo inocuo y azucarado, un intento de levantarnos el ánimo después de haber contemplado los horrores mundiales diarios, y una historia boba de animales da mucho juego; antes de que la familia real cayera en la ignominia solían también sacar algo positivo sobre ella. El sentimentalismo por los animales hace que cuando a algún periodista se le ocurre meterse con ellos se exponga a lo peor. Todos los que han trabajado en periódicos británicos saben que la reacción más fuerte del público siempre se da con los artículos de animales. La periodista Polly Toynbee escribió algo bromeando sobre ellos y además de infinidad de cartas agresivas llegaron a la redacción cajas con excrementos y fue necesario contratar a un especialista para detectar posibles bombas. Los miembros del Parlamento reciben más cartas de asuntos relacionados con los animales que de ningún otro tema.

En las cárceles británicas hay gente condenada por maltratar animales, como míster Darce y míster Fuller, que tiraron un gato al aire y lo empalaron en unas verjas. ¿Qué hubieran hecho con los responsables de eliminar a los gatos del edificio que es hoy el Museo Reina Sofía, donde, según me contó una testigo, metieron perros medio salvajes que mataron a mordiscos cuanto animal encontraron a mano?

8

Tus hijos y mis hijos no se entienden con nuestros hijos

Cuando salí del hospital y llegué a casa con el niño pensé en lo raro que era ir acompañada por alguien que acaba-ba de conocer y formaba ya parte inalienable de mi vida. Nunca he llegado a ver a mi hijo como una extensión de mí misma, como un papel secante que absorbe órdenes, consejos, lecciones, sino como a un ser diferente con quien tenía que aprender a relacionarme y que me iba a enseñar muchas cosas. Al principio me pregunté si ese respeto, ese curioso distanciamiento, procedía de una reacción inconsciente a su físico, tan diferente del mío, pero Steve, al que se parecía como un calco, sintió algo muy parecido. La impresión tan intensa de tener en los brazos no a una criatura frágil y anónima, sino a alguien con fuerte personalidad y los mismos derechos que yo, me hizo escribir su nombre en el timbre de la puerta. Los amigos se rieron al verlo y bromearon sobre su enorme correspondencia, pero a mí el gesto nunca me pareció ri-dículo o gratuito, al contrario, la deferencia natural que se le debe a todo el que comparte la vivienda con una.

Durante mis primeros años en Gran Bretaña y hasta que me fui acostumbrando —tardé bastante—, siempre era consciente de gozar de una libertad de la que carecía en España, donde el control del poder político y religioso se notaba hasta en los más pequeños detalles. Lo de poner nombre a un hijo es un ejemplo, no podía escoger el que quisieras, ya que debías limitarte al santoral católico y traducir lo que no fuera castellano. Entonces era impensable no bautizarse porque te pedían el acta de bautismo para cualquier cosa y el no tenerla era peligroso porque denotaba una clara subversión contra el orden establecido. Las personas que seguían otras creencias podían sufrir lo suyo, como los familiares de una cuñada de mi madre, que eran protestantes españoles y cuando entraban en los locales de su culto, en Madrid, les tiraban piedras. Durante mi embarazo nos dieron o prestaron varios libros con listas interminables de nombres que yo leí con gran curiosidad porque entonces no los había en España. Como nuestros amigos proceden de los cinco continentes, comentábamos muy a menudo nuestras diferentes costumbres y Akwe, de padre nigeriano, me contó que allí escoge el nombre el jefe de la familia. El suyo resume la frase «la niña cuyo nacimiento no se puede pagar con dinero», y significa un hecho insólito, muy preciado: su madre, una británica blanca, la tuvo a los cuarenta años.

A pesar de esa liberación tan bienvenida le di a mi hijo un nombre muy convencional: Pablo. Llegamos a ello después de sopesar las dificultades de pronunciación en los dos idiomas. Los nombres galeses que nos habían gustado sonaban rarísimos en castellano y muchos nombres castellanos llevaban jotas y erres difíciles para los británicos. Pablo era fácil de pronunciar en inglés, quitaba rascamiento al Griffiths y al mismo tiempo hacíamos un pequeñísimo homenaje a los tres dones maravillosos, la pintura, la poesía y la música, de tres hadas madrinas: Picasso, Neruda y Casals. Mi apellido se lo pusimos antes, como se hace en Gran Bretaña, y le añadimos Sîon, Juan en galés, porque las iniciales PIG, cerdo en inglés, podrían crearle futuros choteos escolares.

Como dije antes, empieza a haber británicos que están cambiando la costumbre de dar a los hijos únicamente el apellido del padre y ponen el de la madre, después o antes, unidos por un guión. Algunas personas se inventan uno nuevo o amalgaman los dos, lo que todavía es muy poco corriente. El no usar el apellido materno hace que en los árboles genealógicos sea a veces complicado seguir el rastro de las madres que aparecen siempre con el del cónyuge. Como la inscripción del recién nacido es un acto individual, si no hay bautizo el acontecimiento pasa bastante desapercibido. La mayoría de los británicos no bautiza ya a sus hijos e hijas y el tanto por ciento que lo hace en la Iglesia anglicana había bajado al 26 por ciento en 1995. Algunos evitan el bautismo porque son ateos, pero otros ni lo intentan porque en muchas religiones los padrinos deben pertenecer a la misma del bautizado. Muchos británicos agnósticos echan de menos la falta de ritual y han empezado a sugerir que se celebre una ceremonia civil, tipo la del matrimonio, en la que se ponga el nombre al niño, pero la sugerencia no ha tenido mucho éxito porque se intuye que sería tan fría como la anterior. En los años sesenta la Humanist Association, a la que se acude cada vez más para organizar matrimonios y funerales no religiosos, empezó a celebrar la llamada *naming ceremony* (ceremonia de dar nombre), y en 1995 se creó con el mismo fin la sociedad The Family Covenant Association. A Pablo no lo bautizamos ni celebramos nada en especial, pero luego pensé que debíamos haber marcado su nacimiento de alguna manera. Años después comentamos todo esto con Marion Scott, una amiga que estaba embarazada, y en el verano de 1995, al mes de nacer su hija, inspirada por nuestra conversación, organizó una *naming ceremony* en el jardín de su casa. Fue muy bonita. Fotiní y Fivos, una pareja de griegos, cantaron canciones, Steve recitó poemas y los padres de la niña, Peter y Marion, le pusieron el nombre deseándole suerte en la vida y nombrando a dos amigos como responsables de la niña si a ellos les pasaba algo.

Yo pregunté a mi alrededor qué solían hacer de especial cuando nacía un niño o niña, y aparte de mencionar el pastel de nacimiento y algunos regalos típicos de plata, como la cucharita para las primeras papillas (la reina María Tudor, hija de Catalina de Aragón, fue la primera que la regaló) y el servilletero, o incluso la copa para el huevo, no recordaban nada más. La madre de Steve nos hizo un pastel espectacular cubierto por un exquisito *icing* blanco y azul celeste y encima de todo una cunita hecha de azúcar. Mi amiga Cressida Bell me ha contado que en las familias aristocráticas, cuando nace un hijo varón se compran una o varias cajas de vino —el oporto y el jerez son los favoritos— que se guardan hasta que el niño alcanza la mayoría de edad. En los diarios especiales forrados de cuero que venden en la papelería Smithsons, de Bond Street, donde compra tradicionalmente la clase alta, vienen detalladas las buenas cosechas que se deben tener en cuenta al comprar la caja. El abuelo de Cressida tenía dos diarios de esos que alternaba para dar tiempo a que le encuadernaran el del año próximo. En la clase alta es también tradicional que al nacer un hijo —hoy día la costumbre se puede también extender a las hijas— los abuelos o padrinos metan un dinero en una cuenta especial que pagará en su día las matrículas exorbitantes de ciertos colegios privados. Como no pude encontrar mucha más información sobre los rituales de nacimiento británicos, llamé a la antropóloga Sheila Kitzinger para ver si me daba alguna pista, pero ella tampoco pudo decirme mucho más.

La madre de Steve, que en cuanto se enteró de la cesárea y el labio de Pablo vino para echar una mano, fue la que nos recibió en casa cuando volvimos de la maternidad. La pobre había limpiado vigorosamente todo lo que había podido, pero sus esfuerzos fueron como el que intenta vaciar el mar con un cubilete de parchís. Debido a la crianza del bebé y lo poco atractiva que había sido la comida del hospital, llegué a casa con un hambre espantosa. Nada más cruzar el umbral el niño se puso a llorar, a torcer la cabeza hacia el pecho y a abrir la boca. Como la madre de Steve nos tenía la cena preparada, decidí amamantarlo mientras comía. Pensé que iba a ser un lío muy gordo trajinar con el cuchillo y tenedor mientras sostenía al niño, así que, muy antropológica, intenté imitar a las mujeres de otras culturas que sujetan a sus hijos con un trapo rodeándoles la espalda. Le pedí a Steve que me trajera un chal guatemalteco muy grande que tenía y sujetándolo con un alfiler de pañal envolví a Pablo de la mejor manera que pude. La madre de Steve me veía luchar con la tela y no conseguía entender lo que estaba haciendo. Traté de explicarle mi pretensión de cenar y dar de mamar al mismo tiempo y no dijo nada pero su cara no pudo reprimir una tirantez descomunal. El niño se me escurría por los lados, pero yo no me daba por vencida y ajustaba y desajustaba el chal, queriendo solventar en un minuto la sabiduría de siglos. La madre de Steve no salía de su estupor y empezó a insistir en que diera de mamar primero y cenara después, pero yo seguía en mi empeño. Cuando le dije: «Es que estoy intentando ponerlo como hacen las gitanas en España», me miró con verdadero horror viendo que me comparaba tranquilamente con unas gitanas, «la escoria» de la sociedad. La cosa acabó como era de suponer en mi estado de frágil psicosis: yo encerrada llorando con el niño en el cuarto de baño, ella preocupadísima y Steve en medio haciendo de árbitro e intentando arreglar la situación.

Mi madre me había preguntado si la necesitaba para el parto y le había dicho que no. Sé que le dolió mi respuesta, pero nuestra forma de pensar es tan diferente que habría sido difícil para las dos. Cuando a la semana llegó con mi padre, me di cuenta de que, en contra de lo que había esperado, el dar de mamar delante de todo el mundo tampoco les caía bien. Me dijeron inmediatamente que debía aislarme porque a los niños «les aprovecha más la comida si maman en silencio», lo que me pareció el típico eufemismo pudibundo para que la madre no enseñe el pecho a extraños. En cuanto a la frecuencia de las tomas, yo nunca pensé seguir las teorías de mi madre, influida por las modas de su época. Según cuenta, a ella le vino muy bien el consejo de la precisión matemática de tiempo entre una y otra toma. Nos dejaba llorar lo que fuese necesario y al final acabamos regulándonos a las famosas tres horas y algo. En esto, como en otras cosas, había una división de clase, porque las campesinas y las pobres estaban dispuestas, como yo, a dar el pecho siempre que el niño lo pidiera. A mí me parecía que el someterle a un régimen militar nada más nacer añadía un *shock* más al parto, y el estómago, que es lo que tarda más en desarrollarse, se iba a regular de todas maneras tarde o temprano. En todo momento intenté sopesar bastante las cosas y decidí lo que me pareció más adecuado oyera lo que oyera a mi alrededor. En 1979 las mujeres progresistas británicas habían pasado de no dar de mamar a hacerlo durante dos años e incluso más. Yo no pensaba llegar a tanto, pero tampoco parar a los tres meses «españoles» para empezar con las papillas comerciales llenas de harináceos o darle huevos a muy temprana edad. También rehuí pesar al niño cada poco, me limité a hacerlo en las dos o tres visitas obligatorias al hospital durante el primer año. El niño estaba hermosísimo, no había más que verlo, y me negaba a entrar en la obsesiva comprobación del peso.

El dar de mamar, sobre todo fuera de casa, constituyó para mí una gran lección sobre el machismo y la idiotez de muchos seres humanos. La misma sociedad que promueve fotos de mujeres desnudas y semidesnudas para vender hasta el más pequeño producto comercial se pone muy incómoda cuando una madre se dedica a lo más natural, que es alimentar a su hijo. Yo nunca hice alarde, pero no me inhibía, y a alguna persona le pareció que andaba por ahí «militando con la teta», como decía Steve. Una tarde fui al centro a ver una exposición con mi amiga Ana Vainstoc y entramos en Harrods a tomar una taza de té. Como ya habíamos descubierto las dos, en el Londres de entonces no existían muchos lugares donde poder sentarse a mitad del día. Hay que pensar que en 1979 no se había puesto de moda la costumbre «continental» de los cafés que después ha invadido la ciudad. Los pubs entonces no servían ni té ni café, tenían mucho humo, y además de no dejar entrar a niños menores de dieciocho años, estaban cerrados a ciertas horas. Ana había explorado los recibidores de los grandes hoteles del centro, donde nadie sabe si estás hospedada o no, porque alguna vez, acuciada por las circunstancias, tuvo que decidirse a entrar para dar el pecho en los comodísimos sofás, protegida por las palmeras de adorno.

Mientras bebíamos el té en Harrods su niña y mi niño se pusieron a llorar. Con disimulo, empezamos a darles de mamar, pero al minuto se presentó el maître acompañado de una camarera y nos pidió por favor que abandonáramos inmediatamente el local o que subiéramos a no sé qué piso donde había un lugar para «eso». Por el tono y el horror que les producía nuestro acto cabía pensar que estábamos cometiendo la inmundicia más horrorosa que uno pueda imaginar. Las dos conocíamos ya por experiencia adónde nos mandaban, y no nos apetecía en absoluto la sugerencia. Solía tratarse de unos asientos situados en la antesala de los lavabos, donde no olía precisamente a rosas. Allí quedaba una expuesta a las miradas de las mujeres que salían de los váteres, miradas que en su mayoría eran de asco total y a veces hasta terriblemente agresivas; sólo de vez en cuando alguien te sonreía con solidaridad. Hasta entonces no era consciente de que el dar de mamar puede ser repulsivo para algunas mujeres por toda una serie de represiones e inhibiciones que les impide poner el pezón en la boca del bebé (no así en la de su padre), y el hacerlo en público añade además el elemento de la clase social. ¡Y ese es un factor tan poderoso! Está bien para las campesinas y las gitanas, para las «mujeres», no para una «señora» educada como Dios manda y en los mejores colegios. Lo que me chocaba era que algo normal y corriente, como amamantar a una criatura, se convirtiera en un acto tan subversivo.

Dejamos la cafetería furiosas pero sin rechistar porque no nos atrevimos a montar un escándalo, hoy sí lo hubiera hecho. Los años, en lugar de volverme conservadora, me han quitado el miedo de incomodar si lo creo necesario. A los dos días le sucedió algo parecido a otra mujer, una concejala del ayuntamiento de Camden: se negó a abandonar el local y la sacaron a la fuerza entre varios mientras ella los ponía verdes a grito pelado. La cosa no quedó ahí; al poco tiempo organizó una sentada en el mismo sitio con madres dando de mamar delante de las cámaras de televisión, previamente avisadas. Ana y yo nos apuntamos, pero a mí me tocó viajar a España en esos días y no pude acompañarlas. Ana sí fue y me contó que los de Harrods no se atrevieron a hacer nada. A raíz de esto salieron artículos en los periódicos hablando del caso, y en las redacciones se recibieron muchísimas cartas. Algunas eran de mujeres mayores que nos criticaban por atrevernos a salir de casa siendo madres lactantes. Tal como es la vida en Londres para la gran mayoría de las mujeres, sin ayuda en las casas, sin familia extendida y con las distancias tan enormes que hay, nos condenaban al aislamiento más absoluto. Al cabo de diecinueve años las cosas han cambiado algo, aunque no como deberían. Las llamadas «habitaciones de madre» situadas en algún que otro establecimiento público lo convirten en un lugar progresista, pero muchas veces siguen estando en la zona de los servicios femeninos, lo que demuestra que no se han enterado de que los hombres también cambian los pañales a sus hijos.

Al fijarme en quién daba y da de mamar en Gran Bretaña vi que, aparte de la clase social, influye la edad y el nivel educativo de la madre. En la clase obrera hay una mayor tendencia a no dar el pecho, lo que se acrecienta en la clase más pobre, la que recibe más ayudas gubernamentales; en este sector, sólo el 34 por ciento de las mujeres amamantaban a sus hijos en 1979. Las razones podrían buscarse en la creencia que ha ido invadiendo al tercer mundo de que lo bueno sólo se consigue pagando; si la leche materna no se compra, no vale. Pero el problema fundamental estriba en la ayuda insuficiente o errada que se ha dado a las madres en los hospitales británicos, como se puso de manifiesto en los datos que publicó la Unicef en 1994. Desde entonces las cosas han cambiado de forma positiva, como demuestra el resultado de las encuestas realizadas en el año 2000. Si dividimos a la sociedad británica en cinco clases diferentes, las clases I y II —las de más educación y poder adquisitivo— son las que más amamantan, pero desde 1995 donde se ha notado más el cambio es en las otras clases, incluida la V, pero esto ha sucedido en Inglaterra y Gales, pues en Escocia y Norte de Irlanda la clase V no había mostrado ningún avance. En términos generales, en 1990, en Inglaterra y Gales amamantaban el 64 por ciento de las mujeres; en 1995, el 68 por ciento y en 2000, el 70 por ciento. En Escocia y Norte de Irlanda, en 1995 amamantaba el 48 por ciento, y en 2000, el 54 por ciento.

Cuando yo tuve a Pablo las madres que tenían problemas para amamantar podían contactar con la Leche League, una ONG especializada en ayudar a madres lactantes, pero esto lo hacían las que sabían de su existencia y eran normalmente las mujeres progresistas. Los antropólogos nos decían que en la duración de las tomas influye el sexo de la criatura, pues en los estudios que se han hecho sobre el condicionamiento social de los niños y niñas se ha visto que, inconscientemente, se tiende a amamantar más tiempo a los niños que a las niñas. También mencionaban la dificultad de muchas mujeres para ver el pecho no como objeto sexual sino como fuente alimenticia, y los problemas de autoestima que nos impiden creer en nosotras mismas como productoras de algo positivo. Las mujeres que yo tenía a mi alrededor parecía que estaban redescubriendo lo natural a través de lo intelectual, y no siempre funcionaba al pie de la letra. Los expertos nos aseguraban que la mayoría de las veces se pueden corregir los malos hábitos aprendidos en los primeros días y que la cantidad de leche se estimula con las tomas, habiendo madres que han recuperado la leche después de haberla perdido casi por completo. Pero eso no era así en un ciento por ciento de los casos, y la que no conseguía dar de mamar durante un buen tiempo después de haber seguido los consejos de los «nuevos» expertos, acababa sintiendo un terrible fracaso sin que nadie la hubiera preparado para ello.

Al nacer Pablo, Steve tuvo «permiso de padre» porque trabajaba en una organización muy progresista. En esa época eran muy raros en Gran Bretaña y aunque han aumentado se consiguió muy poco hasta que llegó Tony Blair; el mismo Portillo —ministro conservador— se opuso a ello en 1994 en el Parlamento Europeo. En 1996, uno de mis alumnos, que trabaja en una gran empresa de seguros, me contaba que cuando, en ese mismo año, le pidió a su jefe que le diera permiso para estar con su mujer después del parto, le concedieron una semana sin sueldo, con la advertencia de que no se lo comentara a nadie, no fuera que otros pidieran lo mismo. En marzo de 2000 toda la prensa británica se puso a elucubrar sobre si Tony Blair se tomaría o no una semana de vacaciones para atender a su mujer Cherie, lo que demostró que todavía no es algo corriente. La realidad es que en Gran Bretaña el permiso a los padres no es un lujo sino una necesidad imperiosa debido a que cada vez es más escasa la familia extendida. La mujer, especialmente en las grandes ciudades, depende únicamente de la ayuda de su marido o compañero, y si no puede contar con ella nadie se la dará en su lugar. Aunque en 1979 yo no había trabajado todavía oficialmente en Gran Bretaña, recibí, como todas las mujeres del país, un dinero para financiar parte de la canastilla. Esa ayuda la eliminaron los conservadores; deterioraron tantísimo los derechos de maternidad de la mujer británica que durante años Gran Bretaña fue el país de Europa que daba menos dinero. En 1994 la Comunidad Europea obligó a Gran Bretaña a cambiar la legislación y ese cambio fue posible porque la ley se había votado antes de los acuerdos de Maastricht.

Al principio de vivir en Londres di siempre la impresión de aceptar las nuevas costumbres con una facilidad tan grande que algún amigo español se admiró de mi capacidad de aculturación, pero esta era muy superficial, la valentía ocultaba una gran vulnerabilidad. Por otra parte, al tener una familia materna que presumía de internacionalista y moderna tardé bastante tiempo en darme cuenta de lo españolísimos que son todos y de la fuerza conservadora de su clasismo a pesar de una superficie rompedora. Sólo ahora veo claro hasta qué punto me asustaba el cambio y hasta qué punto Gran Bretaña me fue hostil y extranjera. Después del nacimiento del niño estuve bajísima durante mucho tiempo y todo se lo achacaba al clima, no era consciente de que estaba sufriendo la típica depresión posparto. Por fuera cumplía a la perfección mis funciones de madre, pero algo no encajaba por dentro. En mí reconocía a tantas madres españolas que supuestamente son lo que tienen que ser, sus hijos van como pinceles, su comida es excelente y está siempre a punto, pero en la relación con ellos hay un vacío, una irritación muy particular, una falta de algo a veces incluso poco visible, que no habría sabido definir entonces y ahora sí. El tipo de madre que rechaza a sus hijos y los critica constantemente está a la orden del día. Me viene a la mente el personaje de la modista con hija que tiene poderes extrasensoriales en la película de Almodóvar *¿Qué he hecho yo para merecer esto?*, y que representa a tantas madres que andan por ahí.

Cuando se vive en una cultura que aúpa, protege y ensalza la maternidad, las rupturas están algo más contenidas, y la misma condición de mujer, que nos acostumbra a estados francamente depresivos, nos permite seguir toda la vida sin enterarnos de que algo muy profundo no nos funciona. En mi caso era como si una tuerca en el engranaje del cariño estuviera suelta y me impidiera sentir una ternura sin reservas hacia el niño. Al principio lo rechazaba, me irritaba a la mínima, y eso que fue un santo, un bebé ideal. De pequeño prefería siempre a su padre; yo me sentía muy mal, fracasada como madre, porque hasta ese momento creí que lo de la maternidad es una especie de piloto automático que se conecta cuando das a luz. Luego vi que las cosas no funcionan así, aunque haya mujeres que lo sientan; los niños y los animales son lo que les das. Después del nacimiento de Pablo me informé sobre el tema y aprendí que lo del instinto materno no es como nos lo habían contado, algo espontáneo que se da siempre. La lectura de ciertos trabajos, como los de Elisabeth Badinter, y de estudios de etiología animal me fue muy instructiva, me enseñó que los animales también tienen que aprender el comportamiento materno. Las chimpancés que han estado aisladas desde bebés no saben qué hacer cuando tienen crías y no son capaces de amamantarlas. Yo tardé en aprender a querer a mi hijo, fue un esfuerzo consciente y doloroso. Ahora, cuando veo sus fotos de pequeño me entra una emoción que entonces no pude sentir y me da una gran pena el tiempo que perdí sin ser capaz de recrearme en él con ternura y embeleso. Por otro lado, sé que me he ganado a pulso su cariño y su respeto, y soy muy consciente de la gran cantidad de mujeres que no han conseguido crear jamás esos vínculos. Si la maternidad fuera el instinto que dicen que es, no sentiríamos tantísimas mujeres lo que hemos sentido.

Cuando al cabo de casi cuatro años de parir leí un artículo en *The Guardian* que describía de pe a pa lo que yo había pasado comprendí que había tenido una depresión posparto. A partir de ese momento empecé a leer sobre el tema del que todavía se sabe muy poco y aún está por trabajar a fondo: los problemas a largo plazo que te-

nemos las mujeres derivados del parto, como la neural-
gia en las piernas producida por una epidural, que puede
durar tres años. Vi que había dos tipos de depresiones,
una causada por el normal desarreglo de las hormonas,
agravada por factores psicológicos y sociales, y la llamada psicosis posparto, que obedece a una disfunción más
seria y cuyos síntomas son la llamada vulgarmente locu-
ra. En la primera, los factores psicológicos se deben a veces a la reacción más o menos subconsciente de ciertas
mujeres que, a través del bebé, entran en contacto con la
propia infancia y recuerdan el poco cariño que recibieron de sus madres; muchas de ellas lo que necesitan en
esos momentos es la ternura que a lo mejor nunca tuvieron de niñas. Juliette Buckley y Angela Phillips, que hicieron el folleto sobre la depresión posparto para infor-
mar a las pacientes del hospital Homerton, aseguran que
la cantidad de mujeres que sufren esa depresión es muy
elevada, mucho más de lo que nadie había imaginado. El
hecho de que pase desapercibida habla mucho de la condición femenina. Cuando yo le pregunté a mi madre si
ella había sufrido una depresión posparto me miró ex-
trañada porque nunca había oído hablar de ella. «Todo
lo contrario, hija, quitando un poco de bajada que se tiene al principio, dar a luz es el momento más feliz para la
mujer.»

En los últimos dieciocho años, desde que yo tuve a mi
hijo, se han publicado muchas cosas nuevas y se están
dando cambios muy importantes en la salud de la mujer, con gran insistencia en los problemas físicos y psicológicos derivados de las cesáreas. La doctora Edith Hi-
llan, del departamento de estudios de enfermería de la
Universidad de Glasgow, hizo en 1992 un estudio sobre
seiscientas mujeres a las que se les había practicado una
cesárea y encontró que sufrían un alto grado de depre-

sión, dolor de espalda y cansancio, además de necesitar mucho más tiempo que las madres por parto vaginal para querer a sus hijos. Otro estudio posterior demostró que después de tres meses un 35 por ciento de las mujeres no se habían recuperado, un 28 por ciento se sintieron menos sanas que antes, y un 38 por ciento sufrían depresión. Y a pesar de todo esto el recurso de la cesárea se ha triplicado en los últimos veinte años. En Gran Bretaña el porcentaje de las cesáreas practicadas va en aumento, siendo en 1994 un 15 por ciento de todos los partos, y se teme que lleguen al 24 por ciento de Estados Unidos. Según *El País* de 30 de octubre de 2001, en España la cifra es del 23 por ciento; el porcentaje se ha doblado en apenas quince años. En 1995 los resultados de los últimos estudios británicos sobre la materia demostraban que la falta de decisión que se deja a las mujeres en los partos aumenta el riesgo de depresión posparto.

En 1994 se empezó a hablar también de la depresión posparto masculina que sufren el 30 por ciento de padres primerizos, creada y acelerada por la atención exclusiva que la madre dedica a la criatura recién nacida. Según las estadísticas, en Gran Bretaña la ruptura de un matrimonio tiende a darse dieciocho meses después del nacimiento del primer hijo, y tímidamente se comienza a vislumbrar la influencia de la depresión posparto en todo ello. Mi impresión es que si bien los padres en España se pueden sentir aislados cuando su mujer da a luz, cuentan con unos condicionamientos sociales que los protegen en esos momentos de caos. ¿Se sienten menos deprimidos los hombres que viven en una cultura donde la familia extendida cumple una clara función de apoyo y donde el padre está mentalizado a pensar de antemano que el parto es cosa de mujeres? Lo que yo viví en España es que al padre no se le exigía tanto como en Gran Bretaña porque en esos momentos se hacían también cargo de la situación las madres, sobre todo la de la mujer, y los padres de los dos cónyuges. En Gran Bretaña la pareja forma una unidad más compacta y la responsabilidad y el trabajo son mayores para los dos miembros que la conforman.

Otra cosa de la que nadie me había hablado seriamente es de la bajada de la libido después del parto. Yo había oído mencionar en España la famosa cuarentena, y cuando lo comenté con las británicas la única cuarentena de la que habían oído hablar era la de los animales y plantas cuando llegan del extranjero a Gran Bretaña. Al cabo de algunos meses de haber tenido a nuestros hijos, en las conversaciones en los grupos de mujeres veías que esos cuarenta días podían convertirse en meses. Una de las más afectadas fue una amiga española que, como yo, también sabía que la cuarentena no es sólo cosa de perros y gatos. Cuando le llegó el día 40 la pobre estaba igual que el primero, sin ningunas ganas de hacer el amor, y como nadie le había avisado que esa bajada de la libido puede durar bastante, estaba muy angustiada convencida de que algo se había fastidiado para siempre en la relación con su marido. «A mí esto no me lo habían contado en Badajoz», repetía, hasta que no sé cuántos meses después, de pronto, con gran alivio, volvió a sentir el gustirrinín, pero para entonces estaba completamente convencida de que iba a ser frígida para los restos.

Yo me pregunté a qué se debía esa inapetencia durante tanto tiempo. Por supuesto, no pensaba que las británicas tuvieran menos capacidad sexual que las españolas, y me dije si entre las causas no estaría el cansancio tan grande que arrastrábamos todas producido por enormes casas y muy poca, o ninguna, ayuda doméstica, por la pronta reincorporación al trabajo fuera de casa sin contar con una infraestructura de apoyo suficiente, por esa mentalidad protestante de la supervivencia individual por encima de todo, o por la falta de una familia extendida que actúa de colchón. Alguien me dijo que ese es el momento de la verdad, donde se demuestra quién es un hombre y quién es sólo un chico. Volver a empezar relaciones sexuales después de seis, nueve o incluso más meses puede influir también en las separaciones.

Al principio de mi vida en Londres fue como estar en la cueva de Platón: la realidad que yo contemplaba era un reflejo de la verdadera, percibía como universal los retazos, impresionantes por la novedad, y no los entendía como parte de un todo increíblemente variado y rico. Luego, cuando el tiempo me dejó vislumbrar más claramente lo que tenía ante los ojos, las perspectivas se ampliaron y se definieron. Eso me pasó con la familia de Steve, que aun estando lejos fue la más conocida durante mucho tiempo y tendí erróneamente a tomarla por modelo. Aunque su familia tuviera unas características muy especiales, me ha servido para entender mejor a las familias británicas y su transformación como consecuencia de la Primera y Segunda Guerra Mundial. Con el tiempo he visto que como la mía, aun no siendo un modelo típico, ha tenido elementos dependientes del lugar y la época en la que se ha desarrollado. Desde que llegué a Londres en 1977, para lo bueno y para lo malo, siempre he tenido la sensación de vivir en un laboratorio donde se experimenta el futuro de la sociedad española, sobre todo cuando leo sobre costumbres o hechos acaecidos en Gran Bretaña varios siglos atrás —relatados por los historiadores y antropólogos con ese respeto y distanciamiento característicos del que describe antiguas civilizaciones— y que yo he vivido en España no hace tanto tiempo. Aunque antes de conocer a Steve sabía que las familias mediterráneas tienen relaciones menos distantes entre sí que las británicas, cuando tuve a estas últimas frente a mí no dejaron de sorprenderme. El día a día con ellas me asombró como si nunca hubiera oído mencionar la supuesta frialdad, sobre todo al empezar los amigos a tener hijos y comparar, notas las mujeres del sur que vivíamos con británicos anglosajones o celtas; todo lo achacábamos, como siempre, al clima. Pero luego, hablando con las de otros países más al norte, como Noruega y Dinamarca, descubrí que también ellas encontraban muy peculiares las relaciones afectivas de las familias británicas. Si sus hombres tenían madres que habían venido de otros continentes, aunque se hubieran britanizado mantenían rasgos distintivos de sus culturas de origen y uno de los más significativos es el trato con la familia. Con el tiempo vi la gran diferencia en el grado de autonomía que cada miembro de la familia británica blanca de clase media tiene respecto a los demás, especialmente los abuelos, que mantienen la propia identidad al margen de la progenie. Algunos, incluso, muestran una distancia muy poco conocida para los nativos del sur, porque, cuando se nace en una cultura donde las relaciones familiares son tan importantes que todo gira a su alrededor, no se sabe bien lo que ello significa hasta verlo desde otro contexto donde los seres humanos funcionan primordialmente como individuos, no como miembros de una tribu o clan.

La disparidad de expectativas frente a algo tan básico como la familia se pone a prueba en las parejas mixtas, y parece mentira pero aunque pasen muchos años las sorpresas se siguen repitiendo incluso en personas que se creen muy entendidas en las costumbres del país adoptivo. A veces me ha parecido que el casamiento de los hijos produce en los progenitores españoles, incluso en los que han dado mucha libertad a sus hijos de solteros, una extraña reacción de poder sobre la nueva pareja. Es como si el período de cierta tensión que surge en las familias con el noviazgo de los hijos, una etapa de aceptación más o menos lenta de que «prefieren» a personas de fuera, se esfumara por arte de magia con la boda, lo que provoca una reacción parecida a la de la goma tensada que al soltarla vuelve para atrás con una fuerza inusitada. La costumbre de tantas mujeres españolas recién casadas de ir a comer con sus suegros o padres casi todos los domingos, no digamos ya cuando empiezan a llegar los nietos, sería impensable en la clase media británica que yo conozco. Un amigo nuestro inglés que se casó con una catalana y vive ahora en Barcelona nos comentaba atónito —no lo habría estado más de haberse topado con unos extraterrestres— la pretensión de sus suegros de ir a verlos todos los fines de semana a Gerona, donde vivían. A nuestro amigo le parecía muy malsana esta dependencia y pensaba que los padres de su mujer debían de tener algún problema psicológico serio para querer verlos tan a menudo. El asunto le chocaba aún más por el hecho de que su suegra es una mujer profesional.

Cuando yo cuento estas cosas en Londres, si mis interlocutores son de clase media, no de clase obrera *cockney*, lo encuentran rarísimo, igual que si les describiera costumbres de los masai. El servicio de Telefónica que permite a las familias hablar entre sí un cuarto de hora todos los días con una ciudad europea a cambio de pagar una pequeña cantidad al mes, no existe en Gran Bretaña porque no creo que, salvo rarísimas excepciones, ningún padre ni madre quisiera llamar todos los días a sus retoños, como sí hace una amiga española que tiene a su hijo de cuarenta años en Londres. Esto causa en los británicos asombro y estupor. Hace poco estaba yo en uno de los aeropuertos londinenses y oí la conversación telefónica de un joven con acento mexicano que le preguntaba a otro por «tu papá, tu mamá, tus abuelitos...», y me chocó porque no puedo imaginar a un británico de su edad preguntando por toda la familia, empezando por los abuelos. El caso de una amiga de mi hermana que mientras vivía su madre tomaban el té juntas todas las tardes en una cafetería, sería considerado entre la clase media de Londres como una historia impensable, producto de una relación enfermiza. Muchos españoles encuentran normal tener durante las vacaciones de verano a la familia de sus hijos que viven en otro país, y cuidan encantados de las criaturas que tengan; en cambio a los cónyuges británicos de clase media eso les parecería una especie de entrometimiento. Dan por hecho que haya un contacto regular con los suegros, pero no que pretendan estar con ellos todo el día. Sin embargo, el descanso que produce el poder dejar a los hijos con alguien de absoluta confianza falta en muchísimas parejas británicas, que tienen que responsabilizarse de ellos las veinticuatro horas del día durante todo el año, con lo que el agotamiento es habitual. Por otra parte, el comentario típico de las mujeres latinas es que los abuelos británicos no suelen actuar con tanta generosidad como los de su país. Una vez llamé a una colombiana a la que no conocía muy bien y cuando me dijo que ese fin de semana no tenía a su niña le pregunté: «¿Está con tu suegra?». Su respuesta fue: «No, hija, mi suegra es inglesa y ya sabes tú cómo son, no se le puede pedir más que lo mínimo».

Como Londres, según se dice en inglés, es un *melting pot* (un crisol de razas), los que vivimos allí nos movemos a diario entre personas de diferentes países, colores y religiones. Cuando la gente de costumbres diversas se mezcla entre sí, el resultado es fascinante pero está también lleno de complicaciones. Las parejas mixtas llevan consigo el buceo inevitable en la diferencia, y se puede mantener un equilibrio armonioso siempre que haya una negociación constante, de lo contrario viene el lío, porque las raíces tiran de nosotros con hilos poderosísimos, y a veces totalmente subconscientes, que salen a flote cuando una menos lo espera. Si en cada relación hay siempre un elemento de «pionerismo», de enfrentarse por primera vez a un mundo nuevo, esto se magnifica enormemente con personas extranjeras, ya que no se pueden dar por hecho las propias expectativas. Ante cada problema que surge uno duda si las reacciones del otro, al ser diferentes a las que uno ha visto anteriormente en su país, son personales o culturales. El mundo está lleno de fascinaciones que se ahogan en su propio jugo, y cuando uno se deja sumergir en el atractivo de lo «exótico» no piensa que esa realidad desconocida se puede volver contra él. Ante la dificultad que trae el vivir con una persona de cultura diferente, los mil pactos diarios, las sorpresas agotadoras del día a día, he pensado en más de una ocasión si eso del matrimonio concertado es tan malo como le parece a un occidental. Los jóvenes de ambos sexos de origen indio, que en Gran Bretaña lo habían empezado a rechazar influidos por la cultura europea, parece que lo están reconsiderando, desilusionados por el aumento de divorcios. El matrimonio es más que la unión de dos individuos, cargamos con nosotros las historias pasadas de nuestras familias, y si no trabajamos arduamente el día a día lo tenemos todo perdido.

En las grandes ciudades británicas el contacto con otras formas de ver la vida es inevitable y te alcanzan siempre retazos de los usos y maneras de los demás. Aun así, es muy difícil desprenderse de los estereotipos. Las historias del mestizaje londinense, las felices y las tristes, van cambiando poco a poco la sociedad que nos rodea porque introducen un elemento diferenciador en algo tan básico como es la familia. Londres es el paraíso de las gentes sin raíces, de las historias extraordinarias, el lugar de las personas que como yo han cambiado su lugar de origen por otro donde se ha sustituido a la familia por los amigos o la soledad. Londres es una anomalía dentro del país, y las personas que vivimos allí, sobre todo los extranjeros que no solemos conocer bien otras zonas, tendemos a generalizar y a pensar que lo que sucede allí es la norma. Esta es la crítica que le hace a la capital el resto de la nación: creerse el centro de la tierra. Ahora no me suele chocar nada de lo que veo, pero recién llegada era una sorpresa diaria, como cuando conocí a una irlandesa ex monja casada con un musulmán; lo rara que me pareció la pareja habla por sí solo de lo poco acostumbrada que estaba a ver este tipo de relaciones. Luego me topé con una galesa que había vivido varios años con un indio «moderno». Cuando ella se quedó embarazada y empezaban a pensar seriamente en casarse, va el indio y le dice que su familia le ha propuesto un matrimonio concertado en Nueva Delhi, adonde se fue y de donde nunca más volvió. Ella tuvo sola a su hijo. Aunque a partir de mi generación las parejas interraciales son cada vez más numerosas, algunas intolerancias siguen impertérritas. Una amiga nuestra, de familia anglicana, se casó con un católico de origen irlandés, y su suegra se llevó un disgusto tan terrible que se negó a ir a la boda y ha tardado un montón de años en reconocer el matrimonio.

La calle donde yo vivo, a pesar de su pequeñez, es un microcosmos de la ciudad. En ella viven, además de los británicos blancos, una irlandesa, caribeños, indios, turcos, kurdos, chipriotas, una pakistaní, una griega, una alemana, un holandés, una norteamericana, dos croatas, un canadiense, un español y una española, yo. Por medio de Pablo, que tiene amigos en varias casas, nos vamos enterando de pequeños detalles que forman un todo coherente en los devenires familiares. Una de las familias está compuesta por una india viuda de extracción rural que tiene siete hijos; su marido, negociante, murió en un accidente de coche. Como las hijas se han casado muy pronto, la madre no tiene quien la ayude en la casa, no cuenta por supuesto con los varones. Un día Pablo vino horrorizado, se había enterado de que andaban buscando mujer para el hijo mayor, de diecinueve años, para que echara una mano a su suegra en las faenas domésticas. Esto, que sería normal en un pueblo de la India, cayó como una bomba en el hijo ya londinense, pero al final ganó la madre, lo que seguramente no sucederá en la próxima generación.

Un día me di cuenta de que cuando yo hablaba de «mi familia» incluía en el término a mi madre, mi padre, mi hermana y mi hermano, pero también a mis sobrinos, tíos, tías, primos y primas, a pesar de no haber tenido contacto con la mayoría de ellos desde hace muchos años. Mis amigos británicos, en cambio, incluían en el término a los padres, a los hermanos, y pare usted de contar. Siempre que he conocido a personas ancianas y he conversado con ellas me ha sorprendido su interés por el tema de la familia latina. La edad les hace añorar un sistema que piensan han tenido de pequeños y ha desaparecido en Gran Bretaña a consecuencia de la «modernidad». Sin embargo, cuando se investiga cómo ha sido la familia británica se evidencia un énfasis extraordinario en la individualidad. Según John Miles —experto en geriatría—, para saber cuándo empieza la familia nuclear se han hecho una serie de estudios en el condado de Lancaster que demuestran que en 1830 y 1840 las personas de treinta y cuarenta años no vivían con sus padres. Debido a las demandas de trabajo, tanto para hombres como para mujeres, no era raro invitar a los abuelos a venir del campo para echar una mano con los nietos pequeños y las faenas domésticas. O sea que la cohabitación familiar aumenta con la industrialización por una necesidad económica, no emocional. Si rastreamos cómo son las relaciones familiares en la literatura británica nos encontramos a menudo con el hecho de que los padres fallan a los hijos. En la Inglaterra campesina la vinculación entre padres e hijos nunca ha sido tan fuerte como en otras sociedades, donde se da por hecho que los hijos cuidan a los padres cuando son ancianos. En Inglaterra ha habido siempre negociaciones formales entre padres e hijos, selladas por un documento. Los padres no tienen obligación de transmitir su propiedad a los hijos, como sigue sucediendo hasta hoy, el testamento actual se puede hacer en favor de quien sea, incluidos animales, y anula cualquier derecho de los hijos a la propiedad de los padres. Yo creo que en Gran Bretaña los hijos se ven como el producto único de sus padres y no como descendientes de una identidad de grupo, tal como sucede en otras sociedades. Algunas amigas británicas de clase media me han contado que sus madres, al casarse y seguir al marido de un trabajo a otro por todo el país, se centraron tanto en el grupo nuclear que perdieron a veces casi por completo el contacto con su familia de origen, creando situaciones en algunos casos de soledad patológica.

Las amistades en la vida son un conjunto de las propias y las que se heredan queriendo o sin querer pero si se deja el país de origen cuando se es ya una persona adulta y se tienen unas ideas diferentes a las del grupo familiar, las relaciones amistosas que se establecen en el nuevo país tienen que ver con los gustos y preferencias personales, estrechando el abanico de la variedad y la edad y limitando la percepción de la cultura desconocida a un grupo pequeño de gente. Eso me pasó a mí: cuando ya me había creado una serie de normas basadas en las personas británicas que conocía —los abuelos actúan así, los padres asá—, de pronto me topaba con otros que reaccionaban de forma diferente y se me derrumbaba el montaje; me sentía incómoda porque no sabía a qué atenerme. También influye el que fuera educada en el monolitismo y no la pluralidad. En el momento en que me había convencido de la menor fuerza de los lazos familiares en Gran Bretaña me di cuenta de que eso no era así entre las mujeres de clase obrera londinense, que tienen unas bases muy fuertes de apoyo en sus familias de origen. Un altísimo porcentaje de las abuelas, de clase obrera, ante la falta de guarderías, cuidan de sus nietos, y a buen seguro que ellas no verían nada raro en lo de la amiga de mi hermana que tomaba el té todas las tardes con su madre. En Gran Bretaña los vínculos familiares están muy subordinados a la geografía y a la clase social, siendo más fuertes en las zonas del país donde se han conservado las estructuras tradicionales de la sociedad y en los barrios obreros, donde no se han destruido las viviendas antiguas para dejar paso a las torres de pisos. Mi suegra, que procedía de la clase media, consideraba que sus vecinos eran de menor categoría social porque estaban muy atados a sus hijos. Criticaba el que no se hubieran movido del pueblo donde nacieron para encontrar un trabajo mejor y consideraba absurdo el que su vecina cuidara a sus nietos tantas veces. En sus críticas había también una envidia de la que era totalmente inconsciente.

Antes de leer sobre la historia de la familia británica pensaba que la ruptura y la distancia emocional eran debidas al mito de la autosuficiencia protestante, pero la respuesta de John Miles fue: «No. Aunque tendamos a pensar que es algo muy actual, las familias en Gran Bretaña se rompieron hace muchos siglos» [...]. «Esto es debido a que en el norte de Europa se comenzaron a dar condiciones sociológicas de separación familiar anteriores a la Reforma por el desarrollo, hace ya cuatro o cinco siglos, de una clase negociante que llevaba consigo la iniciativa y la responsabilidad individual. De hecho, los historiadores modernos de la familia están empezando a decir que la familia británica del siglo XX tiene mucha más intimidad entre sí que la victoriana o la del siglo XVII. En el siglo XIX hubo en Gran Bretaña un gran caos social producido por la revolución industrial, que separó constantemente a las familias por la búsqueda de trabajo allá donde lo hubiera». La estrecha relación entre las familias obreras de Londres, tomadas a menudo como ejemplo para ilustrar lo que sucede cuando se mantienen las comunidades del país, se empieza a considerar ahora una creación del siglo XX. «No hay evidencia de que esto haya sucedido antes y sí de los cambios producidos por una estabilidad en las condiciones de trabajo y mejoras de vivienda hasta mitad de siglo, sin olvidar la creación de los subsidios sociales. Todo ello aumentó el nivel de vida y la salud de la población», explica Miles.

Cuando he analizado con mis amigos británicos no judíos el porqué de una falta de contacto con sus familias ha sugerido que el motivo radica en haber llegado a tener una ideología muy diferente a ellas, en vivir en Londres, donde las distancias coartan extraordinariamente los desplazamientos, pero sobre todo en no considerar las relaciones familiares como algo ancestral que no se discute, que se tiene que llevar a cabo pase lo que pase, aunque uno no se entienda con muchos de sus miembros. En otros países, por la presión del entorno, los miembros de las familias se ven y se relacionan entre sí aunque se odien. En Gran Bretaña no se ven pero se mandan tarjetas de felicitación en las fechas de rigor. El cambio en la familia británica, que se agudizó en el siglo XIX con la movilidad producida por la revolución industrial, volvió a suceder en los años sesenta por el corte ideológico que dio mi generación y está ocurriendo ahora de nuevo debido al divorcio, el desempleo y el recorte de los subsidios sociales. En la transformación no se puede olvidar tampoco la emancipación de la mujer.

Si al principio me dejaban helada las relaciones de las familias británicas, con el tiempo he llegado a pensar que los españoles tendrían que aprender mucho de ellas. En España la idea de la familia es un mito tan fuerte que castra en la gente la individualidad y el más básico sentido común. Tengo una amiga, una mujer hecha y derecha, profesional de siempre y con dos hijas mayores ya casadas, que hace poco se atrevió por primera vez a decir a sus hermanos que no iba a pasar las navidades con ellos, harta de que todo fuera un paripé absurdo sabiendo que en el fondo no se pueden ver. Ese refrán que no entienden los británicos si no se lo explicas: «Donde hay confianza da asco», lo dice todo. En España se actúa como si el concepto de familia fuera una especie de detergente mágico que lo acaba lavando todo. En mis excursiones por las psiquis de las mujeres latinas me he dado cuenta también de que muchas dejan sus países hartas de la opresión que sienten allí como mujeres, pero cuando llegan al nuevo país, si son capaces de escarbar en los motivos que las movieron a marcharse y no se dejan embaucar por los espejismos de la distancia, empiezan a descubrir historiales endémicos de rechazo y falta profunda de amor en sus familias. Esa fue una de las cosas que encontramos en la casa de acogida latinoamericana de Londres, donde las mujeres agredidas traían a cuestas, aparte de la inseguridad y disfuncionalidad de sus hombres, numerosas historias de malquerencia endémica.

Ante el mito de la familia como un santuario espiritual tenemos hoy el contraste de la realidad ineludible: el hogar es el sitio donde se cometen la mayoría de los crímenes debido a la herencia de una sociedad patriarcal que sólo ahora empieza a enfrentarse con sus lastres. En Gran Bretaña cada vez somos más conscientes de la extensión y gravedad del abuso sexual y los malos tratos a niños en las familias, las violaciones a las mujeres, el alcoholismo escondido del ama de casa y la violencia familiar a la que pertenecen un cuarto de los crímenes cometidos al año. La publicación de artículos sobre el tema se debe a la concienciación progresiva de la sociedad causada por el feminismo, no debemos olvidar que las sufragistas fueron las primeras que hablaron seriamente de estos problemas, inmencionables hasta entonces.

Comparada con España la unidad familiar en Gran Bretaña es pequeña y a pesar del distanciamiento que hay entre los miembros de la familia extendida, el tipo de contacto entre ellos ha empezado a cambiar en los últimos años debido a que más de una tercera parte de los matrimonios acaba en divorcio y muchos vuelven a formar pareja. Esto trae consigo la creación de una red complicadísima de nuevas relaciones «políticas» que se van creando a medida que uno se embarca en lo que se empieza a mencionar como el próximo estado evolutivo social: la *serial monogamy* (monogamía consecutiva), que subsiste cada vez con más fuerza sin contratos legales de ningún tipo. Nosotros tenemos amigos que pasan las navidades con sus ex maridos o ex mujeres y los cónyuges de estos, más los hijos de todos y los familiares que se apunten de unos y otros. En las capas más bajas de la sociedad está sucediendo lo que en una época pensamos era típico de los guetos americanos: padres ausentes (como sucede también en el Caribe y Centroamérica), lazos familiares débiles y numerosos hijos e hijas ilegítimos. Esto se nota mucho en las zonas blancas más pobres, donde el desempleo es masivo. Las mujeres blancas de clase obrera no se casan porque, entre otras cosas, ya no reciben el salario de los hombres, desempleados en gran cantidad, y entre la población negra caribeña se da otra versión del mismo fenómeno, los hombres van por ahí de «picaflores», como dicen en Nicaragua, produciendo hijos sin responsabilizarse de ellos. El concepto de novia está tan unido al de chica que se deja embarazada que en el argot jamaicano llegado a Londres llaman a estas *baby mother* y son las madres o abuelas de las chicas las que acaban cuidando de los bebés.

Cuando en el refugio o casa de acogida para latinoamericanas en Londres se hizo un estudio de cuántas mujeres golpeadas volvían con los maridos al salir del refugio se desvaneció, como sucede tantas veces cuando las cosas se miran de cerca, un gran estereotipo: el de la supuesta dependencia de la mujer latina, ya que un alto porcentaje de las residentas elegían seguir la vida solas con sus hijos. Esto nos sorprendió porque a pesar de no hablar inglés, de estar muy desamparadas, se lanzaban a la vida independiente con una valentía enorme. Cuando se analizó el porqué, se vio que para ellas el estar solas y ser cabezas de familia no era algo nuevo, ya que sus madres, abuelas, bisabuelas... se habían visto obligadas a lo mismo antes que ellas. Durante los diez años que estuve vinculada al proyecto nunca acabé de admirarme de la enorme fuerza de la emigrante latinoamericana.

Cuando Pablo era pequeño oí decir a mujeres británicas, abrumadas por el trabajo que les estaban dando sus criaturas: «Yo no sé para qué tanto esfuerzo si luego se van a ir de casa a los dieciocho años». Nunca dejo de sorprenderme por esta frase que sugiere un corte de relaciones tan temprano y da por hecho que a partir de ese Rubicón sus hijos llevarán una existencia completamente independiente, a pesar de que en la clase media y alta se les siga ayudando a pagar los estudios. La presión social que siente la juventud británica en ser autosuficiente se manifiesta en su mayor consumición de alcohol —por su asociación con la edad adulta—, lo que se puso en evidencia en un estudio conjunto que se hizo en 1995 y en el que participaron también Francia y España. En los ambientes latinos, seamos de la clase que seamos y por muy «britanizados» que estemos, los padres pensamos que los hijos son de por vida. Se da el caso de algunos hijos pequeños de latinos que preguntan angustiados a sus padres si cuando tengan dieciocho años los echarán de casa, porque han oído en el colegio conversaciones al respecto. Eso me habla de que a los niños británicos les preocupa enormemente la independencia que se espera de ellos, porque a partir de los dieciocho años hay ya una especie de consenso entre esa juventud, corroborado por los padres, de que es lo suficientemente madura para que no se interfieran en su vida, como si la educación estuviera ya completa y supieran lo que tienen que hacer de ahí en adelante. Esto crea problemas que he visto repetirse una y otra vez en las familias mixtas latino-británicas. Los latinos quieren controlar y los británicos dan espacio y exigen responsabilidad.

Si bien es verdad que en el sur nos pasamos de rosca

con las dependencias emocionales, los británicos pecan por el otro lado, ya que muchas veces no saben cómo continuar los lazos emocionales con sus hijos. Es algo que he visto en numerosas ocasiones y un ejemplo de ello podría ser un grupo de mujeres jubiladas que entrevisté varias veces en mi barrio y con las que tuve estupendas conversaciones. Una de ellas, inglesa blanca, me decía: «Yo no tengo una relación muy íntima con mis hijos, los veo muy poco. Me distancio porque no quiero ser pesada y nunca estoy segura de cuál es mi lugar con ellos. Por fuera soy muy fuerte, he militado mucho en la izquierda, pero por dentro soy muy débil. Quiero que me quieran, que piensen que soy una madre perfecta, pero en realidad no soy así». Otra, negra y caribeña, le respondió: «Yo veo a mis hijos todos los fines de semana y me llaman tres veces al día. Cuando mi nieto viene a casa lo primero que hacemos es tener unas discusiones horrorosas porque yo le riño cuando deja sus cosas tiradas por el suelo. Pero después nos damos unos abrazos tremendos». La blanca le respondió: «Eso es humano y está mejor, pero yo no he sabido hacerlo». El 5 de mayo de 1995 se publicó una carta anónima en *The Guardian* donde una mujer casada con un político explicaba lo que se siente cuando hay que enfrentar las cámaras de televisión al saberse públicamente que su marido la engaña con otra: «Mi madre no me telefoneó hasta pasadas tres semanas después de haberse conocido la noticia. Tuvo una educación bastante victoriana y supongo que no sabía qué decirme». Yo me pregunté estupefacta: ¿este caso podría haberse dado en España?

En el año 2000 la emancipación de los hijos es algo más complicado debido a la eliminación de tantos subsidios a la juventud que el gobierno de Blair heredó de los conservadores y al pago de los estudios universitarios.

Antes de Thatcher todos los jóvenes británicos sin excepción podían recibir un subsidio de desempleo y ayuda para la vivienda a partir de los dieciséis años, tanto si no seguían estudiando como para mantenerse durante las vacaciones de verano, lo que permitía a los más pobres seguir los estudios. Ahora reciben el subsidio de desempleo a partir de los dieciocho años, diecisiete si hacen los cursos de seis meses para aprender un oficio, una forma de engañar las estadísticas de desempleo porque nadie aprende bien un oficio en seis meses. Si son estudiantes ya no reciben nada en vacaciones, y si tienen una beca de manutención no les llega ni para empezar, por lo que necesitan pedir un préstamo bancario. A pesar de la recesión, de la escasez de viviendas baratas y de las nuevas leyes en contra de los okupas, se sigue considerando normal que los hijos quieran vivir solos a partir de los dieciocho años, el problema es que lo están haciendo en condiciones cada vez más precarias. En los años sesenta y principios de los setenta la juventud se acostumbró —también sus padres y madres— a que lo normal era irse de casa pronto y arreglárselas después cada cual como pudiera, ya que desde muy pronto se espera una mayor capacidad individual para «sacarse las castañas del fuego». Durante tres décadas, lo normal para los padres británicos fue que el Estado se ocupara de sus hijos y no se veían en la necesidad de pagarles los estudios, con lo cual pudo ir a la universidad mucha gente que ahora está dejándola por falta de dinero, porque las cosas han cambiado radicalmente. El espíritu de sacrificio de esos padres españoles que han hecho lo que han podido para mandar a sus hijos a la universidad no fue necesario en Gran Bretaña desde los años cincuenta y para muchos es un concepto completamente extraño. Quizá por eso y por la ética de independencia protestante, la ida a la universidad había supuesto un corte con las familias mucho más dramático que en el sur de Europa.

Si mencionamos la dependencia, exceptuando en clases muy, muy altas nunca he oído hasta ahora en Londres historias de mujeres y hombres que vivan con sus familias hasta una edad avanzada, como sí sucede en el sur. Y si alguna vez han llegado a mí han sido para ilustrar un caso de anormalidad. Ese fenómeno, que he visto y he oído mencionar tanto en España, de personas anquilosadas por la familia que luego no son capaces de ser independientes ni de enfrentarse a la vida, es muchísimo más raro en Gran Bretaña, los británicos lo consideran como un fenómeno arqueológico, algo que sucedía en el siglo XVIII. Las historias de madres que miman disparatadamente a los hijos varones no llegan tampoco a lo que ha descrito tan bien el folclore latino. Una amiga irlandesa me contó que en Irlanda sucedía algo parecido, y lo atribuía a una consecuencia del catolicismo, yo le dije que había visto lo mismo entre judíos, musulmanes e hindúes.

Debido a las nuevas circunstancias, la juventud británica tarda más en marcharse de casa, pero aun así no tiene ni muchísimo menos la dependencia de la juventud española, acostumbrada a que sus madres o el servicio doméstico lo hagan todo. En las casas británicas de clase media, por varias y diferentes razones, como la escasez de servicio y que el trabajo de la mujer fuera del hogar a todas las edades es más corriente, se tiende a una mayor relajación en lo que respecta al orden general, la limpieza y la alimentación. Yo he visto habitaciones de jóvenes que habrían matado del susto a cualquier ama de casa española. Las madres británicas que yo conozco no se llevan las manos a la cabeza si la habitación de sus hijos está patas arriba (a partir de cierta edad recae en ellos la responsabilidad de mantenerla en orden) o van arruga-dísimos (no hablo aquí de la «arruga bella») o con las za-patillas deportivas hechas un pringue. ¡A cuántos niños pequeños no les han limpiado nunca los zapatos! Ha-blando de estas cosas con Ana Wilhelmi, una amiga es-pañola que tiene a su hija en Bedales, un conocidísimo internado, me contaba que en el prospecto de ese colegio se ven fotos de los dormitorios desordenados a tope, como si con ello quisieran dar la impresión de lugar ca-sero. No me puedo imaginar lo mismo en un internado español. Un amigo inglés cuya hija vive en Francia me explicó que una vez entraron en su casa a robar y cuando llegaron los gendarmes y vieron el cuarto de la chica ex-clamaron: «¡Es horrible el desorden que crean los ladro-nes!». No habían entrado en él.

La influencia de culturas donde la figura de la madre tiene más importancia que en la británica se está dejan-do sentir en Londres a ciertos niveles. Pablo comentó un día que en su instituto los chicos empezaron en una épo-ca a insultar a las madres de los otros. Steve dijo que eso no lo había visto nunca y que debía de ser influencia de las minorías étnicas porque en Gran Bretaña a nadie se le ocurre insultar a la madre de otro, de la misma forma que nadie blasfema debido a la poca importancia que se da a la religión. Cuando los británicos describen a una madre posesiva, que cocina y limpia todo el día neuróti-camente, castrando la voluntad de sus hijos varones, ha-blan de la *Jewish mum* (la madre judía) y a veces la italia-na. De la española no dicen mucho: debe de ser que la conocen menos. Yo misma, cuando he actuado de cierta manera he tenido que oír de Steve y de Pablo: «Te estás comportando como una madre española».

En 1990, al final de su tercer mandato, Thatcher, que no se cansó de proclamar siempre: «No existe la sociedad, sólo el individuo», en vista de la imparable crisis económica del país, y con la intención de apaciguar a su electorado, empezó a impulsar una serie de reformas que acabaron en la llamada «Nueva ley de familia». Según el periódico *Daily Mail*, el gran escándalo del gobierno conservador había sido debilitar la familia por la legalización de divorcios más fáciles, por permitir que las mujeres declarasen sus impuestos independientemente de sus maridos y por reducir los impuestos a las empresas que habían puesto guarderías en los lugares de trabajo. Desde 1990 las discusiones en todo el país acerca del concepto de familia, con el telón de fondo de los divorcios y adulterios reales, fueron fascinantes ya que produjeron una toma de conciencia personal a todos los niveles. Incluso Tony Blair, antes de ser primer ministro, habló de ella diciendo que se debían promover las familias que tuvieran padre y madre. En la Conferencia Anual de 1993 el Partido Conservador, ante la crisis ministerial y la falta de resultados económicos positivos, para distraer la atención pública dio carnaza a sus votantes más carcas atacando a Europa y ensañándose con las madres solteras y las que viven solas con sus hijos, todo ello en un lenguaje digno del más decimonónico folletín victoriano, acusándolas de todos los males habidos y por haber. Una viuda decía furiosa: «La ministra Bottomley asume que la ruptura familiar es algo que uno hace por gusto, como si las viudas quisiéramos matar a nuestros maridos». Ante esa ola de agresividad contra las madres y la campaña «pro familia», salieron a la luz una serie de magníficos escándalos protagonizados precisamente por los parlamentarios conservadores más virulentos en la campaña, tanto es así que en el periódico *The Guardian* Andrew Rawnsley dijo de Cecil Parkinson que le gustaba tanto la familia que incluso tenía dos. A mí, que vengo de una cultura donde siempre se ha dado por hecho que las madres solas son muy capaces de sacar a sus hijos adelante, todo esto me parece muy extraño. ¿Cómo habrían reaccionado a esos comentarios países como Italia o España, donde la madre es un mito nacional? En España hay un problema muy serio con la drogadicción y a nadie se le ha ocurrido echar la culpa sólo a las madres.

Cuando las latinas que viven en Londres analizan la familia británica siempre sale a relucir la admiración por la independencia de que gozan los ancianos. Es algo muy nuevo para ellas ver a hombres y mujeres que tienen intereses propios al margen de los hijos o los nietos, que en los latinos son una especie de diálisis emocional. Pero cuando ellas tienen hijos pequeños se extrañan muchísimo de que sus suegros británicos no quieran estar todo el día con ellos. Una amiga me decía que sus suegros ven a sus hijos únicamente *by appointment* (con cita) y le dan la hora exacta de llegada, como si fuera una consulta de médico; a veces incluso la de salida, como hacen con los cumpleaños de los niños. En las tarjetas de invitación de los británicos viene siempre especificado: la fiesta es de tal a tal hora. Otra amiga, una colombiana, está casada con un inglés del sudeste cuya madre no se puede decir que rechace a su nieta pero la verdad es que le ha hecho muy poco caso si la calibramos con el baremo español. Cada año, cuando llega la temporada del Derby, la señora aparece por la casa de su hijo de punta en blanco para recoger a la nieta y llevarla a las carreras. Siempre se pone un sombrero despampanante y un modelito estampado, no falla, que haga juego con el pamelón. Apenas ve a la nieta durante el año a pesar de vivir muy cerca de Londres, la llama dos o tres veces en las ocasiones señaladas —Navidad, cumpleaños y fin de curso— y no hace casi esfuerzos para comunicarse con ella porque cree que con lo del Derby ha cumplido. Rosa la llamaba mucho al principio para que viniera a ver a la niña o fuera ella a ver a la abuela, pero esta siempre ponía pegas, así que ha claudicado y su hija recibe toda la carga de la brigada familiar cuando van a Colombia.

Carmen es otro caso. Nacida en España y casada con un inglés, tiene unos suegros encantadores, pero al principio no veían a los nietos de forma espontánea. Con el esfuerzo de Carmen se fueron metiendo más y más en la vida de los niños, pero si no hubiera sido por ella los visitarían de Pascuas a Ramos, como hacen con los otros nietos. Yo he visto familias donde si hay varias nueras los abuelos tienen relaciones diferentes con los nietos que son hijos de la nuera latina. Otra amiga que tiene unos suegros muy mayores me contó un día preocupada que debía viajar forzosamente por un asunto de trabajo en la fecha que su suegra entraba precisamente en el hospital para una operación. Como vivo cerca de estos señores me ofrecí con toda naturalidad a llevarlos en el coche. Se quedaron pasmados con la oferta, como si les hubiera propuesto dejarles la herencia. Mi amiga me contaba después que a pesar de llevar muchos años viviendo con su marido todavía le chocaba que no se le hubiera ocurrido a él llevarlos —son sus padres— ni visitar a la madre inmediatamente después de la operación. La interesada tampoco lo echaba de menos.

Algo que nos extraña a los latinos que venimos de sociedades donde la palabra «geriatría» acaba de inventarse es el deseo de los jubilados de vender las casas donde siempre han vivido para irse a otras ciudades, incluso a países lejanos, donde no conocen a nadie. Allí sustituyen lo familiar por un clima más cálido o por lugares donde sólo hay gente de su edad, donde jamás se ve a un niño por la calle. John Miles decía que las personas de la tercera edad que abandonan sus hogares actúan de hecho dentro de la expresión cultural inglesa del individualismo: vivir en una comunidad manteniéndose al mismo tiempo separadas de ella. La clase media se identifica a sí misma por lo que hace y la independencia no es sólo parte de su ética, es su identidad. Si se van de un lugar es porque este no les ofrece ya lo que ellos quieren y el nuevo destino es una prueba diaria de haber conseguido lo que se han propuesto en la vida. Además, el estar rodeados de gente de su misma edad hace una función de manta protectora que les evita pensar en lo que no quieren: las carencias emocionales, difuminadas entre personas que tienen las mismas.

Como me decía una anciana de Hackney y como he comprobado miles de veces, a la gente en Gran Bretaña se le almidona la capacidad de lidiar con los sentimientos. Le gustaría que las cosas fueran de otra manera pero no sabe cómo cambiarlas. Una vez le oí decir a Steve una cosa que siempre me ha hecho pensar sobre la diferencia emocional tan grande que hay entre nuestras dos culturas. Oyendo canciones latinas exclamó: «Qué regodeo sentimental». Para él las letras de esas canciones tienen algo de irritantes. ¿Son imposibles en una cultura del norte de Europa? ¿Hay algo parecido en Suecia, Noruega, Finlandia? No lo sé. Ese sentimentalismo, mezclado con la impotencia y una compasión exacerbada de sí mismo, que existe en el tango, el fado, las canciones parisinas, las de rembetika en Grecia, rezuma frustraciones producto del machismo y de la pobreza urbana que en Irlanda pueden tener las canciones rurales.

Los latinos nos asombramos cuando conocemos las estadísticas de ancianos que viven solos en otros países y lo achacamos a los tiempos modernos, pero igual hacen los británicos sin saber que la independencia tiene su origen en tiempos casi prehistóricos y que el Estado se ha ocupado de los ancianos desde el siglo XVI. En la Edad Media la Iglesia católica ayudaba oficialmente a los pobres, pero con la Reforma esto se sustituye por los servicios del Estado. Isabel I promulga en 1602 *The Poor Law* (La Ley de los Pobres), un intento de racionalizar las responsabilidades para con las personas destituidas haciéndolas depender de las instituciones locales, lo que continúa hasta 1948. En 1602 a los niños se les envía como aprendices, a los enfermos se les mete en asilos y se fundan entonces hospitales y *almshouses*, una especie de residencias de ancianos. Para llevarlo a cabo se establecen unos impuestos que se recogen a través de las parroquias que ayudan a sus feligreses, no a los de otros lugares. En 1832, a los que se considera que son capaces de trabajar se les pone en las llamadas *workhouses* (casas de trabajo) y se les explota a base de bien; estas han quedado en el recuerdo de la gente como horrores de servilismo y humillación. Allí iban a parar, entre otras, las personas que recibían ayuda oficial, como las madres solteras, y aquellos a quienes se consideraba locos, pero hasta 1880 no incluyen a un elevado número de ancianos. A partir de 1908 algunos ancianos que habían tenido una vida «sin tacha» empiezan a recibir una pensión a partir de los setenta años. Todo ello trae consigo una aceptación social, que viene de varios siglos atrás, de que los ancianos viven solos, dependiendo del bolsillo común más que de la familia. Esto es importantísimo para entender cómo funciona hoy la sociedad en Gran Bretaña.

En los países latinos, por la educación que hemos recibido, tendemos a cumplir instintivamente con deberes familiares que están por encima de nosotros aunque no nos apetezcan. Según John Miles, eso no ha sucedido en Gran Bretaña porque no se da por hecho que los hijos cuiden a sus padres y hereden después sus propiedades. En las familias con negocios, los padres dejaban el negocio a sus hijos a cambio de que los cuidaran en su vejez y esto constaba en un documento escrito. En el campo, si la granja no tenía dependencias suficientes para ser habilitadas, se construía, y se construye, una casita aparte que hoy día lleva el nombre de *granny flat* (piso de la abuela, supongo que lo dicen en femenino porque las mujeres vivimos más) y se esperaba y se espera que la anciana o el anciano que viva en él haga una vida independiente. Lo que a mí me admira de los que conozco es que existen para conveniencia de todos, a modo de intercambio de servicios, y manteniendo una tremenda independencia entre unos y otros. Si bien los abuelos pueden cuidar de los nietos pequeños y los hijos se preocupan de los padres, sus vidas se desarrollan con independencia. No comen juntos ni planean juntos la vida, lo que les permite preservar su intimidad y al mismo tiempo mantener relaciones de respeto mutuo. Aunque lógicamente todo depende de cada familia, según mi experiencia hay una aceptación general de que las cosas no se dan por naturaleza y uno debe negociarlas, lo que presupone un esfuerzo de todos, una madurez que vendría muy bien en España.

En las familias que no tienen un nivel de vida suficientemente alto la independencia se ha conservado gracias a las ayudas gubernamentales. Si hablamos de lo que se hacía en el pasado y lo que se hace hoy, la mayor diferencia es la distancia en kilómetros que hay entre las familias de todas las clases sociales y el poder crematístico de la tercera edad, que constituye el 38 por ciento de la población en Gran Bretaña. Los jubilados en el norte de Europa tienen una capacidad financiera mayor de lo que se espera tendrán sus hijos, nosotros, cuyo futuro no parece muy seguro debido a la dudosa existencia de las pensiones.

Los latinos siempre hablan de que es duro ser viejo en Gran Bretaña por la falta de cariño hacia las personas de edad, pero yo veo a mujeres mayores trabajando activamente, metidas en causas varias y teniendo una identidad de seres humanos que no he visto en España, donde a cierta edad todo pasa por la familia. En Londres, si se quiere, se puede ser una vieja excéntrica con toda tranquilidad, lo que en España resulta más difícil. El concepto de vejez es una de las cosas que más se está transformando: de pensar que la tercera edad únicamente sirve para tomar el sol en un banco y recordar batallitas se pasó a la tendencia contraria de que los ancianos deben ser muy activos y estar todo el santo día haciendo gimnasia. La tercera tendencia ahora es pensar que tienen capacidad de cambio si tienen acceso a elegir nuevas opciones, lo más difícil en muchos casos y algo impensable hasta muy recientemente.

Desde los tiempos más antiguos se nos ha presentado la vejez como el cúmulo de la sabiduría, mi experiencia personal es que si alguien ha tenido sentido común de joven lo sigue teniendo de viejo, pero los años no son la fórmula mágica para producir una iluminación mental. Conozco a ancianos fantásticos, pero sé también de gran cantidad de individuos ancianos con tan poco seso y entendimiento que dan pavor, además de ser insoportables y neuróticos. La vejez es el resultado de las decisiones que se han ido tomando a lo largo de los años. Cuando la gente habla de sabiduría siempre se suele referir a los varones; en el mundo agrario, donde la edad significa una suma de conocimientos prácticos, el anciano era el «fichero» del saber comunitario, pero en las sociedades modernas el conocimiento cambia continuamente y el po-

der del anciano desaparece. En Gran Bretaña la aureola de la vejez empezó a decaer con la revolución industrial, que exigió de los trabajadores una precisión y una
fuerza que se pierden con la edad. A las ancianas, en
cambio, se las ridiculiza de mil maneras o se las convierte en seres cuya mera existencia hace tambalear a la sociedad. Una vez que ha cesado su papel de procrear, la
mujer ha tenido y tiene que soportar un rechazo que le
llega de todos los flancos y si encima se sale de la norma
se le atribuye una peligrosidad que en tiempos pasados
acabó con ellas en la hoguera. Por eso me parecen fan-
tásticas las clases que se dan en Londres para mujeres de
cierta edad, llevadas también por mujeres, donde aprenden a ganar confianza en sí mismas, a soltarse la melena
si es necesario, a ser por fin ellas.

Queriendo ver cómo se sentía en Londres la tercera
edad de procedencia latina empecé a frecuentar los lugares donde se reúnen. Comencé por un proyecto latinoa-
mericano, en Islington, donde personas de la tercera
edad reciben clases de baile opuestas a las británicas de
foxtrot y vals lento. Las latinoamericanas son puro ritmo
y salero, con una chispa y una alegría que reconozco
como un producto cultural, a prueba del gris londinense
y de todas las penas del mundo. A las tres de la tarde, con
el tocadiscos a todo trapo, hay que ver bailar la cum-
bia, el merengue y lo que les echen a mujeres de setenta a
ochenta años. Forman un grupo compacto, famoso en
ciertos ambientes por actuar gratis en hospitales y lugares comunitarios. Como contraste tenemos el club de jubilados españoles, lugar frecuentado por personas que
proceden mayoritariamente de la emigración y el exilio.
Yo sé bien que allí se ha intentado desarrollar actividades culturales de todo tipo, pero sólo una minoría está
interesada en ellas. La mayoría lo que quiere es charlar,

pasatiempo favorito del español, y ver la televisión en compañía, y hay un grupo grande de mujeres que juega a la brisca; muy peripuestas, se sientan a unas mesas grandes, tarde tras tarde, y no hay quien las interrumpa. Hay algo febril en el juego, como si quisieran matar la soledad a cartazos, como si con ello no dejaran penetrar los filamentos de la melancolía que da el exilio.

En el club conviven, si bien a regañadientes, todas las ideologías políticas e intereses, porque desde 1939 hasta el año 2001 la emigración española a Gran Bretaña, sobre todo a Londres, donde se concentra la mayoría de la población de origen extranjero del país, se podría dividir en tres etapas muy bien diferenciadas. La primera oleada se da en los años treinta y es de carácter político; la forman los «niños y niñas de la guerra», sus acompañantes y un pequeño número de republicanos exiliados. La segunda es de carácter económico y está compuesta casi en su totalidad por gallegos que llegaron a finales de la década del cincuenta y sobre todo del sesenta y por los andaluces llegados en los años siguientes a 1969, cuando Franco cerró la frontera de Gibraltar. La tercera emigración se ha dado desde el final de la década del setenta y la componen más que nada profesionales y estudiantes que pasan en Londres un tiempo más o menos largo y vuelven luego a España. Si la segunda oleada se componía casi exclusivamente por andaluces y gallegos fue porque a Gran Bretaña no llegó nunca una emigración concertada por el gobierno o por empresas que acogían directamente al trabajador, como pasó con los caribeños e hindúes que llegaron a trabajar a las Islas Británicas en los años cincuenta o con los españoles que marcharon a Francia y Alemania. Los gallegos fueron a Londres de forma individual, como empleados en el servicio doméstico, y su lugar de procendencia fue la provincia de La

Coruña, donde había una colonia inglesa muy importante relacionada con la industria naval. Primero venía a servir una mujer y luego iban llegando los más allegados, formando una larga cadena humana que dejó casi vacíos algunos pueblos de la provincia. Los andaluces, en cambio, proceden de la zona de La Línea y perdieron su trabajo en Gibraltar por el cierre de la frontera. Ambas han sido emigraciones que carecían de la cohesión de grupo que tenían los españoles que emigraron a Francia y Alemania, factor tan necesario para hacer reivindicaciones laborales y combatir la soledad, sobre todo en Londres, donde las distancias son un fertilísimo campo de cultivo para el aislamiento personal.

Tanto los republicanos, que llegaron de adultos al final de la guerra civil, como los «niños de la guerra», que evacuaron de España para protegerlos de las bombas franquistas, trajeron consigo una fortísima identidad nacional y cultural que han cultivado y les ha acompañado el resto de sus días. Sus hijos, normalmente bilingües, mantienen con los padres una relación bastante estrecha. Muchos han aprovechado las ventajas de una educación que no pudieron tener sus padres y han llegado a ostentar cargos culturales, de profesores de colegio o universidad, como es el caso de Mirella, una de las hijas de Luis Santamaría, que da clase en la Universidad de Nottingham. Los de la emigración económica, en cambio, tienden a tener las mismas características que los emigrantes de otros continentes: rechazo a la lengua y cultura de origen por creer que es inferior a la del país de acogida y alejamiento emocional de este. Los consecuentes conflictos de adaptación se agravan en la tercera edad por el aislamiento y la falta de un buen conocimiento del inglés, cosa que no sucede con los «niños de la guerra». Como dice bien Carlos López Guarín, un periodista que trabaja para la Consejería Laboral de la embajada, pilar de conocimientos, todas las emigraciones son malas pero la económica española en Londres lo ha sido más. Al final, y de formas muy diversas, las consecuencias se han dejado sentir en los hijos de las dos. Aunque unos estén más adaptados que otros y sean más o menos conscientes de ello, todos llevan abierta una brecha interior, ya sea por identificación con la cultura paterna o por rechazo a ella.

A diferencia de los «niños de la guerra» que fueron a Rusia, muchos de los cuales recibieron una buenísima educación, los de Londres, con alguna excepción aislada, tuvieron sólo formación técnica, si llegaron a tenerla, ya que en su tiempo les faltó apoyo institucional. Los comités de solidaridad les proveyeron de la ayuda material necesaria durante el tiempo que permanecieron en las colonias, pero enseguida tuvieron que valerse por sí mismos, con las enormes dificultades que se crearon en el país cuando empezó la Segunda Guerra Mundial. He comprobado que los españoles de la tercera edad en Londres que son «niños de la guerra» lo dicen enseguida, orgullosos de serlo y también, de forma más o menos consciente, para diferenciarse de la emigración económica, a la que miran un poco por encima del hombro. Por otra parte, los miembros de la emigración económica han tenido en los años de la represión franquista cierta reticencia, si no un activo rechazo, a tratarse con los «niños de la guerra», pensando que el contacto con ellos podría crearles conflictos políticos cuando volvieran a España. No hay que olvidar lo que se vivía allí y las dificultades que los «niños de la guerra» no nacionalizados británicos tenían en los consulados para cambiar su pasaporte de las Naciones Unidas por uno español. Viendo hoy día a unos y otros, procedentes en su mayoría de los mismos estratos sociales, se ve la diferencia entre lo que hicieron los ideales de cultura y educación de la República y las consecuencias del franquismo. Aunque «los niños de la guerra» sufrieran la falta de una ayuda familiar en su infancia y lleven a cuestas ese trauma, por lo que he podido ver en Londres son personas con una coherencia de vida y una formación que se distinguen de la mayoría de la emigración económica. Por lo que sé de ellos, me parece que pertenecen más a las raíces que trajeron consigo que al país que los adoptó, y sus relaciones familiares, con las excepciones lógicas, se parecen más a las españolas predivorcio que a las británicas.

Menciono el divorcio porque entre los mitos que tenía de pequeña sobre «los ingleses» este cobraba una aureola de temeridad infinita debido al clima moral que existía en España, donde sólo se divorciaban los extranjeros, los artistas de cine y mi tío Pepín, que supuestamente lo había hecho en Londres (mucho tiempo después supe que jamás se había molestado en iniciar los trámites; años más tarde se casó en España por la Iglesia ya que ni esta ni el gobierno de Franco daban por válido el rito civil británico). Al saber que mi suegra se había divorciado dos veces tuve la errónea impresión de haberme topado con un arquetipo de modernidad y sentido común por intentar rehacer su vida. Cuando la conocí más a fondo vi que no encajaba para nada en el modelo de mujer independiente que me había hecho de ella. Había dejado a su primer marido y a los dos hijos tenidos con él para vivir con el padre de Steve, un hombre que a los ojos de ella encarnaba sus sueños pero que resultó ser un gran mujeriego. Se sintió estafada y no podía soportar cualquier sugerencia a nada que tuviera remotamente que ver con el sexo. Su decisión, en lugar de abrirle el espíritu, se lo cerró con un puritanismo a prueba de bombas, y en vez de crecer con la experiencia, se volvió más retrógrada. Se guió en todo momento por el romanticismo irreal en el que han sido educadas las mujeres, y como en una película cualquiera de la época, donde siempre se castigaba la osadía de las que se atrevían a desviarse del camino establecido, dejó que su decisión se volviera en contra de ella. Mi suegra fue un ejemplo típico de lo que sucedió durante la Segunda Guerra Mundial, cuando la oleada de rápidas bodas trajo como consecuencia un gran número de divorcios —se incrementaron un 171 por ciento—, cuyo máximo llega cuando acabó la contienda y los soldados regresaron a casa después de una larga ausencia. Mi suegra se casó antes de la guerra y se divorció cuando, terminada esta, se enfrentó de nuevo a un marido al que no había visto en siete años y que se había convertido en un total desconocido.

Hasta que no entré en la familia de Steve nunca había visto de cerca los inconvenientes que pueden surgir de los divorcios. Cuando empecé a conocer toda la historia que nos habían filtrado a girones, tanto a Steve como a mí, con esa peculiaridad tan británica de esconderlo todo debajo de la alfombra para evitar hablar directamente de las cosas, se me abrió una perspectiva nueva del problema. El primer marido de la madre de Steve, con el que había tenido dos hijos, se volvió a casar con otra mujer y tuvo hijos de ella. El segundo, el padre de Steve, ya estaba divorciado anteriormente y tenía una hija y se casó luego en Sudáfrica con una mujer viuda y madre de varios hijos, y cuando esta murió él contrajo matrimonio por cuarta vez —¡a los noventa años!— con otra divorciada con hijos. El tercer y último marido de la madre de Steve también estaba divorciado y tenía dos hijos anteriores. La vida de todos ellos había quedado marcada trágicamente por la Segunda Guerra Mundial de una forma que no tenía nada que ver con el triunfalismo de la victoria o la tragedia estándar que te pintan los políticos y los medios de comunicación.

A mí me habían contado que lo del divorcio había sido cosa de paganos hasta que al malísimo Enrique VIII se le ocurrió resucitarlo para quitar de en medio a la pobre Catalina, pero por documentos que hay en el Vaticano se sabe que la Iglesia cristiana en los primeros años lo aceptaba y Teodoro de Tarsus lo permitía después de cinco años de deserción. En un principio creí también que como el divorcio existe en Gran Bretaña desde Enrique VIII, todo el que lo deseaba se podía apuntar a él sin problemas. Con el tiempo me di cuenta de que no ha sido tan simple porque, a pesar de que el divorcio existe desde hace varios siglos, hasta no hace tantos años era juzgado como algo inmoral (recuerden la fallida boda de la princesa Margarita) y los únicos que escapaban más o menos impunemente a la presión eran artistas o aristócratas. Sin ir más lejos, al padre de Steve le echaron de dos trabajos que tenían mucha relevancia social por haber dejado a su mujer.

Rebuscando en libros sobre costumbres de bodas en Gran Bretaña, tengo que mencionar algo extraordinario: entre las clases populares, hasta el siglo XIX, el hombre que no estaba contento con su mujer podía ir al mercado y venderla. La primera vez que lo leí pensé que era un cuento del autor, hasta que vi en otros libros, con datos bien documentados, nombres de personajes y ciudades concretas donde había sucedido el mismo hecho. Esta costumbre, que proporcionaba un fácil divorcio a una determinada parte de la población, estaba tan bien establecida que la sentencia de prisión de Joshua Jackson el 28 de junio de 1837 por intentar vender a su mujer causó una revuelta popular. Joseph Thompson, un granjero de Cumberland, vendió a su mujer en el mercado de Carlisle el 7 de abril de 1832, con el dogal de cuerda alrededor del cuello, detalle esencial que validaba el trato. El marido la ofreció con el no muy apetecible reclamo de que era «una verdadera serpiente» y «una maldición para el hogar», a pesar de que podía ordeñar vacas, leer novelas, hacer mantequilla, amonestar a las sirvientas y cantar. El trato se cerró intercambiándola por veinte chelines y un perro de Terranova.

La ruptura del matrimonio se ha convertido en un hecho tan cotidiano en Gran Bretaña (se consideraba que la duración «normal» está en nueve años) que el contrato de trabajo del Museo Marítimo de Greenwich ofrece a sus empleados unas vacaciones especiales para boda cada quince años. En Gran Bretaña el tema de los divorcios es un tópico nacional y la pregunta que todos se hacen es ¿qué le pasa a esta sociedad para que se divorcie tanta gente? Hace treinta años era el país de Europa con menos divorcios y ahora es el que tiene más, algo por debajo de Estados Unidos. Chaim Bermant daba una explicación en *The Observer* (24 de junio de 1990) diciendo que el motivo radica en las expectativas demasiado altas que sus habitantes ponen en el matrimonio y lo poco que se exigen a sí mismos; Penny Mansfield y Jean Collar, en *The Beginning of the Rest of your Life* (El principio del resto de tu vida), hablan de que a pesar de la rapidez con que está cambiando el mundo del trabajo y las relaciones entre los sexos, muchos hombres y mujeres jóvenes tienen expectativas increíblemente tradicionales del matrimonio. Si hay una diferencia notable, esta estriba en la disparidad que parece todavía haber entre las aspiraciones del hombre y la mujer. El hombre desea una vida en común y una cónyuge que se ocupe de él, de sus hijos y de la casa. La mujer, además de la vida en común, quiere un compañero que comparta sus sentimientos y las responsabilidades de la familia. El hombre quiere una mujer para él pero no necesariamente con él, y la mujer pretende una intimidad, hacer cosas juntos.

En marzo de 2000 tuve una conversación en Londres con dos hombres españoles de unos cincuenta años, que trabajan en un organismo dependiente de la embajada, sobre la dificultad de adaptarse a vivir en Gran Bretaña. Uno de ellos dijo: «Las mujeres españolas que estáis casadas con británicos os amoldáis mucho mejor que nosotros porque podéis dominarlos como queréis». Yo le contesté que no confundiera el dominio con el respeto que nos tienen y que si muchas habíamos acabado viviendo con británicos era porque ellos, los españoles, han estado asilvestrados hasta hace unas horas y en lugar de una mujer lo que han querido es una madre de cocina y friega que te fregarás.

Cuando oigo a las británicas protestar de sus hombres aduciendo que son los causantes de los divorcios y miro hacia atrás, hacia lo que dejé en España hace veinticuatro años, un machismo galopante, me acuerdo de aquellos versos del sabio que iba recogiendo las hierbas que otro había arrojado. No sé si influye el hecho de haber llegado al país cuando muchos de sus hombres ya habían dado un cambio, pero he visto a los británicos como una árabe vería a un español, en un escalón más cercano al respeto por la mujer. Ya sé que no todo el monte es orégano, ni mucho menos, pero los británicos de clase media que conozco (en la clase obrera y la aristocrática suceden cosas diferentes) me parecen unos seres que han hecho bastantes esfuerzos por transformar sus esquemas, unos por iniciativa propia y otros porque no les ha quedado otro remedio.

Los sociólogos y demás barajan sin cesar las causas de divorcio en Gran Bretaña. Yo he llegado a tener mi propia teoría, basada en lo que he podido observar alrededor mío desde que vivo en Londres. Como dije antes, es un hecho comprobadísimo que un número muy elevado de divorcios se producen a raíz del nacimiento del primer hijo y tengo la impresión de que en parte es debido a la soledad y a la falta de ayuda que tiene la mujer en Gran Bretaña. Aquí la pareja con niños, por lo menos en Londres, está mucho más expuesta al estrés que en los países latinos, debido precisamente a esa inexistencia de una familia extendida que en un momento dado pueda liberarte de las criaturas. Por otra parte, la mentalidad puritana que insiste en la independencia individual y el rechazo de la sociedad a los niños aumenta la vulnerabilidad de la pareja. También hay que tener en cuenta la gran escasez de guarderías que ha habido hasta ahora, nutrida por la idea de que el niño está mucho mejor con su madre, ejerciendo una presión en esta de gravísimas consecuencias (si nos fiamos de las estadísticas, no podemos olvidar que Gran Bretaña es el país de la Unión Europea donde los hombres que trabajan tienen horarios más largos). Como colofón yo añadiría el problema de represión emocional, que se agrava al tener que compartir la intimidad.

Cuando leí la tabla norteamericana acerca de los eventos que causan más tensión en la vida, y vi que sobre 100 puntos el divorcio tiene 73, me dije que algo no encajaba, harta de ver a amigas cuyos divorcios les han sentado de perlas. Liz Hogkinson (*The Guardian*, 20 de julio de 1990) decía que la creencia popular considera el divorcio algo pernicioso, algo que se debe evitar a toda costa porque incluso es perjudicial para la salud, pero que en el estudio de la psicóloga norteamericana Nancy Paul, publicado en octubre de 1990 por *Excel International*, se ve que esto no es así para las mujeres porque, según N. Paul, en las divorciadas crecen la motivación y la realización de proyectos. El divorcio actúa como un incentivo para que las mujeres se vuelvan independientes e interesadas en sus trabajos, responsabilizándose más de sí mismas y menos de los demás. El problema más grave es la situación financiera, pero si pensamos, como dije antes, que un 70 por ciento de los divorcios en Gran Bretaña los piden las mujeres, llegamos a la conclusión de que estas prefieren una pobreza en libertad a aguantar a un hombre con el que no pueden vivir más. Un detalle significativo es que en la pérdida de posición ha influido la escasez de guarderías, ya que las mujeres divorciadas, para poder cuidar de los niños, se ven obligadas a tener trabajos a tiempo parcial, poco remunerados, con lo cual sufren un empobrecimiento agudo del que tardan en salir, si salen alguna vez. Sin embargo, según las estadísticas británicas, el efecto del divorcio en el hombre es mucho más negativo porque pierde a la persona que le sirve constantemente y de la que depende aun sin ser consciente de ello (desde la infancia se nos acostumbra a creer que la dependiente es siempre la mujer). En 1993, por primera vez desde 1911, el suicidio femenino descendió en Gran Bretaña mientras que el masculino ha aumentado entre los hombres menores de cuarenta y cinco años. Los investigadores del Ministerio de Salud y del Departamento del Censo y Estadísticas Estatales piensan que además del paro hay una correlación entre el número de suicidios masculinos y el aumento de divorcios.

La hermana de una amiga norteamericana que vive en Londres, siguiendo una costumbre de novísimo cuño, dio en 1989 una fiesta para celebrar su divorcio, fiesta a la que asistió el recién ex marido. Según contaba mi amiga, aquello parecía una comedia de la tele, los amigos del ex matrimonio riendo nerviosamente y no sabiendo qué hacer, si lamentarse con ambos por el triste acontecimiento o congratularles por tan feliz divorcio, y el ex marido y la ex mujer ofreciendo bebidas a los invitados la mar de contentos. El número de divorcios preocupa a Gran Bretaña, pero siempre hay quien saca tajada de las crisis. En Hertfordshire había un hotel en el campo que en 1991 ofrecía (no sé si lo sigue haciendo) fines de semana especiales para las parejas a punto de separarse. Esto costaba entonces unas cuatrocientas libras, que incluían las flores, el champán, las comidas, los regalos a ambos, y una fotografía conmemorativa. Si al final la pareja no se había reconciliado, llamaban a un abogado para que cenase con ambos la última noche.

Mi padre tuvo que ir a Estados Unidos enviado por el gobierno español al final de los años cincuenta para que, recién inauguradas las relaciones entre ambos países, entrara en contacto con las fábricas de aviones. El tratado con Eisenhower abría la posibilidad de fabricar algunas piezas en España. Cuando regresó a los tres meses, aparte de traer un corte de pelo a cepillo que dejó estupefacto a todo el que se topaba con él, especialmente en Astorga y La Bañeza, contó historias sin fin de los avances en aquel lejano país. España había estado hasta entonces cerrada a cal y canto. De sus relatos rezumaba un orgullo racial que le remontaba a Viriato, un desprecio olímpico por el norteamericano que se ponía delantal para fregar, y un gran asombro antropológico por costumbres como el divorcio. Para ilustrar el grado de absurdo a que estaban llegando las americanas, contrapuestas debidamente por la solidez española, católica, apostólica y franquista, mi padre contó el chiste de una pareja divorciada que entonces nos pareció muy alienígeno. No me acuerdo bien en qué consistía pero la clave que encerraba toda la sustancia era: «Tus hijos y mis hijos están jugando con nuestros hijos».

9

Mummy, no me hables en español

Una de las cosas que más me fascinó cuando tuve a mi hijo fue la posibilidad de volver a pasar por la infancia, aunque esta vez haciendo trampa por la enorme ventaja de no sentir la constante frustración de tener que obedecer siempre a los mayores. El revivir la experiencia en un país extranjero me ofreció el doble privilegio de penetrar en las raíces de una parte importantísima de la cultura desconocida que de otra manera habría pasado más de largo. El aprendizaje fue auténtico ya que participé en él con mi hijo desde dentro y no de forma intelectual.

El ser madre primeriza lejos de donde una se crió deja un vacío que de momento puede ser impalpable pero que se nota a la larga. Es la pérdida del contacto con canciones, historias de la niñez, rituales que se aprenden cuando pasan verbalmente de unas mujeres a otras y se renuevan cada vez que llega al mundo una nueva generación. Aunque yo fuera a España con bastante regularidad hubo un corte muy profundo en mi seguimiento de la generación anterior. Al interrumpirse la cadena de transmisión de creencias pertenecientes a un sistema de valores cayeron también sin querer esas tradiciones de nacimiento que son parte esencial del estrato cultural de un país. Me di cuenta de ello cuando intenté hacerle jueguitos a Pablo o cantarle nanas y sólo me acordaba de una o dos en castellano.

Como todo lo que rodea a la maternidad ha pertenecido hasta ahora casi en exclusiva al mundo de la mujer, ese tipo de memoria colectiva no se ha empezado a recopilar hasta hace pocos años. En mi infancia nos enseñaba las canciones nuestra madre, nos las pasábamos de unas niñas a otras, las aprendíamos del servicio doméstico, si lo teníamos, pero no había casetes ni discos. Si pienso en lo que canté de pequeña me doy cuenta de que fui testigo de dos fenómenos culturales completamente diferentes, el de Astorga o La Bañeza —dos pueblos leoneses— y el de Barcelona, una gran ciudad catalana. En casa estábamos acompañados continuamente de las canciones tradicionales castellanas gracias a mi madre, a Paca —nuestra niñera— y a las niñas que veía en los veranos en Astorga y en La Bañeza, donde todavía jugábamos al corro con el *Pase misí, pase misá*, el *Tengo una muñeca vestida de azul* y todo eso. Sin embargo, no puedo acordarme de ningún juego acompañado de su canción correspondiente en los recreos del colegio en Barcelona. Las niñas no sabían la mayoría de las canciones castellanas que yo conocía pero tampoco les oí jamás cantar otras en catalán. La cultura urbana y de una clase social que vivía de espaldas a lo popular parecía haber erradicado lo que aún estaba vivo en otros lugares de la Península, y quizá también en otros barrios de Barcelona menos finos. Las clases de música, a las que se les daba gran importancia en mi colegio, podían habernos acercado al patrimonio nacional pero lo hicieron al alemán. Usábamos libros de canto en alemán y en latín, escritos todavía con letra gótica. Sólo en contadas ocasiones se cantaban canciones españolas utilizando un folleto de la Sección Femenina.

Cuando nació Pablo aprendí las nanas en inglés oyéndolas a otras personas y utilizando casetes y libros, como toda la gente con niños que me rodeaba en Londres. Me impresionaba la cantidad de estupendo material que había en cualquier casa dirigido a los pequeños, escrito sin paternalismos y sin ñoñerías, porque en 1979 España estaba en esas cosas todavía muy por detrás de Gran Bretaña. Pablo creció con las canciones inglesas; la mayoría de las canciones españolas le sonaban poco familiares, no formaban parte de su inmediata cultura infantil, el español, a pesar de entenderlo, no era del todo suyo. Sus primeros cuatro años no fueron fáciles para mí; me sentía tan insegura con él que no hice demasiado hincapié en forzarle a oír cosas desconocidas en su ambiente, y que tenían que ver conmigo exclusivamente, para no darle más motivos de rechazo. Sucedió lo mismo con el idioma. Otra razón, inconsciente entonces, de no exponerle a canciones infantiles españolas fue la de protegernos a Pablo y a mí de un mundo, el español, que yo consideraba lleno de prejuicios y limitaciones, no en vano mi vida había sido desde la adolescencia un desgañitamiento continuo en contra de lo que me rodeaba. Cuando Pablo era pequeño no me preocupó demasiado no haberle enseñado canciones españolas, yo misma estaba enfrascada en aprender el enorme patrimonio infantil inglés, pero años después lamenté no haber podido hacer más esfuerzos por transmitírselas.

Cuando en 1980 intenté comprar canciones infantiles en castellano me fue muy difícil encontrar algo digno. O estaban transformadas por ritmos de moda del momento que las convertía en algo repelente para mí por la poca calidad de la música, o cantadas por esos niños de voces empalagosas (en Gran Bretaña cantaban niños normales y corrientes) que parecen atragantarse por mimos obsesivos y que son una característica muy del sur; en la cultura británica blanca no se ven esas criaturas de cuatro y cinco años que hablan como si tuvieran dos. Exceptuando a Jorge Díaz, todo lo que había entonces en el mercado español me pareció de una falta de calidad y una machaconería grimosas. Al volver a las canciones infantiles, esta vez con ojos antropológicos, aprendí a analizar las inglesas, como hacían algunos a mi alrededor, y de paso las españolas, porque en las canciones populares infantiles, de todos los países del mundo existen orígenes de sátira histórica, política e incluso sexual. Un ejemplo es la canción inglesa *I had a nut tree* (Yo tenía un nogal), que dice así: «Yo tenía un nogal que no criaba más que una nuez de plata y una pera de oro. La hija del rey de España vino a visitarme y ¡todo por mi nogal!». Palabra esta que en inglés es un eufemismo de los testículos masculinos. En *Three blind mice* (Tres ratones ciegos): «Tres ratones ciegos, tres ratones ciegos / mira cómo corren, mira cómo corren. Todos corren detrás de la mujer del granjero / que les corta los rabos con un cuchillo afilado. ¿Habéis visto algo semejante en vuestras vidas / como tres ratones ciegos?». El realismo cruel me resultaba muy familiar, me recordaba al español, donde hay tantas historias truculentas, empezando por las católicas. Hay que pensar que en Gran Bretaña las historias de santos no existen desde el siglo XVI, con lo cual se les redujo bastante el repertorio de martirios y muertes sangrantes por defender la fe. Por otra parte, la crueldad en la representación gráfica y literaria de todo lo que se refiere al mundo de los animales y los niños se ha perdido en Gran Bretaña hace tiempo, ya que desde la época victoriana los animales en los cuentos han sido humanizados y edulcorados. Otros ejemplos de canciones que refieren hechos sucedidos en el país son: *Ring of roses* (Redondel de rosas), donde la flor es un eufemismo de las pupas que aparecían en la piel cuando se tenía la peste, y *Ba, ba, black sheep* (Beee beee oveja negra), que habla de los crueles impuestos que debían pagar los campesinos.

Hasta que los niños no empezaron a hablar de corrido no se puso a prueba la firmeza de las teorías políticas de sus madres y padres, que en Hackney, nuestro barrio progresista, tenían un toque muy especial por ser un verdadero crisol de razas y clases. Si comparaba mi experiencia de mujer española con la de mis amigas británicas de la misma clase social, a pesar de las grandes diferencias culturales, normalmente teníamos mucho en común porque habíamos sido educadas en valores muy parecidos. Todas nosotras habíamos ido a colegios privados más o menos famosos, nos habían cuidado *nannys, au-pairs*, y niñeras y habíamos ido a la universidad. También nos habían inculcado que una gran parte de la humanidad era inferior a nosotras o había nacido para servirnos. De pronto nos veíamos haciendo de pioneras en un barrio donde la pobreza y la creatividad se mezclaban a partes iguales, ingeniándonoslas, cada cual como podía, para equilibrar las múltiples contradicciones de haber elegido una vida donde supuestamente no existían las mismas pretensiones de nuestros mayores.

Cuando nuestros hijos empezaron a hablar la clase social de cada madre empezó a surgir con más o menos fuerza, porque entonces las madres se dividieron entre las que corregían o no a sus hijos el acento *cockney*, el que tiene más estigma del país, tanto es así que en las películas en blanco y negro de los estudios Ealing los criminales siempre hablan *cockney*, y los buenos lo hacen con un deje que hoy suena a clase alta ya que el inglés se ha democratizado. El llamado *BBC standard*, el usado por los locutores de la BBC, ha evolucionado mucho desde los años sesenta, y hoy se tiende a hablar con gran neutralidad. Cada vez se oye más lo que los lingüistas llaman «habla estuario» (del río Támesis), es decir, las múltiples derivaciones del *cockney*. Es fascinante comparar los acentos que tienen los amigos de Pablo a los veintidós años. La inmensa mayoría, sean de la clase que sean sus padres y el tipo de educación que hayan tenido, privada o pública, no se ha salvado completamente de la influencia «londinense», una manera fina de llamar al *cockney*. Este se ha filtrado tanto en la sociedad que llegó incluso a la princesa Diana, detalle que les encanta mencionar a los medios de comunicación.

Los amigos de Pablo que han ido a colegios privados suelen tener un clasismo invertido, lo que mola es ser *street-wise* (dominio de lo callejero), que puede caer en el macarrismo, tratando de imitar el acento *cockney* porque lo encuentran más *cool* que el de clase alta, lo que no les impide usar este último cuando lo creen necesario, porque esa fluctuación, según las circunstancias, es un fenómeno corriente en Gran Bretaña. No en vano hay un refrán que dice: «Para un inglés es imposible abrir la boca sin que haya alguien que lo desprecie o aborrezca». La clase alta británica siempre se ha educado en los internados donde se promueve un tipo característico de acento, y el regional delata clase media o baja. En los años sesenta, cuando los Beatles se pusieron de moda, su acento de Liverpool, que no tenía ninguna categoría social, fue tan preciado que muchos lo imitaron. El que una duquesa, como la de Alba, tenga un acento regional, por muy ligero que sea —en su caso el andaluz—, sería impensable en Gran Bretaña. Los británicos que proceden de provincias y hablan con un fuerte acento regional, cuando van a estudiar a Oxford o a Cambridge, bastión de las clases altas, acaban perdiéndolo o limándolo sin darse cuenta, especialmente si no vuelven a trabajar a su provincia; lo mismo hacen las personas con fuerte acento aristocrático pretenden integrarse en un mundo más populista. En Gran Bretaña hay profesores especializados en dar clases de *elocution* para refinar el acento, como se veía en la película *My fair lady*. El problema es que muchas veces se nota que se ha aprendido de adulto y suena muy falso. Un ejemplo es Thatcher, cuya pronunciación resulta forzadísima. Las dos frases clave que se usan para saber si uno tiene buen acento son las que se refieren en Pigmalión y que Audrey Hepburn repite en *My fair lady*. «*In Hartford, Hereford and Hampshire hurricans hardly happen*» (En Hartford, Hereford y Hampshire casi nunca hay huracanes) y «*The rain in Spain stays mainly in the plain*» (La lluvia en España cae más que nada en la llanura). En la primera se debe usar la hache aspirada (los *cokneys* no la pronuncian), y en la segunda se practica el sonido *ei* (los *cockneys* dirían *ai*, como se lee en español). Cuando Pablo empezó a ir de unas casas a otras me sorprendió que las madres corrigieran mecánicamente a los hijos de los demás si decían algo mal o se les olvidaba el *please* y el *sorry* en el momento oportuno. Si no daban las gracias por el motivo que fuera, las madres soltaban ellas mismas un *thank you* que causaba un efecto de resorte; la respuesta era otro *thank you* inmediato.

Cuando Steve y yo entramos de nuevo en el mundo de los libros de cuentos yo me sentí en la gloria. Había tanto donde elegir, tan buenos con unos dibujos tan magníficos, que gocé de veras, sobre todo acordándome de lo poco que había en mi infancia española, y eso que yo fui extraordinariamente privilegiada en este sentido. Los libros infantiles españoles en los años cuarenta y cincuenta (yo nací en 1947) no se podían comparar visualmente con los extranjeros de la misma época. Podía darme cuenta de la diferencia porque en casa había cuentos de otros países y en el colegio usábamos libros de lectura alemanes. Los cuentos españoles me parecían agrios, con un fuerte toque de realismo que encontraba vulgar y «de poca clase». Los Carpantas y el *TBO*, por ejemplo, me chocaban como ajenos a mi entorno. La imaginería de los cuentos extranjeros tenía una delicadeza, unos colores tan bonitos, un misterio, que se acomodaba perfectamente a mi mundo protegido de niña bien. Cuando en mi *Bayerisches Lesebuch* (Libro de lectura bávaro) se hablaba de la Pascua, la ilustración que acompañaba al texto no era un Cristo muerto y sangrante, con el corazón de su madre atravesado por cuchillos, sino animales que aun siendo muy realistas estaban siempre representados con ternura: liebres en la madriguera, conejitos cargados con cestos llenos de huevos de colores y relacionándose unos con otros en actitudes y paisajes muy diferentes a los nuestros, sin caer nunca en el edulcoramiento blando de los españoles. Era una religión influida por un paganismo diferente al español, por las sagas del norte de Europa, y en los dibujos se veían bosques nevados, con las primeras flores de la primavera surgiendo del blanco, y poblados por seres benignos: las hadas, san Nicolás con el saco lleno de golosinas para los niños. En España, en cambio, lo religioso tenía una manifestación especialmente sangrienta.

La cultura que dominaba el país, la castellana, hacía gran hincapié en el realismo como única manifestación válida de nuestras letras. En el libro de literatura del bachillerato se nos describía el *Poema de Mío Cid* como lo más excelso, lo realmente válido dentro de la canción de gesta, dando por hecho que la *Chanson de Roland* tenía menos mérito por unos ángeles que en el poema se le aparecen a Roland, elemento fantástico que, según nos decían, echaba por tierra cualquier intento de comparación entre los dos y venía a demostrar que no había nada como la sobriedad y la realidad castellanas. Los ángeles mencionados en el *Poema de Mío Cid*, nos explicaban, no echaban por tierra el mérito nacional del realismo literario porque se aparecían al héroe en el sueño. Yo pensé mucho en la insistencia en alabar la falta de magia en un país donde se creía a pies juntillas en milagros de todo tipo y donde había iglesias que guardaban reliquias extraordinarias, como la de Liria, que custodiaba una pluma del arcángel san Miguel.

Cuando llegó el momento inevitable de comparar mis libros infantiles con los de Steve encontré un elemento similar en ambos: el regodeo en el poder del imperio, que en los británicos obedecía a una situación real, ya que en parte seguía existiendo, y en los españoles respondía a una neurosis de grandilocuencia franquista. El tema religioso brillaba por su ausencia en los libros de Steve y también en *Alicia en el País de las Maravillas*, *Peter Pan*, *Mary Poppins* y *Guillermo*, libros que siendo tan ingleses forman parte del patrimonio mundial. Uno de los críticos victorianos de *Alicia* achaca precisamente su éxito a no tener moraleja ni enseñar nada, como era lo normal en la época. El vicario que aparece en *Guillermo*, que en la España de mi niñez habría aprovechado la mínima ocasión para hacernos tragar agua bendita a manta, aunque impone algo, es un personaje cotidiano, con mujer incluso, la cual se pasa la vida dando tés a las señoras respetables del vecindario. Fue un placer enorme retomar la lectura de *Guillermo* en inglés, por lo bien escrito que está y porque me permitió saborear cantidad de detalles que en la traducción al español, aunque excelente, se perdían por completo. Así, en la versión original, la vulgaridad del señor Bott adquiere un punto muy especial porque habla en un *cockney* mal disimulado con ínfulas de finura, pero *cockney* al fin y al cabo. Aunque hayan pasado muchos años desde que el libro se publicó y con ellos todo un imperio, fuera de Londres queda todavía algo de la vida que se nos pinta en él. A pesar de que ya no se toman regularmente los pudines que tanto le gustaban a Guillermo, sigue en pie el amor de los británicos por los pasteles, no sólo a la hora del té, y ese antagonismo ancestral en contra de la intelectualidad, representado en el libro por los artistas que alquilan *cottages* durante el verano.

No sentí el mismo placer al retomar la lectura de *Celia*. Tuve la sensación de meterme en un mundo completamente ajeno; fue como ver al cabo de los años a una persona con la que tuviste mucha intimidad en el pasado y no saber de qué hablar con ella. Me chocó encontrar tantas referencias religiosas que me resultaron sorprendentes porque no las recordaba, me habían pasado desapercibidas porque constituían parte intrínseca de mi educación. En los demás cuentos que releí, salvo en los populares, sucedía lo mismo, había menciones continuas a los demonios, a los ángeles, a la Virgen..., si no eran ya totalmente religiosos, como *Marcelino pan y vino*, *Fabiola* y todas las historias de santos y santas. En los cuentos que leyó Pablo parecía que el sexismo estaba más diluido que en los míos. Los personajes interesantes de mis cuentos, quitando a *Celia*, *Antoñita la Fantástica* y la Jo de *Mujercitas*, eran todos chicos, una no podía tener heroínas a no ser que le gustaran las mártires vírgenes que acaban siempre comidas por los leones del circo; las demás aspiraban únicamente a casarse. Mi padre, además de los clásicos, me introdujo a los autores que había leído él: Daniel Defoe, Julio Verne, Emilio Salgari, Zane

Grey..., que yo leí con avidez desde muy pronto, hasta que me cansé, porque, exceptuando a Zane Grey, en cuyos libros había heroínas que aparecían al principio, a veces incluso las aireaba un poquillo en el medio, y luego las sacaba al final para darse el beso y casarse, los libros de los demás autores me dejaban siempre un poso de insatisfacción porque normalmente no había una sola mujer en toda la historia. ¿Y para qué si en las expediciones siempre les picaban los mosquitos y las serpientes y sólo eran motivo de engorro? ¿Qué podían hacer ellas en las selvas amazónicas, donde a mí me hubiera gustado estar, si no servían más que de contraste, para poner de manifiesto la fortaleza de los hombres? Incluso en las películas de Hollywood donde había selva las pobres aparecían siempre con falda de tubo, zapatos de tacón y con más laca que un travestí de pasarela; la Jane de *Tarzán*, a pesar de andar envuelta en trozos de piel sugestivos, era más bien un aditamento que no daba para mucho.

El respeto y el amor por la letra impresa fue una de las primeras nociones que le inculcaron a Pablo en su guardería. Todas las semanas llevaban a los niños a la biblioteca pública local para que eligieran el libro que más les interesaba, y a la semana siguiente lo devolvían y tomaban otro. De esta manera aprendían el respeto y el amor por los libros al mismo tiempo que la responsabilidad de utilizar el bien público. Esta es una costumbre muy arraigada en el país desde el siglo XIX, cuando se impulsó la creación del servicio de bibliotecas. A mí me encantaba ver a los niños por las calles de Londres camino de una biblioteca, como también saber la cantidad de ellas que había en todos los barrios de la ciudad. Su número ha decrecido considerablemente porque una de las consecuencias políticas más serias del gobierno conser-

vador fue, como ya dije, la reducción brutal de la finan-
ciación y el poder de los ayuntamientos, y con eso el deterioro de los servicios dependientes de ellos, como las
bibliotecas públicas, que eran el orgullo del país. No hay
más que viajar por Gran Bretaña y ver los edificios civiles que se construyeron en la época victoriana, catedrales del progreso, entre los que se encuentran las
bibliotecas públicas. Las que se han mantenido han mer-
mado sus existencias y sus horarios. Yo, que acababa de
salir de un país donde tantos libros estaban prohibidos
institucionalmente, donde la cultura tenía connotaciones subversivas y donde las bibliotecas públicas casi no
existían, la primera vez que entré en la antigua British
Library sentí verdadera emoción, un sobrecogimiento
enorme por la grandiosidad y belleza de la sala principal,
cuya enorme cúpula azul cielo era un firmamento del
saber. He pasado meses bajo ella, y nunca dejaba de
sorprenderme y emocionarme, era mi lugar favorito de
Londres.

Al principio del capítulo mencioné mi falta de seguridad para hablar con Pablo en castellano cuando era pequeño. Si ahora puedo mirar atrás y escribir todo lo que
viví es porque logré sobrellevar la situación con resultados finalmente muy positivos, pero mis cuatro o cinco
primeros años con él no fueron fáciles. A las dudas normales que se tienen con el primer hijo había que añadir
mi nueva vida en un país extranjero y la carga negativa
que proyectaba hacia mí misma. Nada más nacer él empecé a oír todo tipo de teorías a favor y en contra del bilingüismo, lo que me resultó muy desconcertante. Unos
decían que es perjudicial, que confunde a los niños y re-
trasa su educación, y otros opinaban lo contrario. Yo tenía la experiencia de Cataluña, donde se hablan dos idiomas, y no me parecía en absoluto que sus habitantes

sufrieran ninguna desventaja, todo lo contrario. Unas personas decían que conseguir el bilingüismo en los hijos era muy fácil y otras opinaban lo contrario: yo conocía familias de padre y madre extranjeros cuyos hijos o hijas tanto hablaban los dos idiomas como únicamente el inglés y no entendía muy bien en qué consistía el secreto. Sabía que en las familias donde el padre y la madre hablan una lengua diferente a la del lugar donde viven, el bilingüismo se da sólo porque los hijos aprenden del ambiente, pero en mi caso no era así y me sentía débil frente al poder exterior de esta lengua. Nadie reprimía mi idioma, todo lo contrario, Steve lo aprendió enseguida, pero mi indecisión se debía a una tremenda falta de seguridad en mí misma, el quid siempre de toda la problemática bilingüe.

A los pocos meses de nacer Pablo intenté informarme sobre el tema y me fui a la librería universitaria Dillon's. Allí me dijeron que el único libro que hablaba específicamente sobre el bilingüismo se había agotado, lo que me extrañó muchísimo dada la mezcla de razas y lenguas que hay en Londres. Me fijé bien si en alguno de los múltiples manuales sobre la infancia se mencionaba el bilingüismo pero no había nada. Cuando años después me puse a investigar en los ficheros de la British Library me encontré que lo nuevo había empezado a publicarse después del año 1980. ¡Estamos en el principio de tantas cosas! A partir de 1982 han empezado a salir regularmente publicaciones de estudios y trabajos procedentes principalmente de Canadá y Estados Unidos basados en las experiencias de sus diferentes comunidades lingüísticas, en Estados Unidos específicamente con las hispánicas. Los estudios más modernos sobre bilingüismo me confirmaron lo que ya había aprendido por mí misma y demuestran que este es beneficioso aunque insisten en la separación de las dos lenguas para que el resultado sea satisfactorio. Ahora, cuando veo a los hijos o hijas de una pareja mixta hablando los dos idiomas, me doy cuenta de hasta qué punto el bilingüismo es la demostración andante del esfuerzo paterno y materno.

Pablo había empezado a hablar justo antes de entrar en la guardería y como estaba más conmigo que con su padre, casi todas las palabras que conocía eran castellanas y de saber alguna en los dos idiomas hacía una selección de la más corta. Al poco tiempo de entrar a la guardería se olvidó del castellano y acabó hablando únicamente en inglés. Yo tenía entonces que haber insistido en hablarle sólo en castellano pero me sentía muy insegura con él y no quería añadir una complicación más a nuestra relación. Yo representaba «lo otro» y no tenía la suficiente confianza en mí para que eso no me importara. El hablar a los propios hijos en una lengua extranjera, de no tener con esta una relación extraordinariamente íntima, añade un distanciamiento inevitable con ellos. El primer día que Pablo, con una gran naturalidad, me contestó en castellano sentí una gran emoción. El hablarme en mi propia lengua fue como llegar al alma por vía directa, con un cordón umbilical conectado a lo más profundo, por el cual se deslizaban las palabras sin esfuerzo, con un placer infinito. De haber vivido siempre en España no habría podido percibir nunca esta dimensión tan familiar a otras personas del Estado español que se han criado en una lengua que no es la oficial.

Si uno vive en un lugar donde se habla un idioma que no es el propio, el esfuerzo consciente de contestar todo el tiempo a los hijos o hijas en este último es muy agotador, y si le añadimos una relación conflictiva el cansancio llega a ser tremendo. Yo he mirado a mi alrededor para sacar pautas de comportamiento lingüístico y me he dado cuen-

ta de que para conseguir un bilingüismo total en las parejas mixtas es necesario que la persona extranjera sea muy
positiva con su lengua. Ayuda mucho si el niño o niña pasan el tiempo con ella hasta los tres años y medio, cuando
se ha establecido el habla, por eso los niños hablan más el
idioma extranjero de sus madres que de sus padres ya
que hasta ahora han sido ellas las que los han cuidado.
Una amiga española casada con un británico en Londres
me contó que de sus dos hijos el mayor empezó a ir a la
guardería a los tres años y medio y habló perfecto español. El pequeño empezó la guardería a los dos años,
cuando aún no hablaba casi, y tuvo que reaprender el
castellano más tarde yendo a España, a casa de su abuela.

Pablo habló únicamente en inglés hasta los cuatro
años y eso no fue fácil para mis padres, que no se podían
comunicar con él cada vez que íbamos a España. Yo no
me quise angustiar y acordándome de lo que me había
sucedido a mí con el alemán —lo hablaba bien y lo he olvidado completamente— me dije que lo importante era
la curiosidad y afecto del niño por mi país, por mi cultura, y si los llegaba a sentir, el hablar castellano vendría
por añadidura, lo que acabó sucediendo. A medida que
me fui sintiendo más segura con él empecé a hacer esfuerzos sobrehumanos para hablarle sólo en castellano,
lo que fue muy difícil al principio por tener que romper
un ritmo establecido. ¡Los niños son tan conservadores!
Cuesta comunicarse en una lengua diferente a la propia, más si es con la madre y el padre, con los que se han
establecido desde muy pronto unas reglas de comportamiento bien definidas así que lentamente, muy poco a
poco, de forma apenas perceptible al principio, Pablo
fue aprendiendo a sentir familiaridad con el castellano y
en esto fue muy importante la actitud positiva de Steve,
que apoyó mis esfuerzos en todo momento.

Yo esperaba, por haberlo visto en otras familias, que en un momento determinado el niño se negara de cuajo a hablarlo y sabía que debía tener mucha sensibilidad para no crear conflictos. Una tarde, a los seis años, Pablo, haciendo equilibrios en una tapia baja, me pidió como si tal cosa: «*Mummy, don't speak to me in Spanish*». «¿No quieres ser diferente a los otros niños?», le pregunté. «No», me contestó. Entonces le dije que lo entendía bien y podíamos, si quería, empezar un juego entre los dos, en la calle hablaríamos sólo en inglés y en casa en castellano. No me acuerdo bien cuándo acabó esta fase, pero a los nueve años, al llegar a la escuela secundaria, Pablo estaba orgullosísimo de poder hablar las dos lenguas. Ahora me dirijo a él en castellano y me contesta más en inglés por ser su instrumento de comunicación más íntimo pero habla muy bien mi lengua y tiene una gran naturalidad con ella. Curiosamente, en los momentos en que quiere decirme algo muy cariñoso, lo hace casi siempre en castellano y no sé todavía si es para sentirse más cerca de mí, porque en inglés no hay diminutivos y él los usa en esos momentos, o por todo lo contrario, para añadir un distanciamiento protector a su demostración de ternura.

La relación que hay entre bilingüismo y capacidad de abstracción empezó a manifestarse cuando vi que Pablo era capaz de distinguir a los dos años entre un significante y un significado, abriendo con ello la mente a la dualidad. Me interesó mucho el que pudiera separar desde el principio el sonido de la idea porque implicaba un reconocimiento inmediato de la existencia de «lo otro», de que había diferentes formas de ver y decir las cosas. Eso tenía a la fuerza que influir en el desarrollo de su pensamiento enriqueciendo su forma de ver el mundo. Para mí, educada en una sola lengua y en un país que consideraba lo «otro» sino como enemigo acérrimo, o al menos sospechoso, cada significante parecía tener un solo y exclusivo significado. Los extranjeros y los nacionales que no hablaban castellano como lengua materna se acercaban a la dualidad peligrosa o a un estado de salvajismo («Llamamos bárbaros a los que no se asemejan a nosotros», dijo Montaigne). El bilingüismo es mucho más complicado de lo que parece y cuando empiezas a considerarlo te das cuenta de hasta qué punto ha estado siempre dominado por manipulaciones políticas. La actitud monolingüista es la prevalente, creyéndose a sí misma la norma a pesar de que la mitad de la población mundial es bilingüe, hasta el punto que resulta difícil encontrar una sociedad totalmente monolingüe. Alguien dijo una vez que las lenguas tienen ejércitos, y esa ha sido la realidad en muchos países donde la cultura dominante se ha creído con derecho de estrujar y reprimir, en nombre de «la pureza de la lengua», las lenguas habladas por las minorías, dedicándose a erradicarlas de una forma sistemática más o menos burda. La utilización de la lengua como instrumento de dominación es muy antigua, así lo entendió ya Antonio de Nebrija cuando le comentó a Isabel la Católica: «Siempre la lengua ha sido compañera del imperio». Yo tenía en mi mente el modelo franquista hacia otras lenguas que no fueran el castellano, y cuando empecé a conocer la historia de Gales me di cuenta de que allí había pasado lo mismo pero en el siglo pasado. Uno de los métodos empleados en las escuelas para erradicar el galés, de gran efectividad, fue avergonzar a los niños y niñas que lo hablaban colgándoles un cartel de madera al cuello que sólo se podían quitar para dárselo a otro niño o niña que oyeran en la clase hablar galés. Las revueltas de Merthyr y Newport indujeron al Parlamento inglés a pensar que la solución para atajar el problema era: «Crear un buen sistema de educación que por medio del inglés llevara a Gales el progreso y la civilización. El resultado sería la creación de una población inteligente estableciendo al mismo tiempo el orden público. Esto se llevaría a cabo costara lo que costara con la ayuda del ejército, la policía y las prisiones». El contacto con Gales me hizo pensar seriamente en el hecho de que cuando dos lenguas se encuentran normalmente se presupone que una es más prestigiosa que la otra. La lengua dominante, como dice Grosjean, es considerada más bonita, más expresiva, más lógica, mejor equipada para definir conceptos, y a las otras se les pone la etiqueta de bastas, gramaticalmente pobres, etc. El prestigio del multilingüismo existe cuando se trata de primeras lenguas europeas, y sin embargo se pasa por alto el hecho de que muchos asiáticos y africanos son capaces de hablar dos o tres idiomas sin ninguna dificultad. En Londres, ILEA, autoridad educativa de la capital, protagonizó una profunda transformación en la actitud prepotente del inglés como lengua dominante. El cambio consistió en promover en los colegios el valor de los idiomas africanos y asiáticos y con ello reforzar el prestigio de culturas antes no respetadas por pertenecer a los emigrantes. En el colegio de Pablo, que era uno de los más vanguardistas de la ciudad en este punto, habían reservado parte del presupuesto para traducir los libros de cuentos que usaban los niños y niñas para aprender a leer.

Las connotaciones socioeconómicas del bilingüismo son fascinantes y a veces muy trágicas. Por ejemplo, he conocido numerosos casos de mujeres emigrantes a quienes sus maridos apenas han dejado salir a la calle, por lo que han tenido que utilizar a sus hijos o hijas como intérpretes, pero estos después las han rechazado por considerarlas primitivas por el hecho de no hablar la lengua del poder. Conozco en Londres a muchas mujeres no británicas que se han comunicado siempre con sus hijos e hijas en inglés a pesar de hablarlo mal. En los años en que fui miembro de la junta directiva de la casa de acogida para mujeres latinas golpeadas, siempre que tuve ocasión traté de convencer a las residentas de que hablaran en español a sus hijos e hijas, de que con ello les hacían un gran favor para el futuro. Las personas cuyos hijos sólo han aprendido inglés reconocen con cierta pena que hubieran hecho mejor hablándoles en su lengua, y se arrepienten de no haberse esforzado más, pero en su momento no supieron o no pudieron hacerlo. La diferencia entre la actitud de los hijos e hijas de los emigrantes que se niegan a hablar la lengua de sus padres y madres y los de la clase media y alta, orgullosos de hablar las dos, radica en la seguridad de los progenitores hacia la propia cultura, que comunican sin darse cuenta a sus hijos e hijas.

Aunque las clases más altas de los países colonizados puedan tener un respeto esnob hacia la cultura «superior», están en una situación social o económica muy diferente de la que tienen los emigrantes económicos. Los hijos de estos son conscientes de que sus padres huyeron de la miseria, y quieren evitar que al hablar la lengua de sus mayores se les asocie con la pobreza. Cuando se dan cuenta de lo que han perdido (si llegan a darse cuenta), casi siempre es demasiado tarde. Las interferencias entre dos lenguas propician actitudes de esnobismo. Si las interferencias se dan en un intelectual, pensamos que es una persona muy sofisticada; si se trata de un diplomático, que intercala en su discurso palabras en dos o tres idiomas, pensamos que es muy chic, pero si el que mezcla los dos idiomas es un emigrante, lo consideramos poco instruido. Alguien interesado en sociolingüística tendría que haber oído las reuniones que celebrábamos las componentes del Latin American Women's Aid. Al castellano «desbaratao» por la nomenclatura de las instituciones británicas (es muy difícil traducir todo el tiempo ciertos términos burocráticos) se añadía la riqueza del castellano hablado en los diferentes países iberoamericanos. Un día, decidida a erradicar el «espanglish», me presenté en una reunión con el diccionario para inspirar en las asistentes intenciones lingüísticas reformadoras. Pero la cosa fue más complicada de lo que yo había imaginado. Cuando en lugar de *council* propuse usar la palabra correspondiente en castellano nos encontramos que en unos países de la América hispana se decía cabildo, en otros concejo, concejo municipal, intendencia, etc. Así que volvimos a la terminología inglesa, que de todas maneras expresaba algo diferente a los términos mencionados. Néstor Almendros me decía una vez que hablar la lengua materna es como llevar pantalones tejanos, pero que lo más cómodo de todo es poder hacerlo con alguien que hable los mismos idiomas que uno para poder utilizar las mejores palabras de cada cual.

Los padres que hemos educado a nuestros hijos e hijas de forma bilingüe desde el primer momento hemos comprobado que aprenden a hablar más despacio que los demás, e incluso puede haber un retraso entre los dos y los diez años, pero a partir de la secundaria se ponen al mismo nivel que los otros estudiantes, con la ventaja de tener dos idiomas y a veces más. Dipa, la hija de mi amiga Kima Guitart, habla cuatro lenguas: el catalán de su madre, el italiano de su padre, el castellano, y el inglés que está aprendiendo. A la mayoría de los padres les gusta que sus hijos e hijas aprendan pronto las cosas pero algunos interpretan la lentitud en empezar a hablar como un signo de inteligencia. Einstein tardó tanto en hablar que sus familiares estaban convencidos de que no llegaría a ninguna parte. Una consecuencia que se puede sacar de todo esto es la gran resistencia del hombre a aceptar lo diferente, y esa ha sido mi gran lucha y mi empeño desde que llegué a Gran Bretaña. Tratando de asumir positivamente «lo otro» he logrado entenderme más a mí misma, al ser yo también un «otro» magnificado en la reflexión de lo opuesto.

Cuando Pablo tuvo año y medio pensé que ya era tiempo de informarme sobre el asunto de las guarderías para dejarlo a los dos años algunas horas y así yo poder trabajar. Convencida de que en Gran Bretaña, un país tan avanzado en las cuestiones sociales, encontraría guarderías por todas partes, empecé a indagar entre las vecinas que tenían niños o niñas pequeños para saber cuáles había cerca de casa. Me dijeron que las pocas que había exceptuando en situaciones extraordinarias de familias límite, sólo aceptaban a niños mayores de tres años y medio. Por supuesto, no las creí, pensé que eran unas exageradas, primero porque empezaba a acostumbrarme a la diferencia de expectativas que existían en ambos países, dado que los británicos de mi generación estaban —entonces, ya no— tan habituados a tener buenos servicios sociales que consideraban escaso lo que para mí era una abundancia desconocida. En segundo lugar, sabía que en Gran Bretaña trabajan muchas mujeres y para eso es imprescindible tener buenos servicios preescolares.

Steve me aconsejó llamar al ayuntamiento local para pedir el listado de las guarderías públicas del barrio, y así lo hice. Listado en mano, me lancé a la calle con intención de visitar las guarderías una por una comenzando por las más cercanas. En la primera, además de ser fea y deprimente, con un desconchado que luego se me hizo muy familiar, me dijeron que si yo no era madre sola y mi hijo *battered baby* (sometido a malos tratos) ni lo pensara, porque como las guarderías escaseaban tanto tenían prioridad las madres más necesitadas. Me quedé de piedra. Sobre todo porque pensaba que las niñas y niños maltratados eran algo rarísimo y aquí los mencionaban como quien habla de hijos de padres divorciados. Pensé que me había topado con una excepción y fui a la segunda guardería y a la tercera, y en todas me dijeron lo mismo. Me volví a casa bajo un verdadero *shock*, pensando que había caído en un barrio terrible. Con el tiempo vi que la escasez de guarderías afectaba a todo Londres, y en el resto de Gran Bretaña aún era mayor. Cuando comenté mi experiencia con las mujeres de mi alrededor, me contestaron: «¿No te lo advertimos?». Yo seguía sin reaccionar, sin poder creerlo, y continué buscando. En las guarderías que no me decían exactamente lo mismo que las anteriores me hablaban de unas listas de espera interminables y además consideraban que el niño era demasiado pequeño para ser admitido en ninguna. Aparte de las guarderías del Estado, en algunos colegios, no todos ni mucho menos, había también jardín de infancia a partir de los tres años y medio, pero sólo aceptaban a los niños o niñas que iban a seguir en ese colegio, y de estos, dada la escasez de plazas, tenían prioridad las familias con más necesidad y los hermanos de los niños que ya estaban dentro.

Pregunté entonces cómo podía enterarme de las guarderías privadas y... ¡no había! La única en millas a la redonda estaba en Islington, el barrio de al lado. En 1980, en Londres, sólo encontrabas cierta abundancia de servicios preescolares privados en Chelsea y en el sur de Kensington. Poco a poco fui consciente de lo que podía esperar, pero entre el *shock* por el mito destruido, la novedad y mi inglés defectuoso, me costaba mucho asimilar lo que se presentaba por primera vez ante mis ojos. En marzo del 2002, cuando estoy leyendo las galeradas de este libro veo que el organismo The Daycare Trust ha publicado este mes un estudio sobre las guarderías donde se demuestra que el número de madres que no puede trabajar por el exorbitante precio de los jardines de infancia es cada vez mayor. Cuando años después he explicado la situación en España, nadie me ha creído, el mito que encarna Gran Bretaña en todo el mundo es tan fuerte que hay que vivir en ella para creerse estas cosas. Ese fue el motivo principal que me impulsó a escribir este libro. Siempre que nos encontramos unas cuantas madres extranjeras residentes en Gran Bretaña antes o después salen a flote estas cosas: la diferencia tan grande que hay entre lo que esperas del país y lo que encuentras luego. Los británicos que yo conocía en Londres, aunque protestaran, asumían la carencia de servicios preescolares, pero yo me resistía a creer que en Madrid y en Barcelona hubiera más guarderías que en Londres. Estaba muy confundida porque con ello se me venían abajo un montón de expectativas culturales. La idea que yo había traído de España «en Inglaterra hay guarderías por todas partes» era una leyenda, algo que había sido realidad en un pasado lejano, durante la Segunda Guerra Mundial. Las pesquisas me empezaron a entrenar en los intríngulis del sistema británico y aprendí que mucho dependía de los ayuntamientos y de su tendencia política. Estos tenían unas especialistas en niños *under fives* (menores de cinco años) que organizaban los servicios para esa edad. Ignacio de Juan me hizo ver una vez que esa clasificación de *under fives* parecía describir a una tribu de pequeños viviendo al margen del mundo real.

Si no conseguía una guardería a los tres años y medio la solución que me daban todos era llevar al niño, hasta que empezara el colegio a los cinco años, a unos sitios llamados *playgroups* (grupos de juego), formados por adultos —en aquella época madres— y por menores de cinco años que se reúnen tres horas por la mañana o por la tarde en algún lugar comunitario cerrado (el frío y la lluvia no permiten estar en el exterior) donde hay juguetes para que los niños y niñas se entretengan y se relacionen unos con otros. El éxito de los *playgroups* detuvo el desarrollo de las guarderías porque necesitan poco dinero y son llevados por madres que ven este trabajo como una extensión más de los deberes domésticos. Sin embargo, en muchos casos les brinda la oportunidad de dirigir algo que no sea la casa. Angela Rumbold, la ex ministra de educación conservadora, atribuye el nacimiento de su carrera política a la organización del *playgroup* local. En muchas zonas de Gran Bretaña los *playgroups* son la única oportunidad para los niños de recibir una educación preescolar hasta los cinco años. Una de las promesas de Blair en su primera campaña electoral fue la de promover las guarderías para que todos los niños y niñas tuvieran acceso a ellas.

Los *playgroups* suelen estar en locales pertenecientes a las iglesias o a los ayuntamientos. Varían una barbaridad de unos a otros, y puedes encontrar desde lugares magníficos a cuartos llenos de humedad donde apenas hay juguetes. Los que yo he conocido eran espacios simpáticos, destartalados, con las paredes de colores y ese aspecto un poco desconchado tan característico de ciertos lugares comunitarios de Londres. Los servicios sociales en Gran Bretaña han oscilado de proveer lo básico y fundamental en espacios bien construidos para ello, a la decadencia y cutrez más impresionantes. En la mayoría de los *playgroups* los padres pagan poco, los ayuntamientos establecen el precio. Su problema actual es que, debido a la crisis económica, hay menos personas dispuestas a trabajar en ellos gratis o casi, como había sucedido hasta ahora. Aunque las madres de cada niño o niña ayuden, es necesario que haya una persona que se encargue de la organización. En algunos se da incluso comida a mediodía, subvencionada también para los más necesitados. Una de las cosas más soprendentes para mí del fenómeno *playgroup* fue ver que muchas madres británicas —ninguna extranjera me salió con la misma historia— los aceptaban encantadas, consideraban que eran mucho más beneficiosos que las guarderías porque, según ellas, las niñas y niños pequeños, aparte de que no deben separarse de la madre más de dos horas, no tienen capacidad para relacionarse con los de su misma edad. Steve decía siempre que esas mujeres eran muy «Stoke Newington», una excepción, y pertenecían a grupos ideológicos muy pequeños, pero la existencia del servicio de los *playgroups* en todo el país hablaba por sí sola y, además, durante años los periódicos han mencionado esa forma de pensar como un rasgo particular británico.

En 1980 apenas había servicios preescolares donde dejar a los niños y niñas el tiempo suficiente para que la madre pudiese trabajar; yo no entendía cómo se las arreglaban las madres que tenían actividades independientes de la casa. Pronto hallé la explicación: Gran Bretaña, debido precisamente a la escasez de servicios estatales, es el país de Europa donde hay más mujeres que trabajan a media jornada. La consecuencia de esto es una gran vulnerabilidad, sobre todo a la hora de tener seguros y cursillos profesionales pagados. Como los colegios terminan a las tres y media, y no hay suficientes servicios que entretengan a los niños y niñas hasta que sus madres o padres lleguen a casa, tienen que estar solos después de esa hora y durante las vacaciones, lo que es ilegal en menores de doce años. La renuncia al trabajo fuera de casa por no disponer de guarderías, junto a la inaccesibilidad a muchos lugares por la falta de transporte adecuado, es causa de insatisfacción y de depresión entre un elevado número de mujeres británicas con hijos e hijas pequeños.

En la decisión de cuál era la guardería más conveniente entró en juego mi condición de latina, y dada la frialdad de trato que hay entre los ingleses del sudeste lo que más me preocupó fue el aspecto afectivo, así que decidí dar prioridad a las guarderías donde hubiera trabajadoras de minorías étnicas, mucho más naturales para el contacto físico. Más que una educación «intelectual», me interesaba dejar a mi hijo con mujeres cariñosas que fueran capaces de achuchar bien al niño. Lo inscribí en varias guarderías y mientras tanto fui investigando las llamadas *childminders*, madres que aceptan en sus casas a otros niños y niñas para ganarse un dinero. En Gran Bretaña todo aquel que recibe dinero por cuidar a un niño o niña más de dos horas al día debe estar registrado en el departamento de los servicios sociales de su ayuntamiento; estos son los encargados de dar informes de las mujeres listadas y de hacer inspecciones anuales. Las inspecciones incluyen también a las *nannies* que trabajan para más de una familia al mismo tiempo. En ellas se examinan, además de la higiene y el cuidado general, las actitudes culturales, religiosas y dietarias; en una sociedad multicultural como es la londinense los tres últimos puntos son muy importantes. Las inspecciones son bastante eficientes pero se les han escapado casos de extrema negligencia. Yo he oído historias espeluznantes de criaturas que no habían aprendido a andar o hablar porque los metían en la cuna con la tele encendida todo el día mientras la *childminder* hacía las labores de la casa. Pero no todo es tan negativo, también existen historias muy positivas.

El otro sistema que utilizaban y utilizan las mujeres que no encuentran guardería o no pueden pagarla es juntarse con otras para ayudarse por turnos llevando a sus hijos o hijas a la casa de una o de otra según el día de la semana. Cuanto más tiempo llevaba en Londres más aprendía de la capacidad de las británicas para coordinarse entre ellas y crear servicios utilizando las ayudas oficiales que se podían conseguir en aquella época. A mí me costó bastante al principio porque no conocía bien a nadie en mi situación —de todos los amigos cercanos yo fui la primera en tener un hijo— pero sobre todo por mi falta de familiaridad con el sistema y con el proceso de organización en sí, además de por la extrañeza que me causaba exigir lo que no se paga directamente. En 1996, diecisiete años después de que naciera Pablo, la situación de las guarderías era todavía más dramática, aunque las privadas habían aumentado en un 2 por ciento, lo que no es mucho si se tiene en cuenta que un estudio realizado en 1992 demostró que sólo un 3 por ciento de empresas brindaba algún tipo de cuidado preescolar. Según las estadísticas de la Unión Europea, Gran Bretaña era el penúltimo país en cuanto a servicios preescolares; si antes no había suficientes, con la llegada de los conservadores al poder se cerraron gran número de *playgroups* y guarderías. Portugal gastaba proporcionalmente mucho más de su presupuesto nacional que Gran Bretaña en el cuidado a los niños y niñas. Con Tony Blair, la situación ha empezado a cambiar, y se prevé que para el año 2004 el número de guarderías responda a la demanda, sobre todo en los barrios pobres.

En vista de estas carencias, en los ochenta las mujeres profesionales volvieron a utilizar los servicios de la *nanny*, oficio casi extinguido y que, como el de limpiabotas, ha vuelto a resurgir, índice clarísimo de pobreza. La

nanny, que fue en su tiempo un reducto de las clases altas, es hoy la solución para las parejas que tienen dos
sueldos, y a menudo es contratada entre dos o tres familias para atender a varios niños a la vez. Si hace cincuenta años se tenía *nanny* porque era lo esperado en ciertas
clases sociales, hoy día es una exigencia de trabajo. La
nanny era una institución nacional de la clase alta, en
ella recayó dar afecto y educación a sus niños y niñas,
dentro siempre del orden y la calma. Si algunas fueron
verdaderos sargentos, otras resultaron mujeres dedicadas hasta límites inexplicables. Tradicionalmente su autoridad de educadora se ha considerado en Gran Bretaña superior a la de los propios padres. La frase *Nanny
knows best* (*Nanny* es la que sabe) es una de las que se
utilizan como cabecera de artículo periodístico y para
describir ciertas situaciones. Si pensamos que los padres
veían a sus hijos una hora al día, y a veces ni eso, la
nanny era, y todavía lo es en algunos casos, la responsable total de unas criaturas que entre los siete y los once
años ingresaban en un internado y no salían hasta que
tenían edad de ir a la universidad. Muchas veces, mientras los padres iban de vacaciones por su cuenta, eran las
nannies quienes llevaban a los niños a veranear. La
nanny ha sido el sustituto materno y paterno, y para los
adultos que las tuvieron de pequeños fue el recipiente de
la poca o mucha ternura que hayan aprendido a dar.
Esto es muy complicado psicológicamente, porque a pesar del cariño que se les tiene la diferencia de clase las ha
mantenido en una posición muy ambigua. Una *nanny*,
aunque sea excelente, no puede suplir la riqueza de las
relaciones con otros niños y niñas que ofrece una buena
guardería. Hoy día muchas de las madres que las emplean
no vienen de familias que hayan tenido servicio en el pasado y se comportan con el llamado «complejo de culpa

de la clase media»; son mujeres profesionales que tienen casas enormes, trabajan fuera de casa y se sienten culpables por tener una asistenta, algo que yo no había visto en España ni en familias de izquierda, en las que se supone que la actitud debería ser otra.

Había visitado ya todos los servicios preescolares del barrio, incluso varias *childminders*, pero ninguna me parecía adecuada. Cuando empezaba a desesperarme, llamaron de Thumbelina, una guardería Montessori privada, para decirnos que Pablo, que tenía entonces dos años, podía contar con una plaza libre. Su local era nuevo, con grandes ventanales, las puertas en arco, un enorme jardín y mucha luz. La matrona, Noreen, resultó una mujer estupenda, con el calor de las gentes de Liverpool, y las trabajadoras eran chicas encantadoras y cariñosas. Pablo se entendió muy bien con dos jóvenes negras, Audrey y Maxine, en las que pude depositar toda mi confianza. Cuando le comenté a mi suegra que Pablo iría a una guardería me miró horrorizada y dijo que cómo podía meter al niño en un lugar así. Me quedé estupefacta por su reacción. Yo venía de una cultura que considera los jardines de infancia lugares ideales para que los niños y niñas desarrollen su capacidad de cooperación y sociabilidad. Su actitud me pareció muy rara, sobre todo porque sabía que ella había tenido niñera para sus hijos y que Steve pasó gran parte de su infancia jugando en la playa acompañado únicamente por sus tres setter. ¡Pero cuántas veces olvidamos la realidad y recordamos sólo la fantasía!

¿De dónde venía esta creencia de que las guarderías son nocivas? Por lo que he sabido, de la Segunda Guerra Mundial, cuando las mujeres británicas tuvieron que ocupar los puestos de trabajo de sus hombres, que estaban en el frente. El gobierno empezó entonces una campaña de propaganda masiva sobre los beneficios de llevar a los hijos e hijas a las guarderías. De la noche a la mañana se abrieron miles de guarderías muy bien equipadas y atendidas, permitiendo a las mujeres colocarse en las fábricas como torneras, soldadoras, etc., oficios hasta entonces reservados a los hombres. Al acabar la guerra, el gobierno británico, capitaneado por Beveridge, el creador del bienestar social, dio un vuelco total a la propaganda y mandó a las mujeres a casa para dar trabajo a los soldados que volvían del frente. La táctica que utilizaron para fomentar el regreso al hogar fue la manipulación de las teorías del doctor Bowlby sobre el efecto en los niños y niñas de la carencia de atención materna. Bowlby había estudiado los efectos psicológicos producidos en las niñas y niños evacuados (muchos sufrieron grandes traumas) y había encomiado la atención materna, insistiendo en el daño emocional que las criaturas podían sufrir si se les separaba de sus madres. Esto iba en contra de la rigidez del doctor Truby King, cuyas teorías pedagógicas, seguidas fielmente durante los años treinta y cuarenta, hasta la Segunda Guerra Mundial, insistían en la conveniencia de no dar mimos a los hijos e hijas y amamantarlos a horas fijas; para no ablandarse si lloraban, Truby King recomendaba a las madres que se pusieran algodón en los oídos.

El gobierno británico vio el cielo abierto con las teorías del doctor Bowlby y las aprovechó para convencer a las mujeres de que las guarderías eran nefastas, consagrando todos los esfuerzos posibles en otra campaña masiva que refutara en un ciento por ciento lo que había defendido hacía pocos años. Las guarderías se cerraron de un día para otro, sin avisar. Cuando miles de mujeres fueron por la mañana a llevar a sus hijos e hijas se encontraron las puertas cerradas con un cartel anunciando el cierre o a la matrona diciéndoles que no debían volver más. La confusión fue general. Los documentales que he visto de la época no pudieron reprimir completamente la expresión de disgusto o furia de todas esas madres habituadas a realizar un trabajo fuera de casa por el que recibían un salario, con la seguridad de que mientras tanto sus hijos e hijas estaban maravillosamente bien atendidos. El gobierno vio entonces que el asunto no era tan simple, porque las mujeres no se acostumbraban a la vida doméstica, y no se le ocurrió otra idea mejor que promover las colecciones de novelas románticas que florecieron en esos años. Para cualquiera que tenga un poco de conocimiento de la historia de la mujer, lo que sucedió en Gran Bretaña es algo muy típico y recurrente en todos los países. Siempre que interesa la mujer es utilizada y manipulada oficialmente.

A la influencia de Bowlby se juntó en los años sesenta y setenta la del doctor Spock, que aconsejó menos autoritarismo en los padres para no causar un *shock* emocional en sus hijos e hijas. Al final, la idea de evitar emociones demasiado fuertes acabó por convertirse en obsesión, que en Gran Bretaña se tradujo en no exponer a los niños y niñas a lo que tuviera que ver con la muerte (tabú en el mundo de los adultos), las enfermedades graves y la sangre. Cuando murió mi suegro, Pablo, que lo adoraba, quiso ir al funeral, pero mi suegra se negó: «En mi familia los niños nunca han ido a los funerales». Pablo se llevó un disgusto tremendo y durante mucho tiempo preguntó por qué no había podido ir. El colmo de esta obsesión por edulcorar la infancia fue que muchos teóricos llegaron a decir que los cuentos populares no son buenos porque describen historias terribles, y aunque Bruno Bettelheim trató de poner las cosas en su sitio explicando que los cuentos cumplen la función de preparar al niño o niña para la vida, la idea permaneció. Yo veía la asepsis vital que la clase media británica utiliza con sus hijos e hijas y pensaba en ese lado sádico de la infancia, el interés que tienen los niños precisamente por los temas truculentos. A Pablo le había explicado la terrible historia de un niño inventado, Manolito, que un día metió la mano por el hueco del ascensor, para que él no hiciera lo mismo cuando íbamos a casa de mis padres en Madrid, donde el ascensor no tiene puerta, sólo hay en cada piso la puerta de entrada a los descansillos. Manolito era un niño malísimo y muy desobediente, y como la mano se le había quedado enganchada, habían tenido que venir a salvarlo la ambulancia y los bomberos, con gran ruido de sirenas mientras el niño sangraba y chillaba de dolor. Los amigos de Pablo, fascinados por el clímax final, animado por mis imitaciones de los gritos de Manolito, de sus padres, del portero, de las sirenas de la ambulancia y los bomberos, me pedían que les repitiera la historia, mientras que sus madres, si estaban presentes, me miraban llenas de aprensión.

Cuando Pablo empezó a ir a Thumbelina lo hizo sólo tres horas y media por la mañana. Pronto, las madres de sus amigos de la guardería y yo nos empezamos a organizar para quedarnos con los niños de forma regular y dar tiempo a las demás a hacer cosas. Ninguna de nosotras trabajaba en una oficina, todo lo hacíamos *freelance*, y nos podíamos repartir las horas como quisiéramos. Cuando los niños empezaron a ir al colegio a los cinco años, las madres que conocíamos se reintegraron a trabajos de jornada completa y buscaron una persona que fuera a recogerlos a la salida del colegio, a las tres y media. Algunas madres intentaron con éxito algo que entonces era todavía muy raro y que poco a poco se va haciendo más popular, *jobsharing*, compartir un trabajo dos personas. Los padres ayudaban bastante y alguna que otra pareja se pudo repartir las faenas de la casa de forma equitativa porque el hombre tenía un horario de trabajo muy libre, pero estas fueron las menos. De llevarse a cabo fue casi siempre en detrimento de las típicas carreras de gran éxito material que exigen dedicación completa y una larga jornada laboral.

Cuando Pablo entró en el mundo social de los otros niños y niñas empecé a ver cómo las madres británicas se organizaban la vida en un medio más hostil de lo que parecía desde fuera. Aunque ellas y yo tuviéramos la misma ideología y convergiéramos en un punto común, pertenecíamos a culturas con una forma muy diferente de tratar a los hijos e hijas y hacíamos por inercia cosas distintas llevadas por el atavismo de nuestras costumbres originales. Cuando llegaron las fiestas de los cumpleaños me di cuenta de que en Gran Bretaña hasta los adultos las celebran sin pudor, y no como en España, donde se utiliza el subterfugio del santo. Yo seguí instintivamente la costumbre de mi madre, que tenía una gracia enorme y hacía aleluyas alusivas. Nos confeccionaba también unas «cuelgas», collares de ramas, y de allí nos colgaban miles de bobadinas. También usé mi experiencia de ceramista y confeccioné unos pasteles-esculturas llenos de colores, ríos, montañas, dinosaurios, lo que tocara aquel año. Mi trabajo con el barro se había reducido al pastel anual. Pablo se lo pasaba divino tiñendo el *icing* y una vez cada doce meses soltábamos la vena a los colorantes, sin importarnos la cantidad de grageas de colores y regalices rosas y amarillos que desaparecían a una velocidad nunca vista.

La forma de celebrar los cumpleaños fue cambiando a medida que crecían los niños. A cierta edad empezó la costumbre de alquilar una de las grandes habitaciones que suele haber en los locales donde hay piscinas públicas y que no era nada caro. Después del baño los niños y niñas podían correr a gusto; esto fue de una conveniencia extrema, ya que el agua calmaba los nervios de la chiquillería. La fiesta acababa con la merienda, y al final se pasaba una escoba y no te quedaba el follón de la casa patas arriba y las alfombras churretosas. A los trece años la costumbre fue un *all night party* que entroncaba con la tradición británica de organizar merendolas cuando los adultos están en la cama. A esa edad los sexos estaban muy divididos, y aunque había quien organizaba *parties danzantes*, muchos invitaban exclusivamente a los de su género. Pablo celebró su cumpleaños sólo con chicos, que vinieron a cenar con los sacos de dormir y se pasaron la noche viendo películas de vídeo y jugando en el ordenador. A mí me parecía fatal la dependencia de la pantalla, pero como normalmente la tenían racionada lo encontraban muy emocionante.

Yo me disfracé mucho de pequeña y me dio alegría ver que en Gran Bretaña el disfraz tiene una gran tradición. No existen los carnavales, al ser católicos, y la palabra ha perdido su significado; en Gran Bretaña llaman *carnival* a las fiestas callejeras que se celebran en cualquier fecha del año, como la de Notting Hill, de origen caribeño, donde la gente se disfraza, cosa que, con motivo o sin él, encanta a los británicos. Es la vena profunda del teatro que llevan dentro, tanto que una de las celebraciones de Navidad es ir toda la familia a la Pantomima. Las fiestas de disfraces son comunes a todas las clases sociales, y la clase alta, sobre todo, hace un uso extensivo de ellas porque en un ambiente donde se vive para socializar quitan rutina. Los bailes de caridad con un tema determinado: el Oriente, una ópera, etc., son ideales para atraer a participantes con ganas de lucirse y gastarse una fortuna en el traje; el cincuenta cumpleaños de Elton John es un buen ejemplo de lo que digo. Hackney era una especie de avanzadilla del país, y hasta en lo del disfraz se tenía que distinguir. Nunca podré olvidar lo que me contó una amiga nuestra, de las progres: en el primer cumpleaños de su hijo, que fue concurridísimo, la mayoría de los niños varones llegaron vestidos de bailarinas de ballet, por eso de luchar contra el sexismo.

A medida que Pablo iba creciendo, fui reflejando su infancia en la mía, tratando de entender hasta qué punto él representaba «lo otro» para mí. Él también me vio diferente, por ser mujer y además extranjera, y demostró una gran comprensión ante mi inevitable ignorancia. Un día, cuando tenía nueve años, al salir de una tienda me llevó a un lado de la calle y, muy seriamente, me dijo que debía advertirme algo. Yo le escuché con atención y entonces me explicó que cuando yo pedía las cosas siempre sonreía mucho, y eso no era británico, en España lo podía hacer pero en Londres se veía raro. Me interesó enormemente su percepción y me dio pena ver en qué mundo tan hostil se había criado para pensar que la sonrisa es un rasgo propio de extranjeros. Fuera de Londres no sucede así, y a los londinenses nos sorprende enormemente, cuando salimos de la ciudad, cruzarnos por el campo con personas que sonríen al pasar.

Las referencias religiosas de mi infancia hasta en lo más mínimo y cotidiano, como el ver pájaros volando y decir «van a una primera comunión» o «un bautizo», no tienen ningún sentido para Pablo. ¡Cuántas veces habré comparado mi educación católica con la de él, agnóstica y mucho más respetuosa, responsable y consciente de las necesidades de los demás que la mía! Su sentido ético, infinitamente superior al que yo tenía a su edad, le ha acompañado desde la niñez. Yo, sin embargo, tuve que aprenderlo de mayor por haber vivido en un ambiente político y religioso que nunca me respetó.

10

Es el joven no educado
como un potro desbocado

La búsqueda de un colegio para Pablo me acercó al sistema de educación británico, del que a pesar de haber oído
hablar tanto en España tenía una idea muy superficial.
Había leído cosas sobre los famosos internados británicos, sus castigos corporales, el frío y las incomodidades
mil, y en mi época de estudiante en la Complutense de
Madrid había descubierto los libros de A. S. Neil. Sabía
que Cambridge y Oxford son universidades modelo, que
en 1979 las escuelas británicas de bellas artes se contaban entre las mejores del mundo, que en cada barrio había clases nocturnas —casi gratis— de todo lo imagina-
ble, y pensaba que la enseñanza pública británica era un
modelo de progresismo. Pero, como me había sucedido
tantas otras veces con Gran Bretaña, lo que sabía o no
encajaba ya en la realidad o había sido siempre reducto
de una pequeña elite. Lo que en el extranjero conocíamos de Inglaterra por medio de la literatura primero y
del cine después, se reducía casi exclusivamente a la clase alta y a su visión del mundo. El gamberrismo de los
hooligans, por ejemplo, que no es un fenómeno nuevo,
no salía del país. Las películas que yo recuerdo —*Miss
Brodie*, *The Bells of St. Trinians*, *If...*— no hablan precisamente de las escuelas públicas, y no me viene a la memoria ninguna película donde aparecieran estas, a las que

va el 90 por ciento de la población. Todo ello habla por sí solo de la extracción social de quienes escribieron los libros y los guiones.

Antes de llegar a Londres las escuelas de A. S. Neil, Dora y Bertrand Russell, fundadas como reacción a los internados por considerarlos una especie de sadismo institucionalizado, me eran tan familiares que ocuparon en mi mente un espacio demasiado grande en relación a la importancia que han tenido en la vida cotidiana británica. No podemos olvidar que en 1979 sólo un 5,9 por ciento de la población escolar de Gran Bretaña accedió a una educación privada, interna o no. En 1992 lo hizo un 8 por ciento en la primaria y un 10 por ciento en la secundaria, ya que allí la educación privada es muchísimo más cara y exclusiva que en España. El que a los internados se les llame *public school* añade confusión, pero es que cuando se crearon sí eran colegios públicos, subvencionados por la corona o por ricos filántropos para niños pobres, lo que se refleja en el estatuto de 1382 de Winchester College: «para setenta escolares pobres y en necesidad». La aristocracia y luego la alta burguesía, que educaba a sus hijos en la propia casa por medio de tutores, tomaron conciencia de que la educación pública era mucho mejor, y al meter a sus hijos en ella acabaron desplazando a los alumnos para quienes se había creado, pero nunca le cambiaron de nombre. En Gran Bretaña se sigue llamando *public school* a lo que el resto del planeta denomina educación privada.

Hasta que Pablo no empezó el colegio no me percaté de la importancia que ciertos británicos dan a los internados, convencidos de que sólo estas instituciones son capaces de formar el carácter del individuo. Esta visión depende de la clase social: mientras que para la clase alta son imprescindibles, la media los considera perjudiciales emocionalmente para el niño. La creencia en las virtudes de los internados llevó a decir a Wellington que la batalla de Waterloo se había ganado con anterioridad en los campos de deporte de Eton, y John Russell, uno de los rehenes en Irán, cuando le preguntaron cómo había resistido el cautiverio contestó que después de haberse educado en un internado británico podía superar cualquier adversidad. En España los internados son para los niños y niñas que viven muy lejos de los colegios, pero yo tengo amigos en Londres que dormían en el colegio durante toda la semana a pesar de que este se encontraba en la misma calle donde vivían sus padres.

La escuela primaria de Pablo sirvió, entre otras cosas, para probar la profundidad de mis convicciones en una ideología de izquierda aplicada a lo educativo, minada por todos los flancos en Londres, sobre todo de 1979 a 1997. Aunque yo creyera conocer la educación pública y preferirla a la privada, hasta que Pablo no tuvo muy adelantada su escolaridad no supe bien dónde me había metido, porque mis conocimientos de ella eran ideológicos, no prácticos; mis tíos y primos habían ido a colegios de pago, y yo debí de ser la primera de la familia que pisó un instituto. En Gran Bretaña, cuando buscas una escuela pública primaria, la costumbre es encontrarla en el vecindario, porque hasta la reforma educativa del año 1990 tenían prioridad para entrar en un centro los niños y niñas que vivían más cerca y los hermanos y hermanas de los que ya estaban inscritos en él. Cuando los conservadores llegaron al poder en 1979 introdujeron la competencia y, según ellos, favorecieron la elección eliminando la llamada «prioridad de distancia», pero, ante las protestas de los padres que se vieron obligados a llevar a sus hijos e hijas a escuelas que se hallaban a gran distancia de sus casas, se volvió a cambiar la ley y hoy se cumple a rajatabla. El encontrarme frente a un sistema nuevo me hizo preguntarme sobre la historia de la educación en Gran Bretaña y a compararla con la española. ¿Qué había habido en el pasado de igual o de diferente en los dos países? ¿Hubo en algún reino cristiano de la península Ibérica un rey como Edgar el Pacífico que en el siglo X obligó a los curas de los pueblos a abrir escuelas para enseñar gratis a todos los niños y niñas sin excepción? La gran diferencia entre los dos países es que en España no tuvimos una reforma protestante que abolió los monasterios en 1530 y dio una legislación detallada para poder continuar con la educación que daban las instituciones religiosas, pasando a depender de las corporaciones municipales.

El colegio de Pablo me hizo también pensar en los colegios a los que había ido mi familia. Tío Pepín, por ejemplo, aprendió sus primeras letras en una escuela de Astorga regentada, según él, «por la señora María, a la que no sé por qué llamábamos la tía Petaca. Costaba la asistencia una peseta mensual y había que llevar el banco para sentarse». Cuando por la mañana los niños o niñas llegaban llorando, la insigne señora decía a los adultos que los acompañaban: «Déjelo llorar, déjelo. Lo que llora no lo mea». Mi padre, después de las carmelitas y antes de su internado, había ido a una escuela de La Bañeza de un señor llamado don Servando, cuya mujer atendía por el nombre de doña Társila. La escuela era además hostal para los alumnos que venían de los alrededores. Parte intrínseca de la rutina diaria eran las constantes interrupciones de la criada que entraba en el aula y despertaba al bueno de su amo, que apoyaba la cabeza sobre los brazos cruzados encima de la «cacha pinta», un bastón adornado con manchas a base de quemaduras estratégicas. Don Servando se espabilaba al oír la voz de pito que decía: «De parte de doña Társila que me dé una perrina pa sal». Por estas explicaciones uno podría muy bien asumir que don Servando era un amodorre, pero no, el dómine tenía una idea de la historia tan de representación en vivo que la explicaba en plan dramático, actuando al mismo tiempo que enseñaba. Cuando describía hechos que habían acabado en la toma de armas —el levantamiento del 2 de mayo era el más mencionado— enarbolaba furiosamente la cacha, convertida en trabuco, e imitando el ruido de los fusilamientos y apuntando a los aterrorizados alumnos exclamaba a voz en gritos: «¡Ra-ta-ta-ta, una banda de patriotas!». Su noción de la física era, digamos, original. Mi padre le oyó una vez describir el aire como: «Una materia compuesta de oxígeno, que al ser ligero va para arriba, y de nitrógeno, que pesa más y va para abajo. Entre los dos hacen un equilibrio y sostienen al aire en medio, porque si no se iría a otro lugar».

Una de las cosas que también aprendí en Gran Bretaña fue que el sistema de educación no era igual en todo el país y dependía de las tres nacionalidades —Gales, Inglaterra y Escocia—, y desde 1944 de los ayuntamientos, a los que se dio la responsabilidad y el poder necesario para ocuparse de la enseñanza primaria, secundaria y otros servicios relacionados con ella. En ese mismo año se abolió el pago de matrículas. Cada ayuntamiento decidía el dinero que se quería gastar, decisión que dependía del partido político que estuviera en el poder. Tardé mucho tiempo en ver por dónde iban los tiros y no logré entenderlo bien hasta mucho después de que Pablo empezara la secundaria. Como su generación fue la primera que vivió el impacto de las reformas thatcherianas, a mi desconocimiento del método antiguo se añadió la confusión general de todos los padres debido a los cambios continuos, tan caóticos y precipitados que al poco tiempo fue preciso modificarlos. Por ejemplo: en dos años se modificó tres veces la forma de calificar los exámenes, de modo que los alumnos estudiaron con un sistema y se les tuvo que examinar con otro. Todas las quejas que pude haber oído en España sobre la educación fueron superadas con creces en Gran Bretaña a partir de 1979. El grado general de descontento, frustración, impotencia y depresión de padres y profesorado en la educación pública era nuevo en el país.

Margaret Thatcher trató de crear un sistema de educación más centralizado y que el gobierno pudiera controlar ideológicamente de forma efectiva. Así, por ejemplo, la historia nacional se convirtió en algo completamente eurocentrista y fragmentado con el nuevo añadido de engrandecer al imperio británico minimizando lo más posible la revolución industrial. La señora Thatcher, que tanto hablaba de democracia, no quiso aceptar lo elegido democráticamente debido a que la educación de las grandes ciudades estaba controlada en su mayoría por el partido laborista (el conservador había controlado tradicionalmente el campo) y en Londres especialmente por Inner London Education Authority (ILEA), el organismo que dirigía la educación, de clara tendencia izquierdista y universalista. ILEA dependía del Ayuntamiento Central de Londres (GLC), que la primera ministra conservadora liquidó. Desde finales de los años sesenta cada escuela decidía lo que quería enseñar y la forma de hacerlo, aunque la mayoría tenía un programa general con las típicas asignaturas. Era una educación muy centrada en el niño o niña desde que empezaba su escolaridad, considerándolo un individuo con personalidad propia y no un recipiente de reglas, lo que nunca gustó al gobierno conservador. A partir del curso 1989-1990, cuando se implantó el currículo nacional para todos los alumnos y alumnas de Inglaterra y Gales (Escocia ya tenía uno propio), Inglaterra tuvo por primera vez desde la Edad Media un sistema educativo unificado y centralizado, como en otros países de Europa.

Mientras Pablo estudiaba, el gobierno de Margaret Thatcher, poniendo en práctica su ideología de mercado, promovió la competencia reforzando individualmente las escuelas y ofreciendo ventajas monetarias a las que quisieran salirse de la juridisdicción municipal. No obstante, muchos colegios, incluido el de Pablo, eligieron no seguirlas. Las primeras escuelas que lo hicieron ganaron mucho, el gobierno fue especialmente generoso para incentivar a las demás, y muchas escuelas que tenían grandes déficits de presupuesto, eligieron, en contra de sus principios, salirse de la jurisdiscción municipal para asegurarse así unos presupuestos que no hubieran conseguido de otra manera. La ventaja de no pertenecer a esa jurisdicción radicaba en que cada escuela podía administrar su presupuesto como quisiera y buscar subvenciones donde lo deseara. Antes estaban obligadas por ILEA a contratar un número determinado de personal docente y no docente, y si por la razón que fuera conseguían un dinero extra, por ejemplo en la fiesta anual, no podían disponer enteramente de él, ya que iba al fondo común del ayuntamiento. Poco a poco los directores de colegio dejaron de ser educadores y se convirtieron en hombres y mujeres de empresa, consagrando una buena parte de las horas que deberían dedicar a la docencia en hacer funcionar «el negocio» de la enseñanza. El alumnado, a su vez, se convirtió en consumidor de un servicio. Todo esto no influyó en la educación privada, que sigue una trayectoria diferente de la pública tanto en su estructura y en la composición del currículo escolar como en las fechas de las vacaciones e incluso en la duración de estas.

El énfasis que el alumnado de los colegios privados pone en tener o no vacaciones al mismo tiempo que los alumnos de los colegios públicos es parte del esnobismo de la educación privada británica.

Si mi educación fue una marejada de conflictos que me hizo ansiar algo opuesto a lo que tuve, la de Pablo me sirvió para asentar ideas y recuperar algunas que había rechazado. Yo crecí con dos modelos de educación que, a pesar de que me fueron presentados como muy diferentes, eran las dos caras de una misma moneda: el de mi madre y el de mi padre. Este, después de cursar la primaria en las carmelitas de La Bañeza y en la escuela de don Servando, pasó al internado de los escolapios de la calle Fuencarral de Madrid, donde en los pasillos había este tipo de frases: «La conciencia es a la vez testigo, fiscal y juez», «Es el joven no educado como un potro desbocado». Mi padre lo aprendió todo de memoria y a veces incluso en verso, truco poderosísimo, porque yo, que no tengo memoria, jamás he podido olvidar lo de: «El fémur, la choquezuela, la tibia y el peroné, el tarso y el metatarso, forman muslo, pierna y pie». Mi madre empezó con las monjas de la Milagrosa en Astorga y siguió en el internado de las Damas Negras en Fuenterrabía. Si a mi padre lo educaron en unos principios católicos donde la duda no tiene razón de ser, dirigidos a formar hombres que además de seguir carreras sólidas mantuvieran intactas las enseñanzas de sus mayores, a mi madre la educaron para dama en un clasismo galopante cubierto por una capa de modernidad. Sus monjas, al ser francesas, no profesaban un catolicismo tan de contrarreforma como el español y daban la impresión de ser muy abiertas. Si la educación de mi padre iba destinada al mantenimiento férreo de unos cimientos ideológicos ultraconservadores, la de mi madre se centraba con igual vigor en la práctica de una finísima urbanidad. Cuando llegó la hora de educar a sus hijos, mi padre, que hubiera metido a mi hermano en los curas, pasó por el aro y aceptó que fuera a un colegio suizo, laico y mixto que seguía las normas de los colegios helvéticos públicos. Mi hermana y yo, demasiado mayores para empezar con él cuando mis padres decidieron meternos allí, acabamos en las monjas alemanas, en aquella época uno de los colegios para chicas más caros y exclusivos de Barcelona, y todo en aras del aprendizaje de una lengua cuya dificultad nos abriría el camino a las demás.

Por unas cosas y otras yo acabé siendo el típico caso de niña problemática que suspende todo «a pesar de ser muy capaz», sufría con mi educación supuestamente privilegiada y tenía conciencia de que había otras opciones mucho mejores para mí. Mientras mi hermana y yo sufríamos una enseñanza tradicional, limitadas por todos lados, tanto en el colegio como en casa, donde éramos entrenadas en la cultura de lo monísimo y la superioridad masculina, mi hermano, sin uniforme, iba a un centro abierto a lo nuevo, sin el peso descomunal del clasismo que nos imponía el nuestro. Entonces me prometí que jamás llevaría a mis hijos o hijas a un colegio como el mío: hipócrita y carente de imaginación y creatividad. Toda mi época escolar fue una acumulación interminable y penosa de malas experiencias que reforzaron mi falta de autoestima, por eso ahora, cuando miro hacia atrás, no puedo por menos de asombrarme de haber llegado a ser la que soy. Mi experiencia de mala alumna me ha enseñado más que todas las teorías educativas habidas y por haber. Fui el prototipo de estudiante irrecuperable salvada a tiempo por una fuerza interna que se desarrolló a base de contradecir al mundo exterior.

Mi primera experiencia docente no fue con las madres alemanas, a los nueve años, sino a los cuatro, durante el invierno que pasé en La Bañeza con mi hermana debido a una enfermedad de mi madre. Las tías me metieron en el colegio de las carmelitas, donde había ido toda la familia paterna, como atestiguó tío Luis en un *Adelanto Bañezano* del año 1995 hablando de Manuel, un primo de mi padre, jesuita en Yamaguchi, Japón, que se acordaba de una canción de su infancia: «Las hermanas carmelitas / que nos dan educación / se parecen a los cielos / cuando está saliendo el sol», «Las hermanas carmelitas / con sus hábitos azules / se parecen a los cielos / cuando se quitan las nubes / corazón de mi Jesús / dame valor para llevar la Cruz». Todos ellos guardan muy buen recuerdo de las religiosas y no parecen haberse dado cuenta de algo que a mí me perturbó seriamente y que nunca he podido olvidar por la impresión tan fuerte que me causó. Con el tiempo las imágenes han revivido y han cobrado perfiles mucho más profundos.

En las carmelitas tuve mi primera gran lección de hipocresía: las niñas pobres iban con batas blancas, y las ricas las llevaban de color azul muy oscuro, y no se nos permitía estar juntas en los recreos, no fuera a suceder, como dijo una monja, «que las pobres olvidasen su resignación cristiana y aspirasen a lo que está por encima de ellas». El contacto podía desmantelar el «sí señora, no señora, yo estoy aquí pa lo que usted mande». Y no podía ser. La estrechez de miras de la época y el lugar, además de la falta de sensibilidad de las monjas (entendida desde parámetros humanistas universales), dominaba el ambiente, y eso se vio muy claro cuando en el mes de mayo colocaron el altar. Estaba en una esquina de la clase y consistía en una imagen de la Virgen vestida con manto azul y metida en una capillita de madera oscura, con palomitas de papel blancas que representaban a las niñas;

si eran buenas, iban subiendo cada día por unos hilos tipo polea hacia la imagen. La mía no estaba porque yo era muy pequeña y pensaban que no me enteraba bien del asunto, pero al mismo tiempo me daban disculpas tontas de por qué no la habían puesto. Tenía cuatro años y buscaba incesantemente mi palomita. Una mañana llegué emocionadísima porque la tarde anterior había ido al campo con tía Margarita y, siguiendo la petición de la monja de llevar flores a María, corté un ramito de flores silvestres. Se habían quedado toda la noche en la mesa de la terraza metidas en un cacharrito con agua y a la mañana siguiente estaban tersas y frescas como una lechuga recién sacada del remojo. Mi pena fue grande cuando al poco de entregarlas, orgullosísima, pensando que había cumplido muy bien el encargo, la monja las tiró a la papelera riéndose de ellas con unas niñas, como si yo hubiera hecho algo increíblemente tonto. En la escala tradicional de las flores, las rosas, las azucenas y los alhelíes de los jardines de las otras alumnas estaban muy por encima de mis flores silvestres. Es algo que nunca he olvidado, lo tengo presente como el ejemplo perfecto de la antipedagogía, lo que no se debe hacer si se quiere incentivar la personalidad de una criatura, lo opuesto a lo que sucedía allí.

En la historia de los uniformes y las palomitas empezó mi subversión, fue la primera cuña en las teorías de caridad y amor al prójimo que se fue hincando a medida que pasaba el tiempo, un ensayo para vislumbrar en el futuro el trasfondo de las grandes instituciones. ¿Por qué yo percibí todo aquello de una forma tan diferente a mi familia paterna? ¿Qué mecanismos mueven las fibras del sentido crítico que motiva a unos a querer trascender la verdad establecida mientras otros se aferran cada vez más a ella? ¿En qué momento mi familia empezó a percibirme como alguien diferente que era preciso doblegar? ¿Por qué esas medidas en lugar de producir un ejemplar de mujer acomodaticia dieron todo lo contrario? Acabé de encontrar las respuestas haciendo el psicoanálisis, que en realidad nunca se termina.

El otro colegio donde estudié hasta cuarto de bachillerato estaba regentado por una orden cuya fundadora había sido Mary Ward, una aristócrata católica inglesa que sufrió persecuciones mil en manos de los puritanos de Cromwell y que escapó de Inglaterra por los pelos. Mary Ward era una protofeminista que quiso educar a las niñas en materias no estrictamente domésticas, lo que no se hacía en su tiempo, y luchó a brazo partido con el Papa para que le permitiera fundar colegios; en Gran Bretaña muchos centros llevan su nombre. Las *Englische Fraulein* (señoritas inglesas), como se llama la orden en Alemania, habían formado a las mujeres de muchas familias reales de Europa, y huyendo de Hitler durante la Segunda Guerra Mundial acabaron atracando en el puerto de Barcelona y acogiéndose a la generosidad de una familia conocida que les ofreció acomodo en un magnífico caserón con capilla y jardín, alojamiento que al final de los años cincuenta cambiaron por otro ya propio. Era este un edificio de reciente construcción unido por un enorme jardín a otros edificios de diferente antigüedad. Uno de ellos era producto de un arquitecto que a principios de siglo había copiado por toda Europa partes de iglesias y palacios románicos y renacentistas, artesonados de madera incluidos, para reproducirlos en su casa. El resultado era bastante alucinante, entre película de Drácula y Ciudadano Kane.

Aquella fría extravagancia arquitectónica, con partes desconectadas unas de las otras, era una metáfora perfecta de sus habitantes tal como yo las recuerdo, unas mujeres blancas y severas que no acababan de encajar en el medio donde se habían trasplantado culturalmente. Sus nombres iban de maravilla con el entorno: *mater* Electra, *mater* Wilhelmina, *mater* Melosa... Si por un lado eran más modernas que las españolas de la época, por otro tenían una rigidez y una falta de sentido del humor dignas del káiser Guillermo, y algunas de ellas mostraban incluso una actitud arrogante hacia unas niñas de cultura «inferior». Esa inferioridad era recalcada sutilmente por medio de referencias a lo maravillosa que era la princesa rumana tal o cual, cuyas hijas se habían educado en los colegios-palacio que las monjas habían tenido que abandonar. Por el tono de voz quedaba claro que nosotras, plebeyas sin sangre azul, no les llegábamos ni a la suela del zapato y yo, la mala de la clase, menos que nadie. Había desfases absurdos, como los de la monja de química y física, que porque había sido alumna de madame Curie (eso decía) se empeñó con ahínco en hacer de nosotras ejemplos dignos de tal honor. El caso es que todavía me sé de memoria parte de la tabla de los elementos que aprendí a los catorce años: helio, neón, argón, criptón, zenón, radón o emanación de radio; berilio, calcio, estroncio, bario y radio; zinc, cadmio y mercurio... Lo que nosotras veíamos como exageraciones habrían pasado quizá desapercibidas en el país de origen y yo las analizaba con el microscopio de la defensiva sorna cruel. Mi pericia en imitarlas fue siempre muy admirada, tanto que cuando iba a las casas de mis compañeras me pedían que lo hiciera ante sus padres, que se morían de risa. Todavía hoy cuando oigo hablar a una alemana siento un tic inicial de tomarle el pelo, luego se me pasa.

Las monjas mencionaban de vez en cuando a los rusos con verdadero horror y, a pesar de haber huido de

Hitler, decían, que al fin y al cabo los judíos habían matado a Jesucristo, lo mismo que han dicho tantos cristianos. Entonces no entendía cómo ese personaje que perseguía a monjas y católicos podía ser íntimo aliado de Franco. Mi problema con ellas fue que nunca di el tipo de niña ideal para una institución que tenía por objeto modelar futuras consortes de altos cuadros. Mi rebeldía me costó repetir dos años, odiar el estudio y creerme por mucho tiempo un caso sin remedio. La guerra entre ellas y yo fue abierta y por todos los flancos porque me era imposible reprimir una necesidad imperiosa, por encima de mí y a costa de lo que fuere, que me obligaba a decirles verdades como puños. Ellas no lo podían aguantar, se sentían irritadísimas y profundamente perturbadas por tener que confrontar todos los días un embrión de algo incontrolable que se les escapaba, literalmente, del contexto, para ir al cine Adriano, donde dejaban entrar a los menores sin carnet de identidad en películas no toleradas. En los momentos de mayor recogimiento, cuando exigían de nosotras piedad y el ambiente se tensaba de forma extraordinaria, yo sentía crecer dentro de mí una ola gigantesca de algo que me empujaba sin remedio a la insurrección.

Hubo momentos memorables, como el día en que a la directora —solía dejarse caer por las clases para reforzar su autoridad con discursitos amenazantes— se le ocurrió sugerir: «Si no sois alumnas aplicadas no podremos dar en el futuro buenos informes de vosotras a los novios que vengan a pedirlos». Yo le contesté con esa sinceridad criminal en instituciones del género: «Si mi novio es tan idiota como para venir a indagar al colegio, mejor dejarlo». Mi respuesta fue acogida con el horror y la indignación acostumbrados. Otra vez que la directora apareció por clase y nos hicieron quitar el delantal en se-

ñal de respeto y acatamiento, yo permanecí con él puesto porque hacía tanto calor que me había quitado el uniforme y debajo sólo llevaba la enagua. Si llevar el último
botón de la camisa desabrochado era una infracción de
lesa majestad, incluso en el mes de junio, con aquellos
calores espantosos de Barcelona, donde era un suplicio
verse encerrada en el uniforme de lana, aquella osadía
las conmocionó. El único personaje de aquel colegio que
hoy recuerdo con cariño es la *mater* Electra, que no andaba en guerra abierta contra mí, y eso que me había
pescado dando saltos por los pasillos imitando a los
puertorriqueños de *West Side Story*, que se acababa de
estrenar en Barcelona.

A pesar de sufrir una alienación considerable —la
imaginación era un crimen que se pagaba tarde o temprano—, nunca perdí el espíritu intrépido, sobre todo
cuando iba con Isabelín Fernández en el tranvía 23 que
bajaba por la calle Muntaner. Una vez, hartas de que los
hombres nos pellizcaran donde les parecía o se mastur-
baran frotando sus braguetas contra nuestros traseros
de niñas púberes, decidimos armarnos con algo punzan-
te para clavarlo al primero que nos molestara. Yo encontré en mi casa un imperdible gigante que al desdoblarlo
medía lo menos veinte centímetros. Al salir del colegio
por la tarde Isabelín y yo esperamos con ansiedad uno de
los manoseos típicos para lanzar el contraataque, pero
ese día dio la casualidad que no hubo acercamientos. El
imperdible nos quemaba en las manos. De pronto se
puso frente a nosotras una señora con un culo grandísimo
que pedía a gritos ser pinchado. Isabelín y yo nos mira-
mos cavilando a ver a quién le tocaba hincar la daga. Yo
tenía el imperdible entre mis dedos pero me flaqueaba el
ánimo y no acababa de decidirme. De repente Isabelín,
en un rapto de valentía, me lo arrebató y sin pensarlo dos

veces se lo clavó a la señora en toda la nalga. La señora empezó a dar unos gritos espantosos: «¡Ay! ¡Me han pinchado! ¡Me ha llegado hasta dentro! ¡Son esas!», y nos apuntaba con el dedo. Isabelín y yo la mirábamos sin inmutarnos, poniendo las típicas caras de santas de altar enfundadas en el uniforme de pata de gallo blanca y negra con blazer azul marino. Un cromo de bondad. La gente, con esa simpatía que hay en España hacia los niños, trató de calmarla: «No sea usted exagerada, señora, ¿cómo la van a pinchar así con los plumieres?», y más de uno nos lanzó una mirada de complicidad. Ahora, en Londres, me pregunto qué habrían hecho con nosotras aquí. Nadie nos habría defendido, y no quiero ni pensar en cómo habría podido acabar la historia, como mínimo en un correccional.

La gota desbordó el vaso cuando me confiscaron el periódico clandestino, de un éxito descomunal, que había escrito con María Dolores Jofré y me mandaron a casa bajo la grave acusación de comunista por escribir entre otras cosas algo que se oía entonces mucho, que el caudillo llevaba treinta años con la Victoria. Cuando finalmente mis padres se convencieron de que el tercer papelito verde era inminente —ya tenía dos y al tercero te echaban del colegio—, aceptaron mis ruegos de llevarme al instituto («Allí no hay niñas de tu clase», decían). Al poco tiempo tuvieron que admitir el buen resultado de la idea. En el nuevo ambiente di un cambio radical, florecí, y hasta llegué a ser una buena alumna. En el instituto se valoraba lo que hasta entonces había sido anatema para mí: la argumentatividad. Conviví por primera vez con niñas de otras clases sociales que hablaban catalán cerrado y castellano con diversos acentos regionales, y tuve grandes profesores, como Juan Alcina. Poco a poco comenzó mi fortuita entrada en el mundo real.

Cuando ahora pienso en aquel tiempo me veo completamente vulnerable, tratando de sobrevivir en un mundo absurdo, estrecho y superficial, donde lo más importante era acomodarnos a ser niñas bien aprendiendo unas de otras la parafernalia de tics necesarios para funcionar como tales. Cuando entré en la otra dimensión apareció una amalgama riquísima de seres humanos que actuaban con una variedad extraordinaria de criterios. Para las niñas de mi colegio el universo estaba dividido en dos categorías, la clase «bien» y los demás, cuya ínfima categoría eran los *charnegos*. La clase bien éramos el modelo a imitar, llevábamos siempre las joyas, los zapatos, el jersey, la falda, lo que fuera, de acuerdo con unas reglas que se iban estableciendo como las ondas cuando se tira una piedra en el agua. Alguien, en algún lugar, sentaba un precedente exquisito que las demás seguíamos sin rechistar. El resto de la humanidad que no se atenía a él se perdía en las brumas de la no existencia. Yo fui parte de todo ello, y me acuerdo como si fuera hoy de ir con Isabelín en el tranvía mirando los pies de los viajeros para adivinar por los zapatos si eran niños bien o no.

Queriendo evitar a Pablo mi calvario educativo le busqué un colegio donde se mezclara con todo tipo de niños y niñas. Lo quise mixto, laico, sensible a los problemas de sexismo, y con una buena política de respeto a las minorías étnicas. Las escuelas que visité me gustaron por su ambiente relajado y por el hecho de que, estando limpias, nunca daban esa sensación de reprimir al personal a base de lejía. Las pinturas de los niños y niñas estaban colgadas por todas las paredes, y algo que me sorprendió al principio —luego vi que existía en todas— fue el rincón donde había una cocinita y otros juguetes, creando un ambiente casero en el que no faltaba nunca una caja o baúl con ropa para disfrazarse. Yo gozaba enormemente viendo que consideraban todo esto parte de la educación. Al final encontré una escuela para Pablo que se asemejaba mucho a lo deseado. En ella se respiraba un aire muy agradable y de vez en cuando organizaban guateques para padres y alumnos donde cada cual llevaba comida de su país —el alumnado hablaba veintisiete lenguas maternas—, lo que era sorprendente para mí. Cada vez que había una función de teatro yo me lo pasaba de maravilla por la gracia y la frescura con que estaba organizado todo, por cómo se improvisaba un disfraz a partir de cualquier cosa y por cómo se procuraba siempre que hubiera un papel para cada niño y niña no, como en mi colegio, para las alumnas cuyos padres daban más dinero a las obras del centro.

Por otra parte, las escuelas primarias públicas de Londres me asombraron por la decrepitud. Al haber sido construidas la mayoría en la época victoriana y no haberse llevado a cabo las reformas necesarias por falta de presupuesto, se habían convertido en cascarones desconchados. Otro problema era la carencia de espacios verdes, reducidos a unos patios enclaustrados a veces bastante patéticos; pero yo los comparaba con mi educación en espléndidos edificios y jardines y pensaba que toda aquella magnificencia no me había servido de mucho. Mi educación había sido privada y nunca me planteé la posibilidad de tener gratis las clases de ballet, de gimnasia, de piano, de flauta... De pronto me veía inmersa en un mundo donde los padres daban por hecho que las clases debían ser gratis, o casi, para cualquiera. Lo que en España hubiera sido muy exclusivo y caro, en Londres, antes de los recortes de los conservadores, estaba al alcance de todo el mundo. Las madres de clase media (en la clase alta lo hacen las *nannies*) pasaban sus tardes en febril actividad llevando a sus hijos e hijas al mayor número posible de actividades extra, y las criaturas acababan teniendo unas agendas apretadísimas, dignas de un ajetreado hombre de negocios. Tanto es así que los psicólogos han empezado a hablar de la necesidad de que el niño tenga tiempo libre para que se organice sus propios juegos y no dependa de una rutina severa desde que se levanta hasta que se acuesta.

La escuela primaria de Pablo me puso en contacto directo con la mezcla de lo que en mi infancia habríamos llamado razas y hoy minorías étnicas, y si introducían la variación, la riqueza de puntos de vista, acostumbrando a los niños y niñas a convivir con otros cuya ideología o religión eran muy diferentes a la propia, ralentizaban la educación ya que había un alto porcentaje de alumnos y alumnas que llegaban al colegio sin hablar casi inglés. A mí me resultaba muy curioso ver que aunque todos convivieran juntos y aprendieran unos de otros, sin que los padres les dijéramos nada la mayoría de los niños acababan haciéndose amigos de los de su misma clase social. Las minorías se quejaban de que los británicos blancos son muy fríos y muy suyos, que no se podía entablar amistad profunda con ellos, y estos, a su vez, se lamentaban de que las minorías sólo estaban interesadas en sus propias costumbres y no se esforzaban por tratarse con los blancos. El colegio era muy progresista, uno de los primeros en aplicar las nuevas tendencias en la sensibilización con las minorías étnicas, y ponía un énfasis especial en integrar a todos los niños y niñas valorando las diferentes culturas y lenguas. Este énfasis hacía que las escasas subvenciones especiales fueran utilizadas en traducir los cuentos a las lenguas que se hablaban más, como el turco, el urdu y el gujerati. El colegio de Pablo era uno de los que siempre atacaban los periódicos de derecha, que lo tenían entre ceja y ceja, tergiversando cualquier decisión que se saliera un poco de lo corriente. No digamos la que se armó cuando el colegio protegió a la familia de unos alumnos turcos que había sido deportada.

A medida que Pablo fue avanzando en la escuela primaria empecé a darme cuenta de que no todo era tan estupendo como me había parecido al principio, fascinada al ver a mi hijo seguir una educación tanto o más positiva que la mía. La teoría general educativa de los años sesenta y setenta, basada en los educadores progresistas de principios de siglo, como Maria Montessori, defendía que en la primaria no se debe forzar demasiado a los niños, utilizando el juego como un instrumento de aprendizaje; pero si no hay material o profesores suficientes la teoría no puede llevarse a la práctica y se vuelve contra ellos. Los cambios pedagógicos de los años sesenta y setenta habían dado a Gran Bretaña una educación bastante libre que requería clases pequeñas y una alta proporción de profesores, pero al final los proyectos de cambio se les fueron de las manos, sobre todo en Londres, porque la falta de subvenciones no permitió desarrollar el sistema como era debido y por carecer de una autocrítica efectiva. Las dificultades en las escuelas se agravan mucho por la enorme variedad racial que hay en las grandes ciudades, y los conflictos sociales se agudizan con el desempleo. Viniendo de un país como España, donde tanto se había hablado de analfabetismo y autodidactismo, me quedé estupefacta cuando supe el número tan elevado de analfabetos funcionales que hay en Gran Bretaña y la cantidad de niños que entran en la escuela secundaria sin apenas saber leer y escribir. En 1995 más de uno de cada cinco estudiantes acabaron el colegio sin tener los conocimientos propios de un niño de diez años. Los gobiernos conservadores echaron la

culpa de lo que sucedía a las «teorías locas de los años sesenta» y propugnaban un regreso a la enseñanza tradicional. Para ello trataron de disminuir enormemente el
tiempo de juego en la clase e insistieron en el estudio de
las tres «erres»: *writing, reading and (a)rithmetic*. Todos
estábamos de acuerdo en que algo había tocado fondo
en la educación británica, sin embargo muchos disentía-
mos en cuanto a las causas y modos de solucionar el problema.

Steve y yo estábamos en contra de una reglamenta-
ción excesiva de la educación desde una edad temprana,
pero a los dos nos parecía muy raro el concepto de que los
niños y niñas deben aprender poco, como si el saber fuera una carga y no un placer. Otra de las teorías educativas
en boga, que no existía cuando Steve era pequeño, era la
de retrasar al máximo el aprendizaje de la lectura como si
ello constituyera una especie de trabajo forzado. Una de
las controversias más discutidas fue la manera de enseñar a leer. En lugar del sistema fonético que se había usado en Gran Bretaña cuando Steve era pequeño, comenzaron a utilizar el de *real books* (libros de verdad), o sea
cuentos, porque según los especialistas en educación si a
los niños y niñas les das cuentos aprenden las palabras de
memoria y luego empiezan a leer sin enterarse, atraídos
por las historias, reconociendo solos las letras. Argüían
que el método fonético no servía en inglés porque todo se
pronuncia diferente a como se escribe y no hay reglas que
valgan. Sin embargo, Pablo empezó a leer en la guardería
Montessori con una mezcla de los dos sistemas y no le
costó nada. En su colegio enseguida se puso de manifiesto que, si los padres no ayudábamos en casa, la cosa no
marchaba y el niño no arrancaba a leer. Algunas madres
iban por las mañanas a ayudar a las profesoras, porque ellas solas no podían con todo —digo madres porque

cuando Pablo era pequeño no vi a padres que lo hicieran—; normalmente leían libros a grupos de alumnos y alumnas, solución que el gobierno conservador intentó institucionalizar por medio de lo que llamó *Mums army* (el batallón de madres), expresión que deriva de *Dad's army*, los hombres mayores que no fueron al frente por su edad y lucharon desde la retaguardia. A la mayoría de nosotros nos indignó que la marcha de una clase tuviera que estar supeditada al voluntariado de las madres y no al trabajo de profesores pagados como es debido.

La crisis general sumió al país, sobre todo durante los noventa, en un análisis profundo de sus instituciones, y una de las que sufrió más críticas fue la enseñanza. El tema preocupa a todos los padres británicos y, dado su deterioro, se ha discutido largamente en los medios de comunicación, comparando el sistema público con el privado y el sistema educativo británico con el de otros países, sobre todo el alemán y el francés. Cuando se dieron a conocer las estadísticas sobre educación en Europa nos quedamos muy sorprendidos por el escaso número de estudiantes que en Gran Bretaña llegaba a la universidad, si bien el porcentaje que la abandonaba después de empezar era mínimo en comparación con otros países. En octubre de 1993 los inspectores de educación publicaron un estudio que decía lo siguiente: «El sistema educativo británico es tan frágil que los alumnos y alumnas tienen sólo una ligera probabilidad de recibir una docencia de calidad. Las familias inglesas están sufriendo un sistema educativo con bajas perspectivas, baja calidad docente, y pocos logros». El doctor Nick Franks, catedrático de biología molecular del Imperial College, al que entrevisté para este libro, me decía que ellos han prorrogado un año más la carrera de su especialidad dada la deficiente preparación de los alumnos que acceden a la universidad.

ILEA, el organismo que controlaba la educación en Londres, cabeza de turco de los conservadores, fue eminentemente progresista y los excesos, que los hubo, tendieron a polarizar la opinión pública una barbaridad. El gobierno conservador no se anduvo con chiquitas y acusó a ILEA de promover, entre otras cosas, «el anarquismo y la homosexualidad», y no paró hasta eliminarla por completo. La desaparición de ILEA trajo consigo manifestaciones y discusiones que marcaron una época. Nosotros participamos muy de cerca en todos los cambios educativos que empezaron en 1986 y a pesar de estar en desacuerdo con las teorías conservadoras no dudamos de que era necesario realizar una reforma. A mí, que viví el franquismo de lleno, todo esto me resultaba extremadamente familiar. ILEA tuvo cosas muy buenas, como el esfuerzo por conseguir la integración de las minorías étnicas, el énfasis en aceptar otras religiones, no sólo la cristiana, la preocupación por la individualidad de cada estudiante, el intento de erradicar el sexismo, el interés por aplicar en la vida real los conocimientos adquiridos en la escuela, la erosión de una competitividad extrema, etcétera. Lo malo fue que en algunos colegios se aplicó todo tan a rajatabla que se dejaron de practicar ciertos deportes —uno de ellos el fútbol— por considerarlos demasiado competitivos, se eliminaron por completo los exámenes —y sin embargo a los quince años los estudiantes debían enfrentarse a ellos por primera vez en los de reválida— y se rechazó una disciplina tradicional sin tener los medios para implementar otra más liberal. Estas medidas se ganaron la inquina de mucha gente, ya fuera por conservadurismo visceral o porque el sistema de enseñanza estaba fallando en los hijos e hijas de los más necesitados, que salían de las escuelas sin saber siquiera las tres «erres».

Si ILEA tenía por objetivo respetar los diferentes credos para facilitar la integración racial de todos los alumnos, las reformas educativas conservadoras insistieron en la vuelta a una enseñanza cristiana sin concesiones, ante lo cual protestó incluso la Iglesia anglicana. Los cambios educativos de los conservadores pusieron de manifiesto una absoluta preferencia por el sistema ideológico tradicional, «Dios (el cristiano), Patria y Rey», y una vuelta atrás en lo que se tenía por un avance democrático de la universalidad en la educación. Muchos directores de centros educativos acabaron ignorando la ley porque una gran mayoría de niños y niñas o no son cristianos o no tienen religión alguna. David Hargreaves, catedrático de educación en la Universidad de Cambridge, decía en junio de 1994 que la mejor manera de enseñar moralidad es encontrar valores comunes que ayuden a crear el cemento social necesario para la convivencia, y no polarizar a las diferentes religiones como acabó haciendo «la nueva ley».

Tal como está la educación en Gran Bretaña, cada vez son más numerosos los padres que educan a sus hijos e hijas en casa, porque según la ley de 1944 la educación, no la escolaridad, es obligatoria en Gran Bretaña para todos los niños y niñas, sin distinción. Una amiga nuestra que es profesora, en vista de la poca calidad de las escuelas locales decidió sacar a su hijo y dos hijas por las mañanas y darles clase ella misma, y por la tarde iban al colegio con el fin exclusivamente, de relacionarse con otros niños y niñas. En tres meses los tres habían adelantado una barbaridad. Muchos profesionales del tema dicen que los niños y niñas educados de esta manera no pueden luego enfrentarse a las realidades de la vida, pero investigaciones recientes que se han hecho en Estados Unidos, donde un millón de familias educan ellas mismas a sus propios hijos e hijas, demuestran lo contrario. El problema es que en educación una cosa es la teoría y otra la práctica, y como me decía un profesor amigo mío, con larga experiencia docente, con quien discutía el tema de la mezcla de niveles en una clase: «Como educador prefiero clases muy mezcladas, como padre no».

En el test de capacidad que todos los niños y niñas de las escuelas públicas británicas tienen que hacer un año antes de acabar la primaria Pablo logró el nivel A. El test consistía en registrar los tiempos de Pablo en una prueba de lectura y aritmética. El hecho de que el niño hubiera sido incluido en el grupo de máxima calificación hubiera sido motivo de satisfacción para cualquier padre y madre del mundo, sin embargo ese logro suponía una traba para los padres que debíamos batallar en los grandes centros urbanos británicos por obtener una plaza en un colegio público de buena reputación, ya que los centros de enseñanza secundaria admitían un 25 por ciento de niños y niñas del grupo A, un 50 por ciento del B, y un 25 por ciento del C. Con ello ILEA pretendía evitar la concentración en una misma escuela de un determinado tipo de alumnado, asegurando una mezcla equitativa de la composición «natural» en la sociedad. Cuando Pablo empezó la secundaria, la educación pública había empezado a deteriorarse por la falta de subvenciones y se hizo mucho más importante encontrar un buen colegio; dadas las dificultades que había para ser aceptado en los mejores colegios públicos si se vivía fuera de la zona, la pérdida de un 25 por ciento de posibilidades preocupaba a cualquiera.

Es difícil hacer entender a los que nunca han vivido en Gran Bretaña el grado de histeria colectiva que se desarrolló a nuestro alrededor cuando Pablo acabó la primaria y los padres anduvimos de un lado a otro buscando colegios (en 2002 la situación sigue igual o peor). Los niños y niñas que iban a centros privados tenían que pasar el examen de ingreso y los otros ser aceptados o no en el colegio elegido. Según los expertos, para algunos padres el estrés producido por la ansiedad de encontrar un buen centro es similar al de un divorcio o cambio de casa. La gente progresista que tenía a mi alrededor, y que era la mayoría, hablaba con horror del examen de ingreso para entrar en la secundaria. Para entenderlo tuve que conocer cómo había sido el sistema de educación a partir de 1944, cuando se promulgó la ley Butler. Este examen selectivo era dado por hecho en la clase alta ya que era requisito imprescindible para entrar en un colegio privado.

En 1944 la educación secundaria pública, obligatoria hasta los quince años, se dividió en: escuelas *grammar* (el nombre viene de las escuelas medievales donde se aprendía latín), de orientación claramente académica, para los chicos que seguían una carrera universitaria; *secondary modern*, de orientación práctica, y un número limitado de escuelas técnicas, a las que iban a parar los alumnos que supuestamente no eran capaces. En las dos últimas acababan los alumnos sin aspiraciones académicas y, con razón o sin ella, cargaron con la reputación de ser el último recurso para los «tontos». El sistema privado permaneció intacto. Estos tres tipos de educación cubrían aparentemente las necesidades de la clase media, la clase trabajadora y la clase alta. A las escuelas *grammar* se accedía después de haber pasado el examen *eleven plus*, para niños y niñas de once años. Antes de 1944 habían sido de pago, por lo que estudiaban en ellas los alumnos y alumnas de la clase media hasta que tenían dieciséis o dieciocho años. Al haber poquísimas becas, sólo un número muy reducido de niños y niñas de la clase trabajadora podía acceder a ellas, y al hacerlo, dado el tremendo clasismo de la sociedad británica, se convertían en verdaderos héroes. La ley de 1944 fue vital para el avance del país ya que dio la posibilidad de estudiar a personas de la clase trabajadora que de otra forma nunca habrían podido pagarse una educación y hay una generación de magníficos escritores, como Dennis Potter, que son producto directo de esa ley.

El problema de la selectividad a los once años era que muchos niños y niñas con una tardía madurez se veían imposibilitados a seguir una educación superior si no superaban el examen. Era un examen que se realizaba demasiado pronto y que no se podía repetir si se fallaba la primera vez. Tengo un amigo que no pasó a los once años el *eleven plus* y luego hizo un gran carrerón. El partido laborista siempre consideró injusta esa división social tan temprana que impedía dar a todos una igualdad de oportunidades. A final de los años cincuenta el Ayuntamiento Central de Londres (GLC), que entonces dirigía el partido laborista, intentó democratizar el sistema creando las escuelas *comprehensive* para todos los niños, sin distinción. Las tres primeras se abrieron en Londres y las siguientes se abrieron en el condado de Leicester y la isla de Anglesey, donde nació Steve; él fue uno de los primeros en ir a una escuela *comprehensive*. Poco a poco se implantaron en todo el país, quedando en funcionamiento 158 escuelas del tipo *grammar* en los ayuntamientos conservadores, con su consabido examen de ingreso.

A medida que Pablo seguía su educación me daba cuenta del trauma que suponía para los niños y niñas el asunto de los exámenes, sobre todo en algunas zonas, como Londres, donde el sistema había sido más progresista, por haber heredado de sus padres y profesores un gran rechazo psicológico hacia los exámenes. La dificultad se presentaba al final de la primaria y la secundaria, cuando todos sin excepción tenían que pasar un examen para el que nadie les había preparado, porque el que hacían de ensayo no bastaba para quitar de cuajo la fobia a esa forma de calificar, y es muy difícil para los estudiantes que nunca han pasado exámenes tener que enfrentarse de pronto a ellos; les falta una práctica adquirida que no se improvisa de pronto. La inquina por los exámenes en la educación pública británica les ha diferenciado de la privada, donde se aprende a competir desde el primer momento. El examen de ingreso en la primaria, pero sobre todo en la secundaria, es una especie de rito de iniciación para las clases altas y las que pretenden serlo, y eso se revelaba en el tono con que algunas madres preguntaban: «¿Tu niño se está preparando para el examen de ingreso?». Era como indagar si perteneces a uno u otro club, porque este examen, además de un rito académico, ha sido una auténtica criba social e indica un corte bastante fuerte en la pretensión de pertenencia a un lado u otro de la sociedad.

Cuando Thatcher llegó al poder una de las primeras cosas que intentó al reformar la educación fue tratar de suprimir el sistema *comprehensive* por considerarlo poco eficiente. Nunca admitieron que el gran problema de este tipo de centros fue, desde su creación, las continuas críticas y sabotajes de que era objeto por ir en contra del ideal de la competitividad pura y dura. Para entender bien el país hay que saber que Gran Bretaña ha tenido desde los años sesenta dos tipos de educación completamente diferentes, la privada, tradicional y muy competitiva, y la pública, liberal y centrada de algún modo en formar individuos que cuestionen lo anterior. Cuando Thatcher trató de erradicar esta última no se preocupó de hacer una seria evaluación de sus beneficios, puesto que iban en contra de sus principios, simplemente intentó resucitar las escuelas *grammar* asegurando que fueron la verdadera oportunidad de triunfar en la vida para los niños y niñas de familias pobres. En junio de 1996 el gobierno de John Major publicó las cifras de alumnado que recibía becas para el almuerzo escolar, lo que se considera uno de los índices de pobreza más importantes en Gran Bretaña. Según estas cifras, sólo un 0,1 por ciento de estudiantes de las escuelas *grammar* recibían esta subvención, mientras que en las *comprehensive* la cifra era del 17 por ciento. Cuando los padres fuimos conscientes del deterioro de la educación pública, el malestar general fue creciendo, y tanto los que habíamos recibido una formación privada y queríamos otra cosa para nuestros hijos e hijas, como los que habían tenido una sólida educación en buenos colegios estatales, empezamos a inquietarnos de verdad, y la confianza nacional en la educación pública empezó a erosionarse con gran rapidez hasta que a mediados de los ochenta cundió el pánico. Los padres, que veían destruir rápidamente el entorno, no salían de su asombro, y el mío fue descomunal: otro mito a la basura. El susto no resultó mayor por ser extranjera procedente de un país que se había creído a sí mismo «inferior», lo compartía con el 89 por ciento de los nativos acostumbrados desde los años cuarenta a contar con un sistema público gratis de calidad.

Hasta hace veinte años los padres pagaban colegios privados cuando intentaban asegurarse un prestigio social, educación religiosa y la formación necesaria para tener un hijo dirigente; los demás llevaban a sus hijos e hijas al sistema estatal. Con el empeoramiento de la educación esto se ha quebrado y la dificultad para encontrar un centro aceptable en la vecindad era y es febril. Podía verse con humor tamaña desazón que convertía la búsqueda de una escuela en el hallazgo del Santo Grial, lo malo fue asistir al deterioro tan enorme del sistema educativo. El pánico parecía existir a todos los niveles. Vi a padres y madres hacer las mil y una para asegurarse que sus hijos e hijas fueran aceptados en el colegio elegido, algunos incluso falseaban la información y daban como domicilio el de un familiar que viviera cerca. Todo ello se convirtió en un baremo de la verdadera amistad, porque muchos padres y madres, para defender las plazas precarias de sus retoños y evitar un competidor más, trataban de ocultar, incluso a los amigos más cercanos, las ventajas que habían podido observar en las visitas reglamentarias a los colegios elegidos. Fue como la lucha por el novio de buen porvenir en una novela dieciochesca. Mi estupor era indescriptible. ¡Eso estaba sucediendo en Gran Bretaña! Imposible de creer, pero desgraciadamente esa era la realidad. Por supuesto, cuando yo lo contaba en España nadie me creía. Los corresponsales españoles tardaron en describir lo que estaba sucediendo con Thatcher y hasta pasado un tiempo los mismos británicos no fueron conscientes de lo que estaba ocurriendo, sin embargo los que trabajábamos en el sector educativo y social, los que sufrimos desde el primer momento los cortes de presupuesto, supimos bien por dónde iban los tiros.

Para saber en qué colegio metíamos a Pablo pedimos información a bastantes centros, tanto en nuestro barrio como en otros, y esta nos llegó en forma de folletos, que cada vez son más competitivos, donde se describe lo que el centro puede ofrecer. Además de valorar el aspecto del colegio era necesario conocer los resultados obtenidos por el centro en los exámenes de GCSE —una reválida a los dieciséis años— en los cursos anteriores. En 1983, los colegios no estaban obligados por el gobierno a publicarlos, por lo que no los daban espontáneamente, y a veces había que insistir bastante para que mandaran la información. Steve y yo visitamos un montón de colegios y el resultado fue que en nuestro barrio no encontramos el adecuado. Nos decidimos por uno cuyos resultados ese año habían sido muy buenos y además tenía español en el currículo (los idiomas que más se estudiaban en Gran Bretaña en la educación obligatoria eran entonces el francés y el alemán). En esas excursiones por las instituciones docentes, donde parecíamos un grupo de turistas siguiendo a un alumno o profesor encargado de dirigirlas, no llevamos a Pablo, como hacían la mayoría de padres, pero pensábamos que si encontrábamos dos centros similares el niño podía tomar la decisión final. Nuestra actitud parecía a los demás algo autoritaria, pero pretendíamos evitar por todos los medios esas historias en que el niño insiste en un colegio determinado porque tiene una máquina automática de bebidas en la entrada, o detalles similares. El centro que escogimos estaba muy lejos y nuestra casa quedaba completamente fuera de su prioridad de distancia, pero por un trenecito que nos conecta con la zona no se tarda más de quince minutos en llegar y eso había influido siempre positivamente en la decisión del colegio de aceptar a algunos niños de otros barrios. Cuando rellenamos la hoja de solicitud pusimos que Pablo era bilingüe y especificamos que al ser yo española nos interesaba especialmente el seguimiento de mi lengua y este detalle era uno de los puntos que más podía influir. Muchos amigos me comentaron entonces que al no tener ellos ninguna «ventaja étnica» como la mía habían perdido las esperanzas de encontrar un buen colegio para sus hijos si estaba demasiado lejos. Cuando oí eso me quedé asombrada. ¿Étnica yo? Lo somos todos los humanos en cuanto que pertenecemos a una etnia determinada, pero tal como se usa la palabra en Londres significa color tribal y subdesarrollo. El haber nacido en Astorga me daba, desde luego, bastantes puntos en lo de primitivismo exótico, pero de eso a étnica había todavía cierta distancia. Étnicas eran las que llevaban turbante, chador o sari. Con el tiempo la definición me pareció muy adecuada para mí y me sentí muy orgullosa de ostentarla, tanto es así que a mitad de los ochenta, cuando escribí con unas amigas latinoamericanas unas obras cortas de teatro que llegamos a representar en locales comunitarios, discutimos mucho si el nombre del grupo debía ser Las Étnicas.

La búsqueda de colegio generó una movida general para ir a barrios mejores, donde se suponía que al haber más clase media los niños tendrían menos problemas sociales que dificultan la educación. La cosa no parece haber mejorado, porque las agencias inmobiliarias tienen tal demanda de casas en los lugares donde se supone que hay buenas escuelas que ahora lo anuncian en sus folletos. En esa época muchas familias cambiaron Londres por ciudades pequeñas donde la educación pública, al no estar sometida a las presiones de los grandes centros urbanos, ha sufrido menos. El hecho de tener que cambiar de ciudad para conseguir un colegio adecuado a mí me parecía un concepto extraterrestre, pero luego lo llegué a encontrar normal. Una amiga chilena, contagiada por el ambiente, cuando su hijo empezó la secundaria se fue a vivir a un pueblo y no aguantó allí ni cinco meses. A finales de marzo, entre la ausencia total de vida en el entorno, la lluvia y la falta de luz, le había entrado tal depresión que le dio un pronto y decidió regresar a su país. «Esta existencia campestre en la oscuridad sólo la pueden aguantar los británicos», me dijo al marchar. Sin embargo, su hijo de doce años, que había nacido en Londres, estaba encantado con aquello. En la búsqueda de colegio vi de todo. Muchos exiliados políticos latinoamericanos de origen católico, a pesar de no haber tenido contacto con la Iglesia en años y en algunos casos habiendo luchado activamente contra ella, buscando una disciplina que no existía en los centros públicos decidían meter a sus hijos en colegios católicos. Algunos incluso bautizaron a sus hijos de diez años porque el requisito de los colegios católicos es tener sólo alumnos pertenecientes a la Iglesia católica. Yo fui a uno de esos bautizos, y el niño y la niña bautizados encontraron muy divertido que les echaran agua por la cabeza, como si estuvieran jugando a las peluquerías. Por mucho que su madre les hubiera explicado de qué iba la cosa no entendían nada. Los colegios católicos, ante la avalancha de estudiantes que se les venía encima, empezaron a exigir no sólo el bautismo sino una carta de recomendación de los párrocos para dar prioridad a los más sinceros. En esto de la búsqueda de colegio me resultó muy nuevo el que las familias sopesaran el carácter de sus diferentes hijos a la hora de elegir un colegio, con lo que unos hermanos podían ir a un colegio y otros a otro, sin preocuparles la separación; valoraban más el desarrollo del carácter individual.

¿Qué sucedía si los padres no podían irse del barrio y el colegio denegaba la inscripción del hijo por estar la casa fuera del área o por un desequilibrio de los tantos por ciento? En aquella época los padres podían apelar ante el concejal de Educación del ayuntamiento correspondiente. Él o sus empleados estudiaban el caso y decidían a favor o en contra. Si después de esto no se conseguía nada, ¿cuál era la solución? Muchos de nosotros nos habíamos planteado la vida contando con una buena educación pública gratis, y de pronto nos encontrábamos que, aunque eligiéramos la educación privada, no podíamos pagarla. Quedaba la posibilidad de buscar una *grammar school*, pero no todos los niños eran capaces de superar los exámenes de entrada y para muchos padres esa criba era, precisamente, lo que iba más en contra de sus principios. A medida que se fue oyendo cada vez con más fuerza el rumor del descontento, tanto de padres como de profesores, las reacciones ante la crisis escolar fueron muy variadas y la decisión por un tipo u otro de colegio constituyó una prueba de firmeza política para muchas familias. El que esto fuera un dilema tan serio indicaba hasta qué punto la educación pública había formado parte de la conciencia ideológica del país; en los años ochenta era parte tan inalienable del partido laborista que cuando en Islington Peter Powell, concejal de ese partido, que por cierto había sido el Rory Storm del conjunto Rory Storm and the Hurricanes, inscribió a su hija en un colegio privado, no fue seleccionado de nuevo por su distrito electoral. Acostumbrada a mi país, donde una cosa es tener un carnet de partido de izquierda y otra ser consecuente en la vida privada, la actitud británica me admiró desde el primer momento.

En 1994 la ministra de Salud en la oposición, la laborista Harriet Harman, decidió que su hijo no fuera al colegio público local, famoso por sus malos resultados académicos, y lo envió a un centro público situado en un barrio diferente. Todo el país se enfrascó en el debate educativo y en su partido se formaron bandos a favor y en contra. En diciembre de 1994, casi recién elegido Tony Blair, se publicó en los periódicos la noticia de que pretendía llevar al mayor de sus hijos a un colegio católico situado muy lejos de casa, que aun siendo del Estado había elegido salirse de la jurisdicción de su ayuntamiento, y que exigía un examen de ingreso. La que se organizó fue tremenda por tratarse del líder de un partido

que ataca la selectividad y el privilegio, contra lo que habían luchado a brazo partido los laboristas en los años
ochenta. Blair podía muy bien costearse los estudios de
sus tres niños porque además de su sueldo tiene el de su
mujer, una abogada de muy alto nivel —a la que desde
entonces han hecho jueza, y en Gran Bretaña ganan millones—, pero había elegido el sistema estatal aunque
fuera el renovado por los conservadores. Si todo esto cobró tal preeminencia en los medios de comunicación es
porque sucede raramente entre los miembros del partido laborista, lo que dice mucho de la importancia que se
da en Gran Bretaña a la educación pública como base de
una coherencia política. Los periódicos comentaron el
asunto durante días y los políticos conservadores gritaron que el laborismo les daba la razón. La prensa reconoció una vez más que tratándose de educación los
ministros conservadores llevan a sus hijos a colegios privados y los laboristas a los públicos. Si uno pertenecía a
este último partido, no digamos si era político activo, los
hijos iban a colegios públicos tanto por propia convicción como por miedo a las consecuencias electorales.

   ¿Qué sucedió a partir de los ochenta cuando los padres y madres se encontraron que la educación pública
no era la de antes y no podían escoger un buen colegio en
el barrio, ni vender la casa ni irse de la ciudad? Aquí se separaron los campos y la línea divisoria fue pagar o no pagar. Hubo, y hay, los que no podían soltar un céntimo porque no se lo permitía su bolsillo y los que no querían
hacerlo por motivos políticos, como el científico doctor
Nick Franks, que había estado interno en un colegio y se
negaba a que sus hijos pasaran por lo mismo. A muchos
de los primeros la ideología se les confundió con la falta
de medios, porque de haberlos tenido habrían metido a
sus hijos en colegios privados. En todos estos casos la es

trategia fue suplir las carencias educativas estando constantemente encima de los chicos o contratando a profesores particulares. El problema surgía entre las personas con bajo nivel social cuya educación había sido muy deficiente o nula y no podían ayudar a sus hijos ni pagarles profesores. Otros no tenían tiempo, como una amiga nuestra divorciada que trabajaba todo el día y no le quedaban horas para dedicárselas a los suyos, por lo que se había sentido obligada a meterlos a sus hijos en un colegio privado, lo que no hubiera hecho de haber seguido con su ex marido. Entre los que podían y querían pagar hubo posturas muy diferentes: los que se lo pensaron dos veces y los que tenían complejo de culpa porque aunque rechazaban el clasismo habían decidido muy a su pesar entrar en el sistema privado debido al deterioro de la educación.

Para mí fue impresionante contemplar el profundo cambio social que se estaba produciendo, ver desgarro tal por mantener una coherencia ideológica escuchando con regocijo las disculpas que unos y otros daban para justificar ante los amigos unas decisiones que hacían tambalear sus ideas y se les enfrentaban a serias contradicciones. Pero las cosas han cambiado desde 1983 y en ciertos círculos el llevar a los hijos a colegios de pago ya no significa una ruptura moral. El dilema ahora empieza a ser no tanto decidirse a pagar sino cuándo se empieza a hacerlo, porque la selectividad a todos los niveles exige que los niños vayan bien preparados desde el principio. El problema es que en Gran Bretaña la alternativa privada ha sido siempre muy limitada. En 1995 un colegio privado no caro costaba alrededor de cinco mil libras al año (un millón de pesetas en marzo de 1995), y si era internado mucho más; se calcula que la educación de dos niños de tres a dieciocho años salía entonces por 150.000 y 200.000 libras esterlinas (unos treinta y cuarenta millones de pesetas en 1995), el precio de una casa. Yo sé de padres que se han entrampado como han podido para llevar a sus hijos a colegios privados, eliminando de su presupuesto hasta el salir de vacaciones.

Las ventajas o desventajas que tiene la educación pública sobre la privada en Gran Bretaña ha sido la discusión general en los últimos años. Los expertos afirman que en cuanto a los resultados prácticos en la vida la diferencia la marcan los padres y el ambiente del alumno. Una amiga nuestra me decía que el director de Westminster, uno de los colegios más caros del país, le aconsejó que dejase a su hijo en la pública hasta el último momento, ya que los chicos provenientes de ese sector desarrollan unos trazos mucho más fuertes de personalidad, la escuela privada tiende a producir el mismo tipo de individuo; pero eso es precisamente lo que buscan algunos padres y madres.

El primer año de Pablo en la secundaria fue menos duro porque en su misma clase estaba Ariel Rivera, el hijo de unos amigos puertorriqueños que pasaron ese invierno en Londres. Los dos se apoyaron hablando español y sembraron una amistad. Eso no impidió que Pablo —el más pequeño del colegio ya que cumplía los años justo antes de empezar el curso— fuera objeto de ataque por parte de algunos chicos, tanto mayores como de su misma clase, al verlo buen estudiante, menudo y vulnerable. Alguno trató de insultarlo llamándolo «labio torcido», y Pablo, pacifista hasta la médula, se resistía a pegarse con nadie porque le parecía completamente absurdo. Cuando llegaba a casa y hablaba con nosotros, con una madurez que ya la hubieran querido muchos adultos, nos comentaba la pequeñez mental de esas criaturas que tenían que valerse de algo tan patético como insultar a otro por el defecto físico, más en su caso, en que apenas se le nota una rayita en el labio superior. Los más brutos le tomaban el pelo porque no tenía acento *cockney*, y eso lo diferenciba de ellos socialmente. El pobre lo empezó a pasar mal de verdad cuando recibió las primeras agresiones físicas.

Al enterarnos Steve y yo fuimos inmediatamente a hablar con la directora, que tomó las cosas muy en serio y puso en funcionamiento una serie de medidas para impedir que la violencia continuara. Me pregunté si esto sucedía por ser una escuela pública, y me acordé entonces de las historias de humillación y sadismo contadas por amigos que habían estudiado en internados carísimos, los horrores que sufrieron en lugares tan supuestamente refinados. De pronto, al ver lo que estaba pasando Pablo y leer sobre lo que en inglés llaman *bullying*, violencia verbal o física a los demás, me di cuenta de hasta qué punto yo había sido la versión opuesta de mi hijo. Yo me burlaba de las niñas que consideraba empollonas. Mis acciones no eran de gran crueldad y brutalidad pero había en mí un resquicio de ese *bullying*, y en lugar de enorgullecerme por haber sido tan «trasta», vi lo patético que había sido mi comportamiento, causado por la inseguridad y la impotencia. Ahora no me cabe duda de que mis acciones, más bien irritantes, respondían a una envidia inconsciente de las niñas que eran muy buenas estudiantes. Pienso en una en especial que llevaba tirabuzones rubios, grandes y perfectos, que ya entonces estaban completamente fuera de época y desde luego no pasaban nuestro examen de árbitros intransigentes de la elegancia. Isabelín Fernández y yo la teníamos delante en clase de canto y nos pasábamos la hora metiéndole rollitos de papel en cada tirabuzón, que al vibrar, cuando le daba al gorgorito, caían en cascada al suelo. Y vuelta a empezar.

En los últimos años el *bullying* es uno de tantos problemas, como la violencia doméstica, el abuso sexual, etcétera, que se ha empezado a reconocer como tal dándole la importancia que tiene. Antiguamente aconsejaban «pégale tú más fuerte», pero ahora en algunos colegios ponen en funcionamiento políticas especiales dedicadas a erradicar la violencia, y ha habido incluso campañas nacionales para sensibilizar a los implicados en ello. Al tomar el problema con seriedad se ha empezado a valorar el lastre que este tipo de violencia puede dejar en una persona. El caso más extremo ha sido el de Bulger, el niño asesinado por otros dos en Liverpool. En 1994, el colegio de Pablo recibió dinero de la fundación Gulbenkian para crear un programa piloto anti-*bullying*. Una de las cosas que hicieron fue ir un fin de semana varios estudiantes y dos profesores para trabajar sobre el tema «cómo enfrentarse a los conflictos». El grupo pasó el tiempo analizando cómo escuchar mejor, los efectos del lenguaje corporal, cómo mediar en disputas, cómo tratar con la ira, cómo ver las cosas desde otro punto de vista...

Las reformas del gobierno conservador se empezaron a sentir de verdad cuando Pablo entró en la secundaria. Consistieron principalmente en la implantación de una ideología política determinada por unas personas que en su gran mayoría han sido educadas en los centros más elitistas del país y a las que no les interesa ni creen en la enseñanza pública. Jon Snow decía en diciembre de 1994: «Hemos llegado a ser una sociedad ineficaz, social y económicamente hablando, precisamente por haber fallado en dar prioridad al tema de la educación a un nivel suficientemente alto desde el punto de vista político». La lucha por conservar la enseñanza pública ha sido, y es, dura, y los esfuerzos que han realizado algunos británicos para mantener los colegios del Estado llegan a extremos nunca vistos. En el pueblo de Napton, en el condado de Warwick, donde las autoridades querían cerrar una escuela primaria por falta de alumnos, varias madres se quedaron embarazadas para aumentar la demografía y mantener la escuela abierta. La merma en el presupuesto ha sido trágica y ha obligado a muchos colegios a vender sus campos de deporte para mantener la educación. La consecuencia ha sido que las encuestas de la Unión Europea de mayo de 1995 mostraban que los niños británicos eran los peores preparados físicamente, sólo un 25 por ciento de ellos tenían clases extra de actividades físicas. Esto se ha visto en el ejército, donde los fallos en preparación física se han doblado. Las consecuencias para el futuro son obvias.

Cuando Pablo empezó a estudiar historia yo me empecé a subir por las paredes. Me había pasado ya en la primaria cuando al estudiar a los romanos le hablaron únicamente de los de Gran Bretaña; estoy segura de que muchos niños acabaron pensando que los romanos eran un producto nacional. A mí me salió incluso la vena patriótica, absurda, ya lo sé, pero la estrechez de miras me causaba desesperación. Le expliqué a Pablo que los romanos procedían de Roma, de ahí su nombre, y que en España habían dejado construcciones magníficas, como el acueducto de Segovia. Menos mal que lo había visto con sus propios ojos. La historia que él tuvo en su reválida de los dieciséis años consistió en la historia de Camden (un barrio de Londres), historia de la medicina e historia del *far west*. Sin embargo, procediendo de una cultura que ha sido tan poco empírica, tan amante de lo libresco y de la pura verborrea, tan, como dijo Nabokov de la obra de George Steiner, «construida en sólidas abstracciones y opacas generalizaciones», la formación de Pablo en el método científico para hacer buenos trabajos me admiró, ya la hubiera querido yo en la facultad. Su percepción de la historia como criadero de mitos manipulados por los vencedores y su aprendizaje en la crítica histórica a una edad temprana resultaron más agudos de lo que fueron nunca los míos incluso en la universidad, y me pregunto qué va a ser mejor a la larga: mis conocimientos seriados y desconectados de la realidad o los suyos tan específicos y siempre referidos a algo concreto.

Soy muy consciente de que sólo sabremos con el tiempo si nuestra elección de colegio para Pablo fue la adecuada o no. En la vida uno actúa a favor o en contra de la infancia y se tarda tanto, si se consigue lograrlo, en llegar a tener cierta autonomía de los lastres que uno arrastra que a veces es demasiado tarde para reaccionar. La niñez de un hijo nos conecta con la propia, pero la educación todavía más, ya que pone en juego nuestros sueños realizados y sin realizar. ¡Cuántas veces habré comparado a Pablo conmigo! Es algo que lo he hecho tanto sola como en terapia, y aun así me ha sorprendido la incomodidad que he sentido al escribir este capítulo y el anterior, aparentemente tan inocentes. La educación de Pablo me trajo a la memoria la paciencia de mi padre para darnos clase. ¡Cuánto me he acordado de los esfuerzos que hizo por enseñarme, inútilmente, pobre, los problemas más sencillos de matemáticas! ¡Qué impresión cada vez que hablábamos con los profesores de Pablo y oíamos alabanzas! A mi padre siempre le decían que yo era una especie de peligro civil en continuo desacuerdo con lo establecido. ¡Qué discusiones tan tremendas tuve con él y con mi madre desde una corta edad por poner en entredicho todo lo que me rodeaba! Yo nunca he tenido ese conflicto con Pablo y me pregunto qué hubiera sucedido de haber salido reaccionario. Para mi padre Pablo fue durante un tiempo el hijo ideal, un buen estudiante que no crea conflictos; pero su sentido crítico de la vida, de la política, de la religión, en mí lo habrían considerado una auténtica afrenta y descarrío. En marzo de 1995, a sus quince años y medio, me di cuenta de que desconocía el significado de la palabra *repent* (arrepentirse), que en inglés tiene únicamente un sentido religioso.

Hasta que viví en Londres siempre pensé que en el sur de Europa tendemos más a la falta de control y somos más capaces de mostrar agresividad, pero esto se me fue al traste cuando empecé a conocer de cerca el comportamiento de los alumnos en muchas escuelas británicas. En Gran Bretaña existen los dos extremos: o el *yes sir* de los colegios privados o todo lo contrario. He estado en clases donde la falta de respeto al profesor me ha dejado sin habla. En un colegio donde asistí de observadora a varias clases de diferentes lenguas, los alumnos, para decir algo al profesor, saltaban por encima de los pupitres como si fuera la forma normal de llegar a él, y este no parecía inmutarse lo más mínimo. No supe si no decía nada porque le parecía una actitud aceptable o porque estaba totalmente desmoralizado y temía al alumnado. Al hablar con profesores españoles que han trabajado en el Reino Unido, como Mari Jose Eguskiza y Lourdes González Bueno, dos profesionales de gran talla que estuvieron en el Departamento de Educación de la embajada española en Londres en los noventa, su veredicto es que si comparamos la educación española con la británica, en la primaria gana en calidad la segunda, mientras que en la secundaria es mucho mejor la española, sobre todo en los grandes centros urbanos, porque en Gran Bretaña hay niños y niñas que parecen desconocer por completo el concepto de disciplina y, más que eso, carecen de un mínimo de respeto por el prójimo. Esto supone para los extranjeros un gran *shock* cultural, no digamos para los del sur.

Mari Jose Eguskiza, que conoce muy bien la panorámica británica, decía al respecto en 1994: «Lo que encuentran los profesores extranjeros en Gran Bretaña es que en este momento no hay forma humana de estimular a ciertos niños, de tirarles para adelante, sobre todo en barrios conflictivos, al existir la convicción de que van a seguir siendo lo que son desde que nacen, que no pueden salir de donde están. Las medidas educativas conservadoras agravaron mucho la situación. El Estado tiene la obligación de dar una educación básica gratis a todos los ciudadanos y ciudadanas porque si no el que fracasa no es el alumno sino el Estado, que no consigue dar lo que se necesita». El resultado de todo ello es que en 1996 los inspectores de educación concluyeron que entre los chicos blancos de clase obrera hay una «cultura antieducativa», una carencia de interés en superarse, lo que no sucede con los de las minorías étnicas.

Durante los últimos cuarenta años en Gran Bretaña no ha habido un equilibrio en la educación. Hasta la llegada de los conservadores al poder se mantuvo un sistema educativo con mucha ayuda gubernamental, mucho apoyo, pero sin una presión suficiente que agilizara los problemas. Al llegar los conservadores se creó una gran presión pero se quitó el apoyo necesario para llevar a cabo los cambios, y en 1995 se había llegado a la situación de necesitar ambas cosas. Si Gran Bretaña quiere competir de verdad en el campo internacional debe invertir más dinero y apoyar a los profesores que tanto han perdido. En marzo de 1995 el gobierno conservador sugirió un futuro escolar donde los padres van a tener que pagar algo y Blair aprobó el pago de matrículas en la universidad. Es como si hubiéramos vuelto a considerar como nuevo algo que preocupaba a los pensadores de hace un siglo, que la educación es el futuro del país, de un país dividido hoy en día, entre otras cosas, por la misma educación.

Muchos de nosotros, que habíamos abogado por una educación «creativa», palabra esencial que ha llegado a ser odiada por tantos ante el desmadre y el analfabetismo funcional creciente, hemos tenido que replantearnos la situación y hacer un análisis serio de las propias convicciones. ¿De dónde viene la tan cacareada falta de disciplina? Por lo que yo he podido observar, de varios sitios. En las clases bajas, la falta de adaptación y de respeto a un medio cada vez más hostil que induce a pensar en los demás como culpables, la impotencia producida por el desempleo, el convencimiento de no poder cambiar las circunstancias, y la falta de control personal producen *bullies* en cantidades ingentes. Ni que decir tiene que en Gran Bretaña la enseñanza es una de las profesiones que más crisis nerviosas causa. A un amigo nuestro que realizó un curso de profesor al final de los ochenta le tocó hacer sus prácticas en el norte de Inglaterra. Un día se encontró con que a la salida le esperaban el padre y el hermano de un alumno al que había reñido en clase por agredir seriamente a otro con un objeto, acompañados por sendos perros dóbermans (el complemento de cierta clase obrera) y armas contundentes. Nuestro amigo avisó a la directora del centro, que, evitando enfrentarse con los presuntos agresores, le aconsejó escapar por la puerta de atrás. Al día siguiente, la directora, en lugar de reprender al alumno o a sus padres, pidió a nuestro amigo que no volviera más por allí y que hiciera sus prácticas en otro centro. Algunos colegios se han convertido en instituciones sociales que contienen los casos más peliagudos y tienen que limitarse a una especie de control de masas. La violencia de los alumnos llega a tales extremos que en marzo de 1994 la Asociación Nacional de Profesoras pidió que se instalara en sus mesas un timbre de alarma para utilizarlo cuando fueran agredidas seriamente.

Cuando se conoce más de Gran Bretaña algo que nos sorprende a todos los latinos es el poco interés que tiene la clase obrera, sobre todo en Inglaterra, en superarse a sí misma por medio de la educación, como sucedía en otras épocas. No hay esa actitud de esperar que el hijo haga lo que uno no pudo hacer, existe más bien un miedo de que al estudiar cambie de clase social y rechace a la familia de origen. «¿Así que quieres ser más que tu padre?» es una de las frases que he oído cuando la gente habla de estas cosas. En Gales y Escocia siempre hubo otra actitud, aunque parece que está cambiando. Tenemos amigos poetas en Gales que han hecho antologías muy interesantes con mineros y eso sería rarísimo en un ambiente *cockney* londinense, donde los hijos que quieren superarse se concentran en la especulación de la bolsa, en comprar y vender, un paso más allá del trapicheo tradicional de su cultura, siendo buenísima madera para el típico *yuppie*. La creencia en la falta de autoridad de cierta clase media viene de una reacción en contra de la disciplina del pasado, es como si acabaran de salir de un correccional y estuvieran ansiosos por explotar. En esto de la disciplina a mí me parece que Gran Bretaña ha vivido desde los años sesenta algo muy parecido a lo del sexo en España, donde se ha pasado de pegar un trocito de tira negra en el escote de una vedette fotografiada en un calendario a los desfases de auténtica vergüenza ajena que se dan en la televisión española.

El problema de la educación se agravó hasta tal punto que las elecciones municipales del 4 de mayo de 1995 se batallaron sobre todo en ese campo. Los resultados fueron devastadores para los conservadores, una protesta absoluta a los recortes que pensaban efectuar. De doscientos cincuenta ayuntamientos que había en Gran Bretaña en 1979 con mayoría conservadora, en mayo de 1995 quedaron veinte, y ninguno en Gales ni en Escocia. Los resultados de las elecciones generales de 1997 dieron finalmente el veredicto con la ganancia absoluta de Tony Blair. Antes de estas elecciones Frank Evans escribió en una carta a *The Guardian* en abril: «Tenemos un gobierno con una formación excepcionalmente privilegiada que niega a otros sus beneficios. ¡De qué forma se ha evaporado la positiva visión de la posguerra!».

11

Huiste del perejil
y te nació en la frente

Cuando a Pablo le tocó ir a la universidad su curso fue el primero que estuvo expuesto a las reformas del recién llegado Tony Blair, y en cuanto a la educación se refiere, de haber habido alguien que guardara la esperanza de unas novedades socialistas parecidas a las de los años cuarenta, como la gratuidad de la educación, el susto se arrepanchigó en la realidad cual matrona en mullido sofá.

Si en 1991 se terminaron las subvenciones para pagar la vivienda durante el año escolar y se recortaron enormemente las becas de manutención, Blair trajo el pago de matrícula —unas mil libras esterlinas en 1999— y la suspensión total de la manutención que Thatcher y luego Major habían congelado durante años. Con todo ello los préstamos a los estudiantes, creados por los conservadores, se consideran ya algo totalmente inevitable. Hasta la llegada de Blair la matrícula había sido gratis para todos los británicos y residentes, y las becas de manutención, aunque reducidas, se daban a todos los estudiantes dependiendo del salario de los padres. Esto se llevaba a rajatabla. A final de los años sesenta, cuando Steve estudiaba en Cambridge, las becas completas, sin ser grandes fortunas, permitían muy bien vivir de ellas y muchos estudiantes pasaban las vacaciones de verano trabajando para tener más dinero durante el curso escolar. En esa época también, siempre que se tuvieran las titulaciones requeridas, había gran libertad para escoger universidad, y bastantes jóvenes aprovechaban para irse lo más lejos posible de la casa de sus padres. Tengo amigos cuyos hijos, pudiendo muy bien estudiar en Londres y seguir viviendo en casa de su familia, como habrían hecho en España, se fueron a otros lugares o a residencias y apartamentos en la misma ciudad. La costumbre de no estudiar donde viven los padres ha sido tan común —ahora empieza a cambiar— que conozco casos de padres que han pagado residencias universitarias, o han dado dinero a sus hijos para un alquiler que podrían haberse ahorrado, por considerar que el aprendizaje de la independencia es parte esencial de la educación.

Si al principio de los años sesenta los británicos pensaban todavía que las ventajas sociales eran gracias al *Welfare State* (el Estado de Bienestar Social) que salieron del gobierno laborista de 1944, a mediados de los setenta las daban tan por hecho que las consideraban como una parte más del paisaje del Reino Unido, llegando a olvidar la conexión que hay siempre entre ventajas sociales y el voto a uno u otro partido. Exceptuando el bajo porcentaje de personas que opta por la educación privada, el resto se había acostumbrado tanto a pensar que la educación de sus hijos e hijas es responsabilidad del Estado que para muchos al tener que pagar la matrícula y la manutención, aunque puedan hacerlo, ha sido poco menos que una afrenta. Al desaparecer las becas el panorama se ha trastocado radicalmente y todo ello ha constituido para mí un teatro sociológico de enormes consecuencias al ver que la identidad de los países puede cambiar tanto como la de las personas.

A partir de 1991 muchos estudiantes empezaron a

verse en dificultades serias para continuar los estudios por falta de dinero, algo inaudito en Gran Bretaña, y los años de universidad han vuelto a tener características dickensianas, marcados por el malabarismo de equilibrar el esfuerzo académico con una variedad de trabajos a tiempo parcial y mal pagados, lo que hace muy difícil estudiar según qué carreras. En 1993 los servicios de ayuda universitarios estaban ya en crisis debido al enorme aumento de estudiantes que los necesitaban; por culpa de las deudas y el miedo al desempleo los casos de problemas psicológicos se habían exacerbado tanto que algunos *colleges* introdujeron por primera vez listas de espera en estos servicios, viendo cómo algunos estudiantes dejaban las carreras antes de haber podido ser atendidos. Ese año fueron cuatro mil los que abandonaron los estudios debido a las grandes deudas que tenían con la universidad, que les exigía pagarlas antes de darles la licenciatura. En 1994 Gran Bretaña tenía el mayor número de estudiantes universitarios de la Comunidad Europea que únicamente podían serlo a tiempo parcial y en 1995 ya era normal hacer una carrera con deudas permanentes y acabarla con un déficit de varios miles de libras. Todo esto llevó a que uno de cada seis estudiantes preuniversitarios se planteara dejar los estudios por falta de medios. Hasta las elecciones de 1997 los que abandonaban los estudios venían de la clase trabajadora, las minorías étnicas, los maduros y las mujeres casadas, reforzando así de nuevo el perfil profesional de los blancos de clase media. En el año 2001 Blair anunció que suprimiría el pago de la matrícula, algo que ya había hecho el Parlamento escocés al poco tiempo de empezar a funcionar, así como subir mucho los sueldos de los profesores. Escocia ha tenido siempre un enorme respeto por la educación y tradicionalmente ha sido un país mucho más democrático.

En el caso de Pablo hemos podido costearle la carrera, pero su padre le advirtió que si no estudiaba le retiraría la ayuda y tendría que pedir un crédito y responsabilizarse de sus deudas en el futuro. A mí esta forma de actuar me produjo por dentro como un repelús de extranjería, dando de lleno en el síndrome de madre española, pero pensé que es un sistema que da buenos resultados. No conozco en Gran Bretaña historias de estudiantes eternos. Durante el año que Pablo hizo el último curso de secundaria escribió a numerosas universidades, de donde nos llegaron informes magníficamente impresos que promovían con todo lujo de detalles y medios las carreras que ofrecían, los programas de estudio, las tutorías y las instalaciones. Toda la familia se puso en efervescencia para leer aquel fárrago de información, sin olvidar tampoco la de Internet. Pablo mandó la solicitud a varios sitios y recibió ofertas de plazas de lugares muy diferentes, desde las universidades de Bristol y Leeds, que tienen muy buena reputación, a antiguas escuelas politécnicas convertidas ahora en universidades. Otra novedad para mí fue ver que algunos estudiantes visitaban las universidades que más les gustaban para hacer luego una buena selección, como había sucedido con los colegios, de modo que Pablo viajó un poco por el país haciendo inspecciones.

A la generación de Pablo le ha tocado también de lleno la transformación de las escuelas politécnicas, algunas de las cuales se han convertido en muy buenas instituciones y están desbancando con su dinamismo a lo que han sido las universidades tradicionales. Esta conversión empezó en los años ochenta, cuando a Gran Bretaña no le quedó otro remedio que compararse con el resto de Europa, donde la capacitación industrial y el número de estudiantes universitarios era bastante superior, aunque en el cómputo no entraban los adultos que llegan a la universidad británica por medios menos ortodoxos. Para expandir los títulos universitarios la medida que introdujo el gobierno conservador fue convertir en una educación de masas lo que se ha llegado a llamar «educación Rolls Royce», que como dije antes si bien ha sido minoritaria había dado hasta ahora el menor número de estudiantes de toda la Unión Europea que abandonan los estudios antes de acabar. Otro paso más de acercamiento a la España que yo conocí. Lo que de momento no parece haber cambiado (¡menos mal!) es la contratación de profesores, una de las cosas que más me llamó la atención cuando conocí de cerca la universidad británica. Para los que hemos visto en España dar cátedras a personas que se presentan a una sin haber publicado nada —su mérito es haber hecho durante años la pelota al titular—, mientras se la deniegan a candidatos de la misma oposición con un enorme bagaje de libros y artículos publicados, es un alivio comprobar que se pueden hacer las cosas de otra manera.

Hasta que no viví en Londres había creído que la corrupción era un asunto de dictadores latinoamericanos, franquistas que se habían enriquecido a gusto, políticos africanos y cosas así. No había empezado a gobernar todavía el partido socialista. Antes de llegar Thatcher al poder en Gran Bretaña no era consciente de que eso de la corrupción es simplemente un asunto de control en las instituciones que deben ser elegidas democráticamente y si en Gran Bretaña se cometieron actos flagrantes durante los cuatro gobiernos conservadores fue precisamente porque se habían roto los mecanismos democráticos que las regulaban.

Cuando yo llegué a Londres Steve trabajaba en una organización dependiente del ayuntamiento de Islington y conocía a muchísima gente allí. Un día iba yo por la calle cuando me encontré con una mujer que me habían presentado anteriormente y me explicó que había mandado la solicitud para un trabajo en el susodicho ayuntamiento. Ni corta ni perezosa le contesté que en cuanto llegara a casa hablaría con Steve para ver si le podía echar una mano. Ella me miró de forma algo rara, pero como yo hablaba tan mal el inglés no me extrañó. Al llegar a casa le dije a Steve: «Me encontré con fulanita y resulta que la van a entrevistar para tal cosa. ¿A quién conoces en ese departamento? ¿Le puedes echar una mano?». Steve se me quedó mirando asombrado y contestó: «Eso aquí es corrupción». A partir de entonces empecé a darme cuenta de lo que significaba la palabra y su relación con el amiguismo. Ahora que ha pasado tanto tiempo y conozco bien el sistema británico, me río al pensar lo extraño que le debió de parecer a esa señora mi ofrecimiento de ayuda, sobre todo en un organismo que entonces se preciaba de acatar como ninguno la igualdad de oportunidades, y siempre que participo en tribunales de entrevistas (en Gran Bretaña no existen las oposiciones) me acuerdo del incidente. En los organismos donde se sigue la igualdad de oportunidades el procedimiento es más o menos el mismo: antes de constituir el panel que entrevista se debe especificar si se conoce a alguna de las personas aspirantes para no caer en ningún tipo de favoritismo. Si el entrevistado pertenece a una minoría étnica, el panel debe incluir a alguien que no sea blanco e idealmente debería suceder lo mismo con las discapacidades físicas. Las preguntas son las mismas para todos los candidatos, procurando muy mucho no hacer excepciones de ningún tipo que den posibles ventajas a nadie. Antes de comenzar se intenta crear un clima relajado preguntando al entrevistado algo que rompa el hielo, como: «¿Vienes de muy lejos?», «¿Has tenido problemas con el transporte?», «¿Te ha costado mucho encontrar el edificio?», etc. Y luego se le advierte de que el tribunal tomará notas durante la entrevista, para que no se sienta nervioso o nerviosa por ello. Mientras se hacen las preguntas, cada miembro del panel va escribiendo en un gráfico donde se ponen también las respuestas de los otros candidatos. Cada pregunta está calificada por números, por ejemplo del uno al tres. Al final de la entrevista se cuentan todos los números y si hay dos candidatos o candidatas muy iguales se discute la calidad de la respuesta para que no haya posibilidad de corrupción. Una vez decidida la persona, se escribe a los dos nombres que esta ha aportado como referencias. Si las referencias no fueran lo positivas que se espera, se escribiría a las del segundo candidato. Los gráficos se deben guardar durante un tiempo determinado —hay reglas concretas al respecto por si se diera el caso de que uno de los candidatos protestara por no haber sido elegido; de ser así se le mostraría el gráfico para que viera que se hizo lo posible por ser ecuánime.

Hablando de todo esto con el doctor Nick Franks, catedrático y director de un departamento del Imperial College, me explicó cómo reclutan a los profesores en el campo de la investigación: «Todos los cargos se anuncian en la prensa. Si tú fueras la interesada tendrías que mandar el curriculum vitae y, aparte de mencionar los títulos y el trabajo que has hecho, deberías nombrar a dos personas que te conozcan profesionalmente. La única ayuda que puedes esperar de ellas es la posibilidad de que les pidan información sobre ti, lo que normalmente no sucede. Si te eligen para la entrevista es por lo que has hecho y en ese caso se piden referencias de trabajo. Cuando los diferentes tribunales o comités de selección han elegido, se llevan los nombres de los diez mejores al departamento y se llama a estos diez, incluso a los que tengan que venir del extranjero y cada uno de ellos da una clase delante de todo el departamento. Otro comité del *college* elige a cuatro de los diez. En todo este proceso riguroso no hay espacio para nepotismos o favoritismos de ninguna clase porque los aspirantes tienen que pasar por varios comités. Lo importante, por orden, es: *a*) el trabajo que ha hecho el candidato, que constituye un 50 o 60 por ciento, y *b*) las referencias que se piden y la entrevista. Normalmente la entrevista sólo sirve para confirmar lo que uno ha visto en el trabajo».

Otra de las cosas que había en la España que dejé y que se reprodujo luego en Gran Bretaña fue toda la reta-híla de lamentaciones sobre la falta de fondos para la investigación, algo que ha cambiado con Blair. Al llegar Thatcher y recortar los presupuestos, el país dejó de tener importancia como nación investigadora, aunque se haya seguido manteniendo en el campo de la bioquímica. El gobierno conservador, en un documento publicado en 1993, decía que las subvenciones a la investigación tienen que estar en función de la riqueza que vayan a producir, de las necesidades de la industria, porque, según ellos, las tesis doctorales siguen trayectorias poco prácticas. A esto habría que responder lo que dijo Francis Bacon hace casi cuatrocientos años: «Nadie de los que se han dedicado a fabricar algodón o lana ha descubierto jamás la naturaleza del gusano de seda o la misma seda». Lo más grotesco del asunto fue el escudo de armas que escogió Thatcher al ser nombrada baronesa y que salió en los periódicos el 17 de noviembre de 1994; el escudo tiene dibujado a la izquierda un hombre que parece el capitán Haddock de *Tintín* y que representa la marina, refiriéndose con ello a la guerra de las Malvinas, y a la derecha ¡un científico del siglo XVIII! y debajo la frase *Cherish Freedom* (Aprecio la libertad). El pitorreo fue general.

Podría seguir enumerando la cantidad de similitudes que voy encontrando en Gran Bretaña con la España que dejé atrás. Cuando oigo a los británicos quejarse tanto de su país me dan escalofríos. ¿Estoy allí o aquí? Hace muchos años, cuando todavía dudaba de si podría acostumbrarme a vivir en Londres, siempre que me encontraba con una extranjera afincada en la ciudad le preguntaba si se había aclimatado, nunca mejor usada esta palabra. Viniendo de Barcelona era imposible entender que alguien llegara a encontrar normal el gris de Londres, la ausencia de fiestas en el día a día, la frialdad de la gente y la carencia de alegría que hay en toda Inglaterra. De tener niños, muchas de estas mujeres añoraban especialmente sus culturas y me llamó la atención que algunas hubieran hecho un cómputo del tiempo que habían tardado en asumir como propia la vida londinense. Recuerdo a una alemana a la que le había costado tres años, y a una polaca que lo logró al cabo de quince. «Al final te acabas habituando a todo», soltó con un suspiro, y por su tono de voz el «todo» parecía significar lo más abyecto. Yo asentí sin demasiado convencimiento, porque me parecía imposible que el Támesis llegara un día a producirme nostalgia.

Cuando pensaba en mi posible vejez en Gran Bretaña me entraba la misma aprensión que cuando de pequeña se me cruzaba por la cabeza el pensamiento de ¿tendré vocación de monja sin saberlo? Pero los años han pasado y como en *El desierto de los tártaros* de Dino Buzzati y en las novelas de Zane Grey, donde la heroína que viene del este se acostumbra a vivir entre los brutos del oeste, mi historia está ahora en Gran Bretaña, aunque siga abierta la herida del sol, pero ya muchísimo menos. La libertad que encontré aquí vive enmarañada con las carencias de una fuerza intuitiva, bruta, que remueve las raíces del plexo solar, donde la razón va carcomiendo las entrañas tensadas en un tira y afloja de contrastes de luz y querencias que nunca vuelves a percibir de la misma manera. Ese tajo que se ensancha cuando dejas el país donde naciste y viviste hasta la madurez, y llevas para siempre dentro, me ha hecho pensar a menudo en los judíos y entender mejor su dualidad cultural, lo que les empuja a estudiar, a investigar.

Si somos capaces de abrirnos positivamente a la experiencia, el país extranjero nos abre las compuertas de «lo otro» pero nos resta la placidez, el regocijo —sobre todo cuando empezamos a envejecer— de un día a día en el que se repiten los instantes mágicos de sensaciones archivadas en lo más profundo y que reviven con nitidez al agitarse los sentidos por olores, palabras, sabores, luces, ruidos... ajenos al país adoptivo. Los extranjeros luchamos como podemos para colmar ese vacío, que cuanto más tiempo pasa más se llena con la contradicción de irnos asimilando a la nueva cultura y necesitar las propias raíces de formas diferentes a través de los años. Esa fluctuación es lo que hace desatarse de viejas certidumbres. A veces me sucede que cuando pienso en el pasado histórico hay momentos en que siento el británico, sobre todo desde los años veinte, más mío que el español; los dos los he tenido que aprender en los libros, porque del segundo sólo me permitieron conocer una parte. Cuando miro para atrás y veo en la memoria las apoteosis franquistas, los carteles en las iglesias donde se veía al demonio bailando con una chica, el tipo de cultura que floreció bajo Franco, los libros que prohibieron... me parece contemplar una película en la que se ridiculiza la dignidad humana. Cuando oigo hablar a personas que estuvieron en las cárceles de la posguerra española y leo sobre la cantidad de niños que murieron en ellas, cuando hablo con familiares de alguno de los miles de hombres y mujeres que fueron fusilados hasta muchos años después de acabada la guerra civil, cuando conozco a tanta gente que se quedó sin trabajo por estar al lado de un gobierno elegido democráticamente, casi no me creo que todo ello sucediera tan cerca de mí y no me enterara, pareciéndome más reales y cercanos episodios de un pasado español que existió antes de nacer yo. Mi memoria es un infinito a trompicones que traga y excreta, borra, agudiza y confunde los perfiles de los recuerdos que hacen con nosotros extraños juegos de artificio. En algún libro leí que los congos viejos (negros cubanos) decían que «el alma-memoria es como una brujería que tenemos por dentro habiendo estado hechos los sueños para el contacto con ella».

Yo llegué a Gran Bretaña creyendo saber de dónde venía pero el tiempo me fue descubriendo que no era así y ahora, al cabo de los años, hablo de «nosotros» refiriéndome a lo que antes eran «ellos». Hay cosas que ocurren allí —en España—, como la boda de Rocío Jurado o la muerte de Lola Flores, que vistas desde aquí —Londres— parecen historias de Salman Rushdie amenizadas con música de Bollywood y letras exóticas tal que: «¡Ay! Pena, penita, pena que me corre por las venas como un ciclón». ¿En qué lugar del espacio y del tiempo está el allí y el aquí cuando se empieza a no entender lo que dicen los periódicos del lugar donde se ha nacido y vivido hasta casi los treinta años? «José Rodellar [...] los domingos se acerca a Sabiñánigo a comprar el periódico. Y lo lee» (titular en un dominical de *El País*). ¿Qué le pasa a ese señor para que el periodista recalque lo de la lectura? ¿Qué los de Sabiñánigo no leen por ser de pueblo o por otra razón que desconozco? Indescifrable.

Lo que aún era «allí» en 1976 consistía en un país que se creía a sí mismo, también lo creían los demás, el cúmulo del progreso y la civilización, definido perfectamente en estos versos de John Betjeman:

Piensa en lo que representa nuestra nación
Libros de Boots y senderos en el campo
Libertad de expresión, pases de autobús gratis,
                                               [distinción de clase
Democracia y tuberías que funcionan.

Pero ese «allí» se empezó a desconchar a partir del segundo mandato de Thatcher, cuando el tercer y cuarto verso se fueron deshaciendo como polvorones, incluyendo la distinción de clase, que estaba cayendo muy baja con tanto escándalo real y ministerial. El complejo de inferioridad fue ocupando más espacio a pesar de las altas mamparas que Thatcher, Imelda de la Pérfida Albión, iba colocando por doquier, empeñada en hacernos creer en su reencarnación de la reina Victoria. Pero nosotros lo que acabamos viendo fueron titulares de periódico que decían: «*No bus, no shop, no pub, no school*» (no hay autobuses, ni tiendas, ni pubs, ni escuelas), la columna vertebral de las zonas rurales, la quintaesencia británica; «¿Qué ha sucedido con nosotros que ya ni podemos ganar en el críquet?»; «¿Por qué Gran Bretaña está perdiendo sus grandes cerebros?» (12 de enero de 1992); «20 muertes causadas por el mal funcionamiento de las ambulancias» (29 de octubre de 1992); «El príncipe hace suya la campaña para mejorar el deterioro de las ciudades» (28 de febrero de 1993); «Los colegios británicos compran la mitad de libros que en otros países europeos» (incluido España), (4 de septiembre de 1993); «Los autobuses pierden ruedas, sus motores explotan, tienen ni-

dos de cucarachas» (29 de octubre de 1993); «El absen-
tismo en el trabajo más alto que nunca y el ánimo del trabajador por los suelos» (29 de octubre de 1993); «Gran
Bretaña es uno de los países que más contamina. Dice la
OCDE» (1994); «Las tiendas en los barrios populares de
Escocia se convierten en fortalezas» (20 de noviembre
de 1994); «Por qué podemos sonreír frente a la decadencia» (23 de marzo de 1995); «El intento de los británicos
por conocerse a sí mismos puede acabar en la misma
confusión de siempre» (2 de abril de 1995); «Tenemos la
lotería que nos merecemos» (18 de diciembre de 1994);
«La exposición de Matisse en Madrid ilustra la caída de
los británicos» (no se vio en Londres, adonde solían llegar siempre las grandes exposiciones); «Presa embarazada pare esposada» (8 de enero de 1996); «Tienes que
estar loco para querer ser inglés» (19 de enero de 1996);
«Los bomberos ante la falta de presupuesto municipal
están pensando poner anuncios en los laterales de los coches» (5 de octubre de 1996)...

Los británicos, convencidos de que sus derechos eran
inalienables, empezaron a ver cómo todo se resquebrajaba ante sus narices, pero la mayoría seguía sin creérselo
y sin poder reaccionar, como si estuvieran bajo los efectos de un tremendo *shock* o un poderoso encantamiento.
La archiconocida frase «Continente aislado por la niebla» que una vez salió en un periódico inglés había dejado de tener gracia para convertirse en una pesadilla, y
cuando ya casi creíamos que no íbamos a salir de ella,
llega Tony Blair y en 1996 da un discurso en Blackpool,
en la conferencia anual de su partido, que fue como un
aterrizaje en la realidad. Más que prometer un futuro de
prosperidad y menos impuestos habló de recomponer el
amor propio nacional, completamente por los suelos. En
1997, al día siguiente de ganar las elecciones, un 1 de

mayo insigne para los británicos que estaban hartos de moralina, los titulares de *The Independent* anunciaron en grandes letras «Adiós a la xenofobia», produciendo en tantos de nosotros una emoción difícil de describir. Nunca como en ese momento estuvo tan clara la paranoia que habíamos tenido que aguantar desde que Thatcher había llegado al poder (no en vano Stephen Hawking declaró que una de sus grandes frustraciones en la vida era no haber pasado con la silla de ruedas por encima de los pies de la señora). Esa xenofobia había llevado a Thatcher a negarse a recibir el dinero que la Comunidad Europea daba a todos los países miembros para que los niños estudiaran lenguas en los colegios sentenciando que era meterse en sus asuntos de Estado y que, de todas maneras, «a nosotros no nos hace falta porque muy pronto todo el mundo hablará inglés».

Hace unos años, cuando a mi amiga alemana Anja Louis, que llevaba viviendo en Londres mucho tiempo, le preguntaban si había estado en el tercer mundo, siempre respondía: «Vivo en él». Gran Bretaña ha ganado en las dos últimas décadas (el informe de las Naciones Unidas hace coincidir el cambio con el advenimiento de Margaret Thatcher al poder) todas las características propias del subdesarrollo: un aumento tan enorme en la diferencia de clases que en 1997 podía presumir del dudoso honor de ser el país con más desigualdad del mundo occidental. Esta sociedad lleva tiempo sumida en una crisis de identidad que ha servido para doblegar su arrogancia tradicional (no incluyo aquí a galeses y escoceses) y para que se mire por fin cara a cara en el espejo. Para una Inglaterra —«el lugar donde la gente llora con el corazón y no con los ojos», según una escritora caribeña— que se creyó durante largo tiempo muy por encima de las demás naciones europeas, no digamos del resto del planeta, saber que en 1966 los coreanos intentaron poner una fábrica en Gales por la simple razón de que los sueldos allí eran la mitad de lo que se pagaba en Corea es un golpe muy bajo.

En 1996 quedaban retazos de aquel país donde había funcionado la enseñanza pública, los transportes, la atención médica y donde la existencia de sus ciudadanos transcurría en un civilizado vive y deja vivir, pero de sus cenizas está saliendo algo más interesante, si bien más atormentado. Gran Bretaña no es la misma que encontré en 1976, pero tampoco lo soy yo. Comencé a escribir empujada por el deseo de darle la vuelta a los etnólogos anglosajones que han ido al tercer mundo para explicarnos cómo viven «los salvajes», y ahora me pregunto por España, tan cambiada desde que me fui que hasta tiene otro nombre: Estado Español.

Los que hemos conocido a Gran Bretaña funcionando con un sistema que nos parecía había existido desde tiempo inmemorial no nos dábamos cuenta de que era muy reciente. El desmoronamiento no ha durado nada y si al principio se hizo de forma muy subrepticia, en el segundo mandato de Thatcher el menosprecio por los procesos democráticos empezó a ser brutal. Uno de los cerebros de su política, el catedrático Alan Enthoven, de la Universidad de Stanford (Estados Unidos), dijo en un programa de televisión que él había aconsejado hacer experimentos en algunas áreas y si funcionaban bien ponerlos en marcha en todo el país: lo que hizo la señora a toda mecha sin haberlos probado antes. Esto dejó completamente traspuestos a los de Stanford. Yo, que había huido de un régimen que echaba la culpa de sus problemas al «contubernio internacional» me encontraba de nuevo ante algo muy similar. Esta vez uno de los métodos usados para contrarrestar las críticas fue el ir eliminando de las estadísticas nacionales ciertos datos que impidieran reconocer, entre otras cosas, a qué clase social pertenecían las defunciones, ya que habían aumentado considerablemente en algunos sectores más pobres de la población a partir de los gobiernos conservadores.

Desde la España monolítica que conocí el extranjero era algo sólido, homogéneo y rico que había producido desde siempre las mismas cosas: el modernismo, el anticlericalismo, el protestantismo, y todos los demás ismos no católicos, apostólicos, romanos y de derechas. Pero luego ibas a ciertas partes de Gran Bretaña y te encontrabas con un extranjero miserable, pobre y tan siniestro que daba hasta miedo. Pero ese extranjero era también desconocido por el otro. Alguien dijo que sólo en la Segunda Guerra Mundial, con la evacuación de los niños fuera de Londres y su toma de conciencia de otras realidades, la nación británica se conoció a sí misma y una mitad supo finalmente cómo vivía la otra.

Cuando me instalé en Londres dejé atrás un país (España) que acababa de tener las primeras elecciones democráticas en cuarenta años. Aquel era un lugar que, comparado con el norte de Europa, estaba poblado por gentes de pequeña estatura que producían fenómenos curiosos como el *Hola*, la lotería de Navidad, los espectáculos de muy baja calidad artística e intelectual para festejar al dictador, la censura, las sequías, los socavones, el poco respeto por las instituciones gubernamentales y una monarquía a dedo. Muchas de esas cosas se reprodujeron luego en Gran Bretaña, empezando por el *Hola (Hello!)*, que la periodista Suzanne Moore describió como un chocolate mental: «Sabes que no te hace bien pero no puedes resistir las ganas de tomarlo». El *Hello!*, que mi suegra aseguró no tendría ningún éxito «porque a los británicos no nos gusta el chismorreo», no sólo está ya presente en las peluquerías y salas de espera de los dentistas, sino que ha influido en la prensa británica y ha venido a demostrar que los autóctonos del Reino «Unido» no sólo tienen curiosidad por la vida de los demás sino que están fascinados con el morbo de los escándalos, y les han gratificado generosamente con una extraordinaria profusión de ellos. Como en un buen despliegue de fuegos artificiales, donde cuando crees que se han acabado viene una racha todavía mejor, ha habido temporadas que esperábamos la llegada del periódico matutino con verdadera trepidación para leer desde los líos de la familia real hasta Bienvenida Buck, pasando por los hijos ilegítimos de los ministros, el abuso en gran escala del de Thatcher, muertes escabrosas, tráfico de influencias, corrupción a tope, perjurio y muchos etcéteras que sería interminable mencionar. Un entretenimiento colosal. Todo ello no hizo más que sacar a la luz unas vidas protegidas hasta entonces por la más tremenda hipocresía. El advenimiento de Blair ha reducido enormemente el circo pero no del todo.

Si hablamos de los detalles tercermundistas que han invadido Londres, los socavones, flor de asfalto en latitudes sureñas, han llegado a ser parte de una ciudad donde los ayuntamientos reciben gran cantidad de denuncias por accidentes que han sufrido los peatones al tropezar en los desniveles. Hasta la estatura de la gente es otra cosa que se ha trastocado; hace años, cuando íbamos al cine en España Steve era siempre el más alto de la cola, ahora ya no tanto. Yo solía decir que empezábamos a tener todas las desventajas del subdesarrollo sin las ventajas, el buen clima, pero eso también cambió porque la sequía nos ha visitado los últimos veranos. En abril de 1996 Steve y yo cogimos un tren en Victoria que iba a una ciudad de los alrededores. De pronto, antes de llegar a nuestra parada, oímos un ruido tremendo en las ruedas, como si algo duro y grande hubiera sido interceptado en la vía, y el vagón se bamboleó mientras el tren paraba en seco. Maletas y viajeros se fueron unos contra otros y pensé inmediatamente en un atentado del IRA. Tratándose de Gran Bretaña no se oyó ni una mosca y todo el mundo, una vez recuperado el equilibrio, siguió sentado como si tal cosa. Steve y yo nos asomamos a la ventanilla y vimos que el revisor y otros dos hombres se bajaban y se acercaban a la máquina con una caja tipo bricolaje familiar y empezaban a trajinar de aquí para allí manipulando una sierra pequeña. Steve preguntó qué pasaba —en estas situaciones de pánico, lo sé por experiencia, les habría irritado oír a una mujer que hablaba con acento extranjero—, y la respuesta fue: «Se ha desprendido una zapata porque están muy viejas, vamos a ver si la atamos con un trozo de cuerda a la máquina y podemos seguir». La situación me resultaba tan familiar —el ingenio de poner en marcha una máquina con un trozo de cordel— que mi regocijo fue indescriptible. Este percance era un ejemplo del estado de los ferrocarriles en Gran Bretaña, que llevó al periódico *The Independent* a publicar durante años una columna en el dominical llamada «Historias verdaderas sobre el gran desastre de los trenes». Cuando en cualquier estación del país los viajeros pierden una conexión porque el tren llega con bastante retraso y se ponen a protestar casi a gritos una siente un fuerte *déjà vu*.

En 1976 los españoles tenían, y por lo que veo siguen teniendo, una opinión muy negativa de sí mismos, hasta el punto de estar siempre dispuestos a pensar que lo extranjero es mejor. Muchos habrían reaccionado como reaccioné yo hace unos años, cuando al llegar a casa y ver que la tostadora de pan que acababa de comprar era:

«Made in Spain» salí corriendo a cambiarla. Tuve que admitir que las cosas estaban tomando otro cariz cuando mi suegra llegó de España con un cubo y una fregona por «ser mucho mejores y más prácticos que los nuestros, *darling*». La hora de la verdad ha llegado, y aunque la economía y los ánimos hayan subido con Tony Blair, algo se ha roto para siempre por la velocidad con la que hemos puesto en entredicho las debilidades de este señor, engendradas en su vanidad. Los ingleses —el caso galés y escocés es diferente— necesitan urgentemente liberarse de la fantasía que cultivan de sí mismos. Inglaterra ha sido para muchos como el orientalismo —el mito que crearon los europeos sobre los países musulmanes al este del Mediterráneo y del norte de África—, la diferencia es que en el primer caso la quimera ha sido fomentada por los autóctonos y en el segundo impuesta a ellos.

No hace mucho, sentada en la hierba del Parlament Hill, una de las colinas del parque de Hamsptead, miraba Londres extendiéndose a lo lejos con una familiaridad parecida a cuando bajo en coche de Vallvidrera a Barcelona y el mar aparece de pronto a lo lejos. El sol se estaba poniendo detrás de Highgate, un sol que ya no me parece tan pálido, y pensé en las cosas que mi amiga Nelly Salas me contaba de su madre, una india argentina, fiel a la sabiduría de sus mayores: «El mundo es redondo como una teta, todo vuelve». Y observé a la gente que subía por la cuesta, especialmente las mujeres muy mayores, con pinta de intrépidas, llevando un calzado que hace años me habría traído a la mente lo que dijo Margaret Halsey, una escritora americana de principios de siglo: «Los zapatos de las inglesas son como si hubieran estado hechos por alguien que ha oído describirlos pero nunca los ha visto de cerca». No sabía dónde estaría en unos años y no me importaba. El futuro ya no iba a consistir en habituarme al país o en educar a un hijo pequeño sino los años cruciales que nos van poniendo frente a la vejez y que nos han dicho son la decadencia, especialmente para las mujeres. Ya se sabe que con el tiempo el cuerpo se empieza a oxidar, pero la verdad es que cuantos más años tengo mejor me encuentro y más cosas interesantes hago. ¿Cómo será mi vejez? ¿Una Torre de Babel de lenguas confundidas? Si ahora se me queda la mente en blanco con las palabras atragantadas más de lo normal a mi edad debido al cruce de las dos lenguas, ¿qué pasará cuando sea anciana, si llego, y no me funcione bien la cabeza?

En Hampstead pensaba una vez más en mí como una sobreviviente de la sinrazón que traje escondida en los dobladillos de lo cotidiano y la hierba verde me hizo recordar el día, ya lejano, cuando allí mismo Pablo, con siete años, dijo algo que podía explicar mi vida y la de tantas mujeres de mi generación: «¿Qué estás escribiendo?», me preguntó, y cuando lo acabé de explicar me contestó: «*It is like a cake without recipe*» (Es como un pastel sin receta).

Londres, enero de 2002